住房和城乡建设部"十四五"规划教材

教育部高等学校风景园林专业教学指导分委员会规划推荐教材

园林建筑设计

Landscape Architecture Design

华南理工大学建筑学院风景园林系　编著

中国建筑工业出版社

图书在版编目（CIP）数据

园林建筑设计 = Landscape Architecture Design /
华南理工大学建筑学院风景园林系编著 . —北京：中国
建筑工业出版社，2023.8
住房和城乡建设部"十四五"规划教材　教育部高等
学校风景园林专业教学指导分委员会规划推荐教材
ISBN 978-7-112-28856-4

Ⅰ . ①园…　Ⅱ . ①华…　Ⅲ . ①园林建筑 – 园林设计 –
高等学校 – 教材　Ⅳ . ① TU986.4

中国国家版本馆 CIP 数据核字（2023）第 111796 号

本教材是住房和城乡建设部"十四五"规划教材，主要包括园林建筑设计方
法、建筑庭园空间设计、中式园林建筑设计、现代园林建筑设计、园林建筑小品
设计、园林建筑设计实例。
为了更好地支持相应课程的教学，我们向采用本书作为教材的教师提供课
件，有需要者可与出版社联系。
建工书院：http：//edu.cabplink.com
邮箱：jckj@cabp.com.cn　电话：(010) 58337285

责任编辑：杨　琪　陈　桦
责任校对：姜小莲

住房和城乡建设部"十四五"规划教材
教育部高等学校风景园林专业教学指导分委员会规划推荐教材
园 林 建 筑 设 计
Landscape Architecture Design
华南理工大学建筑学院风景园林系　编著
*
中国建筑工业出版社出版、发行（北京海淀三里河路9号）
各地新华书店、建筑书店经销
北京雅盈中佳图文设计公司制版
北京圣夫亚美印刷有限公司印刷
*
开本：787毫米×1092毫米　1/16　印张：21³/₄　字数：438千字
2024年3月第一版　2024年3月第一次印刷
定价：58.00元（赠教师课件）
ISBN 978-7-112-28856-4
（41113）

前　言

　　园林，在中国古籍里根据不同的时期和不同的性质，称作：园、囿、苑、园亭、庭园、园池、山池、池馆、别业、山庄等，英美各国则称之为 Garden、Park、Landscape Garden。它们的性质、规模虽不完全一样，但都具有一个共同的特点：即在一定的地段范围内，利用并改造天然山水、地貌或者人为地开辟山水地貌、结合植物的栽植和建筑的布置，从而构成一个供人们观赏、游憩、居住的环境。创造这样一个环境的全过程（包括设计和施工在内）一般称之为"造园"。

　　风景园林学（Landscape Architecture）的内容非常广泛，除通常所谓造园、园林、绿化之外尚包含更大范围的城市性、区域性甚至国土性的景观、生态、土地利用的规划经营，是一门综合性的环境学科。本书讨论的对象以造园、园林为主，一般不涉及区域性的景观等问题。而"绿化"一词，源出于俄文，20世纪50年代引入中国，是泛指除天然植被以外的，为改善环境而进行的树木花草的栽植，包括城市绿化和大地绿化。就广义而言，绿化可以归入园林的范畴。但本书所讨论的园林、园林建筑、造园等，就其狭义而言，并不包括"绿化"在内。

　　园林的规模有大有小、内容有繁有简，但都包含着四种基本的要素：土地、水体、植物、建筑。本书论述的主要是园林建筑。

　　建筑包括屋宇、建筑小品以及各种园林工程设施，它们不仅在功能方面必须满足游人的游憩、居住、交通和供应的需要，同时还以其特殊的形象成为园林景观必不可少的一部分。建筑的有无也是区别园林与天然风景区的主要标志。

　　一座园林，可以多一些山水的成分；或者偏重于植物栽植；或者建筑的密度比较大，但在一般的情况下总是土地、水体、植物和建筑这四者的综合。因此，筑山、理水、植物配置、建筑营造便相应地成为造园的四项主要内容，或者说，这是四个主要的造园手段。这四项工作都牵涉一系列的土木工事，需要投入一定的人力、物力和资金，也反映了一个地区、一个时代的经济发展和科学技术的水平。所以说，园林是一种社会物质财富。它把山、水、植物和建筑组合成为有机的整体从而创造丰富多彩的园林景观，给予人们以赏心悦目的美的享受，就这个意义而言，园林又是一种艺术创作。

现代园林的概念已不仅是指那些局限在一定范围内的居住区园林、别墅、公园等。它的内容扩大了，人们活动的绝大部分场所都会和园林发生关系。城市的居住区、商业区、中心区、文教区以及公共建筑、广场等都加以园林化。郊野的风景名胜区、文物古迹也都结合园林的建设来经营。园林不仅是作为游赏的场所，还利用它来改善城镇的小气候条件，调整局部地区的温湿度、气流等，用它来保护环境、净化城市空气、减低城市噪声、减少水质和土壤的污染。园林还可以结合生产，如栽培果木、药材，养殖水生动植物等以创造经济效益。

总之，现代园林的范畴比之以往任何时代范围都更大、内容更丰富、设施更复杂。如果按照性质和使用功能来区分，大体上可以归纳为以下几类：

风景名胜区 系指以历史上的名胜著称或以人文景观之胜而兼有自然景观之美的地区。这类地区在建筑经营和植物配置方面占有一定的比重，具有园林的性质，可以纳入园林的范畴。

公共园林

（1）公园 建置在城镇之内，作为群众游憩活动的地方。一般都有饮食服务、文化娱乐和体育设施等。

（2）街心花园或小游园 建置在林荫道或居住区道路的一侧或尽端，规模不大，可视为城市道路绿化的扩大部分。

（3）花园广场 即园林化的城市广场。

（4）儿童公园 专供少年儿童使用的公园。

（5）文化公园 以进行综合性或单一性文化活动为主要内容的公园。

（6）小区花园 建置在居住小区内部，也可以视为小区绿化的一部分。

（7）体育公园 园林化的群众性体育活动场所。

动物园 展览动物的园林，如果规模较小的则附设于公园之内。

植物园 展览植物的园林，有综合性的，也有以一种或若干种植物为主的，如：花卉园、盆景园、药用植物园等。

游乐园 进行某种特殊游戏或文娱活动的园林。

休疗园林 园林化的休养区或疗养区。

纪念性园林 为纪念某一历史事件或历史人物、革命烈士而建置的园林。

文物古迹园林 全部或部分以古代的文物建筑、园苑或遗址为主体的园林。

庭园 公共建筑或居住建筑的庭院、入口、平台、屋顶、室内等处所配置的水石植物点景均可归入此类。

住区园林 指现代居住区或楼盘各种园林造景。

别墅园 依傍于城市或郊外的独院型住宅的私家园林。

上述各类园林里面的建筑物，就是"园林建筑"。园林建筑是指园林中既有使用功能，又有造景、观景功能的各类建筑物和构筑物，它和山水、植物密切配合，构成优美遐逸的园林景观。园林建筑是园林艺术的重要组成部分，园林建筑离不开园林环境，否则就会混同于一般的建筑类型。园林建筑比起山、水、植物，较少受到自然条件的制约、人工的成分最多，乃是造园的四个主要手段中运用最为灵活的，因而也是最积极的一个手段。园林建筑无论在构图原则、外观造型、空间处理、情趣意境，以及在与环境的关系上都和非园林建筑存在着极大的差异，具有独特的风格。

园林建筑不像一般的城市建筑那般庄严肃穆、体量庞大，而是采用小体量分散布置。古典园林里通常都是一个主体建筑，附以一个或几个副体建筑，中间用廊连接，形成一个建筑组合体。这种手法，既能够突出主体建筑，强化主建筑的艺术感染力，也有助于形成景观效果，兼有使用功能和欣赏价值。

在总体布局上，皇家园林建筑为了体现封建帝王的威严和美学上的对称、均衡等艺术效果，采用中轴线布局，主次分明、高低错落、疏朗有致。私家园建筑林往往突破严格的中轴线格局，比较灵活，富有变化。苏州私家园林里的建筑，更是形式活泼、观赏性强、因地而置、因景而成。苏州园林的厅堂常是园主人宴聚宾客的地方，是全园的活动中心，也是全园的主要建筑，大多建在地位突出、景色秀丽，足以能影响全园的紧要处所。厅前凿池，隔池堆山作为对观景，左右曲廊回环，大小院落穿插渗透，构成一个完整的艺术空间。

园林建筑物常作景点处理，既是景观，又可以用来观景。因此，一般来说，园林建筑都具有使用功能和景观创造两个方面的作用。就使用方面而言，它们可以是具有特定使用功能的游客服务中心、展览陈列馆、影剧表演场、观赏温室、动物兽舍等；也可以是具有一般使用功能的休息类建筑，如亭、榭、厅、轩等；还可以是供交通之用的桥、廊、花架等；此外，还有一些特殊的工程设施，如水坝、水闸等。另外，园林建筑的功能还表现在它对园林景观创造方面所起的积极作用，无论是古代建筑还是现代建筑，通常都把建筑作为园林景区或景点的"眉目"来对待，在园林中往往起到了画龙点睛的重要作用。因此，在园林建筑的设计与构造中，园林建筑既要满足使用功能的要求，又要满足景观创造的要求。园林建筑小品的作用主要表现在满足人们休息、娱乐、游览、文化、宣传等活动要求方面。它既有使用功能，又可观赏，同时还是环境美化的重要途径。

随着园林现代化设施水平的不断提高，园林建筑的内容也越来越复杂多样，在园林中的地位也日愈重要。它们的体型、色彩、比例、尺度都必须结合园林造景的要求而予以通盘考虑。这就是说，凡是园林建筑，它们的外观形象与平面布局除了满足和反映其特殊的功能性质之外，还要受到园林造景的制约。在某些情况下，甚至首先服从园林景观设计的需要。就此意义而言，园林建筑也可以视为一个专门的建筑类型。在做具体设计的时候，必须把它们的功能与它们对园林景观应该起的作用恰当地结合起来。如果说，前者是园林建筑的个性的话，那么，后者就是它们的共性或共同的特点，此两者都不能有所偏颇。

园林建筑除去使用功能，还有美学方面的要求。园林建筑常通过对比、呼应、映衬、虚实等一系列艺术手法，营造充满节奏和韵律的园林空间，居中可观景，观之能入画。当然，所谓自由布局，并非不讲章法，只是与严谨的中轴线格局比较而言。中国古代园林中的楼台亭阁、轩馆斋榭，经过巧妙的构思，运用设计手法和技术处理，把功能、结构、艺术统一于一体，成为古朴典雅的建筑艺术品。它的魅力，来自体量、外形、色彩、质感等因素，加之室内布置陈设的古色古香，外部环境的和谐统一，更加强化了建筑美的艺术效果。美的建筑、美的陈设、美的环境，彼此依托而构成佳景。过去，古典园林建筑梁枋梭柱、飞檐起翘，或庄严雄伟、舒展大方，或轻巧柔美、明快活泼，不光以其形体之美为游人所欣赏，还与山水林泉相配合，共同形成独具一格的古典园林风格特色。

所以，园林建筑的特点主要表现在它对园林景观的创造所起的积极作用，这种作用可以概括为以下4个方面：

点景 即点缀风景。建筑与山水、花木种植相结合而构成园林内的许多风景画面，有宜于就近观赏的，有适合于远眺的。在一般情况下，建筑物往往是这些画面的重点或主题；没有建筑也就不成其为"景"、无以言园林之美。重要的建筑物常常作为园林一定范围内甚至整座园林的构景中心，园林的风格在一定程度上也取决于建筑风格。

观景 即观赏风景。以一幢建筑或一组建筑群作为观赏园内景物的场所。它的位置、朝向、封闭或开敞的处理往往取决于得景之佳与否，即是否能够使得观赏者在视野范围内摄取到最佳的风景画面。在这种情况下，大至建筑群的组合布局，小至门窗洞口或由细部所构成的"框景"都可以利用作为剪裁风景画面的手段。

划分园林空间 即利用建筑物围合成一系列的庭院，或者以建筑为主，辅以山石花木将园林划分为若干空间层次。

组织游览路线 以道路结合建筑物的穿插，创造一种步移景异，具有导向性的游动观赏效果。

根据上述的情况，当今园林建筑大致可以分为四大类：第一类为风景游览建筑。园林建筑的绝大部分属于此类。它们都具有特殊的或一般的使用功能，对于园林景观所起的作用在于上述四个方面的综合，或者以其中的一个方面为主。第二类为庭园建筑。凡是能够围合成为庭院空间而形成独立或相对独立的庭园的建筑物均属此类，这类建筑物与庭院空间的关系极为密切，往往室内外互相渗透、联成一体。第三类为建筑小品。此类建筑物包括露天的陈设、家具、带有装饰性的园林细部处理或小型点缀物等。第四类为交通建筑。凡是在游览路线上的道路、阶梯、蹬道、桥梁，以及码头、船埠等均属此类。

目 录

第1章 园林建筑设计方法 **001**

    1.1 构思立意 003

    1.2 园建选址 009

    1.3 规划布局 014

    1.4 空间设计 023

    1.5 景观营造 050

    1.6 尺度与比例 056

    1.7 色彩与质感 063

第2章 建筑庭园空间设计 **068**

    2.1 庭园类别 069

    2.2 庭园组景 078

    2.3 室内景园 093

    2.4 水石景栽 105

第3章 中式园林建筑设计 **126**

    3.1 亭 127

    3.2 廊 153

    3.3 榭、舫 166

    3.4 厅堂 171

    3.5 楼阁 177

第4章 现代园林建筑设计 **187**

    4.1 景区园门入口 188

    4.2 展览类建筑 213

4.3　服务性建筑 ·· 226

4.4　休憩及其他建筑 ··· 251

第5章　园林建筑小品设计 ·································· **266**

5.1　园林建筑小品作用 ·· 267

5.2　园林建筑小品类型 ·· 269

第6章　园林建筑设计实例 ·································· **308**

6.1　北京北海静心斋 ··· 309

6.2　苏州留园 ·· 311

6.3　广州余荫山房 ·· 315

6.4　广州白天鹅宾馆内庭 ······································ 318

6.5　广州白云山风景区山门建筑 ······························ 321

6.6　秦皇岛园博会观景塔 ······································ 326

6.7　南宁园博会采石场花园 ···································· 329

6.8　深圳香蜜公园园林建筑 ···································· 333

参考文献 ·· **337**

后记 ·· **338**

第1章

园林建筑设计方法

构思立意
园建选址
规划布局
空间设计
景观营造
尺度与比例
色彩与质感

任何一种建筑设计都是为了满足某种物质和精神的功能需要，采用一定的物质手段来组织特定的空间。建筑空间是建筑功能与工程技术和艺术技巧相结合的产物，都需要符合适用、安全、美观的原则。此外，在艺术构图技法上也要考虑，如统一、变化、尺度、比例、均衡、对比等原则。但是，由于园林建筑在物质和精神功能方面的特点，其用以围合空间的手段与要求和其他建筑类型在处理上又表现出许多不同之处，主要有以下五点：

（1）园林建筑的功能要求，主要是为了满足人们的休憩和文化娱乐生活，艺术性要求高，所以园林建筑应有较高的观赏价值并富于诗情画意。

（2）由于园林建筑受到休憩游乐生活多样性和观赏性强的影响，形成了在设计方面灵活性特别大，可说是无规可循的状况。因为一座供人观赏景色、短暂休息停留的园林建筑物，很难确定在设计上其必然的制约要求，因而在面积大小和建筑形式的选择上，或亭或廊，或圆或方，或高或低，似乎均无不可。设计者可能有这个体会，即设计条件愈空泛和抽象，设计愈困难。因此，要一分为二，对待设计灵活性大的特点，既要看到它为空间组合的多样化所带来的便利条件，又要看到它给设计工作带来的困难。

（3）园林建筑所提供的空间要能适合游客在动中观景的需要，务求景色富于变化，做到步移景异，换言之，即在有限空间中要令人产生变幻莫测的感觉。因此，推敲建筑的空间序列和组织观赏路线，比其他类型的建筑显得格外突出。

（4）园林建筑是园林与建筑有机结合的产物，无论是在风景区或市区内造园，出自对自然景色固有美的向往，都要使建筑物的设计有助于增添景色，并与园林环境相协调。在空间组合中，要特别重视对室外空间的组织和利用，最好能把室内、室外空间，通过巧妙的布局，使之成为一个整体。

（5）组织园林建筑空间的物质手段，除了建筑营建之外，筑山、理水、植物配置也极为重要，它们之间不是彼此孤立的，应该紧密配合，构成一定的景观效果。不仅如此，在我国传统造园技艺中，为了创造富于艺术意境的空间环境，还特别重视因借自然中各种动态组景因素。园林建筑空间在花木水石点缀下，再结合诸如各种水声、风啸、鸟语、花香等动态组景因素，常可产生奇妙的艺术效果。因此，可以作这样的理解，园林建筑是一门融合时间空间、有形有色，以至有声有味的立体艺术。这也是我国别具风致的古典园林优秀传统的精髓所在。

以上五点是园林建筑与其他建筑类型不同的地方，也是园林建筑本身的特征。因此，在设计方法上与其他类型建筑大相迥异，某些地方还需要表现得更为突出。

1.1　构思立意

园林建筑是一种占有时间空间，有形有色，以至有声有味的立体空间艺术，因此较其他一般建筑设计更加需要意匠。意者立意，匠者技巧，立意和技巧相辅相成不可偏废，立意和技巧均佳的作品属于上乘，而立意平淡技巧再好也只能归之中乘。立意的好坏对整个设计的成败至关紧要。所谓立意就是设计者根据功能需要、艺术要求、环境条件等因素，经过综合考虑所产生出来的总的设计意图。当然举凡功能的体现、艺术的表达、环境的利用与改造等均有赖于技术、工艺的可行性。

立意既关系到设计的目的，又是在设计过程中采用各种构图手法的根据。"意在笔先"是古人从书法、绘画艺术创作中总结出来的一句名言，它对园林建筑设计创作也是完全适用的。组景没有立意，构图将是空洞的形式堆砌，而一个好的设计不仅要有立意，而且要善于抓住设计中的主要矛盾。其所立意既能较好地解决建筑功能的问题，又能具有较高的艺术思想境界。再者，在园林建筑设计中特别要有新意不落俗套，建筑格局不宜千篇一律，更不能标准化。我国古代园林中的亭子不可数计，但很难找出格局和式样完全相同的例子，它们总是因地制宜地选择建筑式样，同时巧妙地配置水石、树丛、桥、廊等以构成各具特色的空间。在一些园林建筑小品中，把漏窗、花墙、隔断等加以模式化随处滥用是不妥当的。可以说，一切艺术都贵在创新，任何简单的模仿都会削弱它的感染力。

在我国园林建筑传统上，立意着重艺术意境的创造，寓情于景、触景生情、情景交融是我国传统造园的特色。它受宗教对仙山琼阁的憧憬，诗人对田园生活的讴歌，以至历代名家山水画寓情寄意的影响是很深的。诗情画意可以在许多园林建筑艺术意境的创造上反映出来。《园冶》在"园说""相地""借景"诸篇中所强调的都涉及艺术意境的创造。譬如"园说"中有"轩楹高爽、窗户虚邻，纳千顷之汪洋，收四时之烂漫。""萧寺可以卜邻，梵音到耳，远峰偏宜借景，秀色堪餐，紫气青霞，鹤声送来枕上。""溶溶月色，瑟瑟风声，静拢一榻琴书，动涵半轮秋水，清气觉来几席，凡尘顿远襟怀。"等句。在这些描述中，把远山、萧寺、浩水、花卉、云霞、月色、风声、鹤唤、梵音、琴书等各式各样的形、声、色、味组景因素都点了出来，其目的十分明确，就是要加强富于艺术意境的园林景观效果。古代园林组景，建筑和景区命名大多属某种艺术意境的概括，常常通过匾额、楹联点染出建筑主题，以功能直接表达的反而较少。皇家苑囿和私家花园莫不如此，如圆明园四十景等。反观今天我们在进行公园规划和园林建筑设计的实践中，除了设计人忽视对艺术意境的创造致使设计平庸，也有这样的情况，虽然创造了良好的艺术意境，但在命名上下功夫不够，削弱了造景的效果。经常听到诸如水上餐厅、公园茶室、湖心冰室、东大门、西大门、荷花池水榭、山顶游廊等一般化的称谓，与我国优秀的园林建筑传统大相径庭。

园林建筑立意强调景观效果，突出艺术意境创造，但绝不能理解为不需要重视建筑功能。在考虑艺术意境过程中，有两个最重要、最基本的因素必须结合进去，否则，景观及艺术意境就会是无本之木、无源之水，两个最基本的因素是：建筑功能和自然环境条件。两者不是彼此孤立的，在组景时需综合考虑。譬如，在封建社会王权和神权是统一的，反映在颐和园、北海这样的皇家园林中，前者以佛香阁建筑群为全园的构图重心，后者以白塔为控制全园的制高点，这种具有强烈中轴线的对称空间艺术布局，构成了极其宏伟壮丽的艺术形象。佛香阁建筑群位于北京颐和园万寿山南坡中轴线上，前面为水域辽阔的昆明湖，拾级登临佛香阁平台，向南眺望可借昆明湖湖心的龙王庙岛、十七孔桥、廓如亭及远处之长堤烟景。向西眺望，玉泉山塔和秀丽的西山景色尽收眼底，并以转轮藏、五方阁为俯借对象。佛香阁建筑群背山面水，兼有东、西两侧长廊和其他建筑组群之烘托，气势极其壮丽，建筑群在构图上高低、大小、收放对比适宜，空间富于节奏感（图1-1-1）。北海琼华岛山顶白塔为整个北海园林中的制高点，山南坡寺院沿南北中轴线对称布局，玉液桥南以团城承光殿为对景，白塔高耸天际与远处的景山、故宫互为借景（图1-1-2）。从这两组建筑群的艺术构思，可以见到古代匠师如何结合这些怡情养性，礼佛烧香种种功能，通过因地制宜改造地形环境（挖湖堆山），来塑造各具特色的建筑空间的巧妙手法。

园林建筑设计中的立意如何以建筑功能为基础，在古今优秀的建筑中可以找到许多实例。如承德避暑山庄是清朝鼎盛时期的大型皇家园林，内有七十二景，各景布局各不相同。避暑山庄山区占总用地五分之四左右，湖区位于东南角，湖区北岸为平原区万树园。山庄外东、北两侧建溥仁寺、溥佑寺（现已不存）、普乐寺、安远庙、普宁寺、须弥福寿之庙、普陀宗乘之庙和殊像寺等八处大型寺庙，形成园林之借景。正座建筑群是皇帝明堂所在，为了满足朝觐时的礼仪需要，采用轴线对称严整的空间布局；而湖区内的建筑组群供皇室闲游休憩，则多采用不规则的自由布局；在平原区，为了提供赛马、骑射、摔跤等少数民族比武盛会的场地，在空间处理上特意模仿自然草原的旷阔空间。至于沿湖山区所设的各种寺庙道观，其目的除却祭神礼佛，消灾祈福的功能需要外，也未尝不是暮鼓晨钟、梵音在耳的取意。它们在空间布局上，自然也要按照庙宇的制式进行安排。最后，深入到山区腹地的建筑组群，其功能主要是供帝王寻幽访胜。因此，在这些建筑组群中利用山岩地形的高低错落进行组景就成了空间组合的共同特色（图1-1-3）。避暑山庄中的布局在立意上结合功能、地形特点，采用了对称与自由不对称等多种多样的空间处理手法，才使全园各景各具特色，总体布局既统一而又富于变化。

A

C

B

D

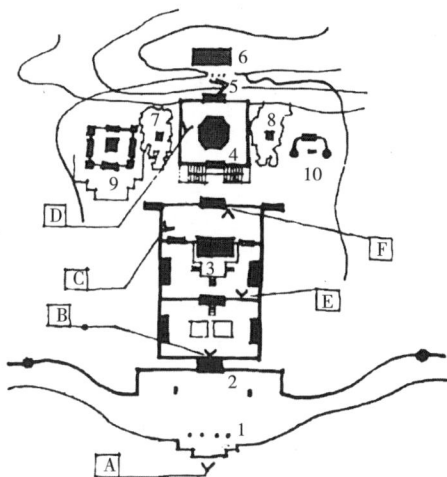

E

F

构成园林建筑组景立意的另一重要因素是环境条件，如：绿化、水源、山石、地形、气候等。从某种意义上说，园林建筑有无创造性，往往取决于设计者如何利用和改造环境条件，从总体空间布局到细部处理都不能忽视这个问题。《园冶》所反复强调的"景到随机""因境而成""得景随形"等原则，在今天的园林建筑设计中仍具有现实的指导意义。

因势利导环境条件，基于因境而成和景到随机的原则进行创造性组景的例子很多，如桂林七星岩公园碧虚阁和豁然亭利用山崖洞口组景。碧虚阁建在

图 1-1-1 佛香阁建筑群
1—"云辉玉宇"牌楼；
2—排云门；3—排云殿；
4—佛香阁；5—"众香界"
牌楼；6—智慧海；7—敷
华亭；8—撷秀亭；9—五
方阁；10—转轮藏

（a）

（b）

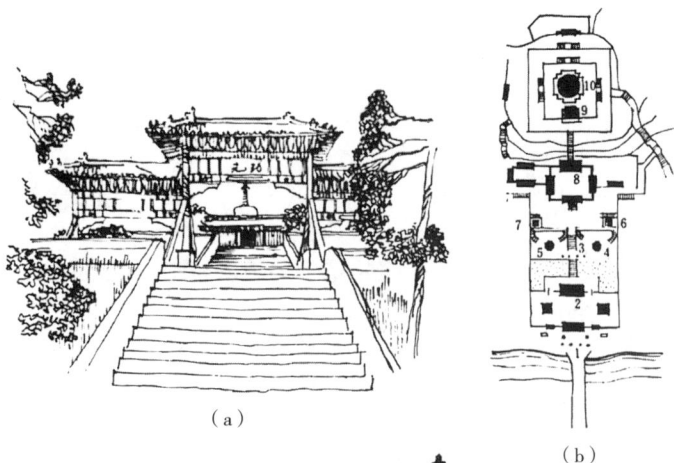

图 1-1-2　北海白塔山南坡建筑群
（a）龙光牌楼；（b）总平面图；（c）南坡建筑群
1—堆云牌楼；2—法轮殿；3—龙光牌楼；4—引胜亭；5—涤霭亭；6—云依亭；7—意远亭；8—普安殿；9—广寒殿；10—白塔

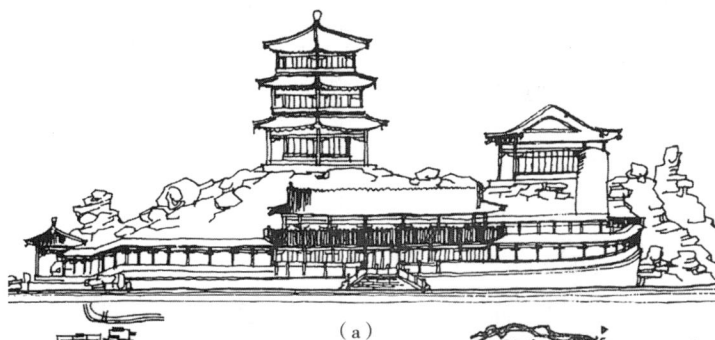

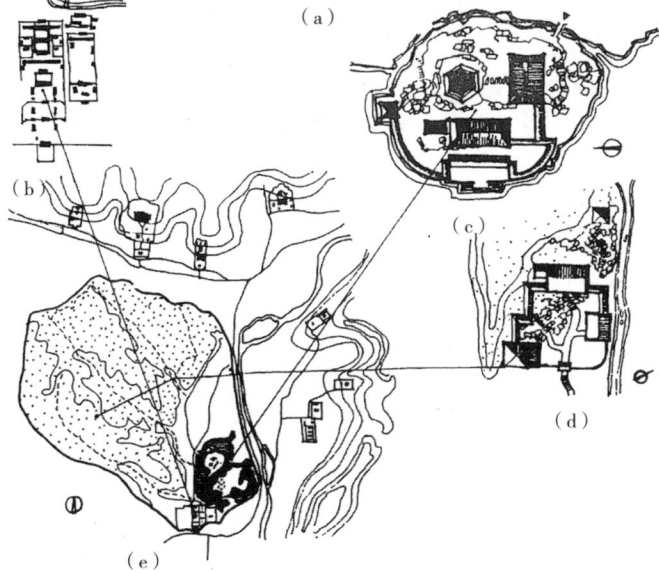

（c）

（a）

（b）

（c）

（d）

（e）

图 1-1-3　承德避暑山庄
（a）"天宇咸畅"建筑群平、立面图；（b）正宫建筑群平面图；（c）湖区建筑群平面图；（d）山区"食蔗居"建筑群平面图；（e）总平面图

七星岩洞口台地上，取意仙山琼阁，立面构图借鉴了广西三江程阳桥桥亭的形式（图1-1-4）。豁然亭建于七星岩游览线末端洞口，于亭内可眺望东山的俊俏群峰（图1-1-5）。重庆北温泉风景名胜区的乳花洞、峨眉山清音阁的洗心亭则利用天然瀑布山涧组景。北温泉靠着嘉陵江边，山壁瀑布天成，右侧有乳花洞，在岩洞上建亭，向左可俯瞰乳花瀑布，向右可眺望嘉陵江的秀丽景色，于亭中小憩可品赏江涛及飞瀑（图1-1-6）。清音阁为佛教寺院，建于峨眉山半山两条溪泉峡谷之间，终年云雾缭绕、瀑布喧腾（图1-1-7）。

图1-1-4 桂林七星岩碧虚阁

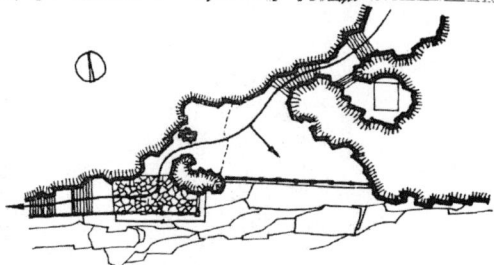

图1-1-5 桂林七星岩豁然亭

图 1-1-6　重庆北温泉乳花洞
（a）人视图；（b）平面示意图

（a）

（b）

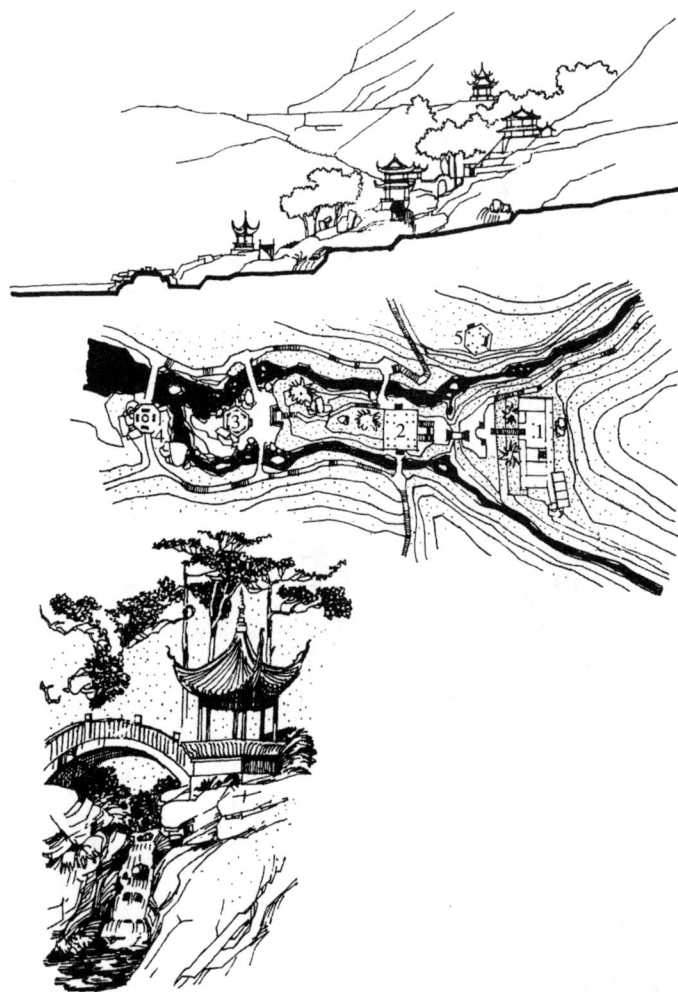

这些例子说明，在自然风景优美的地区组景，比较容易取得良好的景观效果。在一般地区由于缺少这些良好的自然条件，组景立意会比较困难，但只要在设计过程中深入调查研究，不放过任何有利的自然条件，还是可以做到立意新颖的。譬如天津水上公园东门，被认为是较有新意的作品，原因也是在立意中重视了环境的因素，贯彻了"因境而成""得景随形"的原则：东门这一景点在设计上结合不规则的地形，突破一般公园大门的布局手法，采用开敞的环形空花廊分隔园内外空间取得了通透的效果；此外，还把园内宽畅的湖水纳入园门塑造画面，使其切入水上公园的题意；在此基础上，又把售票、候船、儿童火车站的交通联系等各种不同的功能要求，通过门内外的广场把它们有机地组织起来，达到了空间更加富于变化的目的；在捕捉景源上还将园中三岛制高点眺园亭作为借景的对象，使画面更为生色（图 1-1-8）。

图 1-1-7　峨眉山清音阁
1—清音阁；2—接御亭；3—洗心亭（双桥清音）；4—洗心台；5—神秀亭

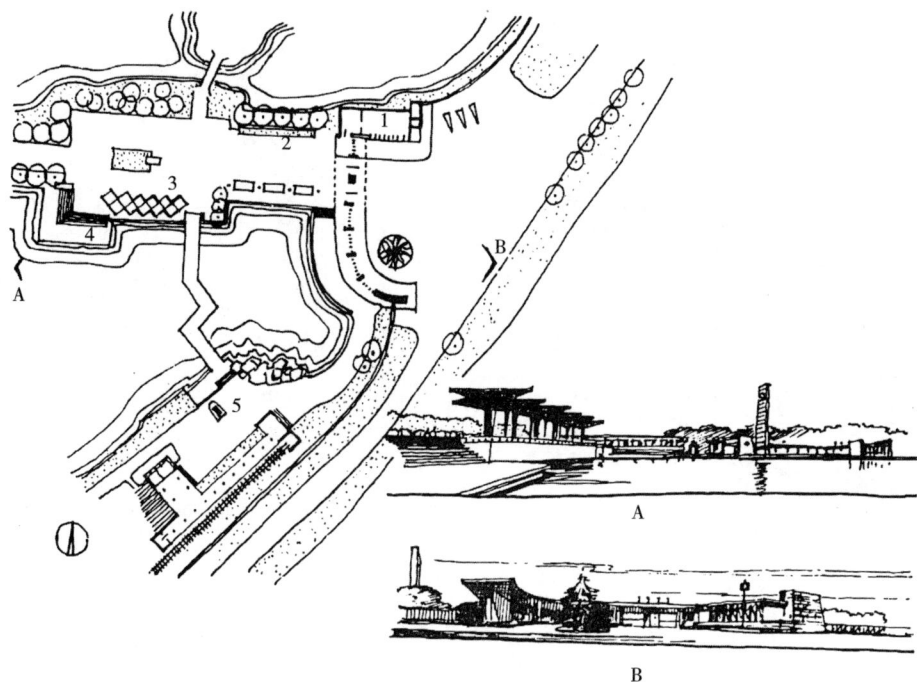

A

B

图 1-1-8　天津水上公园
东门建筑群
1—售票；2—宣传栏；
3—候船廊；4—候船码
头；5—儿童火车站

1.2　园建选址

上节曾述及环境条件在园林建筑组景立意中的地位和作用，园林建筑设计是创造某种和大自然相谐调并具有某种典型景效的空间塑造。一座公园或一幢观赏性建筑物如选址不当，不但不利于艺术意境的创造，且会因降低观赏价值而削弱景观的效果。

以亭为例，历代名园所建造的亭子，如：圆亭、方亭、六角形亭、八角形亭、半壁亭、双环亭、单檐亭、重檐亭等，大小不同、形状各异、不可胜数，而真正让人印象深刻成为名亭的，除了亭子本身造型外，更加重要的在于选址恰当。长沙岳麓山山腰的爱晚亭，处于进入陡峭山区的前哨，是登山的必经之地，亭子建立在一小块较平坦的高地上，从山下仰视高峻清雅，在亭内往外眺望茫茫苍苍，山路、小桥、池塘蜿蜒曲折于茂林中更富幽趣（图 1-2-1）。同样，如避暑山庄内的"南山积雪""四面云山""锤峰落照"等，虽只是一些造型简单的矩形亭子，由于建造在山巅山脊高处，使亭子的立体轮廓十分突出，登亭远眺，视野极其辽阔，随着时节晨昏的变化，可以细细玩味积雪、云山、落照、锤峰（指避暑山庄园外武烈河对岸的罄锤峰）等优美景色。广州白云山 20 世纪所建的湖心冰室于山峦环抱的湖泊中，洁白的建筑体形与掩映碧波和青翠欲滴的绿丛形成鲜明的对照，冰室造型简朴，好像飘浮于湖面的一叶轻帆，在微风荡漾中颇具动态，起到因水成景之效。总之，"相地合宜，构园得体"是进行园林建筑空间布局的一项重要准则。

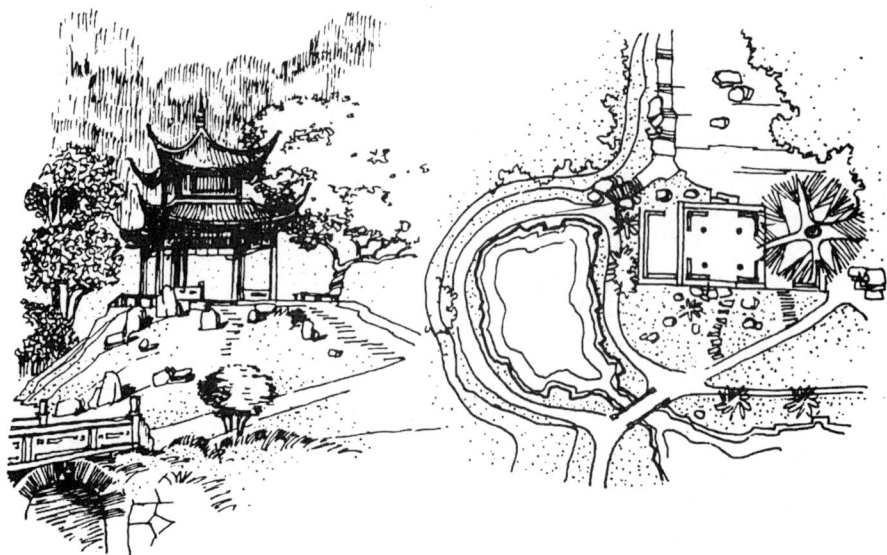

图 1-2-1 长沙岳麓山爱晚亭

在一些城市公园中，往往由于没有现成的风景可资利用，或虽有山林、水泊等造园条件，但景色平淡，还需要凭借设计人的想象力进行改造，以提高园址的素质。

传统上造园大体可分自然式园林和规则式园林两种。规则式园林人工气息浓厚，多采用对称平面布局，一般建在平原和坡地上，园中道路、广场、花坛、水池、喷泉、雕像等按几何图案布置，林木排列成行，甚至树形轮廓也按几何图形修整，园林风格多追求豪华和气魄。这种规则式园林的设计手法，在欧洲古典园林中经常看到，今天多用在城市广场、街心花园等地，在城市公园中也有采用。规则对称的空间布局，在我国古代自然式园林中某些景区也有使用，如北京颐和园的画中游，位于万寿山前，建筑为对称布局，随山就势，呈前低后高格局，各园林建筑单体用爬山廊连接，既有观赏昆明湖的外向空间，又有观赏内庭院假山之景的内向空间（图 1-2-2）。还有承德避暑山庄的梨花伴月，也是结合地形，因势而构，建筑群组合成各个院落，中央部分有主体建筑加两侧爬山廊围合成中心院落，"永怡居"居中，前半部分以水面为主，后半部分以叠石假山为主（图 1-2-3）。虽采用规则对称布局，但在植物、山石的配置上则完全采用天然形态。

从构图技法上，规则和自然是相对的，采用何种形式决定于功能和造景的要求。从环境和用地上，平原地区较适合规则式的园林布置。自然式造园多强调自然的野致和变化，在布局中几乎是离不开山石、池沼、林木、花卉、鸟兽、虫鱼等来自山林、湖泊的自然景物。因此，考虑自然式园林的选址，最好是山林、湖沼、平原地貌三者均备，避暑山庄、颐和园所选园址都是如此。

山林地势有曲有伸、有高有低、有隐有显，自然空间层次较多，只要因势就形便可使空间变化多样。傍山的建筑借地势起伏错落组景，并以山林为

图 1-2-2 北京颐和园画
中游
（来源：张浪．图解中国
园林建筑艺术 [M]．合肥：
安徽科学技术出版社，
1996．）

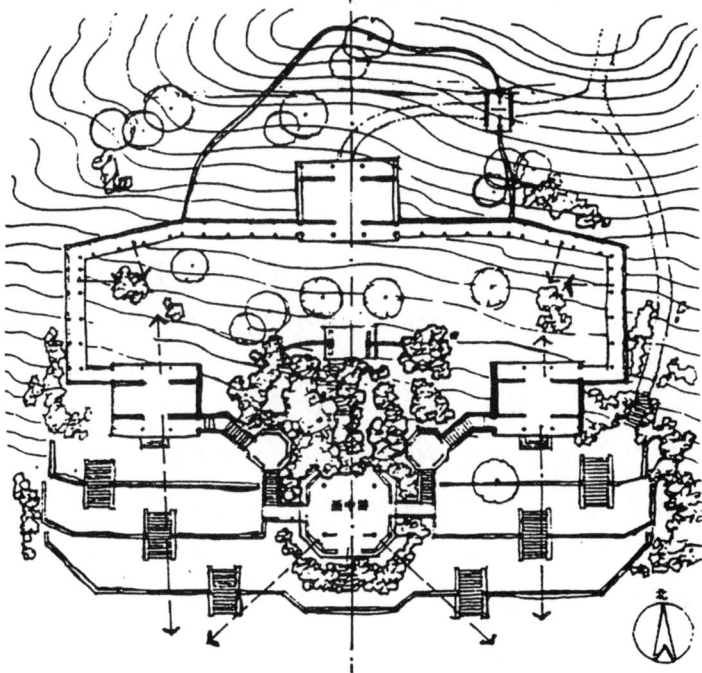

图 1-2-3 承德避暑山庄
梨花伴月
（a）梨花伴月复原图；
（b）梨花伴月平面复原图
（来源：张浪．图解中国
园林建筑艺术 [M]．合肥：
安徽科学技术出版社，
1996．）

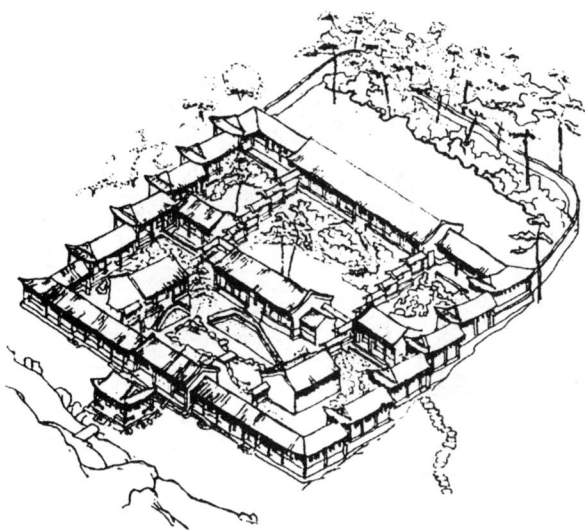

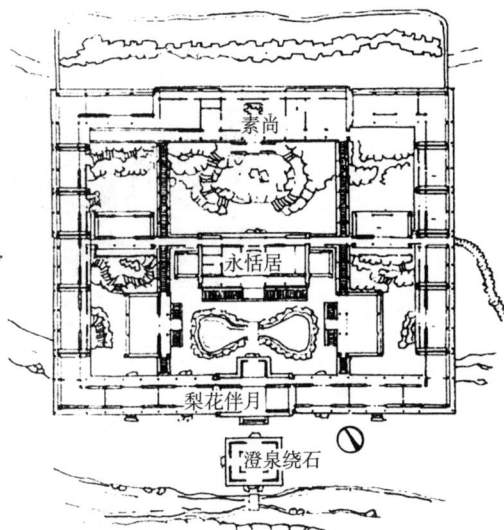

（a） （b）

衬托，所成的画面多具天然风采。清乾隆帝在避暑山庄三十六景诗序中所提"盖一丘一壑、向背稍殊，而半窗半轩，领略顿异，故有数楹之室，命名辄占数景者"，正道出在山林地造园的优点。同样，在湖沼地造园，临水建筑有波光倒影衬托，视野相对显得平远辽阔，画面层次亦会使人感到丰富很多，且具动态。

历来我国造园在传统上喜爱山水，即在没有自然山水的地方也多采取挖湖堆山的办法来改造环境，使园内具备山林、湖沼和平原三种不同的地形地貌。北京北海白塔山和苏州的拙政园、留园、怡园的水池假山，都是采取这种造园手法以提高园址的造景效果。

园林建筑相地和组景意匠是分不开的，峰、峦、丘、壑、岭、崖、壁、嶂，山型各异；湖、池、溪、涧、瀑布、喷泉，水局繁多；松、竹、梅、兰，植物品种形态更是千变万化。在造园组景的时候，需要结合环境条件，因地制宜综合考虑建筑、堆山、引水、植物配置等问题，既要注意尽量突出各种自然景物的特色，又要做到"宜亭斯亭""宜榭斯榭"，恰到好处。如属人工摹拟天然的山型、水局，则务须做到神似逼真、提炼精辟，而切忌粗制滥造，庸俗虚假。

园林建筑选址，在环境条件上既要注意大的方面，也要注意细微的因素，要珍视一切饶有趣味的自然景物、树木山石、清泉溪涧，以至古迹传闻，对于造园都十分有用。或以借景、对景等手法把它纳入画面；或专门为之布置富有艺术性的环境供人观赏。如苏州虎丘剑池及其左侧的吴中第三泉，利用峡谷和细小的泉水组景颇具雅趣，可中亭建于剑池旁半山腰转折处，由此往上通往怡石轩，往左通吴中第三泉。吴中第三泉位于剑池左侧，亭子架设在狭长空间左上角崖石之上，于亭内可俯瞰泉水，下方为月洞门（图1-2-4、图1-2-5）。

图1-2-4　苏州虎丘剑池可中亭

图 1-2-5　苏州虎丘吴中第三泉

福建武夷山风景名胜区有一景称"云窝"，景名源于炎夏季节从石穴中常有潮湿的寒气化为薄雾飘浮于洞穴之外，云烟缭绕。"云窝"处于武夷山隐屏峰半山腰游览路线的中途，设计者利用天然洞穴组景，于石穴内设石桌、石凳供人纳凉憩息，并在左侧山崖石壁交汇处砌筑洞门、梯级，使景区空间分隔明确，游人步入"云窝"顿觉清凉无比（图 1-2-6）。武夷山仙家传说很多，佳

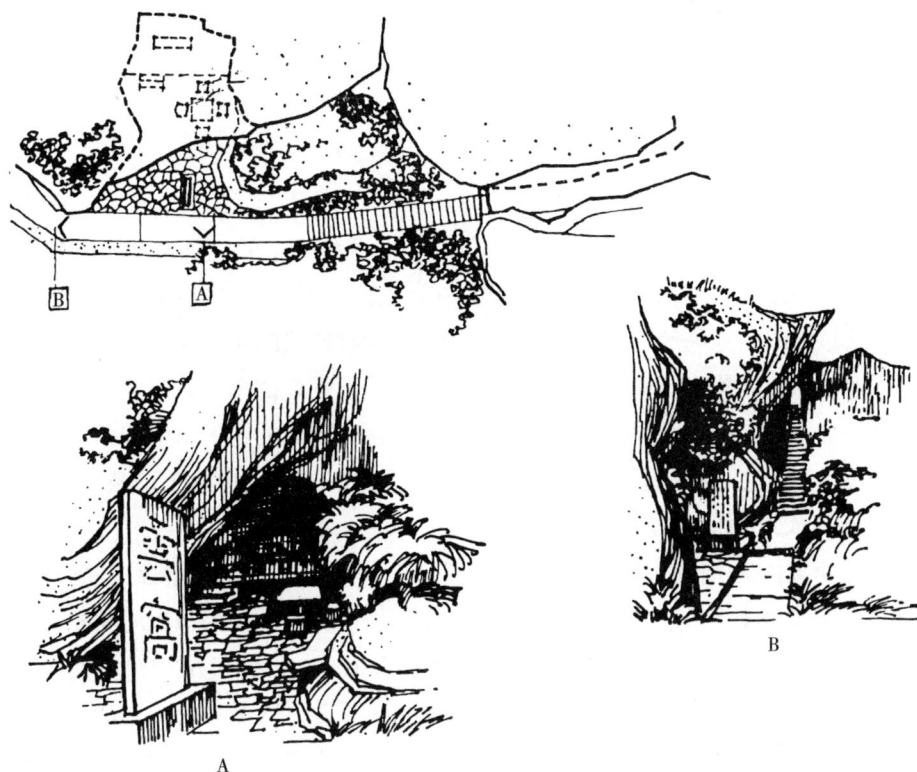

图 1-2-6　武夷山风景点云窝

图 1-2-7 武夷山隐屏峰
仙弈亭

丽的景区几乎都和神仙故事相联系，其中一景亭据说是神仙腾云驾雾来此下棋的地方，故名仙弈亭。仙弈亭建于隐屏峰山崖千仞峭壁之上，设有盘山石级及铁梯，可从左侧攀援而上。亭与对面仙掌峰上的半天亭遥相呼应。从设计上看，选址极妙，若论亭子规模和造型因受地形条件限制，不过是一座体量很小、造型古朴的石亭，亭内空间十分局促只能设一小石桌和二石凳供人对弈，但因亭子建在接笋峰挺拔险峻的悬崖峭壁间，似无人能够攀援抵达，每当云雾飘渺，万籁俱寂，身临其境，真似进入神仙世界（图 1-2-7）。

无数实例说明，景不在大，只要有天然情趣，画面动人，能从中获得美的享受，都可成为园林建筑的佳作。

1.3 规划布局

布局是园林建筑设计方法的中心问题，有了好的组景立意和基址环境条件，但布局凌乱，不合章法，则不可能成为佳作。园林建筑的场地布局内容广泛，从总体规划到局部建筑的处理都会涉及。园林建筑的布局，离不开园林的整体规划，而园林建筑的布局也会直接影响着园林的规划布局。园林建筑承担了居、息、游、赏等多种功能，在用地上常常占有较大的比例，中国传统园林中一般在六分之一左右。园林中各种建筑形体如何与山水相结合，融为一体，会直接影响到园林特色的形成。

南朝齐梁时期画家、绘画理论家谢赫在《古画品录》中谈到"经营位置"，即西方画论中的"构图规律"，阐述了如何解决总体结构与布局问题，使得结构合理、主次分明、远近得体、变化中求统一，讨论了疏密、参差、明暗、呼应、虚实、藏露、曲直、层次以及宾主关系等，既是画论，也是园林的基础理论。中国园林追求自然之美，师法自然而高于自然，其规划布局特点可概括为：源于自然、寓意在先；相地合宜、因借体宜；分而不离、相互贯通；疏密有致、曲折变幻。中国园林建筑布局正如画论中所说："画有法，而无定法"，有"法"而不拘于"法"，重在艺术地再现自然之美。明朝计成在《园冶》中强调："构园无格"，即没有固定不变的模式。但却有"法"可依——"巧于因借，精在体宜"。

1.3.1　疏密有致，阴阳相生

道家创始人老子把宇宙万物概述成："万物负而抱阳，冲气以为和"，"有无相生，难易相成，长短相形，高下相盈，声音相和，前后相随，恒也"。即"有"和"无"这两种力量和谐而又动态地共存。造园也不例外，如果把园林中源于自然的山水、植物等看作为"阴"，而把纯人工的建筑看作为"阳"的话，那么"阴"盛则过于荒凉，"阳"旺则流于造作。就像中华医学的基本观点"调整阴阳之气平衡"一样，造园者追求的正是阴与阳相平衡的关系。所以园林建筑在园林中的轻与重、大与小等关系的协调，是园林建筑布局的首要问题。中国传统园林建筑布局有许多好的范例，如颐和园、拙政园等园林建筑布局都很成功（图1-3-1、图1-3-2）。可见"阴阳相生、有无相成"是中国园林建筑布局的特点和手法之一。

在园林规划布局中，如果景物过密，就会使人感到窒息，过疏则又松弛无力，因此要处理好疏密关系。南宋大画家马远，画山只见山一角，画水只见水一边，画幅上大面积留白以表现画笔之外不尽的意境，正如清代书法家邓石

图1-3-1　北京颐和园万寿山平面图
1—朝房部分；2—乐寿堂；3—排云殿；4—佛香阁；5—谐趣园；6—听鹂馆；7—画中游；8—苏州河；9—苏州街
（来源：赵兴华. 北京园林史话[M]. 北京：中国林业出版社，2000.）

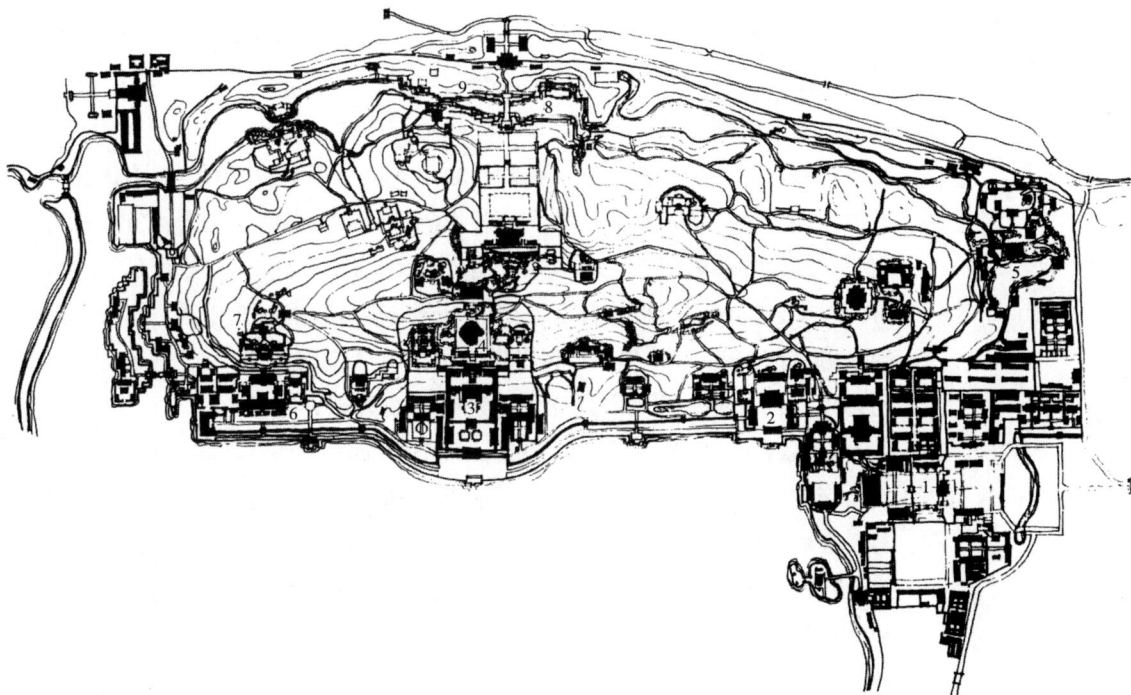

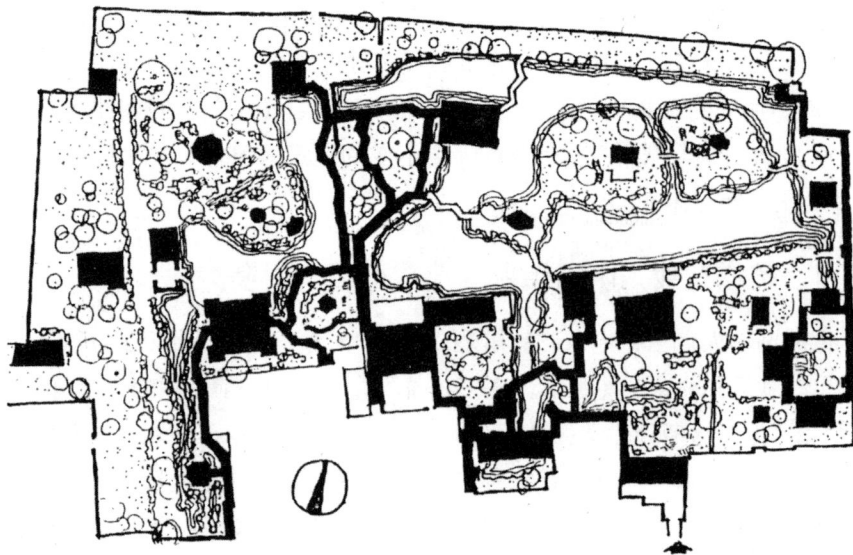

图 1-3-2　苏州拙政园中西部平面图
（来源：张浪．图解中国园林建筑艺术 [M]．合肥：安徽科学技术出版社，1996．）

如所说："字画疏处可走马，密处不使透风，常计白以当黑，奇趣乃出"。唐代白居易的《琵琶行》中也有"此时无声胜有声"之述，描述了音乐中休止的魅力，以便更好地表现弦外之音。不单绘画、音乐如此，其他如篆刻、书法等艺术形式也是如此。疏密关系就整体而言，要做到有疏有密，疏密相间；就局部而言，要做到疏处求密，密处求疏。倘若密处无疏可求，则少空灵之趣，显得壅塞；反之，如果疏处无密可求，则无蕴蓄，使人一览无余，缺乏深邃之感。清代陈昊子《花镜》卷二"种植位置法"中提到："前有芳塘，后须筑台榭以实之；外有曲径，内当垒奇石以邃之。"这就是疏密布局，达到协调的境界。园林建筑布局同样如此，才能取得完美的境界，许多名园无不利用这种法则进行园林建筑布局。如江南名园的苏州网师园在建筑布局上就不均匀，疏密变化极其强烈地达到了黑白分明的效果。网师园占地八亩余，水池面积约半亩，绕池建有临水之亭、廊、水阁、石桥；池不大但显得十分开阔，且有源头不尽的感觉。因池岸低矮，由黄石堆叠的假山洞穴，高低藏露亦配合得宜。网师园东侧厅堂部分院落采用小空间形式。建筑较密，由厅堂转入主庭园后，空间在明暗、大小、收放、严整与自由各个方面，采用较强的对比手法，增加了艺术的趣味感（图 1-3-3）。其入口两侧小山丛桂轩和琴室一带，空间紧凑，建筑排列有序，分布集中，使人置身于建筑围合成的天井空间之中，加上景素众多，令人目不暇接。随廊而入，过濯缨水阁到网师园中部，柳暗花明、豁然开朗，大水面四周或桥、或廊、或亭、或假山，建筑密度顿时减小，使人视线大开，心理放松。至"月到风来亭"时感到周身一丝凉意，心旷神怡。而北部"看松读画轩"与"读画楼"一带建筑又一次相对集中。网师园中园林建筑正是在这种由密到疏、由疏到密中，或旷、或奥，奏响了一首节奏强烈的乐章。其他如拙政园、留园、豫园、个园、何园等，也是如此，都收到了很好的效果。

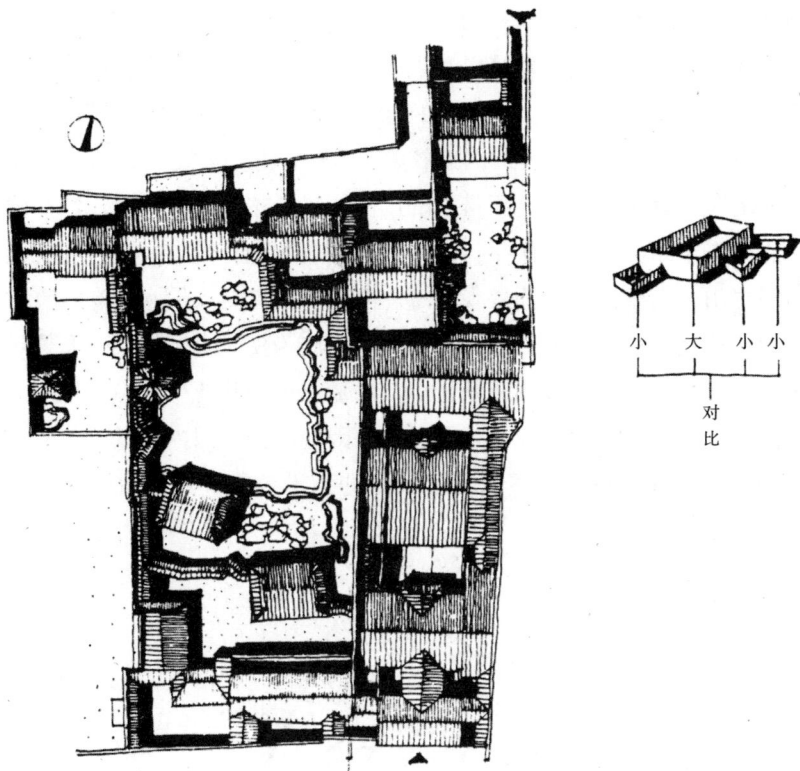

图 1-3-3　苏州网师园平面图
（来源：张浪.图解中国园林建筑艺术[M].合肥：安徽科学技术出版社，1996.）

1.3.2　巧于因借，内外结合

"巧于因借"，"因"是因地制宜，从实际出发。即"随基势之高下，体形之端正，碍木删桠，泉流石注，互相借资；宜亭斯亭，宜榭斯榭，不妨偏径，顿置婉转；斯谓'精而合宜'者也。"[①] 这就告诉我们园林建筑布局只有先"因"，然后才能"宜"，无"因"则无"宜"可言。关于"内外结合"，《园冶》中有"园虽别内外，得景则无拘远近，晴峦耸秀，绀宇凌空，极目所至，俗则屏之，嘉（佳）则收之……"意思是说，园虽有内外之别，但景色并无远近之分，如遇青山耸立的秀色，古寺凌空的胜景，凡是目力所及的，庸俗的给予遮蔽，美好的应该汲取过来。由此可见在园林建筑规划布局时还得考虑到内外结合、上下左右、相互借资，皆可成景。

无锡寄畅园地处惠山一角，原自然地形就呈西高东低之态势，与惠山优美景色相连，南有新河与京杭大运河及无锡县城相通，园地原为惠山寺之僧房，存有千年老樟等古树，更有惠山名泉之水顺势流入园内。山、水、古树、交通等造园条件一应俱备，可谓"相地合宜"。寄畅园在"构园得体"上狠下功夫，依山就势，低开水域，引泉入池，形成了山水依托，相得益彰的大结

---

① （明）计成.园冶.

构。园林建筑布局在这种大结构的调色盘上顺势而立。除入口部分为满足必要的功能而相对集中外，其他建筑以散点为主，以满足造景和观景的需要。如水边知鱼槛近观内中"古柯"，远观惠山英姿，"环翠楼""涵碧亭""凌虚阁"等取景也很相近。而从"鹤步滩""秉礼堂""环翠楼"等处极目东望，园外惠山"龙光塔"又收眼底，是"因借"的佳例。从总体布局上来看，园林建筑围水面一边分布于东侧，与山体平行的狭长水面北侧也有分布。这样在视线组织上以西观惠山、南望龙光塔为外观主流。内部蜿蜒走向，使水面有收有放，增加了层次，达到步移景异的效果。把长形水面作为视线走廊的话，东侧建筑与西侧山体恰好均衡。寄畅园的园林建筑在数量上不如其他园林多，但布局却十分考究。造景与环境相融，观景位置极佳，因地而借。园内园外的景观融为一体，做到了"身在小园中，尽收园外景"的艺术效果，真正做到了"巧于因借，内外结合"（图 1-3-4）。

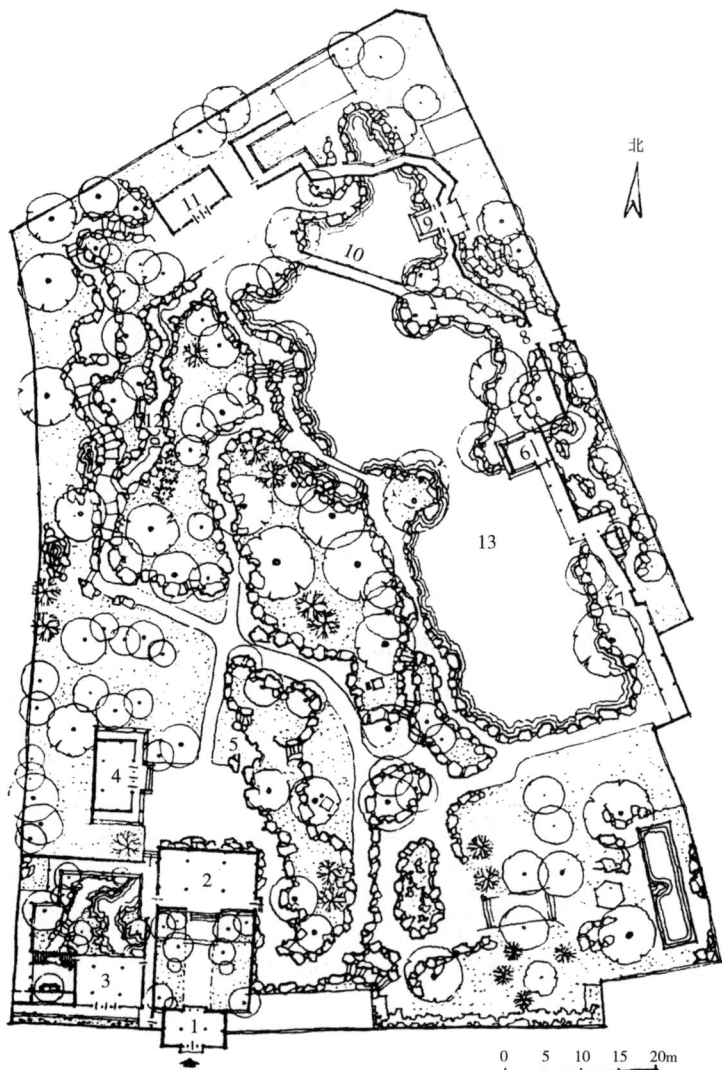

图 1-3-4 无锡寄畅园平面图

1—入口；2—双孝祠；
3—秉礼堂；4—含贞斋；
5—九狮台；6—知鱼槛；
7—郁盘；8—清响；
9—涵碧亭；10—七星桥；
11—嘉树堂；12—八音洞；13—锦汇漪
（来源：冯钟平. 中国园林建筑 [M]. 北京：清华大学出版社，1988.）

北

0 5 10 15 20m

1.3.3　综合平衡，聚散两依

　　园林是多种因素的综合体，如何巧妙地将这些因素组织在一起构成相互平衡的整体是园林设计师需要着重思索的问题。西方园林利用绝对对称的手法来取得平衡，就像西方人发明的天平一样，支点居中，两边等重读数。法国造园家勒诺特尔设计的沃勒维贡特庄园正是这样，用规则式对称布局，轴线居中（图1-3-5）。东方园林常用不对称均衡的手法来求得平衡，就像中国秤一样，支点（平衡点）偏离中心，用小小的秤锤与较重的物体求得平衡。中国园林以这种不对称均衡的手法来求得综合平衡，园林建筑布局在服从园林总体布局的前提下照顾综合平衡的需要。

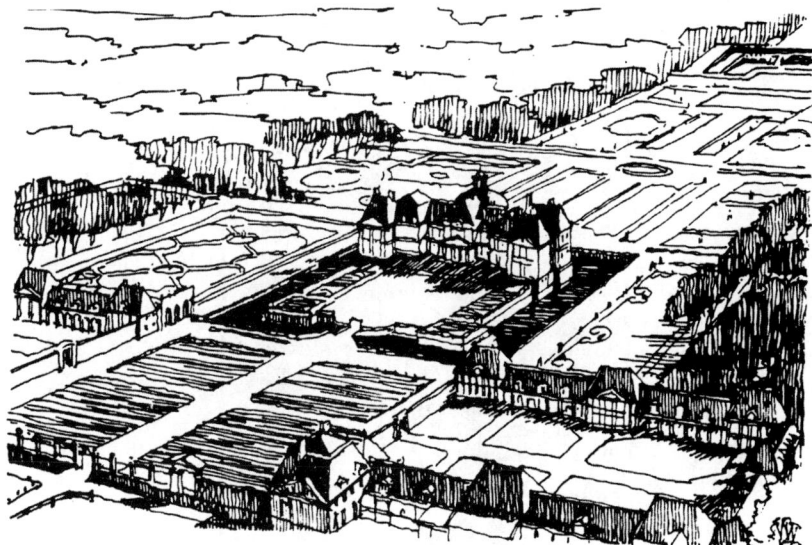

（a）

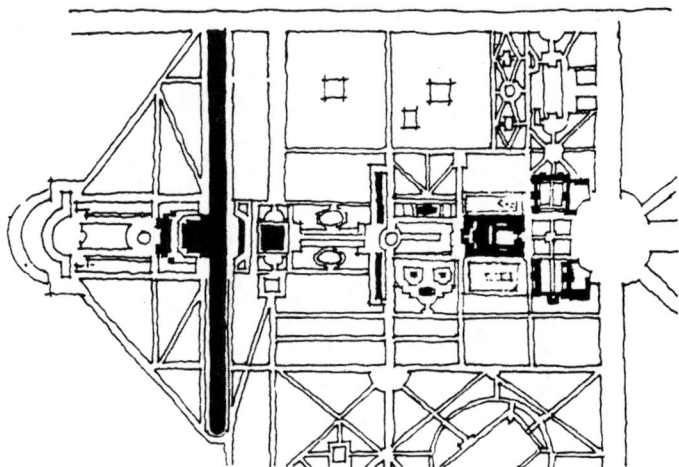

（b）

图1-3-5　法国维贡庄园
（a）鸟瞰图；（b）平面图
（来源：张浪.图解中国园林建筑艺术[M].合肥：安徽科学技术出版社，1996.）

中国园林建筑布局在运用结合环境、综合平衡的手法上，产生了许许多多的佳例。南京瞻园就是其中之一，如果我们把这一南北狭长的园林，以园中主体建筑静妙堂中心线顺南北向延伸，并把这条沿水域延伸的主风景视线定为拟对称轴线的话，则不难发现，西边用地广阔，地势较高，其中只点缀了两亭，而东西虽用地狭窄，却沿墙曲折蜿蜒地布局一组园林建筑。这样一来拟对称轴线两边相互平衡，并且建筑面向山水，便于观赏，收到了清雅和谐宜于静赏的画境效果（图 1-3-6）。

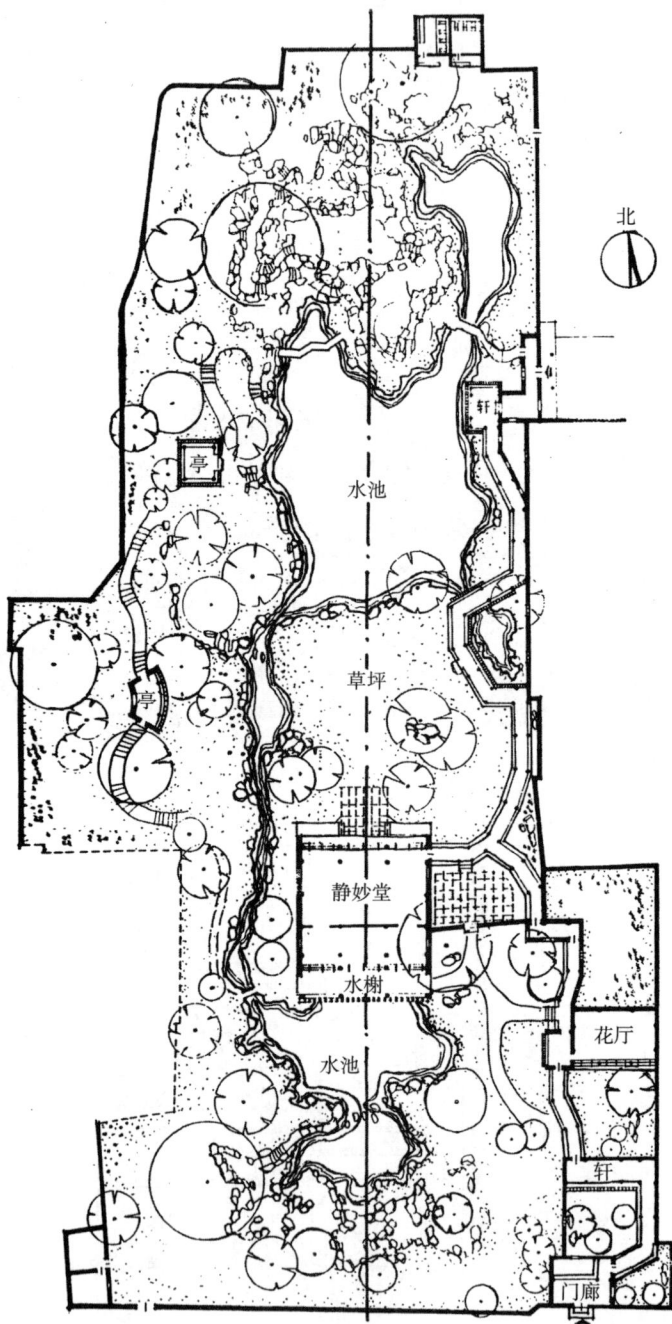

图 1-3-6　南京瞻园平面图
（来源：张浪. 图解中国园林建筑艺术 [M]. 合肥：安徽科学技术出版社，1996.）

同时，园林建筑配合园林景区的划分，以及各景区不同特色上进行合理地布局，化整为零，散中有聚，相互联系。建于清代的北京圆明园，占地面积大，分区明确，加上考虑借万寿山、西山之景色，园林建筑在造景与观景安排上或登山临水、或穿峡渡涧、或深幽曲折、或开阔明朗，烘托出以水景为主的山水风景主体和特色，同时又能满足不同等级功能区域的需求。建筑布局分散，空间豁达，富有层次，做到了形散而神不散。

1.3.4 平面曲折，高低错落

中国园林建筑布局的艺术手法中，"平面曲折，高低错落"是运用最广泛的手法之一。原因在于中国园林追求的是再现自然山水之美，而不像西方园林那样着意表现规整的人工之美。园林建筑只能围绕着山水骨架进行布局，而建筑毕竟是方正有序的人工之作，不可能像自然山水那样随曲而弯。只有把建筑随地形的转折起伏进行摆放，才能取得与山水骨架相呼应的艺术效果。园林布局与古代的宫殿、寺院沿着中轴线排列，左右对称，追求庄严肃穆的效果不同，讲究的是曲折幽深、引人入胜、步移景异，故园林建筑布局不会左右对称地沿一条轴线整齐排列，必然采用平面曲折、高低错落的布局手法。

图 1-3-7 北京颐和园谐趣园的廊在布局中的作用（来源：张浪. 图解中国园林建筑艺术 [M]. 合肥：安徽科学技术出版社，1996.）

中国园林建筑单体与中国其他类型建筑单体在平面上基本相同，一般呈方形、圆形，要有丰富的转折与错落谈何容易。但园林建筑家族中的廊，就很好地解决了这一问题。廊除供人行走外，并无其他独立的功能，一般不会单独出现，结构上也很简单。它的最大作用是连接其他类型的园林建筑。廊可长、可短、可上、可下、可折、可弯，非常灵活。所谓"任经高低曲折，自然断续蜿蜒"[①]。可以说园林建筑正是因为有了廊才使"平面曲折、高低错落"的布局得以实现。北京颐和园中的谐趣园，其园林建筑布局结合万寿山后山角的自然地形，绕水面一周，一气呵成。或亭、或轩、或堂、或楼，借廊得以相连，曲曲折折，可为佳例，再伴着叮咚泉水和阵阵松涛，宛若一首优美的交响乐（图 1-3-7）。北海濠濮涧、颐和园的云松巢等，园林建筑群也是利用廊的曲折，上下设置把平面上排列有序的园

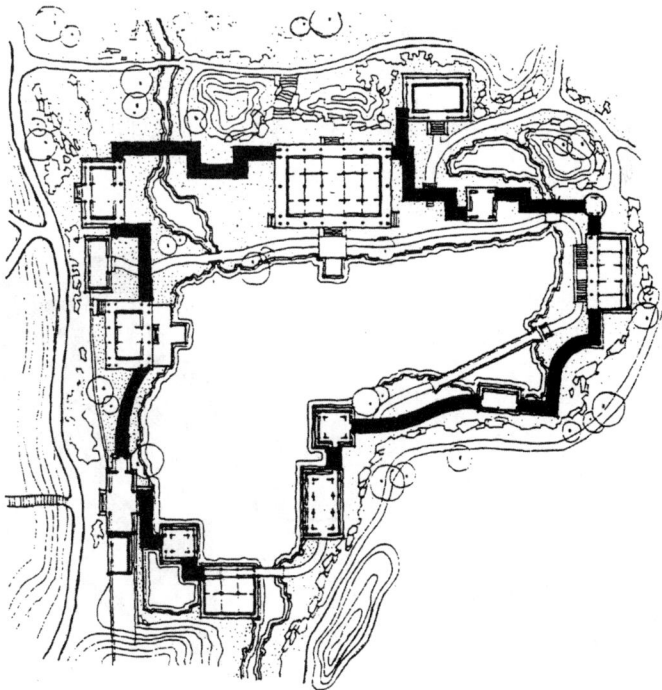

---

① （明）计成. 园冶.

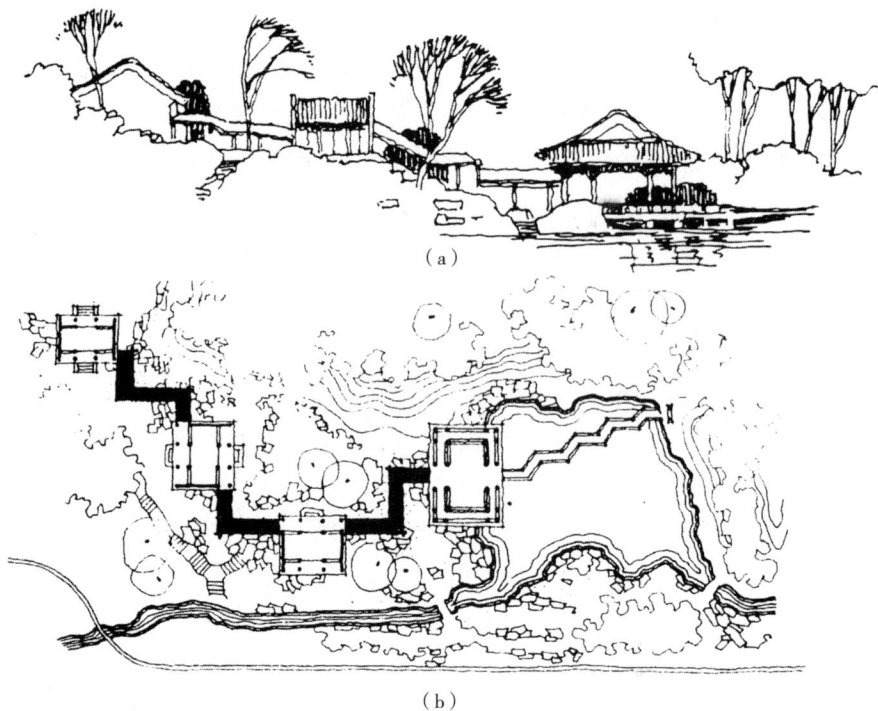

图 1-3-8 北京濠濮间的
廊在布局中的作用
（a）立面图；（b）平面图
（来源：张浪. 图解中国
园林建筑艺术 [M]. 合肥：
安徽科学技术出版社，
1996.）

林建筑单体紧密地相连，形成平面曲折，高低错落的整体（图 1-3-8）。与北方皇家园林建筑布局相比，南方私家园林建筑布局中廊的曲折程度要强得多（图 1-3-9）。表现出更大的灵活性，主要是廊的曲折程度加大的缘故。正如计成在《园冶》中说："古之曲廊，俱曲尺曲，今予所构曲廊，之字曲者"。然后达到"随形而弯，依势而曲"的效果。中国园林建筑布局中借助廊的运用，完美地实现了平面上曲曲折折，竖向上随地形的起伏而高低错落。

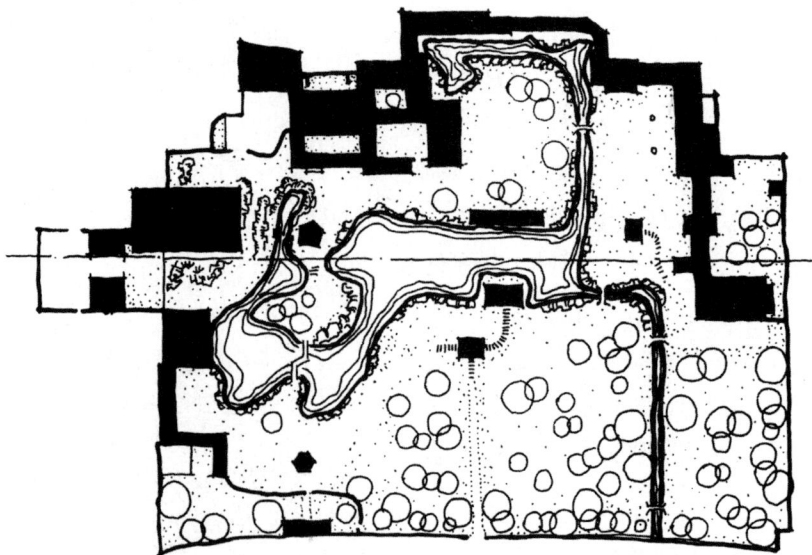

图 1-3-9 上海南翔漪园
建筑布局于北侧达到综合
平衡示意图
（来源：张浪. 图解中国
园林建筑艺术 [M]. 合肥：
安徽科学技术出版社，
1996.）

1.4 空间设计

1.4.1 空间组合

园林建筑空间组合形式常见的有以下几种：

1. 由独立的建筑物和环境结合，形成开放性空间

这种空间组合形式多使用于某些点景的亭、榭之类，或用于单体式平面布局的建筑物。点景，即用建筑物来点缀风景，使自然风景更加生动别致。这种空间组合的特点是以自然景物来衬托建筑物，建筑物是空间的主体，故对建筑物本身的造型要求较高。建筑物可以是对称布局，也可以是非对称布局，视环境条件而定。古代西方的园林建筑空间组合，最常用的是对称开放式空间布局，即以房屋（宫殿、府邸）为主体，用树丛、花坛、喷泉、雕像、规则的广场、道路等来陪衬烘托建筑物。由于大多采用砖石结构的关系，建筑物空间比较封闭，建筑物的室内空间和室外花园空间互相很少穿插和渗透（图 1-4-1）。

2. 由建筑组群自由组合的开放性空间

这种空间组合与前一种组合形式相比，视觉上空间的开放性是基本相同的，但一般规模较大，建筑组群与园林空间之间可形成多种分隔和穿插。在古代多见于规模较大，采取分区组景的帝王苑囿和风景名胜区中，如北海五龙亭（图 1-4-2）、避暑山庄水心榭（图 1-4-3）等。五龙亭位于北海西北角，对称布局，分三种样式，中轴线上为上圆下方重檐攒尖顶，两侧为方形重檐攒尖

图 1-4-1 18 世纪俄罗斯皇室园林

图 1-4-2 北京北海五龙亭

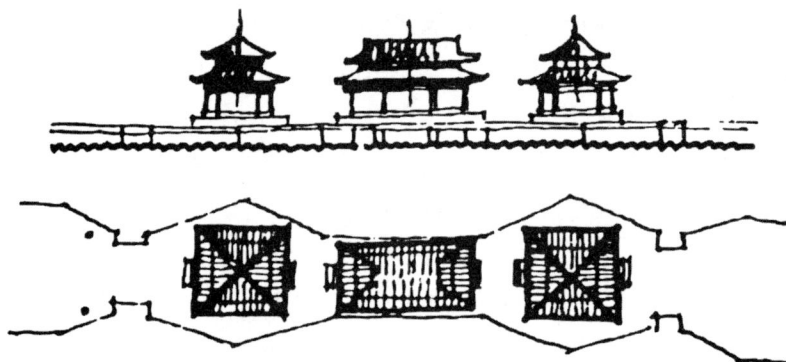

图 1-4-3 避暑山庄水心榭

顶，最外侧为单檐方形攒尖顶，整体主次分明，既富变化而又统一。杭州西湖风景名胜区中的平湖秋月（图 1-4-4）、三潭印月水景和西泠印社山石景。三潭印月位于西湖中心，渡船可至，景点主要由两座亭子连以曲桥而成。碑亭为单檐六角攒尖顶，碑刻有"三潭印月"题字。南面长亭为歇山顶，亭南设有临水平台，可眺望浮于水面的石潭三座，每于月夜，倒影摇曳，景色迷人（图 1-4-5）。小孤山上的西泠印社山庭，围绕天然泉池建有石室、亭、阁、经塔等，均采用自由式布局，手法典雅，沿池岸石壁有碑刻及雕像，面向西湖一侧的四照阁，凭窗可远眺妩媚的湖光山色（图 1-4-6）。还有成都位于锦江之滨的望江楼公园，建筑布局自由灵活，所围合的空间富于情趣，其中崇丽阁以其多层的体量在构图上成为建筑群的主体（图 1-4-7）。由建筑组群自由组合的开敞空间，多采用分散式布局，并用桥、廊、道路、铺面等使建筑物相互连接，但不围成封闭性的院落，空间围合可就地形高下、随势转折。此外，建筑物之间有一定的轴线关系，使能彼此顾盼，互为衬托，有主有从。至于总体上是否按对称或非对称布局，则须视功能和环境条件而定。

3. 由建筑物围合而成的庭院空间

这是我国古代园林建筑普遍使用的一种空间组合形式。庭院可大可小，围合庭院的建筑物数量、面积、层数均可伸缩，在布局上可以是单一庭院，也

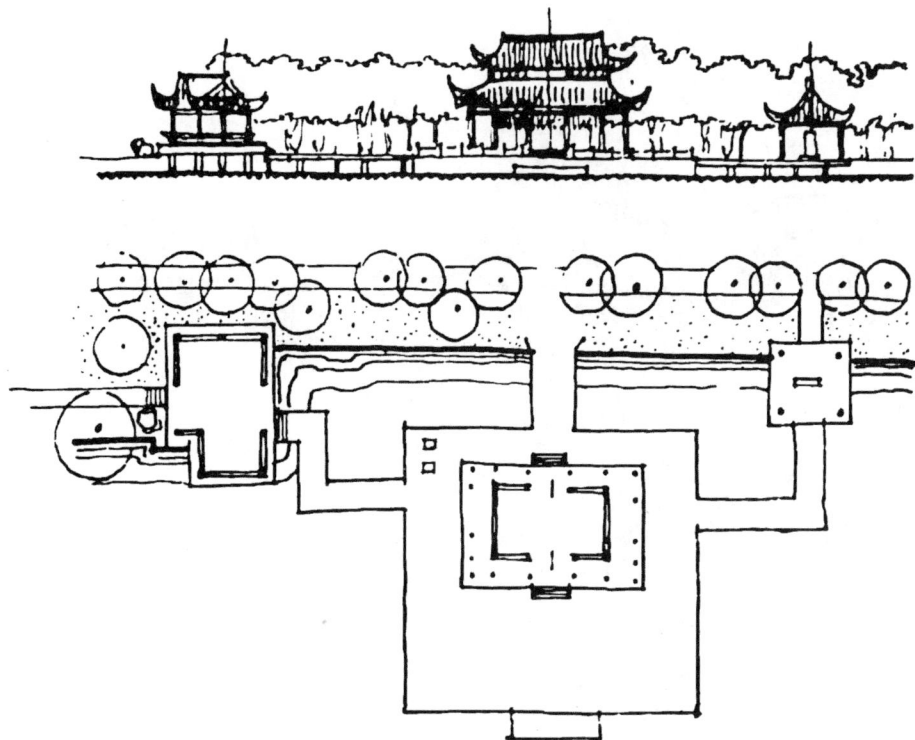

图 1-4-4 杭州西湖畔平湖秋月

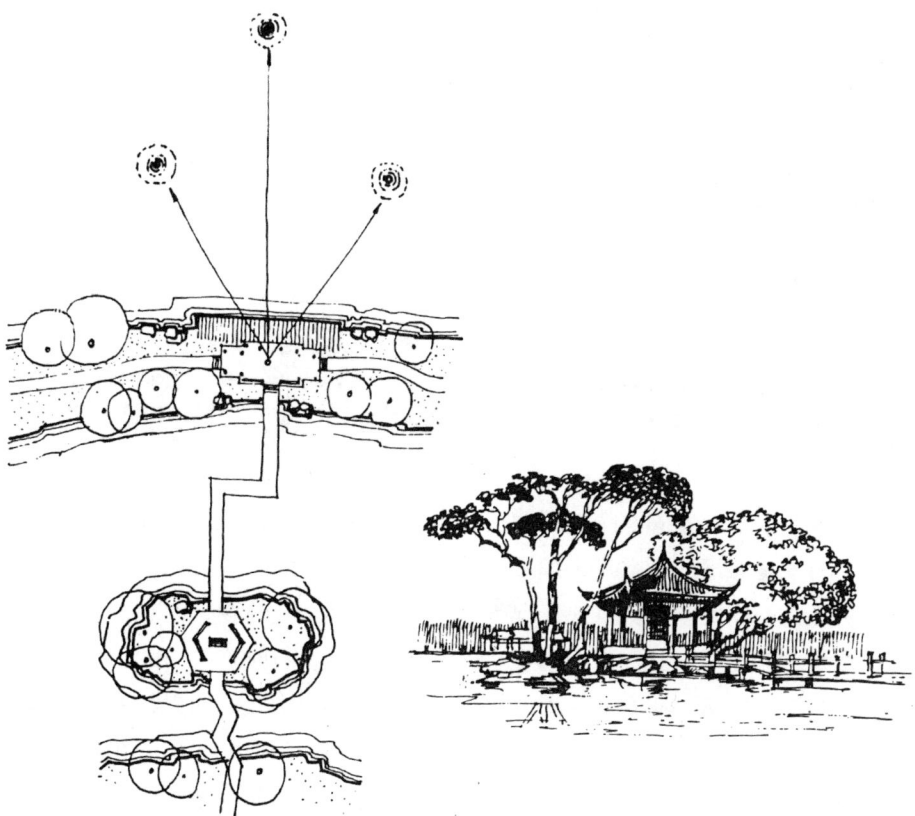

图 1-4-5 杭州西湖三潭印月

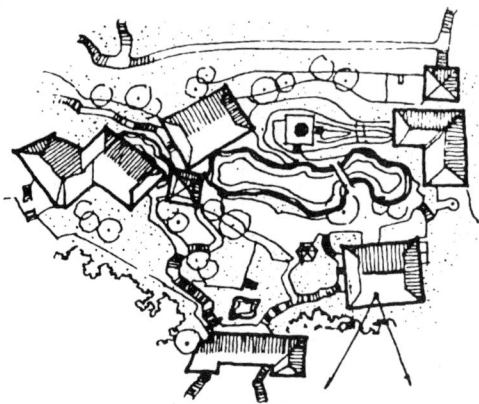

图 1-4-6 杭州西泠印社
山庭

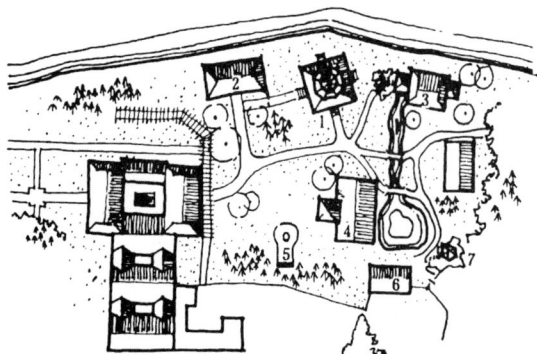

图 1-4-7 成都望江亭
公园

1—崇丽阁；2—濯锦楼；
3—吟诗楼；4—浣笺亭；
5—薛涛井；6—清婉室；
7—众香榭

可以由几个大小不等的庭院相互衬托、穿插、渗透形成统一的空间。这种空间
组合，有众多的房间可以用来满足多种功能的需要。从景观方面说，庭院空间
在视觉上具有内聚倾向，一般情况不是为了突出某个建筑物，而是借助建筑物
和山水花木的配合来突出整个庭院空间的艺术意境。有时庭院中的自然景物如
山石、池沼、树丛、花卉等反而成为空间的主体和吸引人们的兴趣中心。通过
观鱼、赏花、玩石等来激发游人的情趣。建筑物围合而成的庭院，在传统设计
中大多由厅、堂、轩、馆、亭、榭、楼阁等单体建筑，用廊子、院墙连接围合

而成。庭院内，或为池沼，或为假山，或为草坪、花卉树丛，或数者兼而有之配合成景。

由建筑物围合的庭院空间，一方面要使单体建筑配置得体，主从分明，重点突出；在体形、体量、方向上要有区别和变化；在位置上要彼此能呼应顾盼，距离避免均等；另一方面则要善于运用空间的联系手段，如廊、桥、汀步、院墙、道路、铺面等。从抽象构图上说，厅、堂、亭、榭等建筑空间可视作点，而廊、桥、汀步、院墙、道路等联系空间可视作线，点线结合为面、为体，处理好点线关系，使构图既富于变化而又和谐统一至关紧要（图1-4-8）。此外，还应注意推敲庭院空间在整体上的尺度。

4. 天井式的空间组合

天井也是一种庭院空间，但它与前所述用建筑物围合的庭院空间不同。一则，空间体量较小，只宜采取小品性的绿化景栽；二则，在建筑整体空间布局中多用以改善局部环境作为点缀或装饰使用；用人工照明或玻璃天窗采光的室内景园也是带有这种性质的。

内聚性更加强烈的小天井庭院空间中的景物，利用明亮的小天井与四周相对晦暗的空间所形成的光影对比，往往会获得意想不到的小空间奇妙景效。在苏州传统庭园中有许多这类精彩实例，如留园中的华步小筑和古木交柯即属之。新建的一些公共建筑中，也多采用小天井的处理手法，如广州白云宾馆首层小庭院，利用空廊把庭院分成两部分，达到互为渗透增添空间层次和深度之

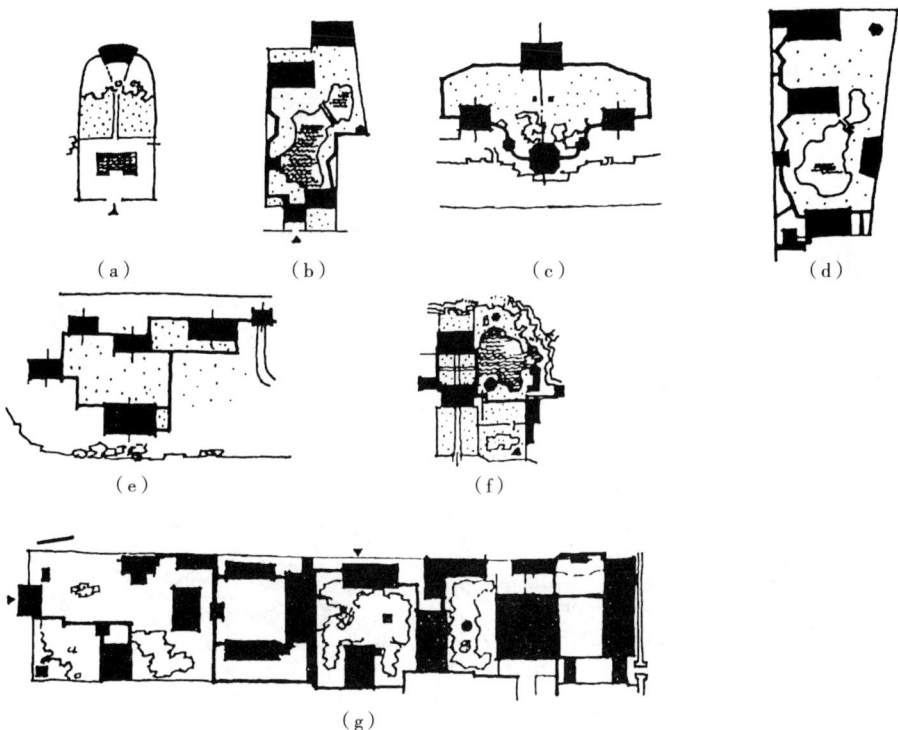

（a）　　　　　　（b）　　　　　　（c）　　　　　　（d）

（e）　　　　　　（f）

（g）

图1-4-8　建筑庭院空间围合举例
（a）颐和园扬仁风；
（b）苏州半园；（c）颐和园画中游；（d）苏州鹤园；（e）避暑山庄万壑松风；（f）杭州黄龙洞；
（g）故宫乾隆花园

图 1-4-9　白云宾馆底层庭院

目的（图 1-4-9）。还有中山纪念堂贵宾休息室（图 1-4-10）和白云山庄客房中的三叠泉室内景园等（图 1-4-11）。

5. 混合式的空间组合

由于功能或组景的需要，有时可把以上几种空间组合的形式结合使用，故称混合式的空间组合。古代和现代都有这样的例子，如清代颐和园云松巢，位于万寿山南坡西侧半山处，建筑群依山势高低而起伏，由跌落游廊围成上下两层平台，建筑主体为西侧庭院，庭院东侧用廊子把亭子和另一单体建筑连接成统一的建筑群，这样处理使主体建筑更加突出且富山庄情趣（图 1-4-12）。承德避暑山庄烟雨楼建筑群建在青莲岛上，是湖区主要风景点之一，仿嘉兴南湖湖心岛烟雨楼的平面布局，于对称中见不对称，于严谨中寓有活泼的气氛。主轴线上为一长方形庭院，东翼配置八角亭、四角亭和三开间东西向的硬山式小室各一座，三个单体建筑物彼此靠近形成一体；西翼紧接

图 1-4-10　广州中山纪念堂贵宾接待室平面图（左）
1—服务；2—贵宾；3—空调；4—女厕；5—开水；6—电话；7—男厕
图 1-4-11　三叠泉水景图（右）

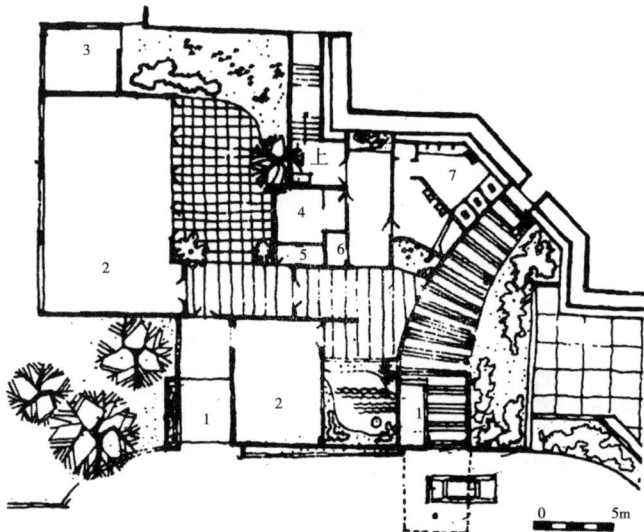

图 1-4-12 颐和园云松巢平、立面图

主庭院为一小院，并于岛南端叠山，山顶建一座六角形翼亭，使建筑群整体构图更为平衡完美（图 1-4-13），又如园林化的广州白云山的山庄旅舍客房部分采用庭院空间布局，而在餐厅部分则改用自由开敞的空间形式，二者利用曲廊连成整体（图 1-4-14）。

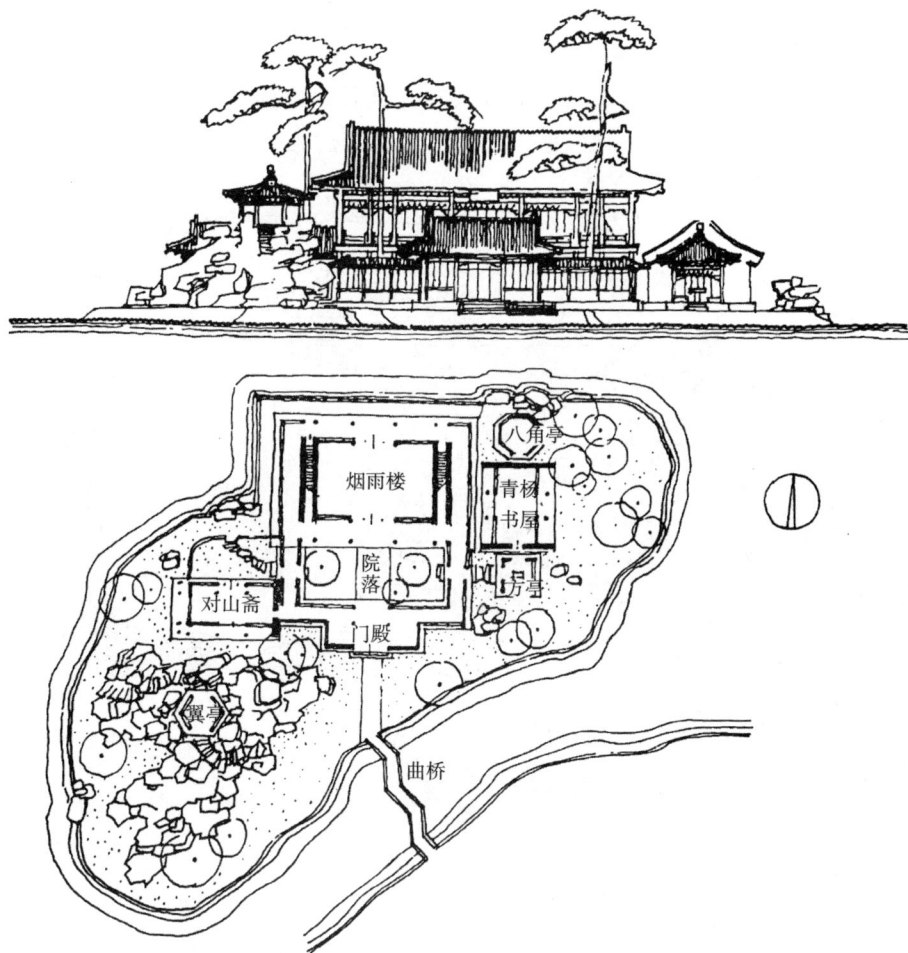

图 1-4-13 避暑山庄烟雨楼平、立面图

图 1-4-14 广州山庄旅舍平面图

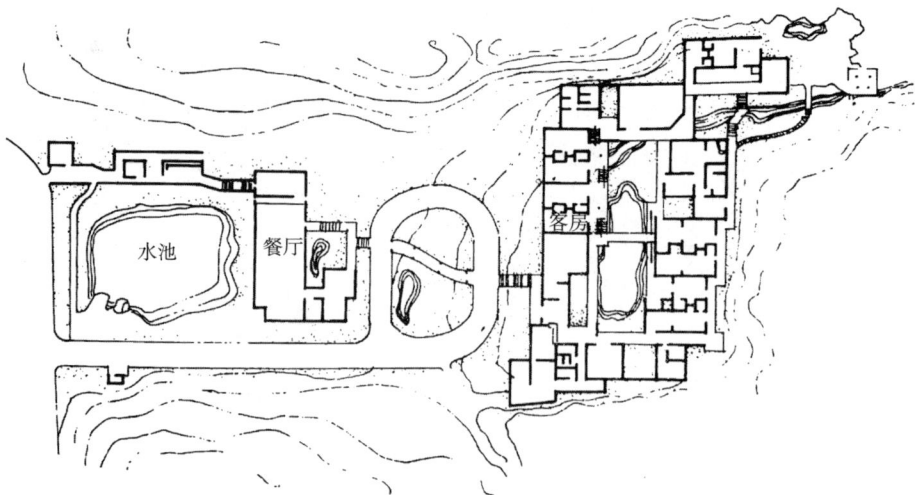

6. 总体布局统一构图分区组景

以上五种空间组合，一般属园林建筑规模较小的布局形式，对于规模较大的园林，则需从总体上根据功能、地形条件，把统一的空间划分成若干各具特色的景区或景点来处理，在构图布局上又使它们能互相因借，巧妙联系，有主从和重点，有节奏和韵律，以取得和谐统一。古典皇家园林如圆明园（图 1-4-15）、避暑山庄、北海和颐和园；古典私家园林如苏州拙政园、留园等。拙政园布局较为疏朗，以池水、假山穿插形成强烈的纵深空间感受，幽

图 1-4-15 圆明园总平面图

1—正大光明；2—九州清宴；3—镂月云开；4—天然图画；5—碧桐书院；6—慈云普护；7—上下天光；8—杏花春馆；9—坦坦荡荡；10—万古函今；11—长寿仙馆；12—藻园；13—万方安和；14—山高水长；15—月地云雾；16—鸿慈永佑；17—紫碧山房；18—汇芳书院；19—断桥残雪；20—日天琳宇；21—渔溪乐处；22—武陵春色；23—多稼如云；24—文源阁；25—柳浪闻莺；26—水木明瑟；27—映水兰香；28—淡泊宁静；29—兰亭；30—坐石临流；31—买卖街；32—舍利城；33—同乐园；34—曲院风荷；35—九孔桥；36—勤政亲贤；37—前垂天贶；38—洞天深处；39—西峰秀色；40—鱼跃鸢飞；41—北远山村；42—若帆之阁；43—天宇空明；44—青旷斋；45—贯澜园；46—廓然大公；47—延真院；48—澡身浴德；49—一碧万顷；50—夹镜鸣琴；51—广育宫；52—南屏晚钟；53—别有洞天；54—观鱼跃；55—楼月山房；56—涵虚朗鉴；57—方壶胜境；58—蕊珠宫；59—三潭印月；60—君子轩；61—平湖秋月

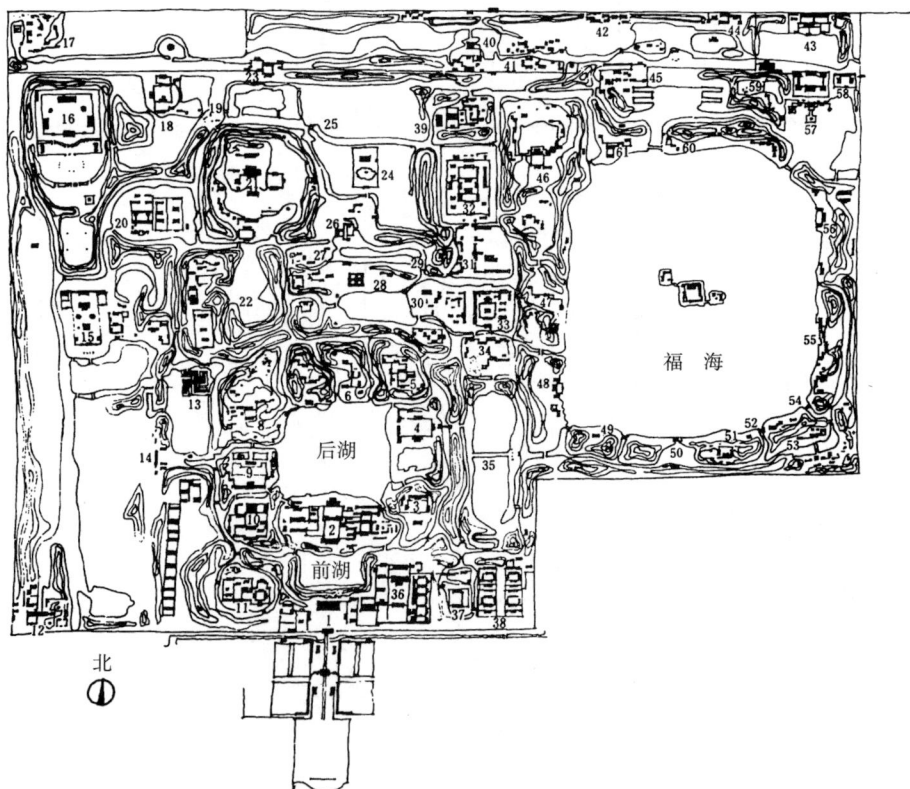

深是各景区的艺术特色，在分区组景中强调整
体效果，散而不乱，疏密得宜。各区布局，互
为因借，灵活多变，绝不雷同。留园布局则疏
密对比强烈，右侧建筑物密集，庭院空间组合
多变，左侧山水庭景物宜人，空间比例尺度精
美得体（图1-4-16）。还有中华人民共和国成
立后所建的广州兰圃，在狭长的地段仍然按环
形安排游览路线，并以茂密植物遮挡视线，既
避免了走回头路的弊病，同时亦可收到扩大空
间的效果（图1-4-17）。这些都是采用统一构
图，分区组景布局的优秀例子。

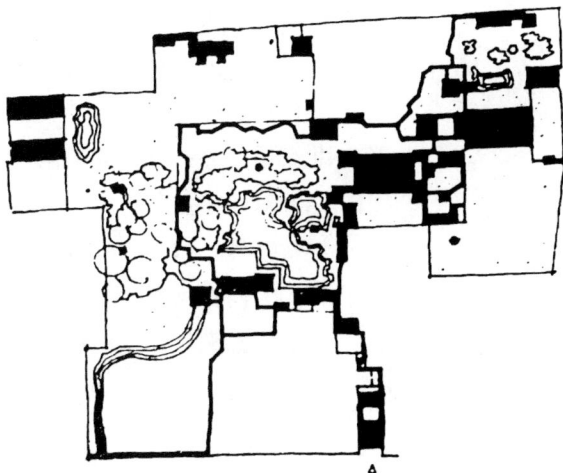

图1-4-16　苏州留园总平面图

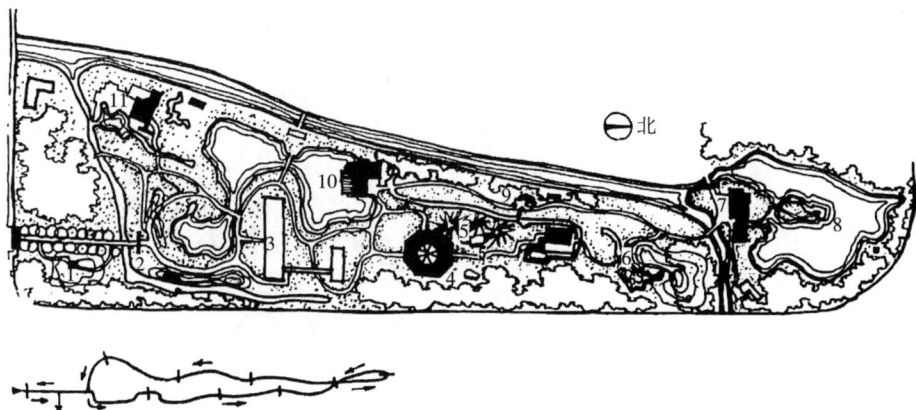

图1-4-17　广州兰圃总平面图
1—亭；2—园洞门；3—兰棚；4—兰亭；5—石景；6—水石景；7—茅舍接待室；8—春光亭；9—英石假山；10—水榭茶亭；11—茶厅

1.4.2　空间对比、渗透与层次

在园林建筑具体的设计创作中，为了达到多样统一和在有限空间中取得
小中见大的艺术效果，十分重视对比、渗透与层次的构图手法。

对比是达到多样统一取得生动协调效果的重要手段。缺乏对比的空间组
合，即使有所变化，仍然容易流于平淡。园林建筑中的对比是把两种具有显
著差别的因素通过互相衬托突出各自的特点，同时要强调主从和重点的关系。
"万绿丛中一点红，动人春色无须多"的诗句恰好说明了对比的意义。绿和红
在色彩上是对比关系，万和一在数量上也是对比关系，一点红是重点，绿和红
不是一半对一半生硬呆板的关系，目的是通过突出一点红的对比协调效果而取
得动人春色。园林建筑空间运用对比除色彩与质感于另节论述外，主要包括体
量、形状、虚实、明暗，以及建筑与自然景物等几个方面。

1. 体量对比

园林建筑空间体量对比，包括各个单体建筑之间的体量大小对比关系和
由建筑物围合的庭院空间之间的体量大小对比关系。通常是用小的体量来衬

托、突出大的体量，使空间富于变化，有主有从，重点突出。颐和园中的佛香阁、北海的白塔，成为全园构图的主体和重心，除了位置使然外，主要是靠他们的巨大体量与四周小体量建筑物的对比关系取得的（图1-1-1，图1-1-2）。北海琼华岛白塔与其前面的广寒殿在体量、体形、色彩、质感上都采用极其强烈的对比手法，但由于造型比例、位置高低、前后距离、线条轮廓等，处理得异常精妙，取得了十分动人的艺术效果，广寒殿在位置上的安排，也增强了白塔的方向性（图1-4-18）。在总体规划上，许多传统名园如苏州的留园、沧浪亭、网师园等，它们都有一个相对大得多的院落空间与园中其他小院落空间形成强烈对比，从而突出主体空间。

体量对比

龙光牌楼

图1-4-18　北海琼华岛白塔

巧妙地利用空间体量大小的对比作用还可以取得小中见大的艺术效果。方法是采用"欲扬先抑"的原则。小中见大的大是相对的大，人们通过小空间再转入大空间，由于瞬时的大小强烈对比，会使这个本来不太大的空间显得特别开阔。如广州矿泉客舍庭园空间的处理，底层用钢筋混凝土柱子把客房架空，使建筑和水石、植物互相穿插渗透融为一通透明亮、优美动人的大庭园空间环境，在进入庭园空间之前设置了一段低矮的通廊，放在狭长的小院中央，把空间加以压缩，当进入到第一道院门时，使人有强烈的局促和压抑感，随之往内走，从月洞门透过来的主庭园的明亮光线，预示了主庭的景色，穿过月洞门，空间顿时豁然开朗，步入了另一境界，跃入眼帘的庭园空间显得十分广阔（图1-4-19），入口处理借助明暗、收放的强烈对比取得了小中见大的艺术效果。苏州古典园林常利用空间大小强烈对比而获得小中见大的艺术效果，如留园，从入口至主庭园绿荫水榭为一段狭窄的亭廊，与主庭园比较由于空间在明暗、收放、大小的对比作用，增强了内部主庭园的空间感（图1-4-20）。

2. 形状对比

园林建筑空间形状对比，一是单体建筑之间的形状对比，二是建筑围合的庭院空间的形状对比。形状对比主要表现在平、立面形式上的区别。方与圆、

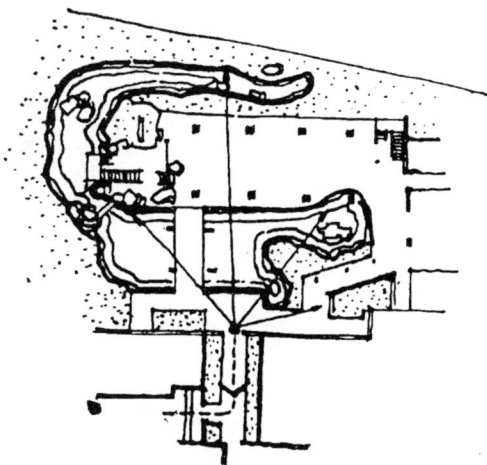

图1-4-19 广州矿泉客舍庭园

高直与低平、规整与自由，在设计时都可以利用这些空间形状上互相对立的因素来取得构图上的变化和突出重点。从视觉心理上说，规矩方正的单体建筑和庭园空间易于形成庄严的气氛；而比较自由的形式，如按三角形、六边形、圆形和自由弧线组合的平、立面形式，则易形成活泼的气氛。同样，对称布局的空间容易给人以庄严的印象；而非对称布局的空间则多为一种活泼的感受。庄严或活泼，主要取决于功能和艺术意境的需要。传统庭园，主人日常生活的庭院多取规矩方正的形式；憩息玩赏的庭院则多取自由形式。北海的静心斋，入门后为长方形水院，斋后的水石景庭园呈天然形态，从前者转入后者时，由于空间形状对比的变化，包括前后庭园在空间形体、体量上采用对比手法，艺术气氛突变而倍增情趣（图1-4-21）。

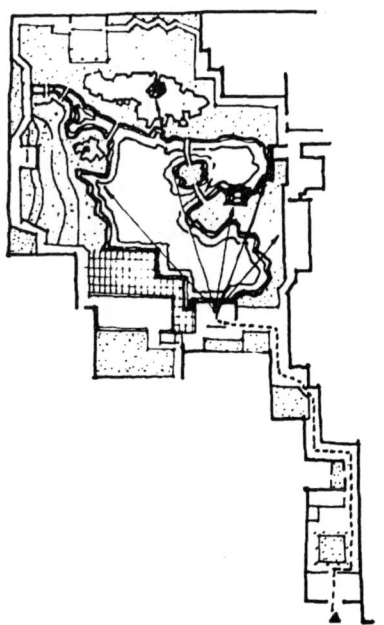

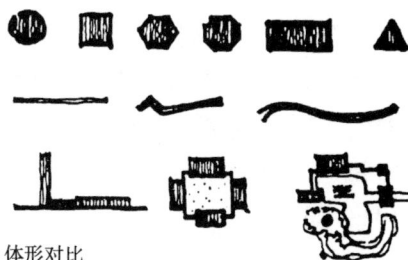

形状对比需要有明确的主从关系，一般情况主要靠体量大小的不同来解决。如北海白塔和紧贴前面的重檐琉璃佛殿，体量上的大与小、形状上的圆与方、色彩上的洁白与重彩、线条上的细腻与粗犷，对比都很强烈，艺术效果极佳。在运用对比中一个最起作用的因素是两者在体量上应存在较大的差别，两者体量对等则将失去主从关系而削弱其艺术效果，若北海白塔及广寒殿如图1-4-22所示改变其大小，使彼此体量相等

体形对比

图1-4-20 留园空间对比

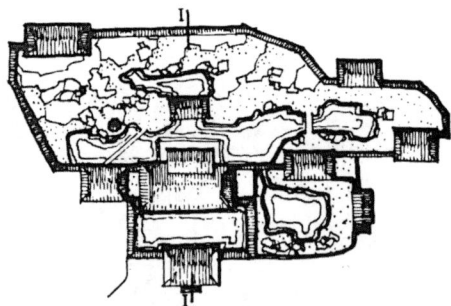

图 1-4-21 北京北海公园静心斋

图 1-4-22 空间对比不当举例

将产生离心倾向，从而削弱其主次关系。

3. 明暗虚实对比

利用明暗对比关系以求空间的变化和突出重点，也是塑造园林景象的一种常用手法。在日光作用下，室外空间与室内空间存在着明暗现象，室内空间愈封闭，明暗对比愈显强烈，即在室内空间中，由于光的照度不匀，也可以形成一部分空间和另一部分空间之间的明暗对比关系。在利用明暗对比关系上，园林建筑多以暗托明，明的空间往往为艺术表现的重点或兴趣中心。传统园林常常利用天然或人工洞穴所造成的暗空间作为联系建筑物的通道，并以之衬托洞外的明亮空间，通过这一明一暗的强烈对比，在视觉上可以产生一种奇妙的艺术情趣（图 1-4-23）。

建筑空间的明暗关系，有时候又同时表现为虚与实的关系。如墙面和洞口、门窗的虚实关系，在光线作用下，从室内往外看，墙面是暗，洞口、门窗是明；从室外往里看，则墙面是明，洞口、门窗是暗。园林建筑中非常重视门窗洞口的处理，着重借用明暗虚实的对比关系来突出艺术意境（图 1-4-24）。而借门窗洞口内外明暗的空间对比以摄取特定的景物入画，各种景框图案亦有助于丰富画面的景色。

园林建筑中池水与山石、建筑物之间也存在着明与暗、虚与实的关系。在光线作用下，水面有时与山石、建筑物比较，前者为明，后者为暗，但有时又恰好相反。在设计中可以利用它们之间的明暗对比关系和形成的倒影、动态效果创造各种艺术意境。如厦门园林植物园茶亭前碧绿池水与漂浮其上的洁白曲桥形成明暗对比（图1-4-25）。

空间的虚实关系，也可以扩大理解为空间的围放关系，围即实，放即虚，围放取决于功能和艺术意境的需要。若想取得空间构图上的重点效果，形成某种兴趣中心，处理空间围放对比时要尽量做到围得紧凑，放得透畅，并需在被强调突出的空间中，精心布置景点，使景物能扣人心弦。如前面的留园，入门后先经过几个比较封闭曲折、光线微弱的小天井空间，空间围得比较紧凑，最后达到明亮开敞的以秀丽的池水假山为构图兴趣中心的室外庭院时，空间放得十分透畅，景效颇为突出（图1-4-20）。

图1-4-23　洞穴空间明暗对比
（a）杭州黄龙洞；（b）杭州西泠印社小泓龙洞

明暗虚实对比

（a）

（b）

图1-4-24　利用明暗对比框景

图1-4-25　厦门万石公园茶亭

在自然风景区，也常常利用天然条件（山石、树丛等）围阻空间，造成"山重水复疑无路"的局面，然后通过出其不意的"峰回路转"瞬间变化，使空间豁然开放而进入"柳暗花明又一村"的新天地。这种由围放所产生突然出现的强烈空间对比及其所形成的奇妙景色是十分动人的。

4. 建筑与自然景物对比

在园林建筑设计中，严整规则的建筑物与形态万千的自然景物之间包含着形、色、质感种种对比因素，可以通过对比突出构图重点获得景效。建筑与自然景物的对比，也要有主有从，或以自然景物烘托突出建筑物，或以建筑物烘托突出自然景物，使两者结合成协调的整体。风景区的亭榭空间环境，建筑是主体，四周自然景物是陪衬，亭、榭起点景作用。云南石林风景名胜区望峰亭建在密集如林的奇峰怪石之巅，通过形、色上的强烈对比，画面十分优美和谐（图1-4-26）。有些用建筑物围合的庭院空间环境，池沼、山石、树丛、花木等自然景物是赏景的兴趣中心，建筑物反而成了烘托自然景物的屏壁。

图1-4-26 云南石林望峰亭

对比是园林建筑布局中提高艺术效果的一项重要方法。以上列举的几种空间对比不是彼此孤立的，往往需要综合考虑，既是大小体量的对比，又是形状的对比；既是体量、形状的对比，又是明暗虚实的对比；既是体量、形状虚实的对比，又是建筑与自然景物的对比等。在对比运用中要注意比例关系，不论在形状、明暗、虚实、色彩、质感各方面一定要主从分明配置得当，还要防止滥用以免破坏园林空间的完整性和统一性。此外，为了加强对比效果，注意采用突然性的手法是很重要的，突然发生的强烈对比更有助于增加艺术效果的深刻程度。

园林建筑设计，为了避免单调并获得空间的变化，除采用对比手法外，另一重要方法就是组织空间的渗透与层次。人们观赏景色，如果空间毫无分隔和层次，则无论空间有多大，都会因为一览无余而失之单调；相反，置身于层次丰富的较小空间中，如果布局得体则能获得众多美好的画面，会使人在多样的视觉感受过程中忘却空间的大小限制。因此，处理好空间渗透与层次，可以突破有限空间的局限性取得大中见小或小中见大的变化效果，从而得以增强艺术的感染力。我国古代有许多名园，占地面积和总的空间体量并不大，但因能巧妙使用渗透与层次的处理手法，造成比实有空间要广大得多的错觉，予人的印象是深刻的。处理空间的渗透与层次，具体方法概括起来有以下两种：

1）相邻空间的渗透与层次

这种方法主要是利用门、窗、洞口、空廊等作为相邻空间的联系媒介，通过对景、框景等手法，特别是借助空廊的互相渗透，使空间彼此渗透。廊子不仅在功能上能够起交通联系的作用，也可作为分隔建筑空间的重要手段。用空廊分隔空间可以使两个相邻空间通过互相渗透把对方空间的景色吸收进来以丰富画面，增添空间层次和取得交错变化的效果。如前面所说的广州白云宾馆底层庭院面积不大，但在水池中部增添了一段紧贴水面的桥廊，把它分隔为两个不同组景特色的水庭，通过空廊的互相借景，增添了空间的层次，取得了似分似合、若即若离的艺术情趣（图1-4-9）。用廊子分隔空间形成渗透效果，要注意推敲视点的位置、透视的角度，以及廊子的尺度及其造型的处理。

利用曲折、错落变化来增添空间层次。在园林建筑空间组合中常常采用高低起伏的曲廊、折墙、曲桥、弯曲的池岸等手法来化大为小分隔空间，增添空间渗透与层次。同样，在整体空间布局上也常把各种建筑物和园林环境加以曲折错落布置，以求获得丰富的空间层次和变化。特别是一些由各种厅、堂、亭、榭、楼、馆单体建筑围合的庭院空间处理上，如果缺少曲折错落则无论空间多大，都势必造成单调乏味的弊病。错落处理可分远近、高低、前后、左右四类，但又可互相结合，视组景的需要而定。在处理曲折、错落变化时不可为曲折而曲折，为错落而错落，必须以在功能上合理、在视觉景观上能获得优美画面和高雅情趣为前提。为此，设计时需要认真仔细推敲曲折的方位角度和错落的距离、高度尺寸。在我国古典园林建筑中巧妙利用曲折错落的变化以增添空间层次效果的，如苏州网师园的主庭院（图1-4-27）、拙政园中的小沧浪和倒影楼水院，倒影楼水庭狭长，为了避免东侧游廊的呆板单调的轮廓线而构筑成有高低起伏和曲折的波形水廊，由别有洞天入门进入游廊后北望

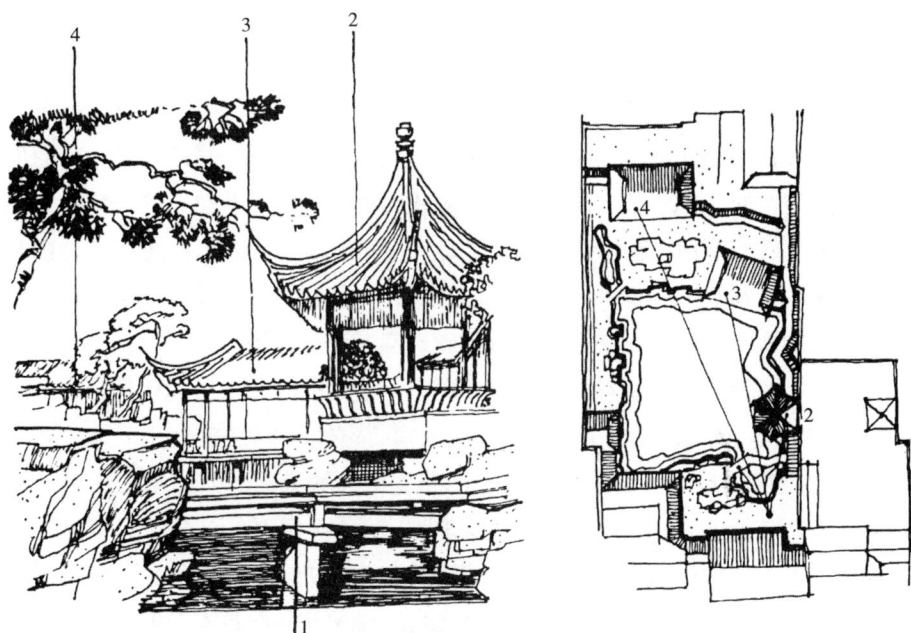

图1-4-27　网师园主庭园之空间层次处理
1—平石桥；2—月到风来亭；3—濯缨水阁；4—小山丛桂轩

图 1-4-28 拙政园倒影
楼水庭之空间层次处理
1—与谁同坐轩；
2—连廊；3—倒影楼

宜两亭

景观，可得三个空间层次。如从廊后的宜两亭俯视水庭则可得四个空间层次
（图 1-4-28）。此外，杭州三潭印月、小瀛洲，北方皇家园林中的避暑山庄万
壑松风、天宇咸畅，北海白塔南山建筑群、静心斋、濠濮涧，颐和园佛香阁建
筑群、画中游、谐趣园等都是取得此类良好艺术效果的例子。

  2）室内外空间的渗透与层次

  建筑空间室内、室外的划分是由传统的房屋概念形成的。所谓室内空间
一般指具有顶、墙、地面围护的房室内部空间而言，在它之外的称作室外空
间。通常的建筑，空间的利用重在室内，但园林建筑，室内外空间都很重要，
在创造统一和谐的环境角度上，它的含义也不尽相同，甚至没有区分它们的必
要。按照一般概念，在以建筑物围合的庭院空间布局中，中心的露天庭院与四
周的厅廊亭榭，前者一般视作室外空间，后者视作室内空间；但从更大的范围
看，也可以把这些厅廊亭榭视如围合单一空间的门窗墙面一样的手段，用它们
来围合庭院空间，亦即是形成一个更大规模的半封闭（没有顶）的"室内"空
间。"室外"空间相应是庭院以外的空间了。同理，还可以把由建筑组群围合
的整个园内空间视为"室内"空间，而把园外空间视为"室外"空间。扩大室
内外空间的含义，目的在于说明所有的建筑空间都是采用一定手段围合起来的
有限空间，室内室外是相对而言的，处理空间渗透的时候，可以把"室外"空
间引入"室内"，或者把"室内"空间扩大到"室外"。

  采用门窗洞口等"景框"手段，把邻近空间的景色引入室内，所借的景
是间接的，在处理整体空间时，还可采取把室外景物直接引入室内，或把室内
景物延伸到室外的办法来取得变化，使园林与建筑更能交相穿插融合成为有机
的整体。北海濠濮涧的空间处理是一个优良的范例，其建筑本身的平面布局并

不奇特，但通过建筑物房、廊、桥、榭曲折的错落变化，和于室外空间精心安
排的叠石堆山、引水筑池、绿化栽植等，使建筑和园林互相延伸、渗透、构成
有机的整体，从而形成空间变化莫测，层次丰富、和谐完整，艺术格调很高的
一组建筑空间。濠濮间北为水庭，南为山庭。叠石假山与建筑物高低错落，相
互穿插，空间富于变化。山石树丛通过水榭空廊的渗透，亦丰富了园景的层次
（图1-4-29）。桂林芦笛岩接待室把自然山石池水直接引进接待室之底层敞厅，
模糊了室内外空间界限，建筑物与自然景物的相互延伸与穿插加强了山林原野
的气息（图1-4-30）。20世纪70年代建的广州矿泉客舍（图1-4-31）和东方
宾馆新楼（图1-4-32），底层的庭园空间设计，利用框架结构的柱子把大楼架
空形成支柱层，建筑平台伸出室外，将水石植物等室外园林景物直接引入架空
层，另外把建筑局部如楼梯、廊子、平台等采用夸张手法突入室外的园林空间，
并在庭园中设亭廊以调整空间的尺度，增添空间的层次，并成为借景的对象。

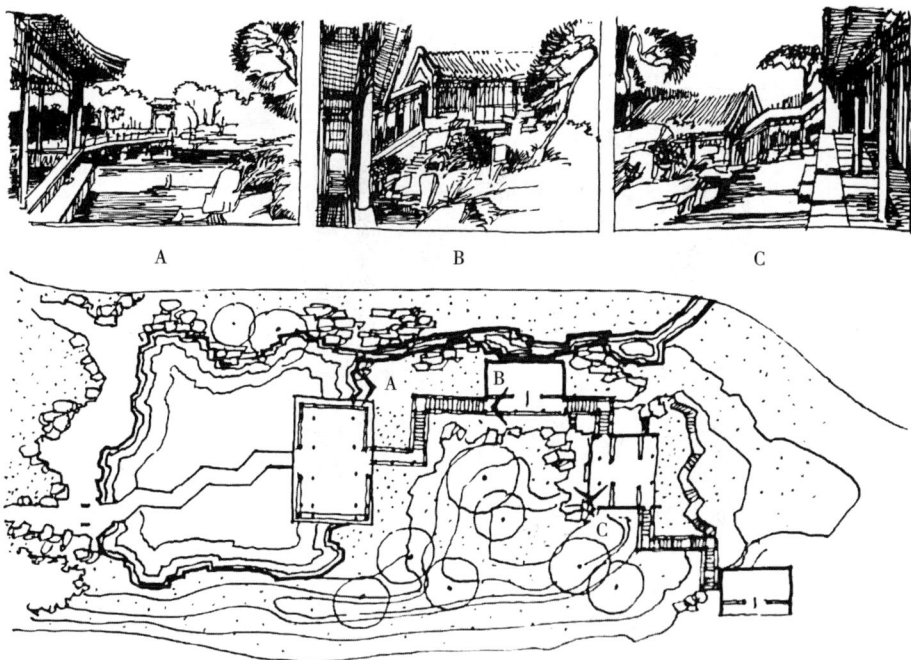

图1-4-29 北海濠濮间

图1-4-30 桂林芦笛岩接待室

图 1-4-31 矿泉客舍底层敞厅室内外空间之渗透

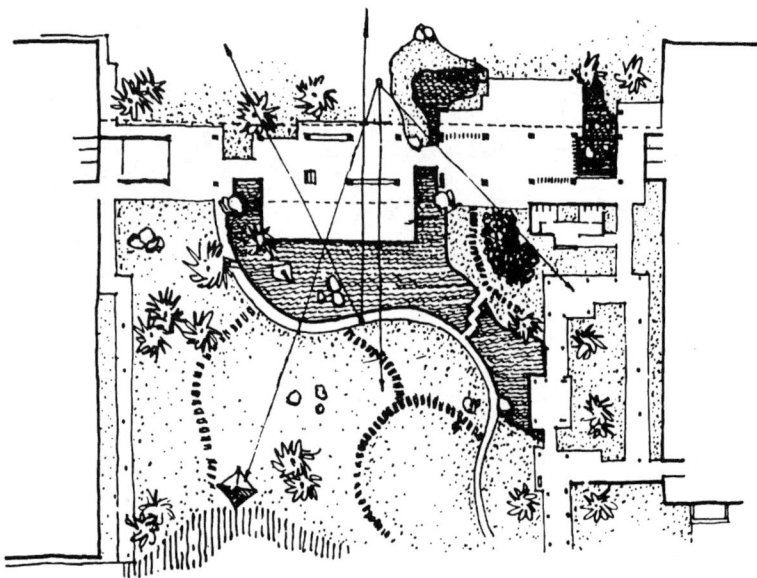

图 1-4-32 广州东方宾馆新楼底层庭园

室内景园，也是一种模拟室外空间移入室内的做法。由于它处在封闭的室内空间中，因此要注意采光、绿化等各个方面的处理，以适合植物的生态要求和观赏环境的特点。北京动物园爬虫馆门厅左侧的鳄鱼展览室，采用有空调设置的室内景园手法，构筑池山，又以芭蕉象征热带植物，右侧假山且作山泉小瀑，在花木水石配合下，几只鳄鱼或趴伏池岸或潜游池底，颇富热带气息（图 1-4-33）。

按照上面的推论，园内、园外，也可认作"室内""室外"。园外景物可以是山峦、河流、湖泊，大的建筑组群，乃至村落市镇。把园外景物引入园内，不可能像处理小范围的室内外空间那样，把围合建筑空间的院墙、廊子等手段加以延伸和穿插，唯一的方法是借景，即把园内围合空间的建筑物、山石

图 1-4-33　北京动物园
爬虫馆室内景园

图 1-4-34　拙政园远借
园外之北寺塔

树丛等手段，作为画面中的近景处理，而把园外景物作为远景处理，以组成统一的画面。通过借景所形成的画面，设计时要注意推敲近景的轮廓线和对远景的剪裁，才能获致丰富优美的画面（图 1-4-34）。

1.4.3　空间序列

园林建筑创作，需从总体上推敲空间环境的程序组织，使之在功能和艺术上均能获得良好的效果。特别是在艺术上要做到统一中求变化，变化中有统一。艺术格调高雅而又富于创造性的设计，于总体布局中要重视空间程序的组织。否则，上面所说的对比、渗透和层次等艺术处理也就会无所凭藉。

作为艺术创作要求，建筑空间程序组织与其他文学艺术构思中考虑主题思想和各种情节的安排有相似之处。主题思想是决定采取何种布局的前提和根据，各种情节的安排是保证和促使主题思想得以完满体现的方法和手段。从艺术表现形式上分析，文学、戏剧、音乐等比较复杂的作品，往往在组织上通过安排序幕、主要情节、次要情节、重点、高潮和尾声等各个环节来突出主题。当然文学艺术的表现形式也不一定受这种成规的限制，在情节组织上并不都要求有明显的高潮，如一首抒情诗、一幅风景画，它主要靠各种动人情节和形象之间有机而和谐的联系来获得美感。

颐和园万寿山南坡中轴线上建筑群的空间组合程序，从云辉玉宇开始，穿过排云门、排云殿、德辉殿，几经转折登高到达佛香阁的大平台，继续攀登，过众香界最后才抵智慧海。为了烘托出佛香阁，还在山腰西侧布置了五方阁、撷秀亭；东侧布置了敷华亭、转轮藏等建筑物。这里我们可以把云辉玉宇处的空间视为序幕，佛香阁处的空间视为最高潮，智慧海处的空间视为尾声，而把排云门、排云殿、德辉殿和山两侧的其他空间视为烘托主题的各种情节安排。这一组气势雄伟规模壮观的建筑群，在空间组合上，沿万寿山南坡高低起伏的地形采用了强烈的中轴线的对称布局形式；在空间体量、形状、虚实、色彩、尺度的对比处理上十分明显，重点极为突出；在空间层次上，则采用纵横、高低、收放交错的手法，使画面变化多端，空间具有强烈的节奏和韵律感。继而登高纵目四望，西借玉泉山宝塔，南借湖心岛、长堤，视野广阔，秀色尽入眼帘，显示出君王至高无上的权威和祝寿祈祷时的豪华气势。通过这样的处理，使建筑群得以成为全园主题思想的高潮，并表达得淋漓尽致（图1-1-1）。

北海公园的白塔山东北侧有一组建筑群，空间序列的组织先由山脚攀登至琼岛春阴，次抵圆形顶的见春亭，穿洞穴上楼为敞厅、六角小亭与院墙围合的院落空间，再穿敞厅旁曲折洞穴至看画廊，可眺望北海西北隅的五龙亭、小西天、天王庙和远处钟鼓楼的秀丽景色，沿弧形陡峭的爬山廊再往上攀登，达交翠庭，空间序列至此结束。这也是一组沿山地高低布置的建筑群体空间，在艺术处理手法上，同样随地势高低采用了形状、方向、隐显、明暗、收放等多种对比处理手法来获得丰富的空间和画面。主题思想是赏景寻幽，功能却是登山的交通道，因此无须有特别集中的艺术高潮，主要是靠别具匠心的各种空间安排和它们之间有机和谐的联系而获得美的感受（图1-4-35）。

有些风景区，为赏景和短暂歇息而设置亭榭，它们的空间序列很简单，主题思想是点景，兴趣中心多集中在建筑物上，四周配以山石、溪泉、板桥、树丛、草坪、石级之类，但也需要推敲道路、广场的走向和形状，研究

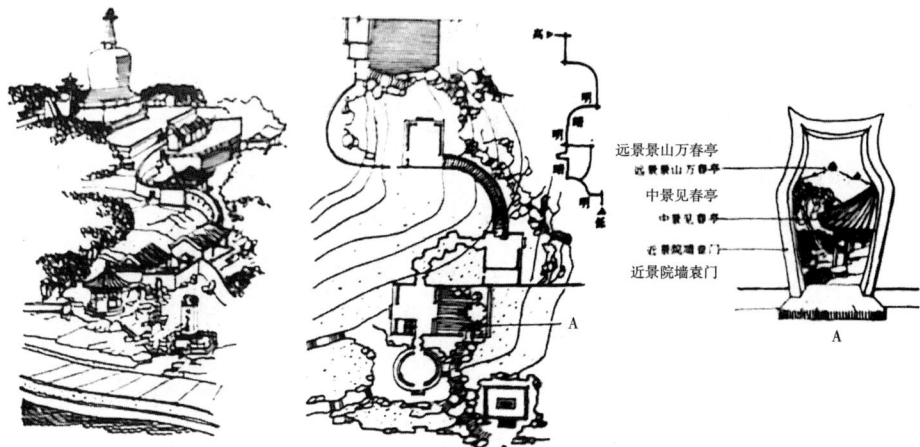

远景景山万春亭
远景景山万春亭
中景见春亭
中景见春亭
近景院墙袁门
近景院墙袁门

图 1-4-35 北京北海琼岛春阴建筑群

人流活动的规律，以便取得较多的优美画面。这种以开门见山的手法突出主题的空间序列，与静物写生画的艺术构思和画面布局是十分相似的。四川乐山凌云寺（俗称"大佛寺"）山门外登山道转折处地势稍宽，亭子即建在此悬崖峭壁顶上，亭子一面正对上山山道作为对景，另一面朝向山门使与之相呼应，于亭内面山可细赏靠山之弥陀佛像，回头可眺望青衣江及远处的城镇轮廓（图 1-4-36）。

建筑空间是供人们自由活动的所在，具有三度空间，人们对建筑空间艺术意境的认识，往往需要通过一段时间从室内到室外，或从室外到室内做全面的体验才能取得某种感受，因此，建筑空间序列也可以说是时间与空间相结合的产物。再者在其他艺术中，画面层次、情节安排、观赏程序、基本上是固定不变的，没有逆程序的现象，但在建筑空间中，却可以从各个不同的位置、角度自由观景，这就带来了如何使设计中的空间序列意图与实际效果相一致的问题。我们不能强制人们必须按照设计者的布局程序进行观赏，但却可以在设计时仔细分析人流活动的规律，来决定空间围合的方式和观赏路线，并在一定的人流路线上预先安排好获取最佳画面的理想位置和角度以贯彻布局的意图。

芦笛岩是桂林著名的石钟乳岩洞，洞内景色奇丽，为游览赏景之主要内容，此外，沿芳莲池两岸，山水绚丽多姿，亦足令游人驻足。桂林芦笛岩风景区的规划，总体上把大自然景色和建筑布点串连成一环形观赏路线，巧妙地点出了桂林山水的山清水秀、洞奇石美的自然风貌。风景区总体规划结合游览路线布置景点，建筑物或依山靠洞，或跨谷揽胜，或临水际，或傍山腰，使建筑物与山、水融为一体，起到赏景和点景的双重作用。空间序列先从市内出发，沿江先睹桃花江两岸山水及农村景色，在通往停车场的一段路上，可望见芦笛岩光明山、芳莲岭全景，从上山入口起又把景色进一步展开，先是登山道上山林野趣，继而钟乳石洞奇观，再往后是跨谷凌空（天桥）、田园风趣

图 1-4-36 凌云寺山道
旁亭子和空间序列

（从接待室向东南看）、水际观鱼（水榭、水上莲叶步行道）、水上风光（望芳
莲池一带，南是村庄景色，从曲桥看西北是湖光山色），最后沿堤返回停车场
（图 1-4-37）。芦笛岩风景建筑空间序列，起到了控制空间、组织观赏画面并
对风景进行剪裁的作用。在这个相当长的空间序列中，为了使各景区既有联系
又有分隔，各个建筑物之间的距离在五六十米至一百多米之间，各点之间的高
差不大（几米至十几米不等），单体建筑物结合地形或依山、或傍水、或架空，
建筑形态各不相同，互为对景。芦笛岩风景区的建筑不多，而画面却予人以丰
富多彩、美不胜收的感觉。

　　而桂林盆景园的设计，采用尽量增加空间转折和层次的手法以延长展览的
路线，并起到把展览盆景和观赏建筑融为一体的作用。人们无论是按照展出路
线观景，还是自由往来观景，由于设计者预先推敲过各个必经之地最佳画面的

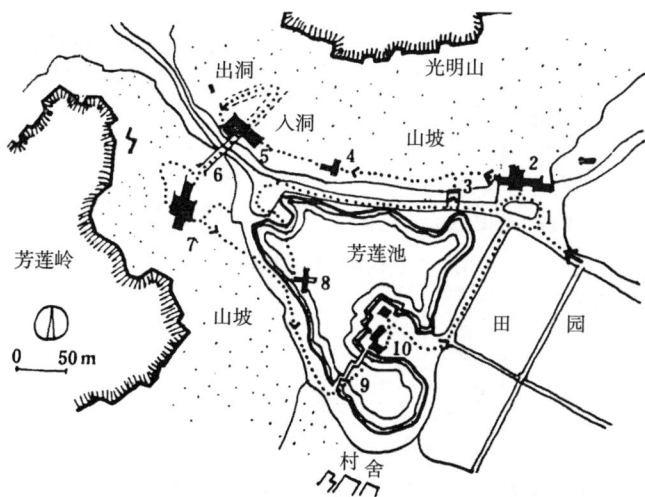

图 1-4-37 芦笛岩风景
区空间序列
1—停车场；2—餐厅、
休息室；3—上山入口；
4—山廊；5—洞口建筑；
6—跨谷凌天（天桥）；
7—接待室；8—水榭；
9—曲桥；10—冰室、亭

理想位置和角度，所以各个景点都能收到预期的效果（图 1-4-38、图 1-4-39）。
盆景园分西、东两院，西院由入口至山水廊，东院由曲廊和水榭围绕水池布
局。西院以建筑为主划分成多个小空间，东院则以水石、植物组成较开阔的空
间，对比明显。盆景陈列采用多种形式，大多脱胎于民间传统，如漏窗、门
洞、博古架等，但整体组合上格局新颖，即把盆景与各种漏窗、博古架、石山
作为统一、完整、有机的构图，使每块墙面都可视作独立的"画页"，在空间

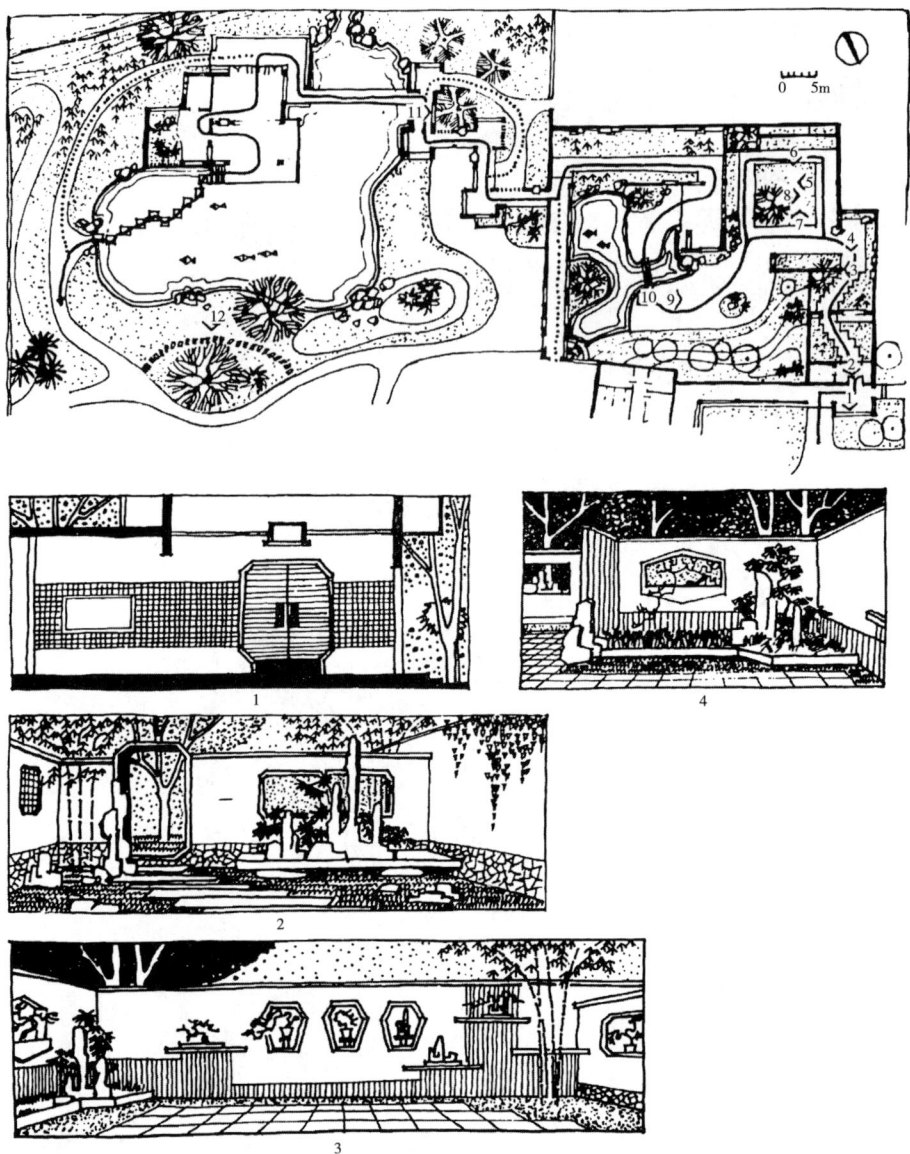

图 1—4—38 桂林盆景园
平面及空间序列一

序列上亦富节奏感。

在组织观赏路线时，尽量避免游人在观赏景色过程中走回头路的现象，此路来此路回，重复观赏同一景色会使游人败兴；此路来彼道去，景色逐一展开，层出不穷，自然会游兴倍增。因此，组织观赏路线一般均按环状布局，规模较大的可以同时有几条观赏路线用以分散人流，并形成环套环或环中有环的格局。按环状布置的观赏路线也要适当开辟支道通向别的景点以分散人流，使园林空间富于变化避免单调。拙政园西部庭园清末称"补园"，有三路与中部庭园景点相通，补园内部空间布局以三十六鸳鸯馆为主体建筑，水池狭长曲折，西北隅平地筑山，组景强调纵深感。游览路线沿池作环形布置而在浮翠阁、塔影亭、宜两亭景区又借山石曲径形成环中套环的游览路线（图 1—4—40）。

图1-4-39 桂林盆景园
空间序列二

　　建筑空间的处理除考虑观赏价值外，同时还要兼顾各种性质不同的功能要求。园林建筑空间序列，需要把艺术意境和功能巧妙地融为一体才能真正取得良好的效果。重庆北温泉石刻园的空间序列处理是，把三组罗汉石刻沿西北侧山坡高地石壁自由布置，南端小池一曲桥穿过伏卧断开的巨石形成序幕，迎面石壁刻"石刻园"三字作点题，高潮设于高阜平台，殿堂内立碑刻，人们在园中游览，画面逐一展开，颇收步移景异、风趣别饶的景效。石刻园把陈列罗汉浮雕石刻的功能和观赏景色融为一体，形成了一座园林化的露天"博物馆"（图1-4-41）。

　　园林建筑空间序列通常分为规则对称和自由不对称两种空间组合形式。前者多用于功能和艺术思想意境要求庄重严肃的建筑和建筑组群的空间布局，如颐和园宫殿区（图1-4-42）；后者多用在功能和艺术思想意境要求轻松愉快的建筑组群空间布局，如天津水上公园熊猫馆，大、小熊猫馆以曲廊连接，用曲径把室外活动场地分开，游览路线由室内至室外形成环接环的形式，有五个出入口通向其他景点（图1-4-43）。规则与自由，对称与不对称的应用在设计中不是绝对的。由于建筑功能和艺术意境的多样性，在实际工作中，以上两种建筑组群空间布局形式往往混合使用，或在整体上采取规则对称的形式，而在局部细节改用自由不对称的形式，或者与之相反。

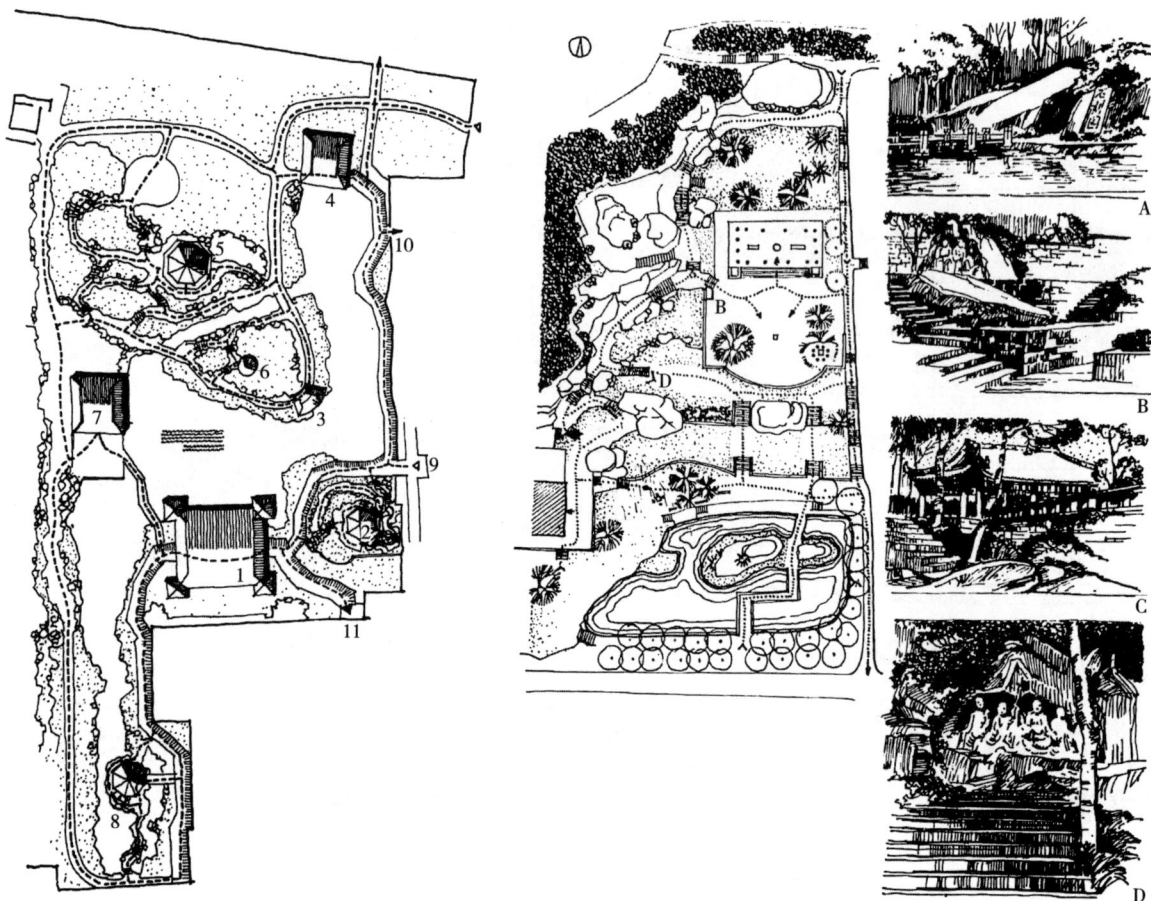

图 1-4-40 拙政园西部园林（左）

1—三十六鸳鸯馆；2—宜两亭；3—与谁同坐轩；4—倒影楼；5—浮翠阁；6—笠亭；7—留听阁；8—塔影亭；9—"别有洞天"入口；10—通往见山楼景点；11—通往住宅厅堂

图 1-4-41 重庆北温泉石刻园（右）

　　无论采用何种空间序列，具体处理都要考虑空间对比、层次的问题，即：利用空间的大小对比来取得艺术效果。多用小的空间来衬托突出大的空间，以形成艺术高潮和兴趣中心。利用空间的方向变化来取得艺术效果。空间轴线有竖有横，彼此有规律地交织在一起，务求建筑空间各部分能相互顾盼形成和谐的整体。利用空间明暗对比层次变化来取得艺术效果。多用暗的空间来衬托突出明的空间，因为明的空间一般是艺术表现的重点或兴趣中心。利用不同大小的建筑体量对比来取得艺术效果。较大的体量容易构成兴趣中心，但造型精美的小体量，位置又布置得宜，同样可以构成兴趣中心。例如乾隆花园庭院中几个小亭子的景点处理，利用空间地势高低的对比来取得艺术效果。乾隆花园位于北京故宫紫禁城内东北部，受环境条件限制，地段狭长，沿南北长约300m的中轴线上布置了6个大小不等、形状互异、功能不同、景物各殊的庭园。在符望阁与萃赏楼之间，以及萃赏楼与遂初堂之间设置山庭，是全园的最高潮，假山几乎布满庭园，洞穴蜿蜒曲折，山石嶙峋怪异，耸秀亭、碧螺亭分别建在两个山庭假山顶部最高处，一方一圆，以其精美的造型和山石古松配合，形成园中的兴趣中心（图1-4-44）。一般情况，处于高地势的空间容易形成艺术高潮和兴趣中心，但还要结合上述其他手段进行综合考虑。

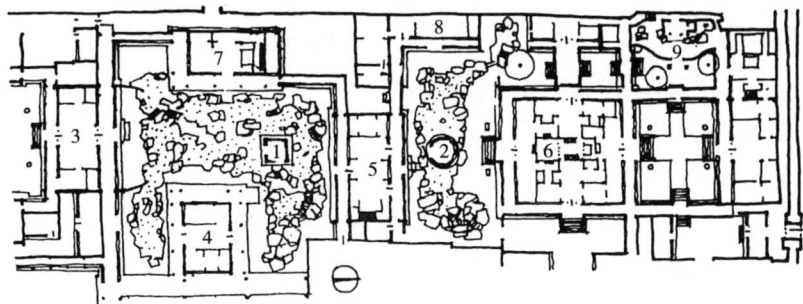

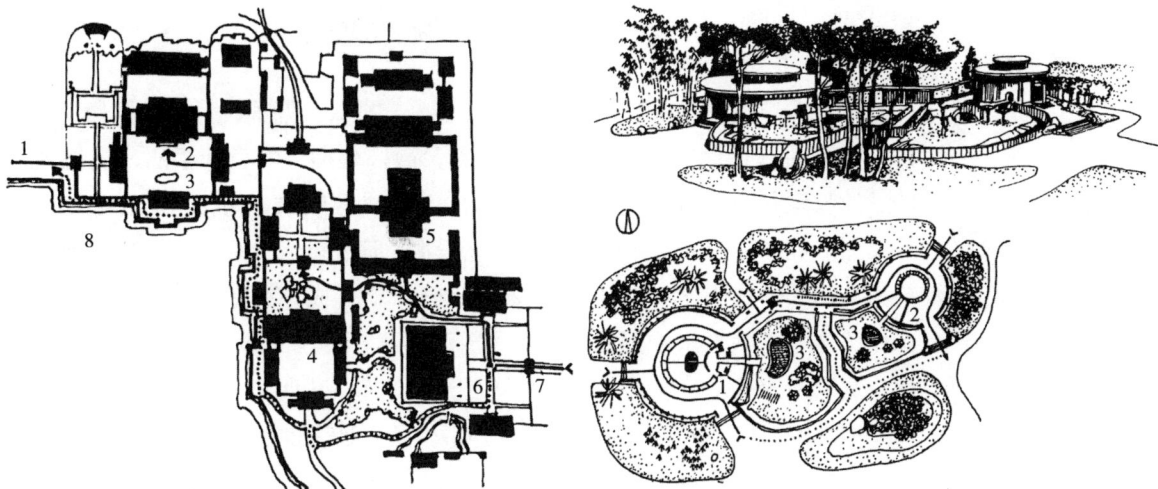

图 1-4-42 颐和园平原区建筑群（左）

1—长廊；2—乐寿堂；3—水木自亲；4—玉兰堂；5—德和园大戏楼；6—仁寿殿；7—仁寿门；8—昆明湖

图 1-4-43 天津水上公园熊猫馆（右）

1—大熊猫馆；2—小熊猫馆；3—熊猫室外活动场地

图 1-4-44 故宫乾隆花园耸秀亭、碧螺亭

1—耸秀亭；2—碧螺亭；3—遂初堂；4—三友轩；5—萃赏楼；6—符望阁；7—延旭楼；8—养梅精舍；9—竹香馆

总之，建筑空间序列如何铺排要认真考虑功能的合理性和艺术意境的创造性。对空间环境的处理要从整体着眼，不论从室内到室外、从室外到室内、从这一部分到另一部分、从局部到整体，都要反复推敲，使观赏流程目的明确、有条不紊，空间组合有机完整，既富变化而又高度统一。

1.5 景观营造

景观营造的手法很多，如：抑景、透景、框景、漏景、对景、借景等。

中国古代造园家采用了"先藏后露，欲扬先抑"的设计手法，先把园中的景致隐藏起来，不能一览无余，然后再通过曲径略展一角，撩动心弦，最后才突然展现在你的面前，使人心情为之一振，这样就大大提高了风景的艺术感染力。这种手法叫作"抑景"。明末画家唐志契在《绘事微言》中说："善露者未始不藏，善藏者未始不露……若主露而不藏，便浅而薄"。中国园林艺术反对一览无余的景色，主张"山重水复疑无路，柳暗花明又一村"的艺术手法。

园林的入口处采用抑景手法置景并不少见，《红楼梦》中所描写的大观园迎门假山挡之就是抑景。苏州拙政园、北京恭王府花园入口的假山处理，是园林实例中的抑景手法，称之为"山抑"。运用植物题材，如一片树丛称为"树抑"。也可以利用建筑题材，如要经过转折的廊院才来到园中，可称作"曲抑"。如苏州的留园、怡园都要经过曲廊才来到隐约观到园景的地方。总之，抑景的手法不一，采用的题材也看具体情况而定，不同的做法可达到不同的效果和作用。或曲或折、或虚或实、或隐或半露、半透半闭，应根据主景的要求而匠心独运。当然，这种手法的运用，不限于园林入口处，在园中也处处可见。

任何一个风景点，同时也是观景点，它的四周总有可取的景致，如果在观景点四周阻挡观景视线的植物、建筑中，开辟一条或几条观景线，把远景透入到观景点的视线中来，从而取得理想的观赏效果，这就称作"透景"。

框景是把真实的自然风景，用美似画框的门、窗洞、框架或由乔木树冠抱合而成的空隙把远景框起来，有如画框里的图画，从而把自然美升华为艺术美。到了扬州瘦西湖的人，总喜欢到伸入湖中、三面临水的钓鱼台来赏景。钓鱼台平面呈方形，重檐攒尖式四角瓦顶，西面方门，东、南、北为砖砌圆洞，形式别致。站在西面观赏，钓鱼台的一个门洞把玉亭桥画面收入，另一个门洞把白塔画面收入。这令人称绝的构景手法便是框景。

从固定的框景到流动的框景，是指游人在行走流动中通过连续变化的"景框"观景，从而获得多种变化着的画面，来获取扩大空间感受的艺术效果。李笠翁在《一家言》"居室器玩部"中曾道及坐在船舱内透过一固定花窗观赏流动着的景色得以获取多种画面。在陆地上由于建筑物不能流动，要达到这种观赏目的，只能在人流活动的路线上，通过设置一系列不同形状的门、窗、洞口去摄取"景框"外的各种不同画像。这种处理手法与《一家言》流动观景深得异曲同工之妙（图1-5-1）。

"漏景"是由框景进一步发展而成，在围墙和穿廊的侧墙上，常开有各种形式的漏窗，来透视园外的风景。漏窗的窗棂，有的为几何图案，有的是葡萄、石榴、老梅、修竹等；也有的则是鹿、鹤等动物的题材构成的。窗外用植

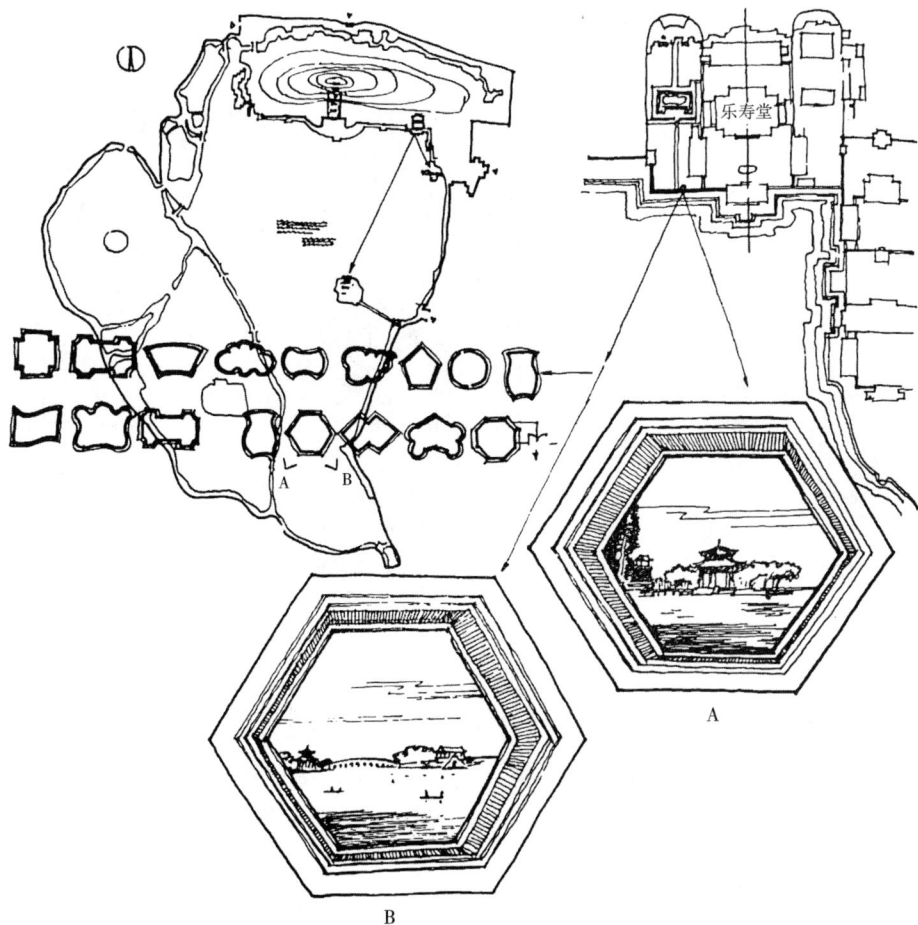

乐寿堂

A

B

图 1-5-1　颐和园乐寿堂
处的流动框景

物作为前景的漏景，应是漏窗的一种起源，人们对于由窗前花木构成的漏景，留下了难忘的印象，因此当窗前没有梅竹等植物的时候，常在窗子上用人工来塑造一株梅花、竹子来模拟这一种情景，漏窗的花窗形式就这样诞生。

　　园林在景点规划设计时，常考虑如何与园外的主要风景点和古迹名胜取得对景；而在园内，除了选择景观画面最精彩的位置安排供人逗留观赏的场所，如亭榭等，还要尽量做到四面观景。如颐和园的知春亭，不但能观赏园内的万寿山、夕佳楼，还能将园外的西山、玉泉山的美景纳入眼帘，同时自身也是一处绝妙的被观赏点。这种能够互相观赏、互相烘托的构景手法就是"对景"。

　　对景也是指在特定的视点，从一个空间眺望另一空间的特定景色。对景能否起到引人入胜的诱导作用与对景景物的选择和处理有密切关系，所组成的景色画面构图必须完整优美。视点、门窗、洞口和景物之间为一固定的直线联系，形成的画面基本上是固定的，可以利用门窗洞口的形状和式样来加强画面的装饰性效果。门、窗、洞口的式样繁多，采用何种式样和大小尺度应服从艺术意境的需要，切忌公式化随便套用。此外，不仅要注意"景框"的造型轮廓，还要注意尺度的大小，推敲它们与景物之间的距离和方位，使之在主要视

图 1-5-2　苏州狮子林对
景之一（左）

图 1-5-3　通过漏窗取得
框景（右）

点位置上能获得最理想的画面（图 1-5-2，图 1-5-3）。

　　"借景"在园林建筑规划设计中占有特殊重要的地位。明代著名造园家计
成在《园冶》中曰："园林巧于因借"，"构图无格，借景有因"，"夫借景者也，
林园之最要者也，如远借、邻借、仰借、俯借、应时而借"等。北京颐和园借
景于西山、玉泉山，就是远借。邻借和远借只是距离不同，北京故宫御花园
借景于园外的大树便是邻借。一般说，天上的白云、山上的宝塔、空中的飞鸟
等都是仰借；池边观鱼，登山远望等是俯借；至于应时而借，更是花样众多，
如一天的晨曦夕霞、晓星夜月，一年的春天百花吐艳，夏天浓绿深荫，秋天碧
空丽云，冬天雪景冰挂，这些都可以因时而借，表现不同的意境。可以说，借
景的内容不外借形、借声、借色、借香。借景的方法包括"远借、邻借、仰
借、俯借、因时而借"。借景是为创造艺术意境服务的，对扩大空间、丰富景
观效果、提高园林艺术质量作用很大。"园虽别内外，得景则无拘远近"。

　　借景的目的是增添艺术情趣，把丰富画面构图的外界因素，引入到本景
空间中，使景色更具特色和变化。昆明西山清末建于滇池旁悬崖上的三清阁道
观，在园林空间选景上把祀神的功能和观赏景色巧妙地融合在一起，对选址借
景的处理也颇有章法（图 1-5-4）。由普陀胜境经慈云洞抵达天阁，一段几十
米半封闭的洞穴空间组景是整个艺术布局的高潮。隐约蜿蜒的洞穴山道开凿在
千仞悬崖之上，远望滇池但觉天色迷濛，远山如黛，舟帆点点出没于云霞飘渺
间，景色极佳。慈云洞有对联"洞外云舒霞卷，海中日往月来"，横额"蓬莱
仙境"。可以看出组景对象是以云霞、日月、海水自然景象作借景，经过辗转
攀登获致"蓬莱仙境"的意境。

　　常用的园林建筑借景手法有：

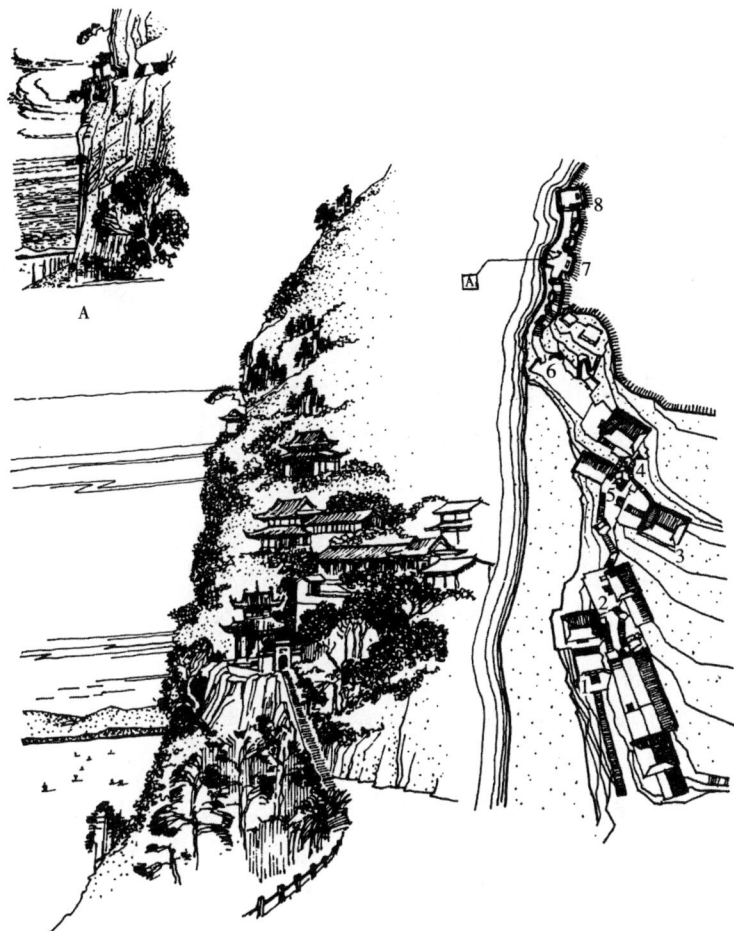

图 1-5-4 云南昆明西山
三清阁
1—三清境牌楼；2—真武
殿；3—凌霄剑阁；4—引
人入胜（别有洞天）；5—
孝牛泉；6—普陀胜境；
7—云华洞（慈云洞）；
8—达天阁（龙门）

借形组景：园林建筑中主要采用对景、框景、渗透等构图手法，把有一定景效价值的远、近建筑物、建筑小品，以至山、石、花木等自然景物纳入画面。

借声组景：在园林建筑设计中如运用得当，对于创造别具匠心的艺术空间作用颇大。自然界声音多种多样，园林建筑所需要的是能激发感情、怡情养性的声音。在我国古典园林中，远借寺庙的暮鼓晨钟，近借溪谷泉声、林中鸟语、秋夜借雨打芭蕉，春日借柳岸莺啼，凡此均可为园林建筑空间增添几分诗情画意。峨眉山清音阁，于溪涧间结合地形建有听泉赏瀑的亭台，所有建筑如清音阁、清音亭、洗心亭、洗心台、神功亭等，多以声得景命名，密林深谷终年不息的瀑泉声，为整个空间环境增添了浓厚的宗教艺术气氛，佛门"超尘出世、四大皆空"的思想得到了充分体现。现代园林建筑中，借泉声组景的例子有白云山庄旅舍中的"三叠泉"和双溪别墅中的"读泉"，都是借叮咚的涓滴泉声来增添室内空间清幽宁静的艺术气氛；借鸟声得景的例子如杭州西湖畔的柳浪闻莺，在初春和煦的阳光下，水波荡漾、柳絮花飞、黄莺鸣唱，景色自然动人。

借色组景：夜景中对月色的因借在园林建筑中受到十分重视。杭州西湖的"三潭印月""平湖秋月"、避暑山庄的"月色江声"、"梨花伴月"等，都以借月色组景而闻名。皓月当空是赏景的最佳时刻，除月色之外，天空中的云霞也是极富色彩和变化的自然景色，所不同的是月亮出没有一定规律，可以在园景构图中预先为之留出位置，而云霞的变化却十分复杂，偶然性很大，因之常被人忽视，实际上，云霞在许多名园佳景中的作用是很大的。特别于高阜、山巅，不论其是否建有亭台，设计者应该估计到在各种季节气候条件下云霞出没的可能性，把它组织到画面中来。在武夷山风景区游览的最佳时刻莫过于"翠云飞送雨"的时候，在雨中或雨后远眺"仙游"满山云雾萦绕、飞瀑天降、亭阁隐现，顿添仙居神秘气氛，画面最为动人（图1-5-5）。避暑山庄中之"四面云山""一片云""云山胜地""水流云在"四景，虽不能说在设计之初就以云组景，但云霞变幻为这四个景点增色不少。此外，色彩对决定建筑景点命名的作用也很大。在园林建筑中随着不同的季节改变，各种树木花卉的色彩也会随之变化，嫩柳、桃花是春天的象征，迎雪的红梅给寒冬带来春意，秋来枫林红叶满山，是北方园林入冬前赏景的良好时机。北京香山红叶、广州八景之一萝岗香雪（萝岗冬季梅花盛开，遍布山谷，洁白晶莹，犹如雪海）都是借色成景的佳例。当然，月、云、树木、花卉既有色也有形，组景因借应同时加以考虑。

借香组景：在造园中如何利用植物散发出来的幽香以增添游园的兴致是园林设计中一项不可忽视的因素。广州兰圃以兰著称，每当微风轻拂，兰香馥郁，为园景增添几分雅韵。古典园林池中每喜植荷，除取其形、色的欣赏价值外，尤贵在夏日散发出来的阵阵清香。拙政园中"荷风四面亭"是借荷香组景的佳例（图1-5-6）。

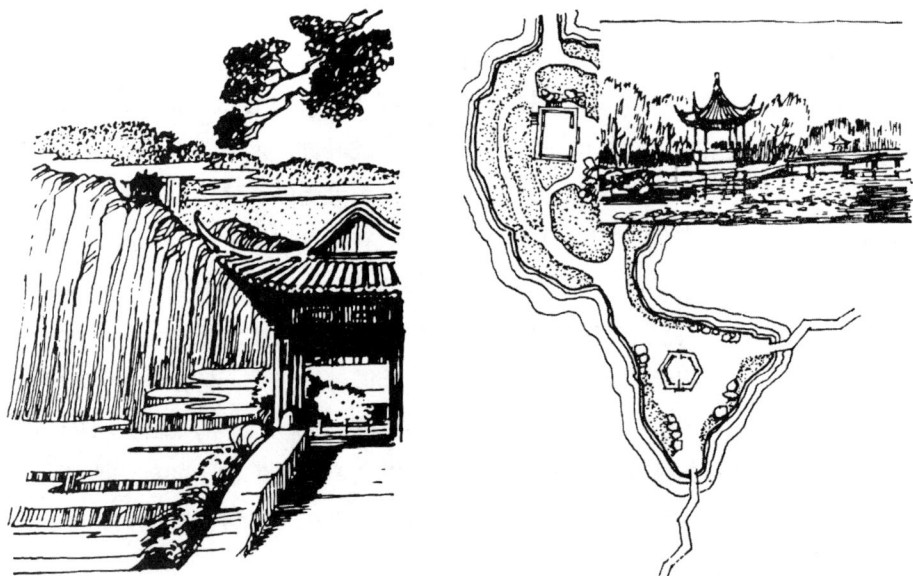

图1-5-5 福建武夷山望仙亭（左）

图1-5-6 拙政园荷风四面亭（右）

图1-5-7 破坏园林建筑
尺度一例

前面所说借景有远借、邻借之分，把园外景物引入园内的空间渗透手法是远借，无论是对景还是框景；利用空廊互相渗透，或者通过曲折、错落变化增添空间层次都为邻借。远借或邻借，与空间组合的技巧是密切不可分的，能否做到巧于因借，这就有赖于设计者的艺术素养。下面就借景对象的选择和设置以及如何处理好本景建筑物与借景对象之间的关系论述如下：

"借景有因"，就是说由于外在某种使人触景生情的景物对象，可以用来创造某种艺术意境。以上所举的形、声、色、香，还不足以概括可资因借的对象，大自然中可资因借的对象还有待设计人作进一步的寻觅发掘，并尽量防止一些杂乱无章、索然乏味的实象引入到景中来，所谓"俗则屏之，嘉则收之"。北京北海公园外西北侧，有许多体量庞大、造型简单的多层和高层建筑，因为紧接公园，客观上构成借景对象，结果使园内外的建筑风格和尺度极不协调，使北海和园内的建筑在对比之下都显得小了，同时还破坏了五龙亭、小西天等建筑群原来优美的建筑轮廓线（图1-5-7）。

在实际工作中，为了艺术意境和画面构图的需要，当选择不到合适的自然借景对象时，也可适当设置一些人工的借景对象，如：建筑小品、山石、花木等。北京陶然亭公园接待室，于右侧湖面上设置竹亭曲桥作为"俯借"的对象（图1-5-8）。天津水上公园一岛茶室，于南堤端头设置圆形花架，在后院凿池建亭，池后堆山，既改善了环境又构成了借景的对象，这些对象可以通过敞廊的门洞里外框景，也可透过茶厅门窗外望而获得丰富的画面层次（图1-5-9）。在小范围的园林空间中设置人工借景对象，古代庭园中十分普遍（图1-5-10）。在近代园林中也广为应用。

如何处理好借景对象与观景建筑物之间的关系，必须重视设计前的相地、人流路线的组织，以及确定适当的得景时机和眺望视角。

设计前的相地，需要顾及借景的可能性和效果，除认真考虑朝向、

图1-5-8 北京陶然亭接
待室俯借图

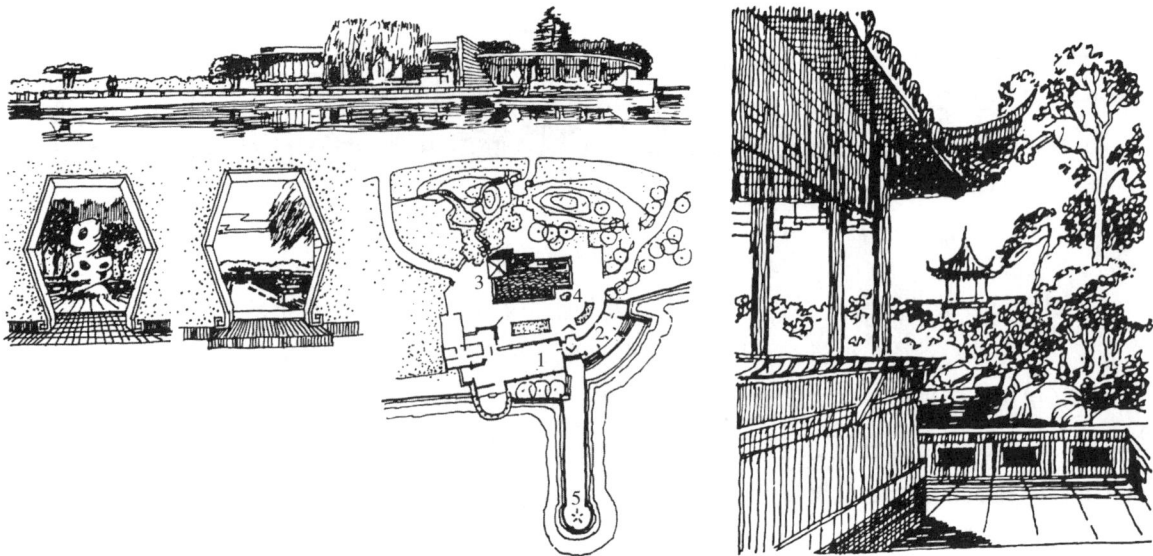

图 1-5-9 天津水上公园
茶室借景（左）
1—茶室；2—冷饮廊；
3—石亭；4—湖石；
5—花架

图 1-5-10 留园明瑟楼
借景可亭（右）

对组景的效果之外，在空间收放上，还要注意结合人流路线的处理问题，或设门、窗、洞口以收景；或置山石、花木以补景。建筑空间是人流活动的空间，静中观景，视点位置固定，从借景对象所得的画面来看基本上是固定不变的，可以采用一般对景的处理手法。若是动中观景，由于视点不断移动，建筑物和借景对象之间的相对位置随之变化，画面也就出现多种构图上的变化，为能获得众多的优美画面，在借景时应该仔细推敲得景时机、视点位置及视角大小的关系。前面所举流动框景的例子，如颐和园乐寿堂庭院，在临湖廊墙上设置一组形状各异的漏窗，以流动框景的手法，远借昆明湖上龙王庙、十七孔桥、知春亭等许多秀丽的景色。借景的时机、视点位置和角度都很得体。在时机上，这段临湖廊是以乐寿堂为中心通往长廊的过渡空间，一进入长廊，广阔的昆明湖景色即跃入眼帘。在视点位置和角度上，由于漏窗景框大小及廊子和借景对象之间的距离恰当，各种借景的画面构图均极优美。此外，通过这些漏窗借景的过渡，也可收到园林空间景点的预示作用。

1.6 尺度与比例

尺度在园林建筑中系指建筑空间各个组成部分与具有一定自然尺度的物体的比较，是设计时不可忽视的一个重要因素。功能、审美和环境特点是决定建筑尺度的依据，正确的尺度应该和功能、审美的要求相一致，并和环境相协调。园林建筑是供人们休憩、游乐、赏景的所在，空间环境的各项组景内容，一般应该具有轻松活泼、富于情趣和使人不尽回味的艺术气氛，所以尺度必须亲切宜人。北京故宫太和殿和承德避暑山庄澹泊敬诚殿（图 1-6-1），虽然都是皇帝处理政务的殿堂，但前者是坐朝的地方，为了显示天子至高无上的权威，采用了宏伟的建筑尺度；后者受到避暑山庄主题思想的影响且具有行宫的性质，需要比较灵巧潇洒，因此建筑体量、庭院空间都不大，外形朴素淡雅，采用单檐卷棚歇山屋顶、低矮台阶等小式的做法，在庭院中还配有体态适宜的花木，使其尺度与四周园林环境相协调；可说是皇家园林在尺度处理上一个富有性格的良好范例。

房屋建筑的尺度，应注意推敲门、窗、墙身、栏杆、踏步、柱廊等各部分的尺寸和它们在整体上的相互关系，如果符合人体尺度和人们习惯的尺寸，可给人以亲切的感受。但是，园林建筑空间环境中除房屋（也可能没有房屋）外，还有山石、池沼、树木、雕像、渡桥等，因此，研究园林建筑的尺度，除要推敲房屋和景物本身的尺度外，还要考虑它们彼此之间的尺度关系。适宜于室内小空间景物的尺度不能应用于庭园中的大空间，浩瀚的湖泊和狭小的池沼、高大的乔木和低矮的灌木丛，小巧玲珑的曲桥和平直宽阔的石拱桥，用来组合空间，在尺度效果上是完全不同的。面对昆明湖广大的湖面，就需要有宏

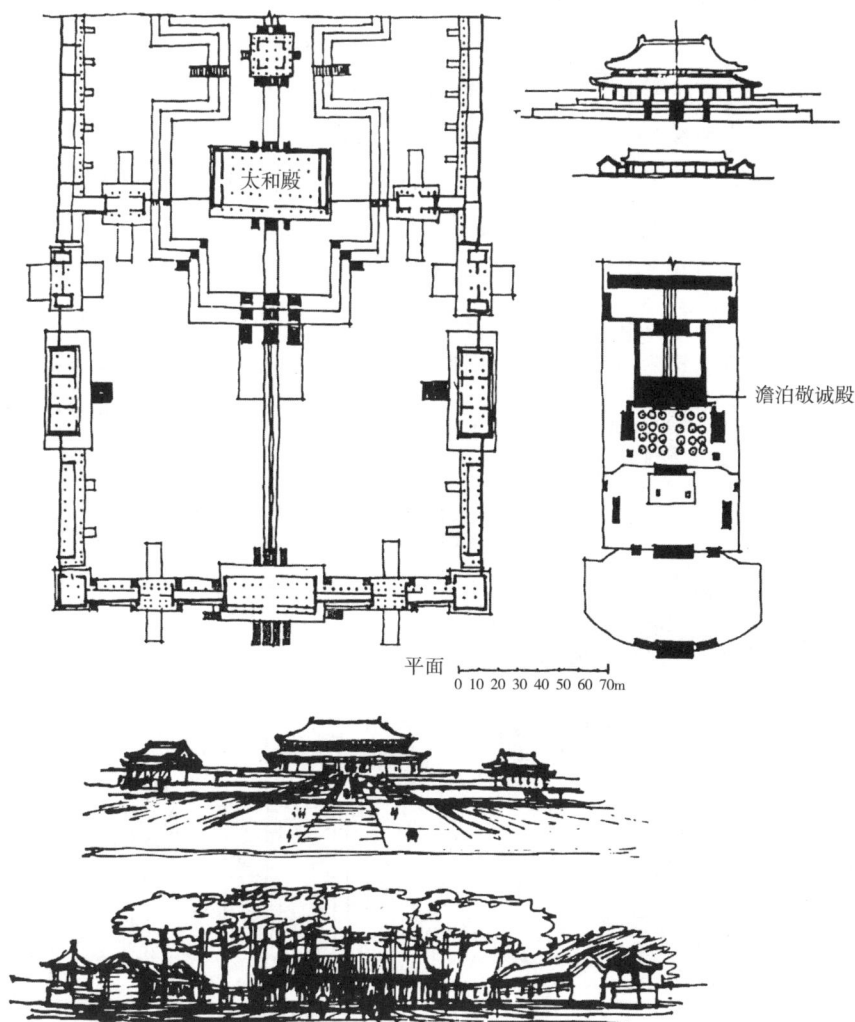

澹泊敬诚殿

平面
0 10 20 30 40 50 60 70m

图 1-6-1 北京故宫太和殿与避暑山庄澹泊敬诚殿尺度比较

伟尺度的佛香阁建筑群与之配合才能构成控制全园的艺术高潮；广州白云宾馆底层庭园如果没有巨大苍劲的榕树，就很难在尺度上与高大体量的主体建筑协调。北海濠濮涧紧贴池水的曲桥与房廊以小尺度处理得宜见称；同样，连接团城和琼岛之间的大石拱桥和具有强烈中轴线雄伟壮观的白塔南山建筑群的大尺度也是一致的。若把以上曲桥和大石拱桥互换位置，将因尺度不当而招致失败。

园林建筑空间尺度是否正确，很难定出绝对的标准，不同的艺术意境要求有不同的尺度感。要想取得理想的亲切尺度，一般除考虑适当缩小房屋构件的尺寸使房屋与山石、树木等景物配合协调外，室外空间大小也要处理得宜，不宜过分空旷或闭塞。中国古典园林中的游廊，多采用小尺度的做法，廊子宽度一般在 1.5m 左右，高度伸手可及横椽，坐凳栏杆低矮，游人步入其中倍感亲切。在建筑庭园中还常借助小尺度的游廊烘托突出较大尺度的厅、堂之类的主体建筑并通过这样的尺度处理来取得更为生动活泼的协调效果（图 1-6-2）。要使房屋和自然景物尺度协调，还可以把房屋上的某些构件如柱子、屋面、基座、踏步等直接用自然的山石、树枝、树皮等来替代，使房屋和自然景物得以相互交融。成都青城山有许多用原木、树枝、树皮构筑的亭、廊，与自然景色十分贴切，尺度效果亦佳，亭子建立在登山过溪转折点，长亭直接用原木、树皮构造，并把两棵高大的楠树用作亭柱，别饶风趣（图 1-6-3）。现代一些高层大体量的旅馆建筑，亦多采用园林建筑的设计手法，在底层穿插布置一些亭、榭、廊、桥等，用以缩小观景的视野范围，使建筑和自然景物之间互为衬托，从而获得室外空间亲切宜人的尺度。

控制园林建筑室外空间尺度，使之不至于因空间过分空旷或闭塞而削弱景观效果，要注意下述视觉规律：一般情况，在各主要视点赏景的控制视锥约为 60°~90°，或视角比值 $H:D$ 约在 $1:1$~$1:3$ 之间，H 为景观对象的高度，

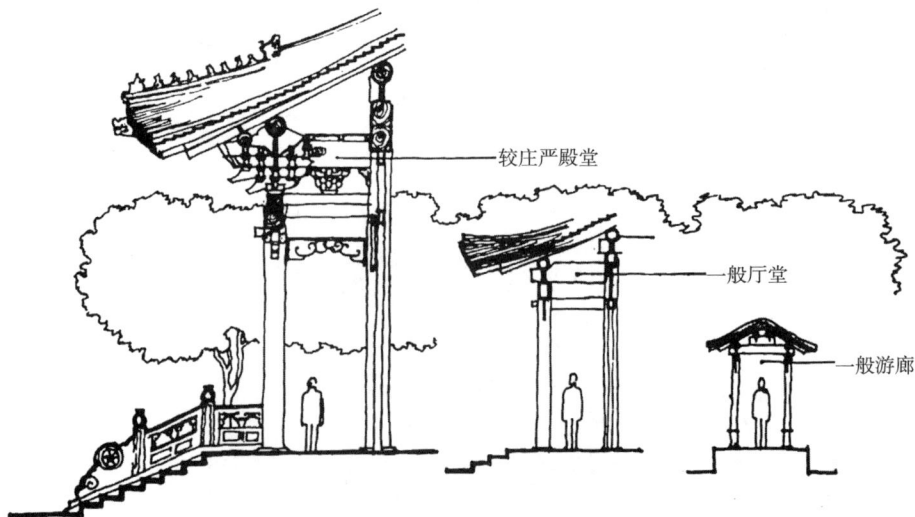

较庄严殿堂

一般厅堂

一般游廊

图 1-6-2 古典建筑廊子尺度比较

园林建筑中不只是房屋的高度，还包括构成画面中的树木、山丘等配景的高度，D为视点与景观对象之间的距离。若在庭院空间中各个主要视点观景，所得的视角比值都大于1：1，则将在心理上产生紧迫和闭塞的感觉；如果都小于1：3，这样的空间又将产生散漫和空旷的感觉。一些优秀的古典庭园，如苏州的网师园、北京颐和园中的谐趣园、北海画舫斋等的庭院空间尺度基本上都是符合这些视觉规律的（图1-6-4）。故

图1-6-3 成都青城山步桥雨亭

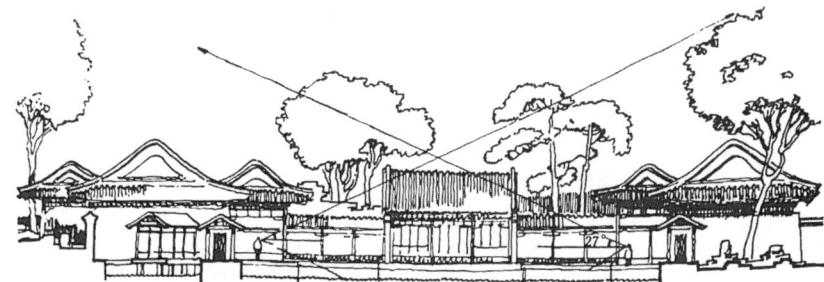

宫乾隆花园以堆山为主的两个庭院，四周为大体量的建筑所围绕，在小面积的庭院中堆砌的假山过满、过高，致使处于庭院下方的观景视角偏大，予人以闭塞的感觉，而当人们登上假山赏景的时候，却因这时景观视角的改变不仅觉得亭子尺度适宜，而且整个上部庭院的空间尺度也显得亲切，不再有紧迫压抑的感觉（图1-4-44）。为了进一步探讨空间的尺度问题，不妨把谐趣园的平面布局稍作变更，即把"饮绿""洗秋"两座亭榭的位置按图1-6-5重新布置，使水池变为方形平面，其结果显而易见不仅因缺少曲折、错落

图1-6-4 北京北海公园画舫斋水庭尺度分析

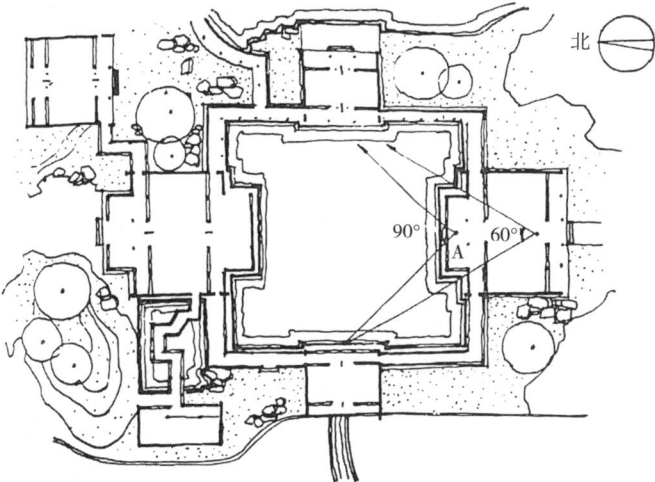

现在实际的透视效果空间层次丰富，尺度适宜。

假拟平面所得透视效果，空间空旷尺度不当。

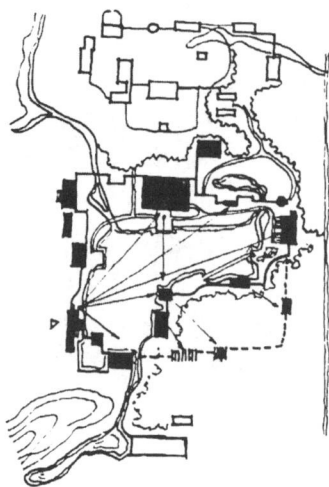

图 1-6-5 颐和园谐趣园空间尺度分析

变化使空间层次消失，同时也将显出沿水池四周建筑物隔池相望的视距变得过大、视角过小，庭院空间空旷松散，因而失去原有空间的亲切尺度感。因此，谐趣园总体布局"饮绿"和"洗秋"两座亭榭往内曲折的位置经营是恰到好处的。

需要指出，以上所讲的视觉规律主要用于较小规模的庭园尺度分析，对大型园林风景区组景所希望取得的景观效果，因是以创造较大范围的艺术意境为目的，目之所及的各种景物无拘远近均可入画，空间尺度灵活性极大，不宜不分场合硬套一般视角大小的视觉规则。此外，处理园林建筑尺度，还要注意整体和局部的相对关系，如果不是特殊的功能和艺术需求，一般情况下，处于小范围的室外空间建筑物的尺度宜适当缩小才能取得亲切的尺度感受；同样，在大范围的室外空间中的建筑物尺度也应适当加大，才能使整体与局部协调和取得理想的尺度效果。

加大建筑的尺度，一般可采用适当放大建筑物部分构件的尺寸来达到，但如过分夸大把它们一律等比例放大，则会由于超越人体尺度使某些功能显得极不合理，并予人以粗陋的视觉印象。古代匠师处理建筑尺度方面的经验是十分宝贵的，如为了适应不同尺度和建筑性格的要求，房屋整体构造有大式和小式的不同做法，屋顶有庑殿、歇山、悬山、硬山、单檐、重檐等区别。为了加大亭子的面积和高度，增大其体量，可采用重檐的形式，以免单纯按比例放大亭子的尺寸造成粗笨的感觉，这些经验，今天仍给设计者对空间尺度的探索以良好的启示（图 1-6-6）。

园林建筑设计与研究空间尺度同时进行的另一重要内容是推敲建筑比例，比例系各个组成部分在尺寸上的相互关系及其与整体的关系。尺度和比例紧密关联，都具体涉及处理建筑空间各部位的尺寸关系，好的设计应该做到比例良好、尺度正确。与尺度问题一样，园林建筑推敲比例和其他类型的建筑有

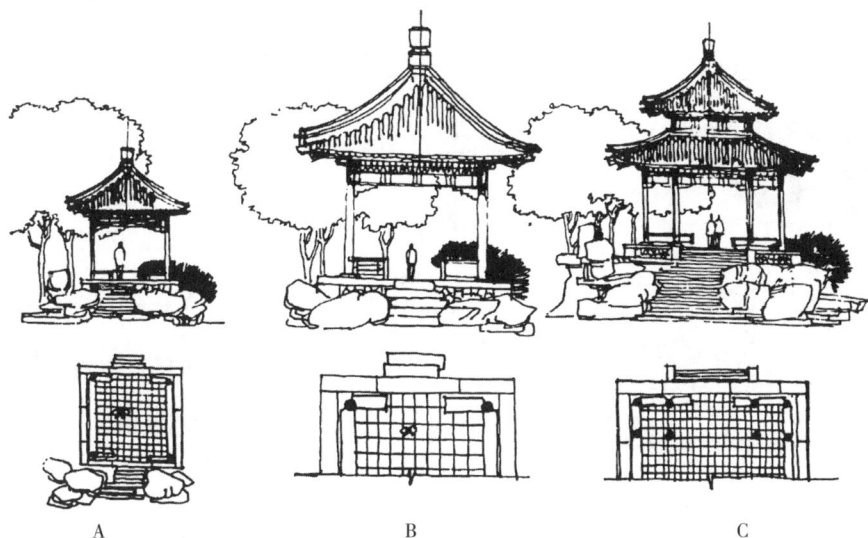

图 1-6-6 亭子尺度分析
古典建筑亭子尺度一般要求亲切，A 亭、C 亭亭子尺度适宜，B 亭照 A 亭原来形状按比例放大成 C 亭的尺寸，由于尺度过大失去亲切感。

A   B   C

所不同，一般建筑类型通常只需推敲房屋本身内部空间和外部体形从整体到局部的比例关系，而园林建筑除了房屋本身的比例外，园林环境中的水、树、石等各种景物，因需人工处理也存在推敲其形状、比例问题；不仅如此，为了整体环境协调，还特别需要重点推敲房屋和水、树、石等景物之间的比例协调关系。

园林建筑主随机异宜，戒成法定式，很难采用数学比率或模数度量等方法归纳出一定的建筑比例规律，我们只能从一定的功能、结构特点和传统园林建筑的审美习惯去认识和继承。我国江南一带古典园林建筑造型式样轻盈清秀是与木构架用材纤细，细长的柱子、轻薄的屋顶、高翘的屋角、纤细的门窗栏杆细部纹样等，在处理上采用一种较小尺度的比例关系分不开的。同样，粗大的木构架用材，较粗壮的柱子，厚重的屋顶，低缓的屋角起翘和较粗实的门窗栏杆细部纹样等

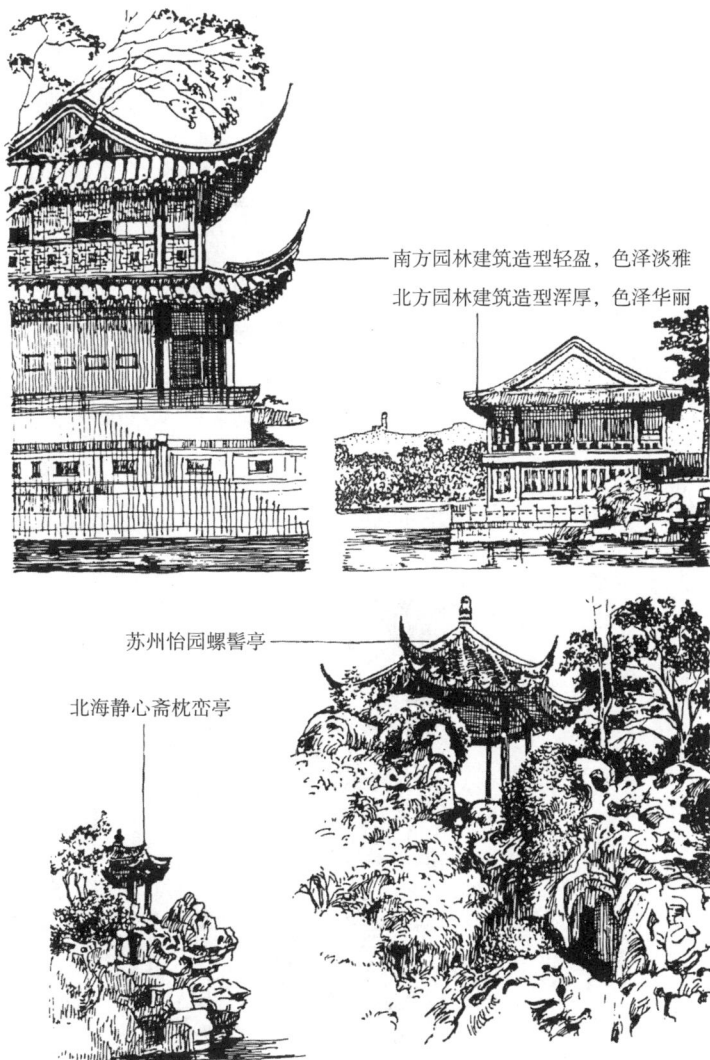

南方园林建筑造型轻盈，色泽淡雅
北方园林建筑造型浑厚，色泽华丽

苏州怡园螺髻亭
北海静心斋枕峦亭

图 1-6-7 古典建筑南、北方风格比较

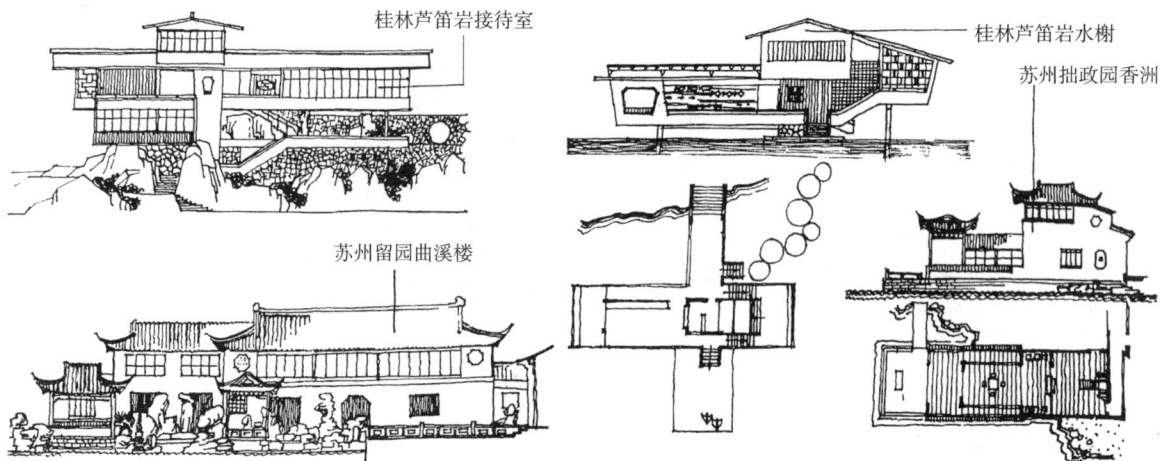

图 1-6-8 新、古园林建筑比例比较

采用了较大尺度的比例构成了北方皇家古典园林浑厚端庄的造型式样及其豪华的气势（图 1-6-7）。现代园林建筑在材料结构上已有很大发展，以钢、钢筋混凝土、砖石结构为骨架的建筑物的可塑性很大，非特殊情况不必去抄袭模仿古代的建筑比例和式样而应有新的创造，但是，如能适当增加注入一些民族传统建筑比例的韵味与内涵，不但能取得神似的效果，亦将会别开生面。一些比较优秀的现代园林建筑在这方面做出了十分可喜的尝试（图 1-6-8）。

园林建筑环境中的水形、树姿、石态优美与否是与它们本身的造型比例，以及它们与建筑物的组合关系紧密相关的，同时它们受着人们主观审美要求的影响。水本无形，形成于周界，或池、或溪、或涌泉、或飞瀑，因势而别；是树有形，树种繁多，或高直、或低平，或粗壮对称，或袅娜斜探，姿态万千；山石亦然，或峰、或峦、或峭壁、或石矶，形态各殊。这些景物本属天然，但在人工园林建筑环境中，在形态上究取何种比例为宜则决定于与建筑物在配合上的需要（图 1-6-9）；而在自然风景区则情形相反，是以建筑物配合山水、

图 1-6-9 网师园水庭建筑、树、石比例

树石为前提。桂林伏波山矗立于漓
江西岸，巍峨壮观，山石脉络以竖
直为主，听涛阁建于半山可俯借漓
江烟云声浪，建筑轮廓高低起伏，
阳台做大悬挑，由栏杆、雨棚、房
檐所构成的水平线条与山形脉络形
成对比，使建筑与伏波山结合得生
动、自然（图1-6-10）。在强调端
庄气氛的厅堂建筑前宜取方整规则
比例的水池组成水院，如北海静心
斋（图1-4-21）；强调轻松活泼气
氛的庭园，则宜曲折随宜组织池
岸，亦可仿曲溪构泉瀑，但需与建
筑物在高低、大小、位置上配合协
调。树石设置，或孤植、群栽，或
散布、堆叠，都应根据建筑画面构

图1-6-10 桂林伏波山
听涛阁

图的需要认真推敲其造型比例，既属现状也要加以调整剪裁。刘敦桢先生在修
整南京瞻园时，对池、山造型比例，以至池中每一块石头的形状、大小、位置
都进行了精心推敲，经年始成佳作。

1.7 色彩与质感

色彩与质感的处理与园林空间的艺术感染力有密切的关系。形、声、色、
香是园林建筑艺术意境中的重要因素，其中形与色的范围更广，影响也较大，
在园林建筑空间中，无论建筑物、山石、池水、花木等主要都以其形、色动
人。园林建筑风格的主要特征大多也表现在形和色的两个方面。我国传统园林
建筑以木结构为主，但南方风格体态轻盈、色泽淡雅；北方则造型浑厚、色泽
华丽。现代园林建筑采用玻璃、钢材和各种新型建筑装饰材料，造型简洁、色
泽明快，引起了建筑形、色的重大变化，建筑风格正以新的面貌出现。

园林建筑中的色彩、质感问题，除涉及房屋的各种材料性质外，还包括山
石、水、树等自然景物。色彩有冷暖、浓淡的差别，色的感情和联想及其象征
作用可予人以各种不同的感受。质感表现在景物外形的纹理和质地两个方面。
纹理有直曲、宽窄、深浅之分；质地有粗细、刚柔、隐显之别。质感虽不如色
彩能给人多种情感上的联想、象征，但质感可以加强某些情调上的气氛则毋庸
置疑。苍劲、古朴、柔媚、轻盈等建筑性格的获取与质感处理关系很大。总之，
色彩与质感是建筑材料表现上的双重属性，两者相辅共存，只要善于去发现各

种材料在色彩、质感上的特点，并利用它去组织节奏、韵律、对比、均衡等各种构图变化，就有可能获得良好的艺术效果。譬如，墙面处理一般不外粉墙、砖墙和石墙诸种，但由于材料和砌筑、修饰方法上的不同，色彩和质感给人情感上的诱惑却效果迥异。绿林深处隐露洁白平整的粉墙产生清幽宁静的情趣；小空间庭园中饰以光洁、华丽的釉砖，马赛克墙面可增添几分高贵典雅的气息；而灰褐、青黄、表面粗刚、勾缝明显的石墙用于庭园，则富有古拙质朴的韵味。再以石墙为例，由于天然石材品种多，又可任意配色造斧琢假石，因此石墙造法很多，表现的效果也很不一样，设计中应因地制宜使用（图1-7-1），园林自然景物中的山石、池水、树木质感各不相同，多数山石纹理以直线条走向为主，质地刚而粗，池水涟漪呈波形纹理，质地柔而滑且有动感，而树木则介乎两者之间。因此，在组景中，水和石一般表现为对比关系，水和树、石和树，则多表现为微差关系（图1-7-2）。在广州一些现代园林建筑中，如华南植物园的接待室水庭、白云山庄内庭，于池中散置几块顽石，对比强烈，增色不少。

前面所述建筑物与自然景物的对比中，也包括色彩与质感的内容。采用汉白玉、大理石精雕细刻的栏杆，加上闪闪发光的琉璃瓦屋顶和色彩艳丽的彩画装修，是皇家园林建筑的特色，它与自然景物在色彩与质感上的对比均十分强烈。飘浮在碧绿池水上的廊、桥、汀步同样也是通过彼此在色彩与质感上的对比而显得格外生动突出。小天井式的庭园组景，宜用平整光洁的白色粉墙衬托色彩丰富、质地纹理粗犷的花木山石，通过对比可以取得良好的效果，所得的景观往往酷似用白纸点染而成的优美图画（图1-7-3）。

综上所述，园林建筑使用色彩与质感手段来提高艺术效果时，需要注意下列几点：

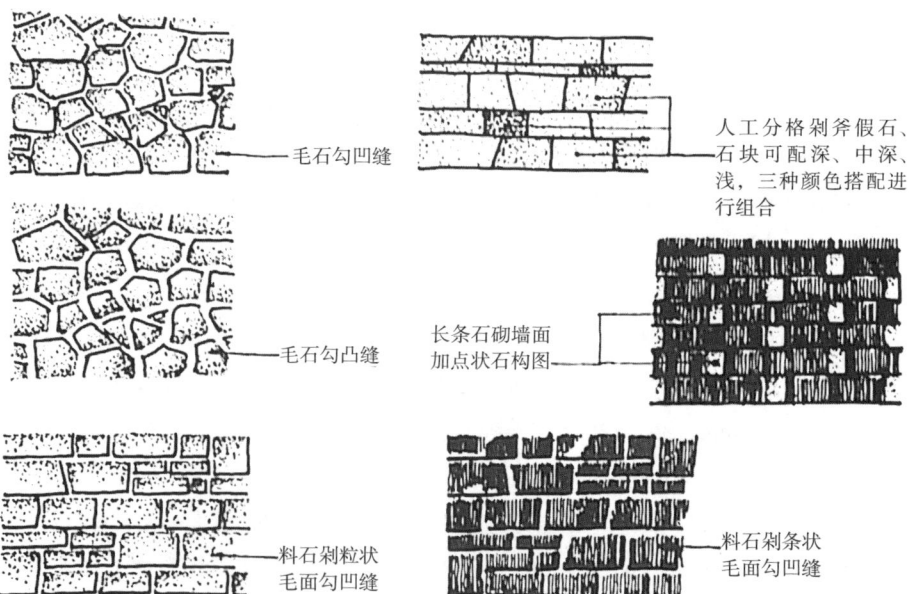

毛石勾凹缝

毛石勾凸缝

料石剁粒状毛面勾凹缝

人工分格剁斧假石、石块可配深、中深、浅，三种颜色搭配进行组合

长条石砌墙面加点状石构图

料石剁条状毛面勾凹缝

图1-7-1 装饰性石墙做法举例

图 1-7-2 园林中的水、石、树

图 1-7-3 苏州怡园入口庭园

（1）作为空间环境设计，园林建筑对色彩与质感的处理除考虑建筑物外，各种自然景物相互之间的协调关系也必须同时进行推敲，一定要立足于空间整体的艺术质量和效果。

（2）处理色彩与质感的方法，主要通过对比或微差取得协调、突出重点，以提高艺术表现力。

对比，在上述章节中已论述过体量、形状、明暗、虚实等各个方面的处理手法。色彩、质感的对比与它们的处理原则基本上是一致的。在具体组景中，各种对比方法经常是综合运用的，只在少数的情况下根据不同条件才有所侧重。主要靠色彩或质感对比取胜的作品，如桂林榕湖饭店四号楼餐厅室外小天井庭园。面对餐厅的墙面用大型彩色洗石壁画装饰，壁画题材取意桂林山水，墙下设池，墙根池边以一行绿草连接，墙脚两端置石种竹、灌木，靠餐厅用鹅卵石铺地，洗石壁画在水石植物的烘托下，真假山水交相错杂，显得格外鲜明生动（图 1-7-4）。在风景区布置点景建筑，如要突出建筑物，除了选择合适的地形方位和塑造优美的建筑空间体型外，建筑物的色彩最好采用与树丛山石等具有明显对比的颜色。如要表达富丽堂皇端庄华贵的气氛，建筑物可选用暖色调高彩度的琉璃砖瓦、门、窗、柱子，使得与冷色调的山石、植物取得良好的对比效果。

园林建筑中的艺术情趣是多种多样的，为了强调亲切、宁静、雅致和朴素的艺术气氛，多采用微差的手法来取得谐调和突出艺术意境。如：成都杜甫草堂、望江楼公园、青城山风景区和广州兰圃的一些亭子、茶室，采用竹柱、草顶或墙，柱以树枝、树皮建造，使建筑物的色彩与质感和自然环境中的山石、树丛尽量一致，经过这样的处理，艺术气氛显得异常古朴、清雅、自然、耐人玩味，是利用微差手法达到协调效果的一些优秀范例（图 1-7-5、图 1-7-6）。园林建筑设计，不仅单体建筑可用上述处理手法，其他建筑小品如踏步、坐凳、园灯、栏杆等，也同样可以仿造自然的山与植物以与环境相协调。

餐厅

图 1-7-4　桂林榕湖饭店四号楼餐厅庭园洗石壁画

图 1-7-5　桂林七星公园用竹材修建的休息亭廊

（3）考虑色彩与质感的时候，视线距离的影响因素应予注意。对于色彩效果，视线距离越远，空间中彼此接近的颜色因空气尘埃的影响容易变成灰色调；而对比强烈的色彩，其中暖色相对会显得愈加鲜明。在质感方面则不同，距离越近，质感对比越显强烈，但随着距离的增大，质感对比的效果也就随之逐渐削弱。譬如，太湖石是一种具有透、漏、瘦质地的光洁呈灰白色的山石，因其玲珑多姿、造型奇特，

图1-7-6 成都望江亭公园草亭众香榭

适宜散置近观，或用在小型庭园空间中筑砌山岩洞穴。如果纹理脉络通顺、堆砌得体、尺度适宜，景效必然十分动人。但若用在大型庭园空间中堆砌大体量的崖岭峰峦，将在视线较远时，由于看不清山形脉络，不仅达不到气势雄伟的景观效果，反而会予人以虚假和矫揉造作的感觉，不如用尺度较大、方正的黄石或青石堆山显得更为自然逼真。

此外，建筑物墙面质感的处理也要考虑视线距离的远近、选用材料的品种、决定分格线条的宽窄和深浅。如果视点很远，墙面无论是用大理石、水磨石、水刷石、普通水泥色浆，只要色彩一样，其效果不会有多大的区别。但是，随着视线距离的缩短，材料的不同，以及分格嵌缝宽度、深度大小不同的质感效果就会显现出来。设计中不顾视线距离是否恰当而盲目选用高级材料的做法，只能造成经济上的浪费，对于艺术效果是收益甚微的。

第 2 章

建筑庭园空间设计

庭园类别
庭园组景
室内景园
水石景栽

2.1 庭园类别

建筑庭园，系指由建筑物围成并具有一定景象的空间，用以作为人们室内活动场地的扩大和补充，并有组织地完善了建筑空间与自然空间的过渡。在造园领域中，建筑庭园的范畴较小，但园中景象均精取于自然，通常把建筑空间与庭园空间有机地相互穿插结合，使建筑环境获得较完美的效果。因此，建筑庭园的设计离不开建筑物的使用功能，而建筑环境质量的提高则有赖于庭园功能的充分抒发。优美的庭园，犹如置身于和谐并富有吸引力的大自然怀抱中，感受人类所熟悉的生活气息，那若海的波涛、似峦的山岳、林间的晨曦、碧空的云彩，以至那枝头雀鸣、湖中鱼戏、草底蟋声，无不唤起人们对自然界的美好回忆。

庭园在我国可谓源远流长、自成一体，在世界造园史上占有重要的地位。经过历来的运用和发展，庭园的功用愈益发挥，其适应性也愈加广泛。从单一功能的庭园到多方面使用功能的庭园；从简易建庭到适应各种复杂条件建庭；从单院落的庭园平面到多院落的庭园组合，形成了一整套完善的庭园体系，由此派生出各类庭式，以适应各种实际情况和满足各种使用要求。

庭园类别，其划分的方法有三种：第一种是按庭园在建筑中所处的位置和相应具有的使用功能来划分；第二种是按不同的地形环境来划分；第三种是按不同的平面形式来划分。一般说来，第一种分类法较浅白易懂，实用性较强，它将庭园分成前庭、内庭（中庭）、后庭、侧庭和小院五种，非专业人员都易于理解。

前庭，通常位于主体建筑的前面，面临道路，一般庭园环境较宽敞，供人们出入交通，也是建筑物与道路之间的人流缓冲地带。此种庭式的布置比较注重与建筑物性质的协调。譬如，具有纪念性质或宗教、行政建筑前庭，一般较严整、堂皇，取得与建筑性质相一致的肃穆、宏伟壮观的气氛。而与人们日常生活较密切的民用建筑，诸如住宅、宾馆、餐馆、商场之类，其前庭布置就较为自如、灵活。例如：广州白云宾馆前庭（图2-1-1），它以山岗、水石、广场三要素的有机组合，使主楼与全市性干道之间布置出景象异常丰富的前庭，既解决了宾馆大量旅客出入和车辆交通问题，又利用了原有山岗作屏障，使城市干道的噪声、污尘隔除，并因山挖池，构出清雅、幽致的现代宾馆之园景。宅园的前庭，一般处理得较简朴，不论是古时还是现今，常常以前庭作为室外空间到室内空间的过渡，庭境小而多趣。南京瞻园（图2-1-2）及广州番禺余荫山房的前庭处理，均是较好的实例。

内庭，又称中庭，一般系多院落庭园之主庭，供人们起居休闲、游观静赏和调剂室内环境之用，通常以近赏景来构成庭中景象。我国南方地区泉多水广，内庭常常用小水面来改善室内小气候，其意境颇有清幽深邃之趣。如：广州山庄旅舍的内庭（图2-1-3），以水为题，敞廊濒岸舒展，凉台临水而立；板桥横渡，蹬步边设，客房高低错落在花丛林木之中，景象显得异常舒畅。苏州传统私家园林网师园的内庭，廊庑萦回、水天一色、营构精美、布设巧雅，景象也十分宜人。

后庭，位于屋后，常常栽植果林，既能供人果食，又可在冬季遮挡北风，庭景一般较自然。如广州矿泉客舍原有的后庭就是一片翠绿如林的蕉院。岭南宅园后庭一般多栽香蕉、龙眼、黄皮、荔枝、柑桔、柚子等一类果木。苏州拙政园听雨轩于后庭（图2-1-4），满植芭蕉，巧取"雨打芭蕉"寓意，促成听雨轩之声景效应，其借意又高一筹。自然风景区里，后庭的构设常借山石、溪涧、野林、蹬道等自然景物，使庭景与周围风光呵成一气，化人工于天然之中。

侧庭，古时多属书斋院落，庭景十分清雅。《扬州画舫录》描述计成在镇江为郑元勋造影园中的"读书处"云："入门曲廊，左右二道入室，室三楹，庭三楹，即公读书处。窗外大石数块，芭蕉三四本，莎罗树一株，以鹅卵石

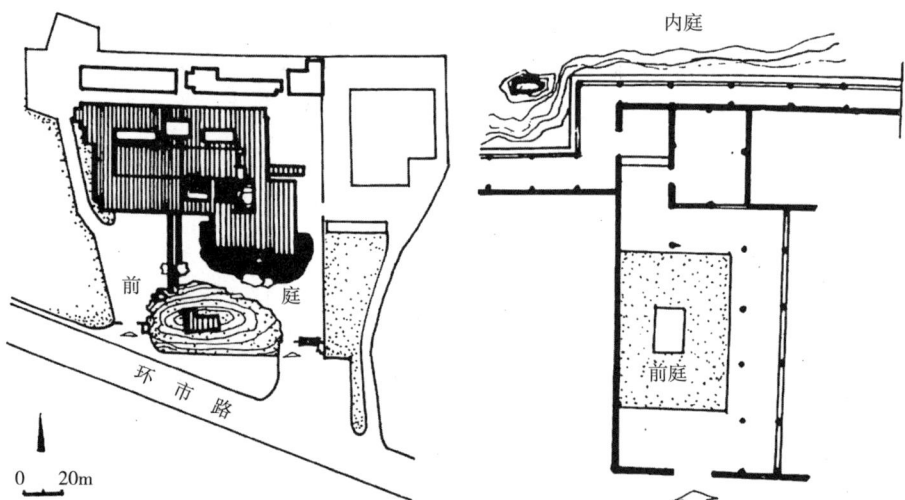

图2-1-1 白云宾馆前庭平面图（左）

图2-1-2 瞻园前庭平面图（右）

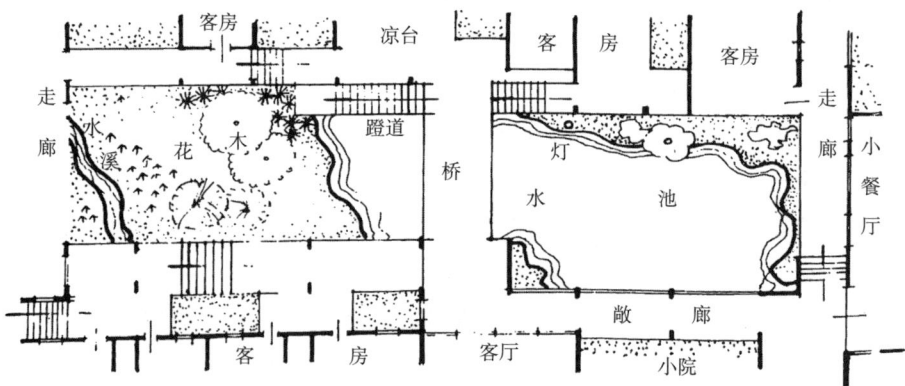

0　20m

图2-1-3 广州山庄旅舍内庭平面图

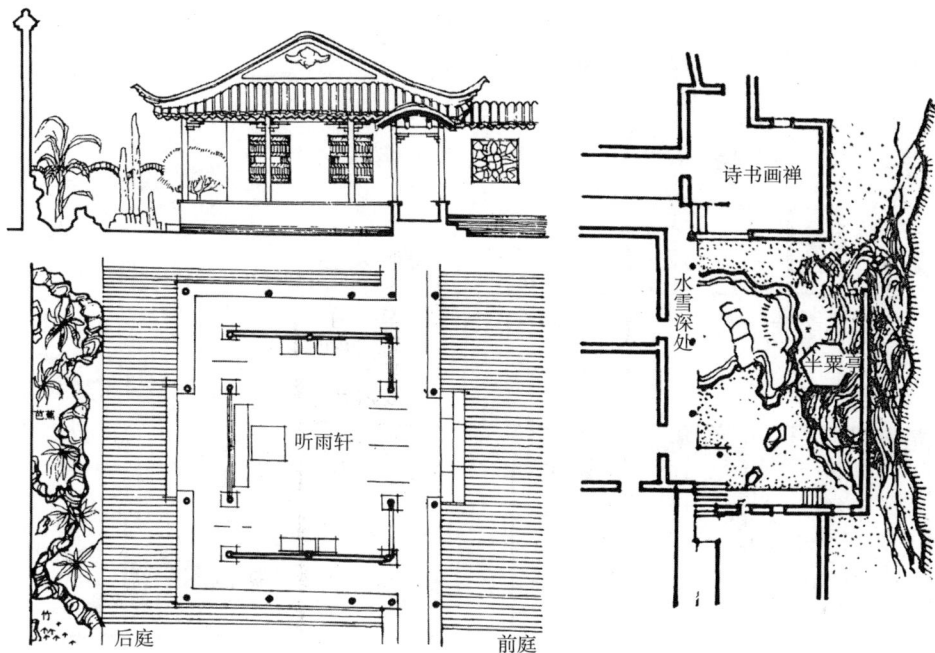

诗书画禅

水雪深处

半粟亭

听雨轩

后庭 前庭

图 2-1-4 苏州拙政园听雨轩后庭（左）
图 2-1-5 南通狼山准提庵侧庭（右）

布地，石隙皆海棠。"类似的布局在江苏南通的狼山（又名"紫琅山"）准提庵亦可看到，它在"诗书画禅"前以留云桥、小水池、半粟亭等，构出"水雪深处"意境，其用意很是风雅（图 2-1-5）。

小院，属庭园小品，一般起到庭园组景和建筑空间的陪衬、点缀作用。如：拙政园海棠春坞的天竺小院（图 2-1-6），它设在建筑与墙廊之间，既丰富了室内空间，又可成为厅内景窗之衬景。留园绿荫轩后的华步小筑（图 2-1-7），以湖石作台，天竺少许；悄然侍立锦川石，蔓壁随挂爬墙虎。把小小的院落空间构得寓意深深，不愧为建筑庭园珍品。

庭园按地形环境分类，一般指山庭、水庭、水石庭和平庭四种，其用意在于掌握庭园的不同特征。

依一定的山势作庭者，称作"山庭"。

明代造园家计成在《园冶》中说："园地惟山林最胜，有高有凹，有曲有深，有峻而悬，有平而坦，自成天然之趣。"可见，古时造园是很讲究自然的，如能相地合宜、构图得体，自然景物的运用就更能得心应手。如：广州"双溪"，它位于左右环山的峡峪中，悬岩峻岭，野林葱葱。它利用山涧水拟设"船厅"，沿陡坡铺设蹬道，泉溪飞泻、高阁悬空，塑造出近涌园趣，远涵风光的立体园景（图 2-1-8），真可谓，山地筑庭，远观近赏两得其趣。山庭的竖向联络除用蹬道外，常常采用爬山廊的手段，既满足了功能需要，又为庭园空间创造了分隔和渗透的条件，空间层次的演化也颇具韵律。这种手法在广州山庄旅舍前庭、无锡锡惠公园里的锡麓书堂庭园，均取得了良好的效果。

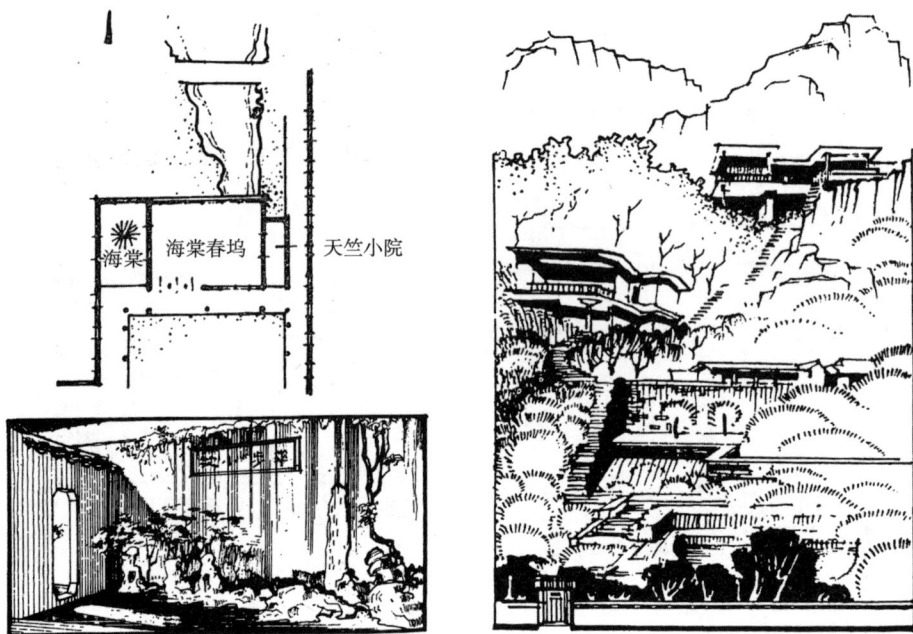

图 2-1-6　拙政园海棠春坞天竺小院（左上）
图 2-1-7　苏州留园华步小筑景（左下）
图 2-1-8　广州双溪山庭立面透视图（右）

　　突出水局组织庭园者，称为"水庭"。在水局中用景石的分量较多而显要者，称作水石庭。

　　水庭系以水为主题来构设庭景，水景可使有限的庭园空间带来敞朗宽广的景效，利用喷水、倒影、波光和水中鱼戏，还可以形成有趣动态的庭景，使庭园空间具有与人们日常生活十分融洽的活跃气氛。需注意的是，宅园的水庭，一般宜浅不宜深，以免小孩玩水受溺，即使是公共场所的池岸，亦宜设置恰当的围栏，以保安全。杭州玉泉观鱼（图 2-1-9）是个满铺水面的水庭，它以珍珠泉为景源，围廊三面，清池见底，游人乐于在此停足观鱼，堪称江南一胜。广州番禺余荫山房内庭也属规则池型的水庭（图 2-1-10），正座深柳堂遥对临池别馆，其两侧，一为亭廊，另一为墙垣，池水从亭下拱桥通入中庭，与玲珑水榭的回形水面连成一体，使庭园空间分而不离，巧妙地打破了方池水庭的单调局面。

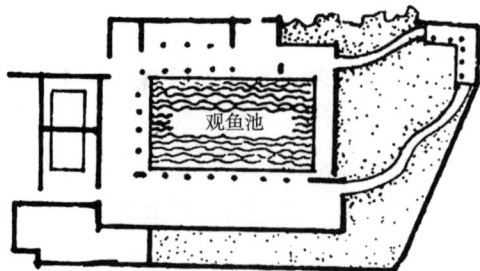

图 2-1-9　杭州玉泉观鱼平面图（左）
图 2-1-10　番禺余荫山房内庭平面图（右）

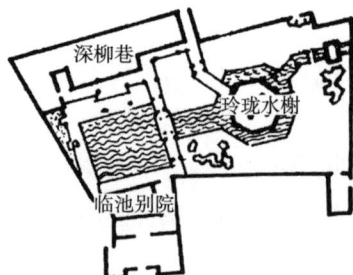

图 2-1-11 广州矿泉旅舍内庭（左）
（来源：石安海岭南近现代优秀建筑 1949—1990 卷 [M]. 北京：中国建筑工业出版社，2010.）
图 2-1-12 苏州留园冠云峰鸟瞰图（右）

水石庭在庭园中运用甚广，其中有以水景为主石景为辅的，也有以石景为主水景为辅的，具体选用要根据不同的条件来定。成功的水石庭，往往水石兼胜，景象异常丰富。

以水景为主的水石庭，一般面积不太大，池岸曲折有趣，清波粼粼，假泉喷瀑，浮桥飞渡，顽石为矶，景栽酌情相衬，使整个水景显得石不多而风雅，水不广而透迤，取得庭园空间优美的自然格调。广州矿泉旅舍内庭（图 2-1-11）就是一个较好的例子。

以石为主的水石庭，数苏州留园冠云峰为最。它以造型鲜明而奇特的"冠云峰"石景，为全庭的景物中心，把"仙苑停云"的意境萦绕着全庭空间，东立"冠云亭"，西设"冠云台"，峰前台下一湖"浣云沼"，石水相映，波逐云舞，成为石主水从的水石庭佳例（图 2-1-12、图 2-1-13）。

水石庭，在江南园林中极为普遍，但运用如有不当，会令人有拥塞之感（如狮子林水石庭），难怪"计成、张南垣皆力诋之"，提出"以土为岗，点缀数石，全体飞动，苍然不群"之见。

广州泮溪酒家内庭以岭南庭园的特有风格，用"壁潭局"的传统叠山法，在水面一侧的山馆壁上，峰峦层叠、岩崖峭立；一派险峻石岭景象与深深水潭形成分量相称的水石景，真可谓水石兼胜的水石庭佳例（图 2-1-14）。

图 2-1-13 苏州留园冠云峰水石庭平面图

庭之地面平而坦者，称为"平庭"。

平庭与挖池堆山、按势作景或指水为庭的水石庭、山庭或水庭不同，一般地坪的标高变化不大，如日本神社庭园（图 2-1-15），它作为神殿前参拜的场所，园景清幽淡雅。西方传统庭以花坛喷水池为主要手段，亦取平庭形式为多。我国平庭处理方式较多样，利用叠山、粉墙、景门、景栽形成界面，使

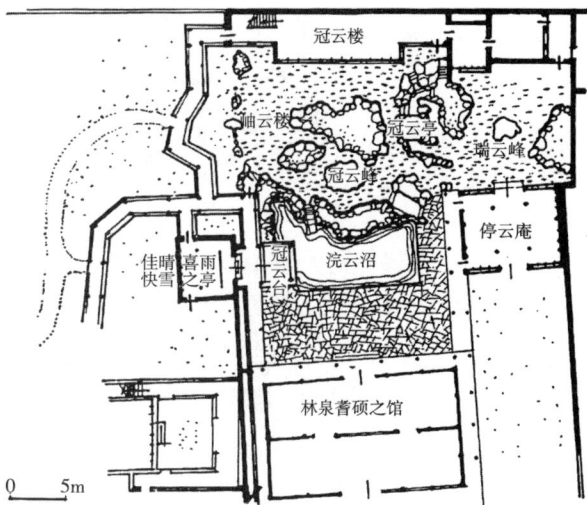

0　　5m

图 2-1-14　广州泮溪酒家水石庭

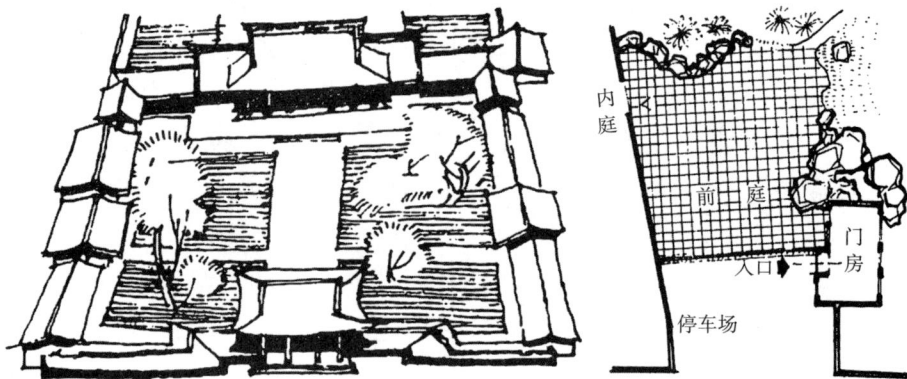

图 2-1-15　日本神社庭园（左）

图 2-1-16　广州西苑前庭平面图（右）

一块平地的庭景丰富多趣。如：广州西苑前庭（图 2-1-16）是一块素洁的坦地，傍山门房点缀景石，庭右花木幽深，与庭左景门相衬，使庭景显得朴素而自然。在北京紫竹院公园南大门的庭院亦采用这种平庭布置手法，但嫌人工味稍重，而自然景趣有所减色。我国古典庭园里许多有名的平庭盛誉历久而不衰，如：以古藤称胜的苏州西园平庭；以云石作题的扬州史公祠"云曲"小平庭；以碑刻为主景的桂林桂海碑林平庭；以琼花为珍贵景栽成景的扬州平远楼平庭等，均属景物主题突出，庭园意境较深邃，均为不因庭平而乏味的范例。

庭园按平面形式分类，一般有对称式和自由式两种。

对称式庭园，有单院落和多院落之分。

对称式单院落庭园，功能和内容较单一，占地面积一般不太大。通常这类庭园多用于建筑性质较严肃的地方。此式在对称布局中，一般由几栋建筑物围成三合院或四合院，如：西班牙阿尔罕布拉宫的一个古典式柘榴院布局（图 2-1-17），轴线正中对着宫殿主体建筑，前座为门庑，两侧为游廊，组成

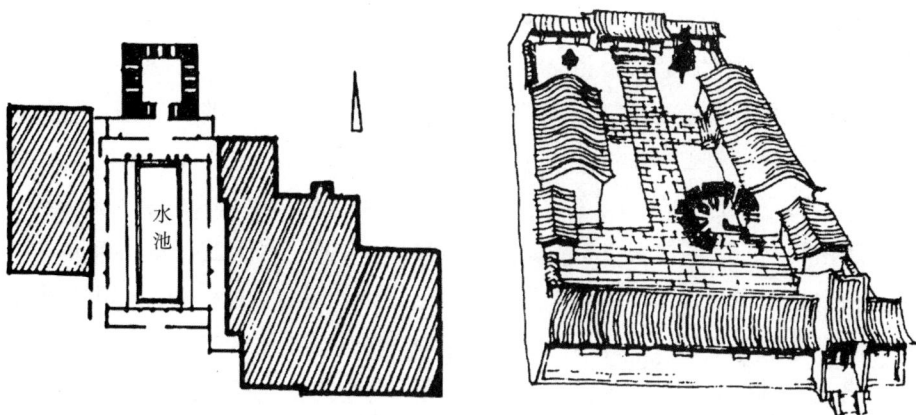

图 2-1-17 西班牙阿尔罕伯拉宫石榴院平面图（左）

图 2-1-18 北京四合院住宅（右）

一个长方形的庭院，中间筑砌矩形水池，庭中树木和引道绿篱构成几何形体，其雕塑、喷泉都采用对称式布局，整个庭景显得肃穆洁雅。北京常见的四合院住宅，为适应城市街坊的使用要求，以庭院为核心的外封闭内开放的单一空间布局，门窗都向院内开放，其建筑和景物的配置亦采用方整对称的手法处理，但在气氛上不是那样严整肃穆（图 2-1-18）。广东珠江三角洲一带的院落式传统民居，正座厅堂面对庭院，两侧为辅助用房，前为院墙、照壁，形成三合院。为适应地方的湿热气候，厅堂采用开敞式，与庭园似隔非隔，使室内外联成一气。庭中景物多从生活出发加以安排，如在入门处设置简朴的砖砌通花，隐约可以看见庭中树木花石或禽畜，庭院的一角常植果木（杨桃、黄皮）或鸡蛋花树，既可遮荫降温又可为院增色。树下置散石一二，可坐可卧。围墙边用盆栽植剑花兰菊，地面多铺不规则卵石，整院充满生活气息。

对称式多院落组合空间的庭园，一般多用于建筑性质比较庄重、功能比较复杂、规模比较大的建筑组群中。其院落根据建筑物的主、次轴线作对称布局，依不同用途有规律地组成。如：中国国家博物馆（图 2-1-19），由于它所要求的功能和气氛，采用了对称式多院落布局，建筑物沿边摆布，中间形成几个院落，较完整地组成了建筑物的外形轮廓。其前庭用柱廊与天安门广场相隔，把广场空间渗入内院，使博物馆与广场更紧密结合在一起，与对面的人民大会堂相形对应。两侧庭院均用柱廊与前庭沟通，打破了侧庭的封闭感，使侧庭、前庭的两组庭园空间，有层次地向广场空间过渡，丰富了人们的视野，令人襟胸畅旷，达到了壮丽的整体环境效果。

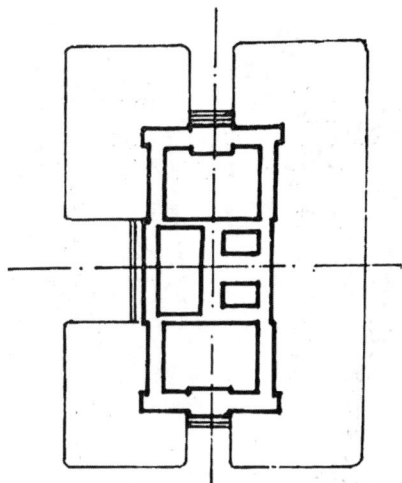

图 2-1-19 中国国家博物馆庭院

　　自由式布置的庭园，也有单院落与多院落之分，其共同的特点是构图手法比较自如、灵活，显得轻巧而富于空间变化。

　　自由式单院落空间庭园，在我国古典的小型庭园中有不少范例，它因地制宜，在一块不规则的地段内，灵活安排建筑空间和庭园空间，做得曲折有致。如：苏州半园和鹤园（图 2-1-20），它们两者的园景均围绕着厅堂展开，建筑疏密相间，亭榭错落点缀，其入口位置偏于一角，廊和路把人引到园景一侧，在主景前多置辅助景稍以作障，以避免园中景观高峰过分暴露。其主景以水为题，水面忽宽忽窄，因势而曲，构出全园的丰富庭景层次。

　　自由式多院落组合空间的庭园，一般是由建筑物之间的空廊、隔墙、景架或其他景物相联而成，由此分割出来的若干个院落空间，其相互间又保持着相对独立性，但彼此相互联系，互相渗透、互为因借。每个小园都有各自的使用要求而形成各自的特色。如：承德避暑山庄的万壑松风（图 2-1-21）、北京北海中的画舫斋（图 2-1-23）、苏州王洗马巷万宅的花园（图 2-1-23）等，这些庭园均以多个院落组成的，自由灵活地布置得很有气韵，有主有次、重轻分明。在主庭中安排全园的主体建筑——厅堂，利用其较大的建筑体量和庭园空间，有机地联络其他各个小庭，有的用廊来分隔（如北海画舫斋），有的以建筑、廊、墙三者围成（如避暑山庄的万壑松风），也有以建筑、墙、景物限定的（如王洗马巷万宅花园），形状各异、大小不一，或开朗、或封闭，可自由地顺理成章。

　　许多实例表明，自由式多院落庭园的形成，是建筑使用规模不断扩大的结果。例如，位于荔湾湖畔的广州泮溪酒家，在中华人民共和国成立后经过多次扩建，出现了多种不同大小、不同形状、不同使用标准的餐厅建筑群，各餐厅之间以廊、桥等方式组成各种不同空间的院落，使庭园景象与湖面风光融成一体，呈现出一派畅朗轻盈的岭南庭园格调（图 2-1-24）。

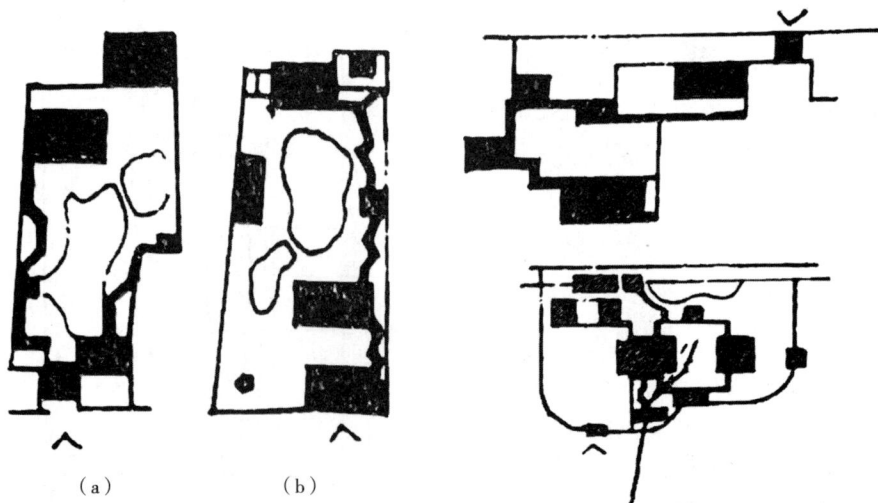

图 2-1-20　苏州半园、鹤园的总平面图（左）
（a）半园；（b）鹤园
图 2-1-21　承德避暑山庄万壑松风（右上）
图 2-1-22　北京北海画舫斋（右下）

（a）　　　　　（b）

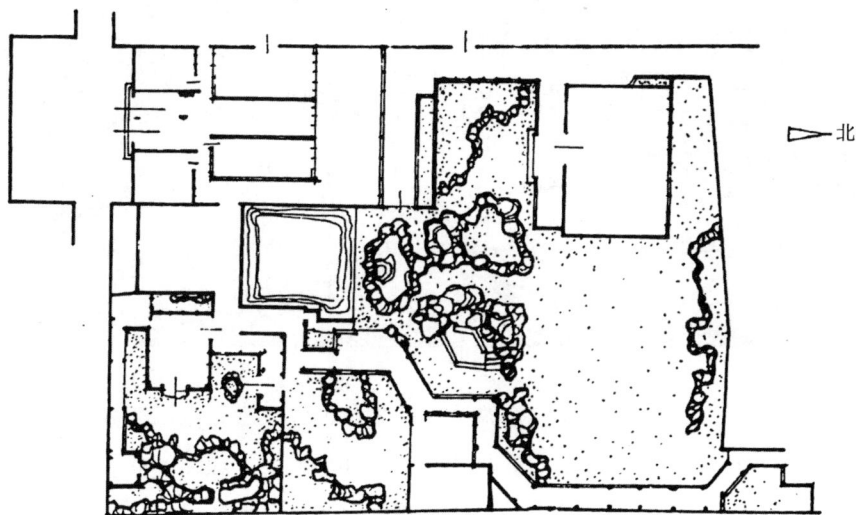

图 2-1-23　苏州王洗马巷万宅花园平面图

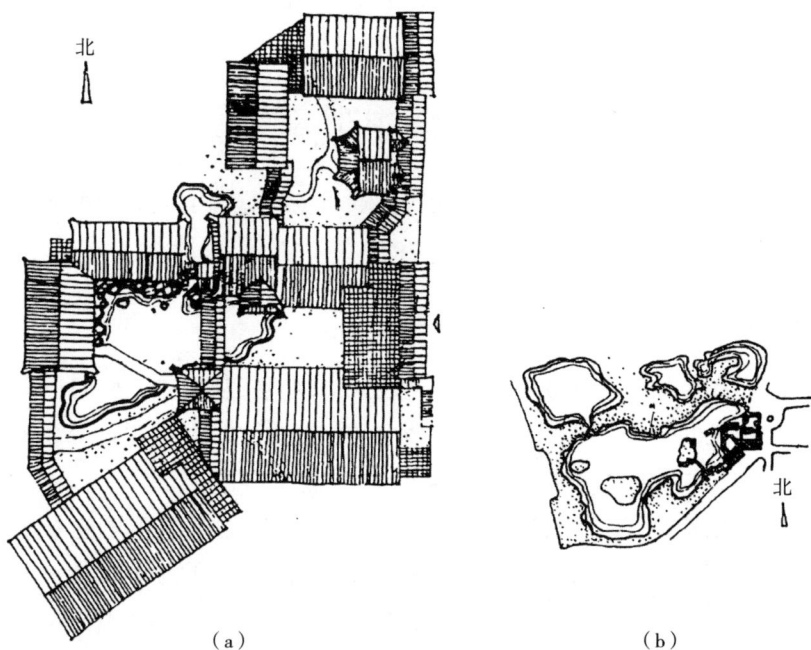

（a）　　　　　　　　　　　（b）

图 2-1-24　泮溪酒家局部庭园及总平面图
（a）局部庭园；（b）总平面图

　　此外，由于城市建筑用地日趋紧张，现代建筑中不断出现高层建筑。为满足人们室外生活和休息观赏的需要，在室内、楼层或平顶上，模拟自然，出现了室内景园和屋顶花园，这些园都筑在面积有限的建筑物上，受到种种局限，必须认真考虑植物的培植条件，相应地在结构和设备上做出适当的处理；同时，在景观上应尽量避免过分人工化，务求景栽、水石酷若天然。如：广州东方宾馆第九层的屋顶花园（图 2-1-25），其主要建筑是楼梯间、接待厅、小卖部等，它们的位置除取决于交通和功能的要求外，还需注意到整幢建筑的立面造型和屋顶花园的空间构思。顶层的那些建筑物，常常是屋顶庭园的主景，又起到顶层空间收敛和约束作用。在平面布局上，接待厅一般放在顶层的

图 2-1-25 广州东方宾馆屋顶花园

两端，一方面可通过大片玻璃窗俯览城区景色，以取得较宽广的视野；另一方面又能取得较完整的庭园空间。此外，用游廊、花架、通花隔墙等手段来丰富和划分空间，用水池、花草和景石点缀园景，都可以较充分发挥屋顶花园特有的空间效果。

2.2 庭园组景

庭园组景是庭园设计的重要课题，其实质是对庭园空间的景观处理，是庭园意境的具体体现。

2.2.1 庭园空间的组合与景物序列

空间，是客观存在的立体境域，通过人的视觉反映出来。庭园空间是由庭园景物构成的空间，人们通过感觉器官和主观思维，对其适用与否和美不美，作出判断和评价。

由于庭园空间不是任意的空间，它只能在一定的条件下才能形成。在同一视点位置上，假如所看到是一片平坦的草地，给人的感觉只是一个平面（图 2-2-1a）；如果在草地偏旁的适当位置摆上一具景石，则骤然出现了景物空间（图 2-2-1b）；届时，倘有阳光照射下来，景石周围就出现了向阳与背阳两种质感不同又相互衬托的富于变化的景象（图 2-2-1c）；假如这块草坪不是漫无边际，而是有建筑或墙垣"围闭"，使视线约束在一定的范围之内，这就构成了带有某种意境的庭园空间（图 2-2-1d）。这是一个简单的譬喻图式，从中可以直观地领略庭园空间的形成。实际上，即使在同一庭园空间里，由于不

图 2-2-1 庭园空间的形式
（a）草地；（b）草地附景石；（c）光影变化；（d）围合空间

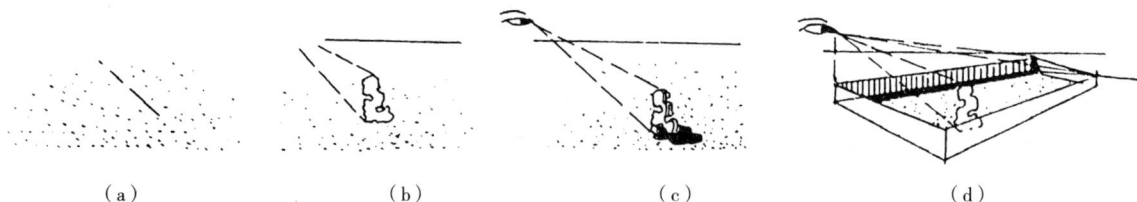

（a）　　　　　　　（b）　　　　　　　（c）　　　　　　　（d）

同季节、不同天气、不同处理，给人的感受是不太一样的，千变万化的庭园空间成了造园家和建筑师们极感兴趣的研究课题，其中像日本芦原义信教授所探讨的所谓"外部空间"，对小范围而言，实际上就是庭园空间。

由于庭园位于建筑外部，由建筑物所围成，与有顶盖罩住的建筑室内空间不同，也有别于不受建筑"围闭"的园林空间，当然更不是漫无止境的自然空间。它指的就是我们常见的由地面和四周屋宇（或部分廊、墙、篱）构成的类似"洞天"的空间，这种空间往往因庭而异、因地相宜，其"洞天"可大可小（图2-2-2），地面可实可虚（图2-2-3），四周可闭可透（图2-2-4），至于平面形式、壁面高低、景物设置、色彩质地等，更是有法无式，不能以一格作论。

庭园空间与园林空间由于"围闭"与否，各自相应产生了静观为主和动观为主两种不同的景观。被建筑"围闭"的庭园空间里，景物在有限的范围中，一般供人静观近赏，但是，如果采取适当的组景技法去组织空间的过渡、扩大、引伸，也可以使"围闭"的庭园空间围而不闭。大家知道，不被建筑围闭的园林空间，景物往往资借自然景色，在畅旷的景域中，诸如鸟语花香、泛舟轻歌、艳云漫舞、风驰电掣等天然动态，无一不可供人作动观、浏览。庭园

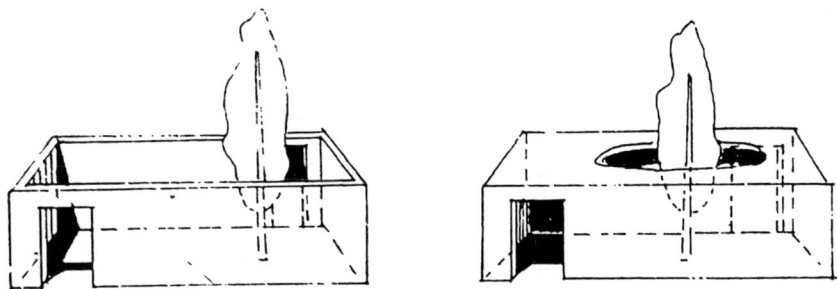

图 2-2-2 庭的"洞天"形式

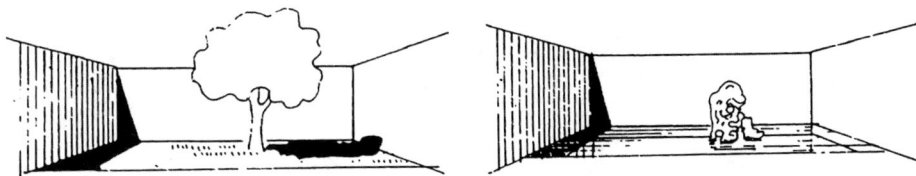

图 2-2-3 庭的地面形式

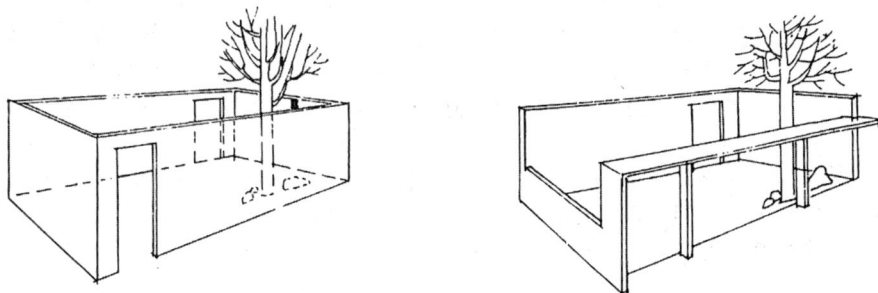

图 2-2-4 庭的四围形式

里要使景致充实、更风趣，常常就用模拟或因借手法去塑造动景，使庭中景象来得更真切、更自然。那些花草、树木、禽鱼、水石等景物，在阳光、雨露、风雪、夜月等天然条件下成景，虽寓庭中，宛若野外。这种具有一定天然性的庭园空间，正是与建筑室内空间的区别所在。可见，空间的约束性与景色的天然性，是庭园空间区别园林空间、室内空间的基本特征，它在造园领域中相对独立存在并在不断发展之中。

由景物构成的庭园空间，以不同景物的先后、高低、大小、虚实、光暗、形状、色泽等，组成景象的序列，形成庭园空间的层次和节奏感。最基本的庭园空间层次，从单一空间形式的单院落庭园（图 2-2-5）中可看到。图中Ⅰ是自然空间，Ⅱ是庭园空间，Ⅲ是建筑内部空间。当人未踏入院门，是处于漫无边际的自然空间里，客观上是这个庭园空间的预备阶段，它可以用列树、花坛、广场之类的手段，使之与Ⅱ空间发生某种联系。一旦从Ⅰ空间跨入院门，人们即被墙垣围成的庭园空间所吸引。如果院墙高度在 60cm 以下时，自然空间与庭园空间的界限，在视觉上只是有所感觉，两者在空间上仍融为一体。将院墙增高到 90cm 时，庭园空间的感觉就较明确。如果院墙高达 160cm 以上，人的平视线完全在庭园的范围内，和自然空间基本"隔绝"。墙外的高大乔木和天空景色，在眺望上成了庭园空间之扩大，这种感觉在人坐下来观赏时特别强烈。Ⅲ空间在庭园诱观作用下，使人从庭园空间自然转入建筑内部空间，实际成了Ⅱ空间之延伸。通过这一图例分析，我们可以了解到，有效地利用庭园空间的处理，既可作出空间的序列，又能呈现空间的层次，从而演化出庭景的情趣。这种单院落庭园空间层次与景物序列在四合院或三合院的民居中不难找到。

与单院落庭园相比，多院落庭园在空间组合上有无可比拟的优越性，提供了异常有利的空间层次和景物序列的演化条件。如：广州中山纪念堂接待室庭园（图 2-2-6），它以两个接待室为主体，利用过厅、曲廊、墙垣构成三个园趣不同的小庭院。一进门，敞朗的曲廊与门厅一气呵成，前庭沿廊不置多

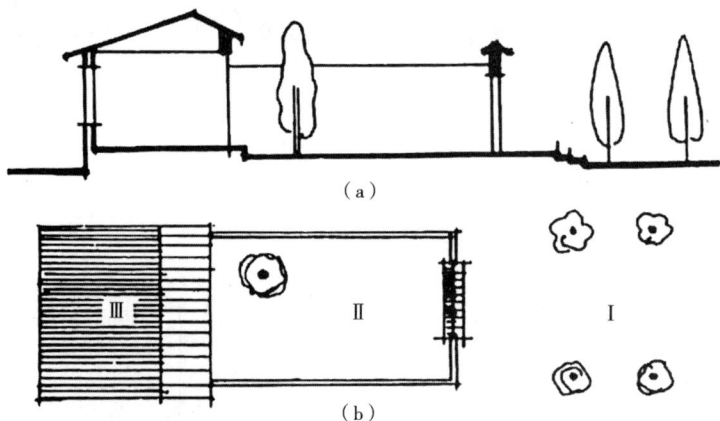

图 2-2-5 单院落庭园的空间层次与序列
（a）剖面；（b）平面

物，但见绿草如茵、俏木单植、粉墙若纸、
花影相绘，显出一幕幽幽深静景象。步曲
廊转入过厅，接待室的通长落地窗与厅旁
水庭相影、榭屋倒照、赤鱼追波，墙外紫
荆些些入胜，构成颇富生活气息的第二庭
园空间。绕廊右两步，设另一接待室，石
竹依墙，麻石墁地，精美盆栽随宜点缀，
托出了雅俗共赏的第三庭景。在百余平方
米的建筑场地中，通过适当的空间组合，

图2-2-6 广州中山纪念堂接待室庭园

构成如此灵活的空间层次和景物序列，真可谓室不呆滞、园不俗套，人工与自
然结合得颇有章法。从这个例子可以看出，多院落庭园的空间组合，不只是在
一个庭园空间里组景，而是在建筑空间的限定、穿插与联络的多种情况下，形
成了景物不同、空间不同、景效不同的数个庭园空间，同时又把这些个性各异
的庭景，有机地串成一个整体。可见，多院落庭园不能把各个院落孤立地分别
考虑，必须以整个庭园的布局作为各庭组景的依据，并按其不同的使用功能来
配置各庭景物，构出在统一基调下的各自特色，使全园取得有主有次、有抑有
扬、有动有静的安排，既可近赏静观，又能供人徘徊寻踏。这样，从一个庭园
空间过渡到另一个庭园空间，景色各异，但一脉相承，呈现出极具韵律的丰富
层次。这点在湖南韶山陈列馆庭园（图2-2-7）实例中可以看得更明白。它位
于群山之下，掩映于韶山冲林间，由五个高低错落的院落组成，其简朴的入口
以泉作序，进门正对的是素雅而穆静的方形主庭，偏旁的侧庭则满水为院，显
得居高而深幽，后部扩建的三个庭，按山势逐级安排同系矩形的庭式，通过步

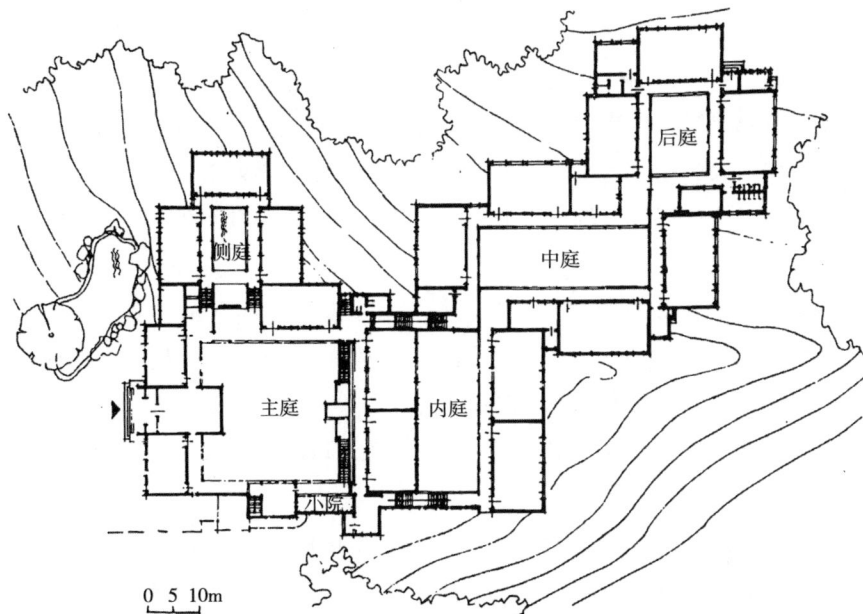

0 5 10m

图2-2-7 韶山陈列馆庭园平面

廊的有机联络，少量观赏木和灌木丛适以点景，庭景异常清雅素洁，人们从一个展场到另一展场，既活跃了参观情绪，又不影响观展的连续思绪。这样组景不喧宾夺主，所借庭外山色亦不抢高低，用这种洁雅的朴实格调，较好地衬出了纪念性陈列馆的气氛，体现了整个庭园清幽明快的特色，使人不感平淡，反而倍觉亲切之景观效果。

上述两例表明，庭园空间的组合，空间层次的安排和景物序列的塑造不是千篇一律，也不是无规可循。它往往取决于建筑物的性质和所处位置的使用功能。一般说来，纪念性建筑、宫廷、庙宇之类往往在明确的中轴线上构设庭园空间的层次，用以表达其肃穆神圣的意境。譬如中国的宫廷，其各庭的景物序列均紧紧围绕主题中心来安排，布设牌坊、台阶、华表、列树、地被之类，而一般民用及公共建筑的庭园空间组合，则多以灵活自如取胜。如：广州山庄旅舍庭园（图1-4-14），它以自由组合的空间布局，采用了传统的前庭、中庭、后庭、侧庭和小院有机结合的方式，较成功地取得了风景别墅庭园的景效。其前庭以小广场、水面、盘道和曲廊依势而设，将旷野的坡地空间划出了有趣的层次，廊前敞朗轻盈，廊后山林可见，分隔了空间，反而觉得幽深莫测。入门绕廊进入内庭，板桥横渡，蹬步边设，客房高低错落在花丛林木之中，景象十分舒畅。后庭凭借山涧、野林、壁泉，以桥、亭等小品构成富于野趣的山庭空间，而侧庭却以竹为景，作为餐厅空间之扩展。小院配置灵活，成为卧房、卫生间等空间之渗透景。整个庭园空间组合得异常丰富，且把空间的层次和景物的序列紧紧与其使用功能结合起来。

2.2.2 庭园组景手法

庭园是一种有明确构图意识的立体艺术造型，在满足基本功能的前提下，根据其空间的大小、层次、尺度、景物品类、地面状况和建筑造型等作为庭园组景的手段，构成赋予一定意境的各种庭景，使庭小不觉偏促，园大不感空旷，览之有物，游无倦意。它在空间的铺排上，宜密则密，宜疏则疏，只要认定做园意识，大胆构思，小心收拾，就能意趣横生，各臻其妙。

庭园组景要取得应有的景观质量，一般是通过以下几种处理手法：

1. 围闭与隔断

将庭园景物围成一定程度的封闭性空间，是庭园组景的常见方式，这种方式称为庭园组景的围闭法。它根据庭景主题的需要，来调整所在的建筑空间，以不同程度的隔断方式来取得庭园空间四周不同的围闭程度，用以达到庭园组景所要求的空间环境。使用这种方法一般采取以下三种组合手段：

1）用建筑物围闭

此式庭园四周均系建筑物，在建筑物所围闭的庭园空间里，以一定的组景方法组成某种意境的景象。如：韶山陈列馆水庭，四周是展场，庭景只取深

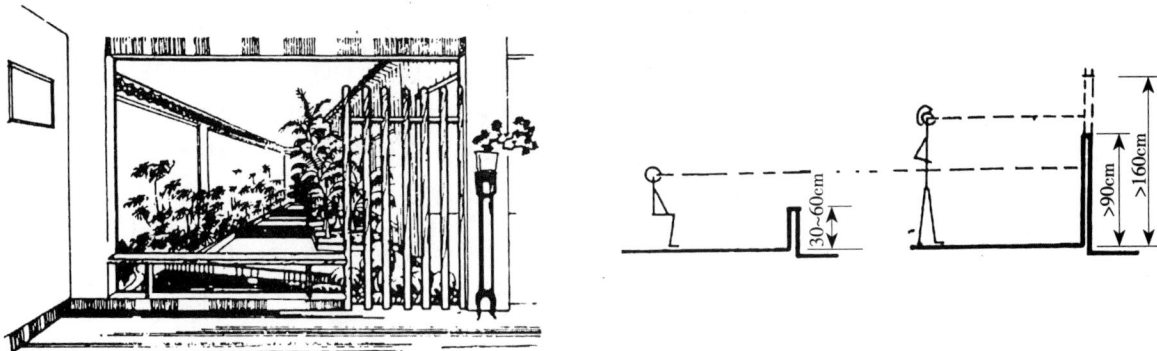

图 2-2-8 围墙高度对庭园空间的影响

而幽静的水际，显得异常清雅高洁，不但适宜展场环境，与庭外韶山风貌也很和谐。杭州玉泉观鱼池三面建筑一面墙亭，其构庭虽与上例类似，庭景性格却迥然不同，前者以平静水面形成深幽静雅格局，使观众的注意力流连于展场序列的连续思绪中，后者水面却珠泉沛涌，簇拥赤鱼遨戏水里，众客来此，绕着水景专心围观细赏，形成一局向心性的动观景象。由此可见，庭园空间相仿并同样取水局为庭景，但组景技法不同时，所得园效是不一样的。

2）用墙垣和建筑物围闭

此式庭园常常一面（或两面）是建筑物，其余三面（或两面）由墙垣围成，一般出现在宅园。这种庭园的观赏点，一般放在室内朝向外空的适当地方，如敞廊、门厅口。因此，庭中围墙高度和室内景框（以门窗或梁柱所形成的观景范围）的尺度，往往成为庭园组景起决定性的因素。一般认为，院墙高度在 30~60cm 时，只能勉强区别庭园界限，不存在闭锁性，因为视野（哪怕是坐着观赏时的视高）仍保持着与庭园外空间的连续性。但当墙高从90~160cm 时，视平线受阻，形成了空间隔断，这就产生了庭园空间的闭锁感，院墙越高，其闭锁感就越明显（图 2-2-8）。

这类庭园的组景，常常运用以下三种手法：(1) 以屋檐、梁柱、锦窗（或较开敞的大片玻璃窗）等作为景框，把庭景收在视域范围里的一定幅面上，形成庭景的主要观赏面（图 2-2-9）。(2) 在院墙内的适当地面上设置相宜的景物（如：景石、景栽、景池、铺地之类），作为庭景中心主题。(3) 将墙外自然景色（如：树梢、远山、天空等），作为庭园景物的衬托，使庭园的意境稍稍溢出院外，借以丰富庭园空间的层次，增添庭景的自然气氛。

图 2-2-9 庭园框景

3）借助山石环境和建筑物围闭

一些倚山的侧庭或后庭，往往利用山石或土堆作为庭园景物，与建筑物围合出富有野趣的庭景。如：广州白云山庄旅舍的后庭（图 2-2-10），利用山石、溪涧、壁泉作景物，涧上渡板桥，台地设山亭；苔蔓滋生、峭石嶙嶙；泉声壁泪、潭影清清；加上名人的壁上题刻，使庭中景意兼优。这种不挖山筑墙而请山貌入园之法，是结合风景建庭的切实可行方法，值得借鉴。而杭州黄龙洞利用宝石山围成的园景，气势很可观，已属多含自然景趣的山庭了。

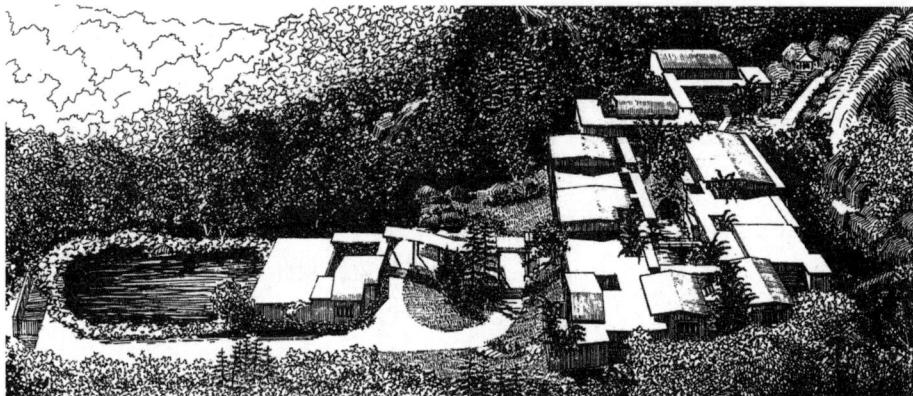

图 2-2-10 广州白云山庄旅舍
（来源：岭南建筑丛书编辑委员会 . 莫伯治集 [M]. 广州：华南理工大学出版社，1994.）

2. 渗透与延伸

为满足人们观赏需求，庭园组景往往冲破相对固定的空间局限性，在不增加体量的前提下，向相邻空间联络、渗透、扩散和展延，从而获得小中见大、扩大视野、增加层次和丰富庭园组景的效果，此法称之为庭园组景的延伸法。该法往往有意识地把毗邻空间的景物，在视线所及的范围内彼此呼应，一般通过以下三种手法，取得庭景的相互延伸效应。

1）利用空廊互为因借

空廊虽不能围闭空间，但仍起到分割空间的作用。被空廊分割的两个空间，基本上保持着联通关系，使廊两侧的空间景物能相互因借，彼此衬托，从而使相应各个庭园空间的景物各自成为对方的对景、远景或背景，取得庭园组景寓情渊远、层次深邃的延伸效果（图 2-2-11）。苏州拙政园的"小飞虹"廊桥（图 2-2-12）使松风亭和香洲二园彼此伸延景致，这种以空廊作为内外庭的因借手法，同样都取得了景物组合的良好效果。

2）利用景窗互为渗透

庭园组景常常用"对景"的方法来获得相邻空间的相互渗透，有意地透过景墙上的窗口，很集中地望到另一空间的有趣景物，使视点——窗孔——景物连成一线，形成庭园空间景象在纵深线上的延伸，这是江南古典庭园中常见的造园手法。现代庭园传承过去做法，在园林分割空间时也常用之，如：广州越秀公园花卉馆景窗（图 2-2-13），它在廊墙上，前有内庭后有野景，人在庭

内赏花时，漫步窗前透视庭外竹林蹬道野景，又是一番情趣。广州海珠花园的书卷窗，设在过厅的对壁上，正与人的视线齐高，窗外光照明媚灿烂，几叶龟背竹遥对窗心，把人的视线从室内引向窗外，导出局外有一趣的景象，这些均属庭中组景佳作。

3）利用门洞互为引伸

庭园利用门洞组景，是一种很常见的手法。通常运用门洞隐现出来的景物作游观之诱导，若门上有绝句题额的，更添景意。苏州拙政园东部从枇杷园门看"雪香云蔚亭"，或自"别有洞天"看"梧竹幽居"（图2-2-14），都是以门得景、游之以导之佳例。这些以门组景的做法具有两种极好的组景功能：（1）以门洞的对景作为庭园景象序列之引导，把游人从一个庭院引入另一个庭院，自然地形成一条明确的观览线路。（2）利用门位和门形的构图轮廓，将远离的景物纳入门景画面，使之成为庭园中富于画意的景物造型。因此，庭园墙垣的分隔和门洞的开设，常常成为转换庭景和组织统一景线的简单易行的处理手法。

2.2.3 庭园空间景效

景，意指景象。庭景系庭园空间里景物组成的景象，在造园中它自成一体，既不同于资借自然山水之风景名胜，也有别于普通园林的序列性景观，一

图 2-2-11 利用敞廊来分割空间（左）
图 2-2-12 苏州拙政园"小飞虹"廊桥（右）
（来源：潘谷西. 中国美术全集 建筑艺术编3 园林建筑 [M]. 北京：中国建筑工业出版社，1991.）

图 2-2-13 广州越秀公园花卉馆景窗（左）
图 2-2-14 拙政园梧竹幽居环洞景观（右）

般规模较小，必与建筑空间相依存。它可以独自成景，也可以作为风景区或普通园林之局部，成为园中之园。

由于庭园空间具有可供观赏的景象，自然与纯为通风采光用的天井不同，它的形成必须在一定的庭园组景的主导思想下进行，即在满足使用要求的基础上巧于造景。譬如"有亭中待月迎风，而轩外花影墙移"的苏州网师园景致，由于对水、石、花木和建筑的处理得体，庭园空间的景物与自然景色融成一体，使人感到亭不孤寂、墙不虚空、动入静景、静中生趣，使景象赋予一定的寓意和情趣。可见，欲使景生情，就要善于揣摩景的塑造，做到所谓"景到随机"，使庭园的景致变化自如，自然入画。成功的庭景总是溢出其空间的局限，扩大所需的景域，来增强主题的衬托，丰富景象的层次，完善庭景的图像，从而使意境深化。明代造园家计成在镇江给郑元勋造"影园"，用"架外丛苇……隔垣见石壁二松，亭亭天半"的手法，将自然景观纳入园内景域，把人的视线从园中延伸到园外，这种园有限而景无穷的方法，古今均引为佳作。

古云"重形象，更重意象"，确切表达了我国造园的传统风格，前面章节的"构思立意"就专门阐述了基本原理。庭景的塑造之前，同样需要一个构思出来的意境，把内在的含意通过一定的景物造型和空间环境表现出来。如：扬州个园，以四季景色为立庭意境，在园中巧作春、夏、秋、冬四个庭景，那竹藏石笋的春意、水泊荷香的夏景、山俏亭凉的秋像、雪色石眠的冬态，有如郭熙所描绘的"春山淡冶而如笑，夏山苍翠而欲滴，秋山明净而如妆，冬山惨淡而如睡"的韵味，游园一周仿若历经一岁，意象颇深。在庭景中，意境表达得深趣者，最喜取含蓄之法。以我国庭园用石为例，叠山似山却不以山称，命以"小罗浮""玉玲珑""云坳"一类，让人去琢磨、思忖、寻味，用以抒发庭园近赏静观景致的特有素质。

景之优，不在景物之多寡，贵在特色。这是能使园取胜之又一要领。事实表明，只要能从容地考虑地方景物的利用，就会自然出现与众有别的特征，广州九曜园以具九品"怪"石著称，无锡寄畅园却以八音涧驰名，苏州怡园的松梅、潮阳西园的潭影、扬州史公祠的云曲、济南趵突泉的泉涌等，均以乡土之胜为庭景润色。可见，庭景的取材是值得认真考究的。

从上述情况可以认识到，庭园的景要顺应自然，要富于意境，还要具有特色。这样，才能获得良好的组景效果，这种组景效果简称为"景效"。景效的取得，一般取决于庭园组景的主题中心，它利用因借、渗透、隔断、延伸、对比、影射和珍品构设等手法，在某种意境的主宰下，塑造出各异其趣的景效。在上述各法中，影射利用、景物对比和珍品构设三法尤具特色，现就此分述于后。

1. 利用影射丰富园景

谚语："近水楼台先得月"，虽属寓意，但从直观之，它点出了水池利用倒影获得自然庭景之真意。园林中如杭州西湖三潭印月，庭园中如双桥月，均属此类。《扬州画舫录》记镇江"影园"，就是"董其昌以园之柳影、水影、山影而名之也。"可见，"影"在庭园组景中的巧妙运用是我国造园的传统技法之一。它利用水面倒影之特色，不仅借陆上景物之美来增添水局之情趣，也为庭园景色提供了垂直空间的特有层次感。祖咏在《苏

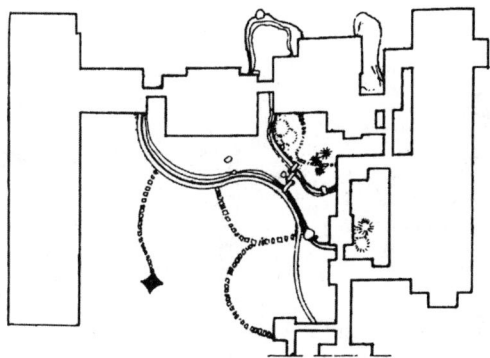

图 2-2-15 广州东方宾馆内庭水局景平面图

氏别业》诗中"别业居幽处，到来生隐心；南山当户牖，沣水映园林"的描绘，使人有身居"别业"，饱览影中庭外山园风光之感。在新庭园中也有不少抒发水影景效的佳例。如：广州东方宾馆原内庭（图 2-2-15）不但将水面构成带有岭南传统气息的船厅格局，同时巧妙地利用高楼倒影，在水景中呈现新建筑庭园空间竖向的有趣层次，恰到好处地衬出现代质感。

射，指的是利用光的反射取得景效的手段。我国古典庭园中，有用巨幅壁镜的光反射造像原理，把镜前的庭景反映在镜面上，达到间接借景、虚拟扩大空间和丰富庭院水平空间的层次感，确是匠心独运。如：苏州怡园，在南沿建一"面壁亭"，亭中立大型照镜一个，镜中即映显北面山景上的螺髻亭、小沧浪和山下的水局景等自然庭景，使位居庭边无所开展的该亭南端，借反射手段虚构出美妙的"扩大空间"（图 2-2-16）出来。深圳东湖宾馆庭园在虚设的小院门中装置镜面，把"门"前的庭景显影于门镜中，有若"门"后出现的景致，效果很逼真，颇添景趣（图 2-2-17）。

可见，庭园景象的构设，如善于利用水面倒影和镜面反射的手段，对于庭院竖向和水平空间，都易于取得丰富层次和扩大景域的特有效果。

2.利用对比塑造景象

对景物尺度和质量的估量，除与人的视觉条件（如：视点、视距等）有关外，运用景物本身的对比，也可以影响实际的景象效果。庭园组景常常运用

图 2-2-16 怡园面壁亭景效果图示

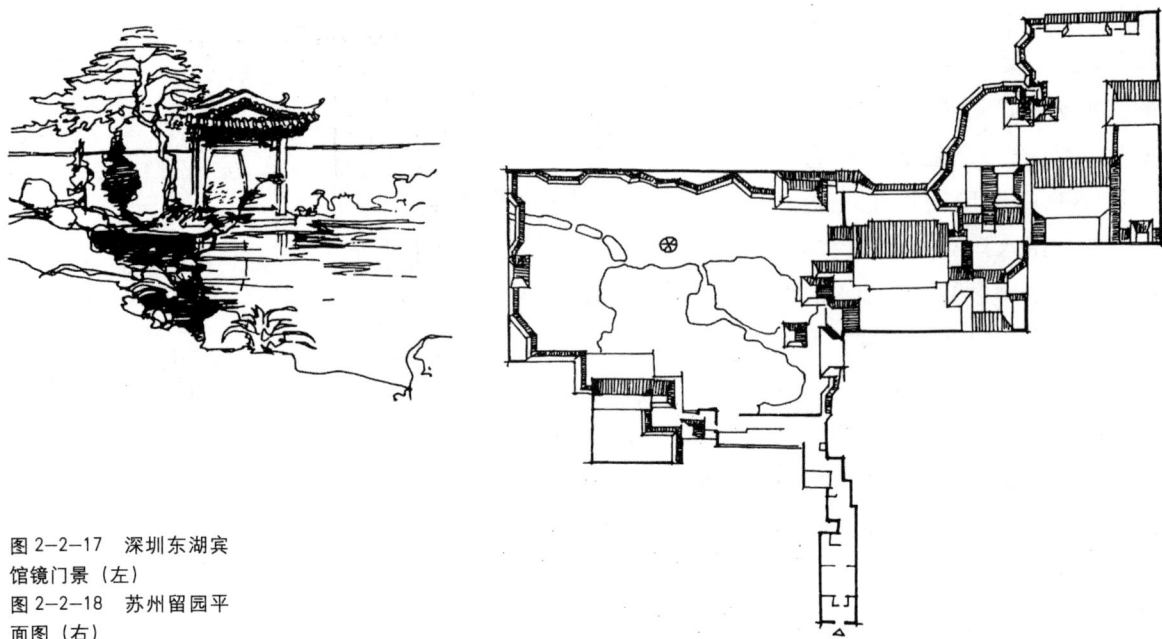

图 2-2-17 深圳东湖宾
馆镜门景（左）
图 2-2-18 苏州留园平
面图（右）

这种效应，把两种（或多种）具有显著差异因素的景物安排在一起，使其相互烘托出各自特色，达到组景变化多趣的效果。

我国古典庭园，在布局上惯用"抑""扬""藏""露"的对比手法来塑造庭园空间，特别是在江南庭园里那些面积不大的平庭中，用抑扬间错法，避免了单调枯燥、狭窄局促的闭塞感，常将入口空间处理成狭长曲折、夹巷深幽，予人一种小、近、暗、狭的印象。一旦入园，则豁然开朗，呈现一片廊庑迥环、奇亭巧榭、峰回路转、水天一色的景貌，予人一种大、远、明、宽和畅朗舒怀之感。这种"欲扬先抑"的手法在苏州留园中最为典型（图 2-2-18），它利用空间的大小、形状、明暗、方向、开阖，以及色泽、粗细、简繁、虚实等对比处理，塑造出千变万化的景物空间，特别是在"五峰仙馆"和"冠云峰"这两组庭园中的"揖峰轩""还我读书处"一带，景物错综交织，空间婉转多趣，真可谓形神兼备。

利用庭园景物对比手法的另一突出例子是北京故宫内乾隆花园（图 2-2-19），其相邻的两个庭园，面积和空间都相差不大，但一庭堆山立亭，一庭平坦旷达，两者景象的格调全然不同，人们由此入彼，不因围闭空间的雷同感到重复，反觉有山之庭更野，无山之庭更广。由此可见，在相对统一的条件下谋求变化，要善于利用对比手法塑造园景，使庭园各景相得益彰。

3. 利用珍品构设景象

利用珍品构设庭景，可使庭景身价倍增。因为各类珍品，不论其为古木、奇花、名泉、怪石，还是文物古迹一类，均具有潜在的观赏魅力。如：苏州拙政园前庭（图 2-2-20），它照壁一面，园门旁设，就中栽文衡山手植古藤

（a）

（b）

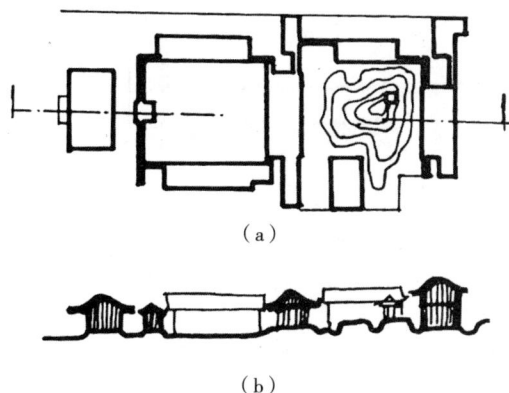

图 2-2-19 北京故宫乾隆花园平面图（左）
（a）平面；（b）剖面
图 2-2-20 苏州拙政园前庭景观（右）

一株，苍劲攀虬，石仗相持，名刻附示，顽石旁置，虽此寥寥数笔，整庭古趣横生，成为近代誉称"苏州三绝"胜地之一。又如上海豫园香雪堂庭中，置有号称江南名峰的"玉玲珑"石山，它四面通眼，漏得奇巧，全庭无他景物，就此一峰独起，便满园生色。桂林的桂海碑林，以古渍碑刻作景庭主题，虽有围廊高廓，但庭中景象仍被岩下碑林独揽。无锡惠山"天下第二泉"庭园里，龙首吐液，承池一方，漪澜堂正对泉景而设，泉旁依山就势作垣，深夜在此赏庭，悠然醉入"二泉映月"幽境，极尽泉庭古意。

上述表明，获得庭园组景的满意效果，不在于景物数量的堆砌，贵在精于取材、善于运用、巧于因借，做到物精景粹，品少格高，素不陋、趣不俗，方得象简意深，以少取胜。

2.2.4 庭园空间的尺度处理

庭园组景是否得体，造型空间是否合宜，是通过人的视觉器官去鉴赏的。研究庭园的观赏效果，其目的在于如何获得庭园空间的合适尺度。庭园空间尺度的确定，除需满足基本功能外，很大程度上取决于有效地适应人的观赏规律。

关于空间尺度的视觉规律，我们已了解人的眼睛所看到的视野范围，大约呈 60° 顶角的圆锥体，能看到的最大距离约为 1200m（图 2-2-21）。这种作为建筑造型和布局控制的创作依据之一的问题，已经逐步成为愈趋公认的空间设计的一项重要因素。

庭园空间属外部空间的一种。作为以静观为观赏特征的庭园，那种根据静观状态提炼出来的视角控制，对庭园空间尺度的决定，提供了较为理想的依据。譬如在庭园里栽一棵赏形孤植树（图 2-2-22），观赏的位置设在哪里，离景物应多少距离才能达到最佳的观赏效果？如果这棵不是赏形树，而是赏叶或赏果的，又该如何处理观赏点？这些问题除与选择景栽品类有关外，与庭园空间尺度的确定有很大关系，处理得当，见形得貌，促成庭内一组完善的景物空间；处理失体，形貌皆非，不得其景，反而破坏了整个庭园空间。

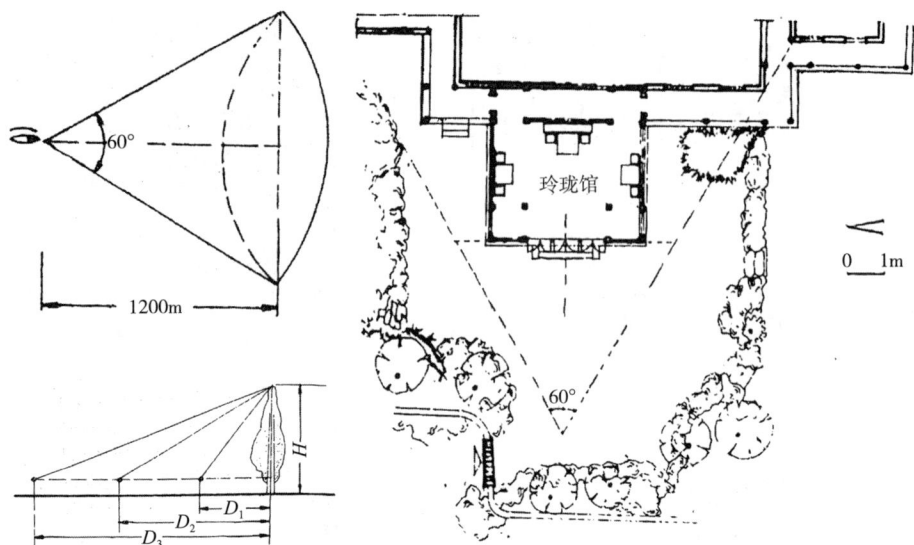

图 2-2-21 人的双眼合同视野图示（左上）

图 2-2-22 庭园景物观赏点（左下）

图 2-2-23 拙政园玲珑馆水平视角分析（右）

人们在平视状态下观赏景物，一般利用其一定的水平视角和垂直视角的控制来获得最佳的观赏条件。用现代测试技术所测定的人们双眼合同视野的最佳水平视域为 60° 夹角，这个数据对景物观赏的实际效果分析是基本贴切的。譬如，鉴赏苏州拙政园玲珑馆，在南北两面，因受山石、景栽和墙垣的牵制，均不得其貌，只能在该馆的正面（西面）庭中，即离开馆前相当于该馆宽度的距离时，才获得廊庑迥绕、庭院深深、玲珑可玩的景效（图 2-2-23）。这种观赏点的视线夹角正是最佳水平视角的观赏点，如果这个中心景物的高度不超过其宽度时，这个观赏点也就是该庭园空间的最佳近赏点。从图中可以知道，最佳近赏点 60° 水平视角范围内，其所看到的不是庭园的全体，而是形成庭园空间主题中心的景物——玲珑馆及其必不可少的衬体——回廊、景窗、月门、铺地等，使人觉得小馆不显其小，小庭不觉局促，反而显得开朗而深幽。

人的视野在平视状态下，视距为观赏物高度的两倍是最佳的垂直视角，这个原理在庭园空间组景中也是经常引用的。譬如设计一个水庭的时候，常常水面铺小桥，岸边设景亭。桥与亭的位置如何确定，除与当地具体构图条件有密切关系外，视角选择恰当与否对观赏效果的成败具有重要的作用。如图 2-2-24 所示，当桥与亭的距离等于两倍，即 $D=2H$ 时，如果视平线刚好与亭的地面线贴合，那么，站在桥上就可以看清亭貌。以同样的距离及其高差条件，在陆上取观赏点，也一样能取得观赏亭全貌的效果（图 2-2-24a）。假如桥是贴水面架设，而水面至亭的地面的高度为亭的高度的一半，视距拉开至 $D=3H$ 时（图 2-2-24b），眼前的亭景出现了既有亭的全貌又有岸景和天空景色及其完整的倒影，这样就把亭景、水及局外自然景色，有机构成一组完美的景物空间，小桥便成了赏景亭的最佳观赏点。诚然，在实际设计工作中，确定

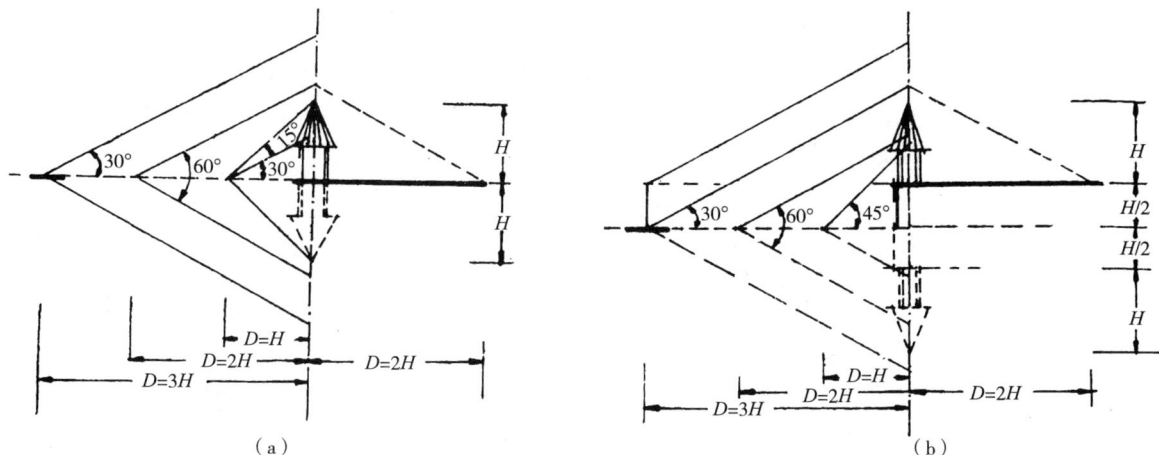

图2-2-24 垂直视角分析图示

桥位的具体标高时，还需考虑人们立视（或坐视）的尺寸，而且，如果主题景物的宽度超过其高度，并越出最佳水平视角范围时，视距就得相应拉大。

视角原理表明，如果将视距（D）与景物高度（H）的比率缩小，譬如 $D/H=1$ 时，情况就有了变化，在平视状态下，人们只能看到景物高度的 1/2（眼睛离站点地面的高度暂不计算时），还有 $1/2H$ 要用仰角15°来补偿（图2-2-24a）。如果比率再缩小，其仰角就越大。这种观赏条件，在建筑内部空间和以近赏为主的庭园空间是经常碰到的，因为这些空间的大多数观赏对象，都是在平视状态下的视野范围内。

经验表明，当观赏对象的高宽比在不太悬殊的条件下，$D/H=1$ 成为近赏的良好空间感的种界限，当 $D/H<1$ 时，空间就感到迫近；当 $D/H>1$ 时，有远离的感觉。如果高宽的比率继续按各自方向发展，其相应反映的观感就更加强烈，即当 $D/H<1$ 的比值过分小时，便会产生异常挤迫和局促的感觉；当 $D/H>4$ 以上时，观赏对象则显得淡泊而疏远。例如，南京瞻园静妙堂旁的侧庭（图2-2-25），在丈高的院墙上，月门正开，锦窗旁设，古藤趣蟠而挂，景

图2-2-25 南京瞻园侧庭景观

石因藤相配，在廊下观赏，酷似一幅构思奇趣、寥寥数笔的水墨画，其视距正是相当于墙高的庭中廊下。如果景物内容不变，将庭园空间尺度增大或缩小，园趣就会完全不同，不是感到空淡就会觉得迫促。可见，如何运用视觉规律作为设计庭园空间尺度的依据，是十分重要的。一般认为，以近赏为主的庭园空间尺度，其垂直视角控制在 30°~40° 之间，即 $D/H=1~2$，其比值尺寸可以获得较紧凑的景观效果。

人的眼睛以平视状态观物是自在且易于持久的，因此，景物空间的主题中心总是选择上述法则来确定其空间的尺度。然而，人们观赏景物时，视线不是一直平视的，往往喜欢左顾右盼、上下打量。因此，景物造型和空间尺度不能只从单一方面考虑，应通过庭园组景手法，使人的观赏线，从局部的兴趣点开始，逐步引伸、周旋，最终又回到以景物主题为中心的总体上，使人依着景物从近赏到静赏，视距活动从小到大，即 D/H 的比率从 1 而 2 至 3，达到对景物空间的整体赏识。

视距，在庭园空间设计中，除与尺度密切有关外，与景物质感的关系也是十分明显的。纹理细致的材料，只能在一定的视距中得到观赏价值，越出一定的距离，就会影响质感。成丛、成片的野菊花可供远眺，但清香的玫瑰宜于咫尺近赏。广东汕头市潮阳西园的前庭中，设有一口乍看不引人注目的泉井，它位于进门左侧的小石屋里。这座用石壁雕琢成的泉井如意门洞，在尺度上与井台空间十分贴切，人们站在景门前，当视距 $D/H=2$ 的位置时，一种青灰色素的壁面、步级、景洞，自然地吸引着人，当走前几步，接近 $D/H=1$ 时，清晰地发现它全是由自然山石雕琢而成，在浓荫下，那种暗青晶莹的冰凉凉的石质感，使人顿有甘凉生津之味。踏入四尺见方的井屋，室内泉井一口，景致阴润，回首从如意门向庭中窥望，畅朗的庭园景色复又迴还。从这一实例可以看出，在适当范围内所显示的质感，对景物观赏效果有重大的影响。

诚然，上述均属庭园空间在静观状态下根据视觉的普遍规律所取得的尺度处理，它无疑成为以静观为主的庭园空间尺度决定的主要依据。但是，人们对庭园空间的观赏，不是单凭视觉取得，而是几乎触及全部感觉器官，并通过主观思维进行。景物的形、色、声、光、味都直接影响到空间的尺度感。阴暗空间再大也不能让人获得开敞的感觉，狭窄的带有声、光的动态空间反使人不觉局促，这是常见的现象。如：广州白云宾馆内庭（图 2-2-26），当你还在首层门厅，通过玻璃墙望去的庭景，是狭长的纵深空间，一旦踏入内庭，廊前池面清澈如镜，百丈高楼投影到底，廊后石山飞泉作瀑，骄阳榕荫绘影双壁，使人感到空间虽小不觉小，楼高山大不觉逼，较好地通过水影、水声、水的动态、景栽的色泽、过廊的分隔、树影的摇曳等，调移了人们的尺度感。

图 2-2-26 广州白云宾馆内庭景观

2.3 室内景园

在庭园组景范畴中，如果园景介入了建筑物的室内空间，在室内形成了一定的景致，这种形式的园称为室内景园。具有室内景园的建筑物里，其上空往往带有通光的顶盖，也有只从外墙采光窗口去满足园中绿化栽培需求的，将自然景物适宜地从室外移入室内，使室内赋予一定程度的园景和野外气息，丰富了室内空间，活跃了室内气氛，从而自然地增强了人们的舒适感。

古代建筑物，由于科学发展的局限性，均以低层形式出现。那时，人们多采用室外庭园的方法来提高建筑环境质量，并借以过渡和衬托室内空间，在室内极注重陈设、讲究盆栽、瓶插、古玩和精美品石的摆布，把它装点在几案、景窗或博古架上，使室内陈设的景物与院落里的庭园景致融为一体，我国古典庭园这个优良传统一直沿袭至今，且得到了极大的发展。

多层建筑，特别是高层建筑和室内空调设备出现后，室内空间与地上室外庭园的直接联系困难了，于是逐渐出现了室内庭园。19 世纪在国外的旅馆建筑中，如丹佛"褐色宫殿"旅馆等已广为采用，到了 20 世纪 70 年代，以美国约翰·波特曼（John Portman）为代表，提出"建筑是为人而不是为物"口号，认为建筑学是为人们日常使用的房屋服务的，如果建筑师能把人们感官上的因素融汇到设计中，就能创造出一种使所有人都能直觉地感到和谐的环境。在手法上异常注重室内大庭园的空间处理，把室内庭园视为人们日常生活一部分的共享空间，使室内空间设计进入了新的境界。

室内景园的出现和获得迅速发展，是人们生活水平逐步提高和现代生活方式需求改变的结果。从实际效果看，由于它具有如下的基本功能，而愈来愈广泛地被采用。

（1）改善室内气氛、美化室内空间。在日常生活中，如果只待在除了座椅就是光溜溜的地板、墙壁、天花板的客厅，没有一种景象来唤起某种活跃的气氛。人的感觉是很单调枯燥的，尤如投入牢房。假如这个厅里，墙上悬画一幅，台上置瓶花一束，墙角布置盆栽、古玩一类，室内便顿时出现生机，如果厅旁还有半席园地、小池一口、清液滴润、笋石悠生，棕竹、蕨草有机相配，透过明瓦，洒下几束阳光，就更增加厅内的自然气息。人们身置此景，尤如回到了自然舒适的环境中。可见，室内景园对室内景象的塑造至关重要，是构设建筑空间意境的极好手段。

（2）扩大室内空间，提供或改善室内通风和采光条件。室内要配置景园，一个重要的构成部分是植物栽培，需要在室内为景栽提供相适宜的生长环境，需要一定的自然阳光和空气，这便要求顶部装置有透光的明瓦，或有通风采光用的天窗、侧窗，甚至用半开敞的办法，有意扩大室内空间，来换取通光换气的条件。与此同时，自然而然扩大了室内空间，提供了某种"小气候"，大大地改善了室内采光和通风的效果，这对于公共建筑中人流量大的"共享空间"尤显突出。

（3）为不同功能房间组合，提供异常良好的分隔条件。建筑设计中常常遇到不同使用性质的房间组合问题。譬如，公共建筑内的接待厅，在功能上要求对外使用便利，对内联系有机，与嘈杂的公共入口要连接但又不受干扰，需有一定的幽静环境，与内部业务用房要联系但又不致混杂入内，这时，如果能在这些内外的关系中设置互相都可适应的室内景园作为过渡空间，既可避免接待厅的过分暴露，又不致太接近业务用房而互相影响，使各自的功能在使用上更为合理，既分别处理又有机相连，形成较为理想的设计组合。

（4）为室内一些较特殊的空间提供较好的处理办法。譬如，我们常见到一些标准较高的公共建筑的门厅里，设置有醒目的楼梯，既供竖向交通，又作为厅内空间的重要装饰来设计。在处理上，梯跑、平台、栏板扶手以至整个梯形一般均能取得与大厅空间的协调，但梯底空间往往容易疏忽而形成死角，或出现封闭呆板的形体，破坏了整体空间的理想效果。倘若利用小小水面、景石和景栽的配置，便可使梯底空间与梯跑形成有机结合的自然景效，这样不但防止了人们进入梯底时易被碰撞的危险，而且也很好地美化了梯底空间，丰富了整个厅景。

（5）为室内空间的联络、隔断、渗透、延伸、转换、过渡和点缀，提供灵活的处理手法。在多种形式的建筑空间组合体中，室内各空间的关系如何才能处理得当，虽与建筑平面布局有关，但与空间上的具体处理尤为密切，许多室内装饰设计和材料应用上难以解决的问题，常常借助于室内景园。如：对壁景窗一扇芭蕉、迴廊转角数株棕竹、起居室后潺潺乳泉、会客堂中盈盈涌水、餐厅前后石笋点点、茶座栏下游鱼娓娓、景架壁上巧悬气兰、步廊两旁顽石相伴等，从一个空间引到另一个空间，层层唤起室内景致的更易，融化在所有的人都乐于受用的环境里。这些既朴实又简雅的灵活处理手法，把室内空间安排得自然、贴切，很有生活情趣。

室内景园的这些基本功能，可以各种不同的形式来适应室内的各种空间，在不同景物的组合中，各以不同的主题而各具特色。譬如，以品石为题的室内景园，一般用锦川石，它占地少，形俏色素，稍以棕竹相伴即可成景（图2-3-1）。假如景园的上空采用彩色塑料作明瓦，阳光透瓦而照，其石身色泽瑰丽多变，更富园趣。原广东顺德中旅社（现已拆除）主餐厅内，将人造锦川石、彩色顶光和小型水池相组合，取得良好的景效，餐厅的腊石山景园（图2-3-2），位于餐厅的一端，用框景的手法，把黄腊石山做在有顶光照射的间壁上，光泽洁净并富有山野气息，使通亮的石景园活跃在餐厅内宽绰的景框中，增添了厅内空间的情趣。广州某旅店二楼餐厅里，模拟钟乳石，自天花板悬空挂下，体态峥嵘，很有一番南方岩峒的意境（图2-3-3）。风景区里的园林建筑，

图 2-3-1 锦川石景园

图 2-3-2 腊石山景园

图 2-3-3 钟乳石景园

常常将山石引入室内，构成室内石景园。如：桂林芦笛岩风景区休息室露台下的敞厅，顺山景而筑，厅内山石依壁突屹，配以小花池、乱石墙，蹬道相引，蕨翠迥莹，与厅外景色贯成一气（图2-3-4）。

以巧趣的精美品石作景物者，一般室内不作园式处理，而是采用几案或景架摆设，作为某种点缀。古时喜用山东兖州出产的土玛瑙作景石，它大如拳小如豆，红多而细润者最可玩，让人在几台上伏案细赏。现时多以英石、钟乳石，作为室内空间延伸之对景，或在室内一些偏旁位置作补白，用以丰富室内景趣。

图 2-3-4 桂林芦笛岩风景区休息室敞厅

图 2-3-5 美国佐治亚州桃树广场旅馆的室内水景园

图 2-3-6 "三叠泉"水景小院

在国外，室内景园用石较少，最近在东南亚个别旅馆建筑中，亦有出现仿作中国园似的石山，用塑料做得异常逼真，在室内大庭园空间里有效地减轻了巨型石山的重量和地下室面层的荷载。

以水局为主题的室内景园，在现代庭园中广为发展。布雷·马克思（Roberto Burle Marx）所作的巴西圣保罗公寓庭园起，一反以往西洋庭园传统，用流畅的自由迴环曲线构设水局，从室外串入室内，使支柱层空间与整个庭景融为一体。到了 20 世纪 70 年代，约翰·波特曼（John C. Portman Jr.）在美国佐治亚州亚特兰大市桃树广场旅馆中，设置了一个满铺水面的大型室内水景园（图 2-3-5），位于高 70 层圆形塔楼与 7 层高的公共大厅屋顶相接处的下面，这里没有房间，只有客房塔楼的承重柱子和中央电梯井通到大厅底层，屹立在一个很醒目的倒影水池中。在柱与柱之间伸展出一个个船形的小岛，产生许多不同的空间供人们休憩、冷饮和观看大厅内透明电梯、桥廊上来回流动的人物，景色异常别致。

我国室内水景园，古时以泉、井和景缸等水型为题者多。如：杭州虎跑泉、广州甘泉仙馆、苏州寒山寺荷缸等。现代，我国室内水景园仍常常承袭传统之余辉，利用水局范山仿水，室内小小的水景不但具有天然风采，还常富于深趣意境。广州山庄旅舍套房厅内的"三叠泉"水景小院（图 2-3-6），壁上出岩三起，假泉顺流三叠，小池作潭，乱石作岸，盆栽巧放，蕨蔓趣生，在不到 9m² 的光棚小院里染得野趣浓浓、耐人寻味。广州愉园酒家利用旧房楼上改建成带顶棚天窗的餐厅水景园（图 2-3-7），其布局别具一格，厅的三边为餐室一边，横放楼梯，中央置喷水清池一口，景石因池伏岸，池边植棕竹数株，卵石旁砌，阳光从顶棚天窗照入厅内，光波荡漾，极具庭园风味。这种处理不但在功能上很好地解决了各餐室间的联系，还巧妙地利用水景园的景效，使人

图 2-3-7 广州愉园水景园（左）
图 2-3-8 白云宾馆室内水景园（右）

有宴坐楼厅俨居室外之感，取得楼上建园之奇效。广州白云宾馆国宾厅内的水景园，采用人工顶光、攀藤绿壁、水池、石滩、地毯等构成具有浓厚现代色彩的园景（图 2-3-8）。

以培植水生景栽的花缸和供玩赏的金鱼缸、金鱼柜等景缸水型，一般不作园式，它可以灵活搬动，得景随机，用来点缀室内一些消闲部位，供人闲赏。

室内以盆景作园，除专门性展览馆（如：上海龙华盆景园、广州流花西苑、桂林七星公园盆景园等）按展线摆设盆景，取得十分丰富的景园空间外，一般室内盆景极少以固定园式出现。它布置十分灵活多样，如果摆设得当，室内盆景同样可获颇具意境的景象。

盆景是我国传统造型艺术之一，精髓者尤如大自然之缩影，是极富观赏价值的景物。一般而言，赏形的如古松、古榆、福建茶、水横枝等，盘根错节，苍劲古趣；赏花的如玫瑰、杜鹃、红杏、芍药、唐菖蒲等，含苞吐艳，落英缤纷；赏叶的如棕竹、铁树、蒲葵；赏果的如金橘、花椒；赏香的如水仙、兰花；花叶共赏的如荷花、菊、牡丹等，以及各式瓶插之类，均各具特色。

这些景物的摆设，必须根据具体场合、使用要求、栽种季节和室内景观需要等因素来综合考虑，方能恰到好处。譬如客厅和书房宜清静、雅致，以艺术赏形的盆栽最好。餐厅宜热切、欢荣，以赏色香之盆栽或瓶插为适。人流量大的厅室如候车站、候机室等，花木较难料理，宜以挂壁或吊盆、花斗等方式处置。会场之类的盆景，则视其使用性质而定，如宣传鼓动需热色景栽，欢庆场合要色、形、香俱备，治丧追悼宜垂柏长青一类，否则会弄巧成拙，适得其反的。

室内的盆景布置应与室内空间的比例尺度和家具陈设相适应，以取得室内景效之协调。流花西苑是广州"盆景之家"，在原有旧建筑的基础上改建扩充，其室内空间成功地采用各种景窗和旧式彩色玻璃窗芯，使盆景的设置和室内景观都显得精雅大方（图 2-3-9）。桂林七星公园盆景园采取悬山展亭的建筑形式，很有乡土气息，其展场入口处，利用古栽一颗，景框相配，不但门厅入口成景，且能透过景框预示场内景物，起到序曲的作用，极尽含义（图 2-3-10）。广东新会盆景园采取竹片制作博古架来装点盆景（图 2-3-11），

图 2-3-9　广州流花西苑盆景园（左）
图 2-3-10　桂林七星公园盆景园入口景观（右）

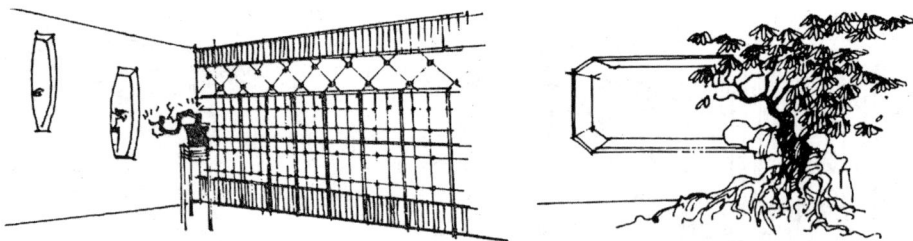

图 2-3-11　新会盆景园景窗
（a）壁龛式；（b）花斗式

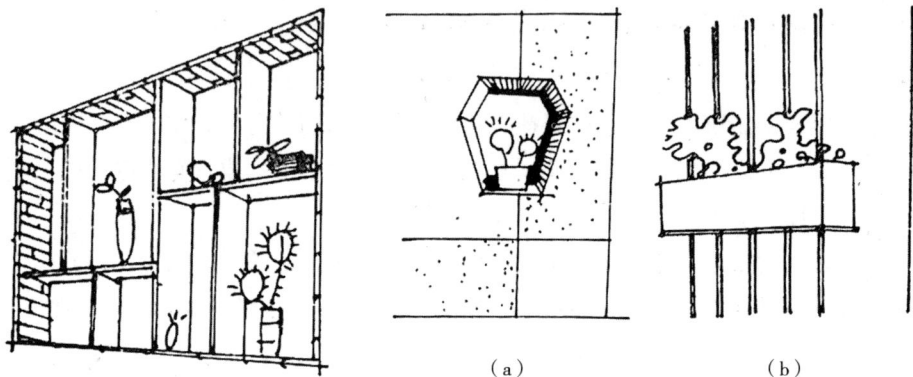

（a）　　　　　（b）

图 2-3-12　场景式

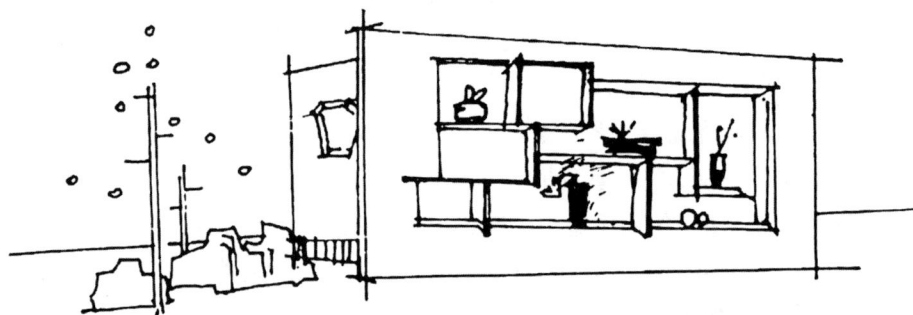

既有传统气氛又有地方特色，在内外景效相助下，显得格外和谐。此外，用壁龛式（图 2-3-11a）、花斗式（图 2-3-11b）和场景式（图 4-3-12）配置景物，不但做法很别致，与周围环境也很协调，对室内空间的分隔和渗透起到了很好的作用。

在国外室内景园中，用盆景者极为普遍，特别是在共享空间里，常以巨大盆缸植乔木，以走廊的栏杆作花池，光棚的网架作吊盆，如：美国桃树中心室内景园、沃思堡银行室内景园等实例，均取得了很好的景效（图 2-3-13）。

在我国古典庭园中以赏声为景题者不少，诸如鸟语蝉鸣、风呼雨啸、钟声琴韵等，其以声夺人，使人的感情与之共鸣，产生由声联想的意境。如《园冶》中"鹤声送来枕上""夜雨芭蕉，似杂鲛人之泣泪""静扰一榻琴书，动涵半轮秋水"等描述，都极富情趣。古园中以赏声为景题的，如：以湖上渔歌为题的惠州西湖"丰湖渔唱"；以古刹钟声为题的杭州西湖"南屏晚钟"；以雨声为题的苏州留园"留听阁"；以风声为题的避暑山庄"万壑松风"；以泉水流声为主题的扬州瘦西湖"石壁流淙";以鸟声为主题的杭州西湖"柳浪闻莺"等,不但取景贴切,其咏叹题文的意境还深且趣。

室内景园以赏声为景题的多以鸟鸣、泉滴、风涛、琴韵相取。在一些园例中可以遇到这样的情况:当游人潜心欣赏室内某一景物时,忽而耳边画眉高歌,使人转而醉入赏声境域。如:广州海珠花园,在水庭周围的廊榭里布置有金鱼缸、雀笼等景物,当人们观赏水局,戏鱼之际,忽而跃雀欢歌,诱人拭耳寻赏。在广州原中国商品交易会的花鸟馆,广州市内的花鸟店,以及昆明圆通寺内接待室旁的鸟廊和广东有些公园里设有室内园的鸟舍等,真有形情俏趣、欢音夺人的境界。在国外,为配合游乐气氛,而采用现代声、光技术的,如埃及古城卢克索的卡纳克神庙里

图 2-3-13 沃思堡银行剖面图

使用了声、光手段,将古老埃及的历史再现于观众面前,使室内空间的古老气息增添了新的活力,活跃了游者的情趣。波特曼在旧金山艾姆巴卡迪罗旅馆的景园中,采用了伯恩哈特·利特纳(Bernhard Leitner)的"音雕",给人们的印象是一群飞鸟,停在杆上歌唱。把人造环境和人的心灵联系起来,在声景塑造上,更是匠心独运。

我国园林建筑中,室内以泉声作景题者不少,如:双溪乙座的"读泉"、广州文化公园园中的"潺潺"等,以泉为形、以声夺景,构成静穆雅洁的场面,在音乐茶座、客厅、起居室内多用。

从上述情况,可以明显看到,室内景园不是单一不变的格式,相反,它充满生活情趣,可以采用多种自然景物,以此产生丰富室内空间的多种多样的效果。就按其对空间处理的作用而言,可以通过室内景园的技艺,用渗透和对比的手法来扩大空间,用约束和隔断的手法来分隔空间,用过渡和延伸的手法来联络空间,用点缀和补白的手法来丰富空间等。诚然,这些手法往往不是单方面去完成,而是与建筑布局、庭园配置、室内空间设计与装修设计等手段成为有机的结合体。建筑物是由一种或具有多种使用功能的局部构成的,以民用建筑为例,一般要由门斗、走廊、厅堂、楼梯和房室组成,由这些局部空间组成民用建筑的整个空间。对于局部空间而言,室内景园作用的发挥可以通过一些实例来阐明,由此进一步了解室内景园在不同的室内空间的应用。

用室内景园手段来处理门斗空间,虽实例不多,但一旦用之景效显著。如:苏州城东公园大门(图 2-3-14),在中央位置设室内石景园,作为整个大门的主题,它吸取苏州园林的地方特色,巧妙地以全园门景这个核心来预示内

图 2-3-14 苏州东园门景（左）

图 2-3-15 西樵冰室门景（右）

在的格调，用一具品石即叠成景，通过漏花墙的渗透，顶棚花架的衬托，使园内外上下空间不是一隔而断，而是虽隔而续，在两旁门闸相配下，成了自然的入口空间。广东南海西樵山冰室的门廊空间（图 2-3-15），利用原有两块自然山石（美称"鸳鸯石"）为室内景园的主题，配合景窗、景门洞、花架、片墙，构成不对称的入口空间，与西樵山风景融为一体。上述例子表明，建筑物的入口一旦与室内景园相结合，可以冲破一般入口的单调感，使之内外呼应、前后延伸，在占地极少的条件下，收到良好的空间效果。但在塑造入口景物空间时，必须明确三个基本要点：（1）抓住反映建筑物性质的根本特征，以某种象征性景象来预示建筑物的性质。（2）恰如其分地掌握入口空间的比例尺度，认真处理好门的交通功能和立面造型。（3）结合室内外环境条件，灵活组合门式，只有这样才能较完善地塑造出门景空间。

厅堂，是人们公共活动的中心，并具有交通功能，其空间设计一般较讲究。特别是在风景建筑里，如何充分利用水石花木等自然景物资源来设厅景，求得与周围环境的协调是很重要的。桂林芦笛岩芳莲岭半山阁楼下的敞厅（图 2-3-16），用峭石、壁泉、塑石柱、散石群、蕨草苔蔓、蹬步眺台等，形成一幅巧致的室内景园，使厅的空间景象与室外自然风景联成一气，予人一种寓大于小的感觉。而当人们凭栏外望，那绿色的田野、秀丽的远峰、闪影的湖光和葱郁的山麓尽收眼底。可见，室内景园处理得当，厅景的塑造意匠是无穷的。广州双溪乙座厅景（图 2-3-17），是由多室内景园组合的厅景实例。它位于白云山风景区，其厅由"读泉"厅、过厅和眺台三者组成，过厅与读泉厅以通壁玻璃门相隔，厅内以山石壁泉为景物主题，泉水沿壁润下，壁上野蕨丛生，泉液从叶尖坠入潭中，清脆宛若琴鸣。沿潭设坐栏，对壁陈设沙发几桌，壁上刻有"读泉"二字，使厅的主题异常文雅幽静，正是我国古典园林中"还

图 2-3-16 桂林芦笛岩半山阁敞厅景

图 2-3-17 双溪乙座厅景展示

我读书处"的真意。人们在此对壁当读，果有诗吟不尽、文作不穷之感。步入过厅，足下鱼池一口，两侧锦窗盆景相设，构成从厅到眺台的过渡景，近可俯视朱鱼戏水，远可眺望飘渺彩云，郁葱的峰峦，缭绕的炊烟，羊城景色层层尽染。在观赏线处理上，厅景如此由低而高、由近而远地有机安排，其空间景象的构设是很成功的。可见，通过景园的组合，在整个建筑空间的布局下，能够组成近赏景、俯视景和眺望景，使厅的空间层次更丰富，景观更自然，室内外景物的配合也显得更为融合。

　　廊的基本功能是室内交通和对建筑空间的分隔与联络，一般情况下，人们在此停留的时间少，廊中以室内景园来作景的手段不多，除非在共享空间中的廊道，于通栏作花池来陪衬整个空间景观，通常仅用适当的盆景点缀来获得一定的造景气氛，除此以外，多以对景、邻景、借景和壁景来美化廊道的空间。如：广州中山纪念堂接待室里通向卫生间的走廊处理，它在尽端设一通光井，下砌卵石花池，池中植以棕竹，即成廊中对景。人们从过厅转入此廊，视线首先触及的不是卫生间的牌示，而是这个通亮的小小室内园（图 2-3-18）。这种处理不但对中间走廊的通风采光带来方便，而且使厕浴卫生环境和气氛得到改善，给本来单调的走廊空间赋予美感。广州动物公园山魈馆（图 2-3-19）是个三园组成的平面，外围是游客观赏动物的游廊，在两园相交处，设置小三角形的葵丛景园，成为游廊的室内景点，这在廊景空间的处理上起到了很好的

图 2-3-18 广州中山纪念堂接待室廊景（左）
图 2-3-19 广州动物公园山魈馆廊景（右）

图 2-3-20　广州友谊剧
院梯景（左）
图 2-3-21　广州南园酒
家梯景（右）

点缀和补白作用，特别是在阳光照耀下，带有花斗的曲廊与葵丛景栽相配成
景，使人们在连续观赏动物过程中，起到了一定的调剂作用。可见，廊道空间
与室内景园结合得法，是能增添室内空间的功能适应性的。

　　楼梯间是建筑物的竖向交通空间。现代建筑中已愈来愈多地把竖向交通
空间作为室内重要的空间组景要素来考虑，而不单纯地处理为垂直交通设施。
如果是电梯，采取"让电梯放在墙外，成为一件大型的活动雕塑"（约翰·波
特曼语 John Portman）的玻璃电梯，上下活动在整个共享空间环境中。如果是
楼梯，大都打破了以往的封闭的楼梯间的做法，用室内景园的手段来塑造梯
景，成为室内空间内一个精美的局部景。

　　塑造梯景一般有三种方法：（1）用水景园的方法组合。如：广州友谊剧
院门厅的楼梯（图 2-3-20）以直角折梯处理梯跑，在梯跑与平台下的这段地
面上，用小池处置，既避免行人在梯底误过撞头，又能因池成景，变梯底死
角为景角，使梯面的装修与梯底的水景融合成一个完整的景物造型。桂林漓
江剧院梯景、广州南园酒家飞梯（图 2-3-21）等，均用此法取得了良好效果。
（2）以石景园塑造梯景。如：桂林芦笛岩接待室梯景（图 2-3-22），借意山石
为壁，梯级像山区蹬道那样直跑而上，起步不取普通做法，而以塑石叠砌，使
以风景为题材的敞厅空间更富于自然山意。（3）以盆景园的方法来塑造梯景。
如：上海西郊公园接待室梯景（图 2-3-23）。其面积不大，用旋梯解决上下

图 2-3-22　桂林芦笛岩
半山阁梯景（左）
图 2-3-23　上海西郊公
园接待室梯景（右）

交通。梯底有水池，但梯景不在水，而是用一丛苏铁在梯口平台，组成盆景园式，使摇扶而上的梯跑，旋绕在绿色的景园之中，衬托以玻璃隔断，梯景在厅中异常清新。

室景，在古典庭园里与厅堂楼阁的敞朗华丽不同，它以雅为贵，一般处理得比较封闭、素雅，室外常与清幽侧院相伴。如：镇江焦山顶的别峰庵郑板桥读书处，小斋三间、一庭花树，迎面门联点出"室雅何须大，花香不在多"，写尽了室景特色。

在旅游事业发展的推动下，旅馆建筑设计中的客房套间空间处理，从单一空间向多空间发展，特别是利用室内景园，使卧室内添上一定程度的自然气氛。原广东顺德中旅社中座客房（图2-3-24），不但起居室内有类似"三叠泉"那种意构的光棚小院，居室内也力求空间的变化，在南向与东向设立了室内小景园，这些景园的顶盖均用玻璃封闭，既丰富了居室空间，又便于经营管理，创立了旅馆居室空间构设的新例。室内景园除进卧室外，还出现在浴室、厕所、办公室、小型文娱活动室等室内空间里，室景的发展已逐步多样化。

诚然，室内景园发展到今天，已不局限在一廊一室，建筑的空间朝着人们需求的物质生活和精神生活方面发展，把建筑物设计成静止的，互不相干的时代将会成为过去，人类苛求的自然环境正在千方百计纳入庞大的建筑群里，把人们生活中互相关联的建筑物有机组合起来，从室内景园的巨大空间里，十分自如地到达日常生活中所需的去处。基于这点，在国外出现了诸如波特曼的城市协调单元，而与协调单元息息相关的室内大景园也就应运而生了。曾引起全世界建筑师们注意的美国佐治亚州亚特兰市的桃树中心（图2-3-25），是波特曼首创的协调单元①，在这个协调单元里有用室内大景园、玻璃电梯和顶层旋转餐厅的著名海亚特摄政旅馆（Hyalt Regency-Atlanta），馆内有7层的售货廊，有5幢塔式办公大楼，有大型百货商场、服装市场、停车场、餐厅、剧场等，全都用桥廊连成一个有机的整体，其核心是一组4幢塔式办公大楼，对称地环绕着两个下沉式庭院和售货廊，庭院是一个带玻璃屋顶的

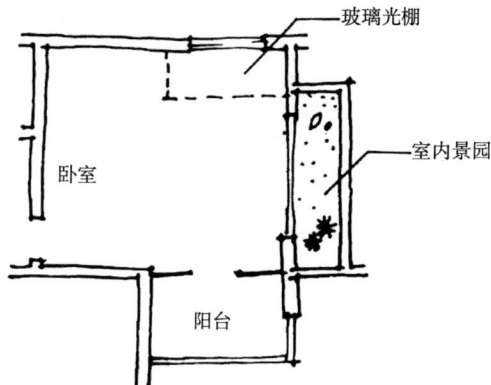

玻璃光棚
卧室
室内景园
阳台

图2-3-24　原广东顺德中旅社中座客房室景

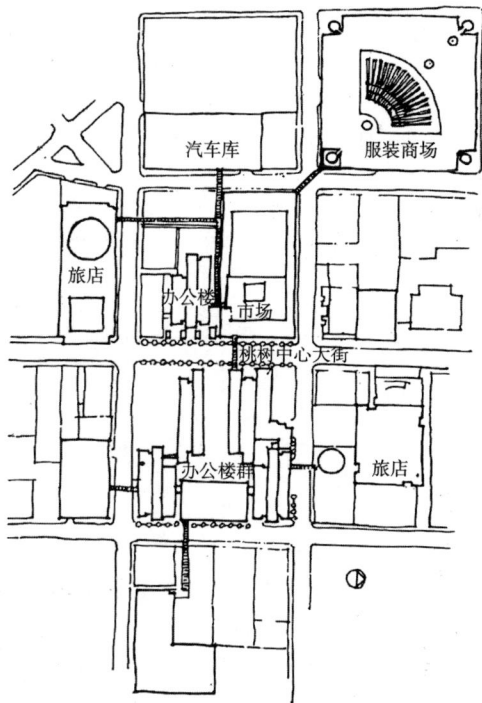

图2-3-25　美国桃树中心总平面图

汽车库　服装商场
旅店　办公楼　市场
桃树中心大街
办公楼群　旅店

————————————

① 城市协调单元是根据每个正常人愿意步行而不需要乘车的平均距离来确定单元大小，各类功能建筑物互相协调布置。

四层高的室内景园空间，每幢建筑物均与此相联，每间商店都朝向这个景园（图 2-3-26）。人们来住旅馆，又可观光商场买到惬意的东西、看场好戏。在阳光和曦的日子里，人们乐于从餐厅拿个托盘到另一个商店去拿块夹肉面包，坐在黄色遮阳伞下进食，透过枝叶盘藤的景园空间，可以尽赏周围建筑。在另一个室内景园里，上盖玻璃斜屋顶，下种盆树和悬挂的草卉，清澈的喷水泉辉映着雅致的"午夜太阳"餐厅，人们在此进餐，既可观赏搭乘自动扶梯到各层商店的人流，又能看到自动扶梯底下不时移动的灯光，园景组合得异常繁华，十分活跃。在旧金山，波特曼设计的艾姆巴卡迪罗中心，用恰尔斯·佩利的球形雕塑点缀在室内大景园中，使三角形体的艾姆巴卡迪罗中心海亚特摄政旅馆更为别致，并富于韵律（图 2-3-27），在这个建筑大空间里，乘玻璃电梯能看到逐层向内外悬挑的三角形阶级式的旅馆空间，而上下游动的电梯

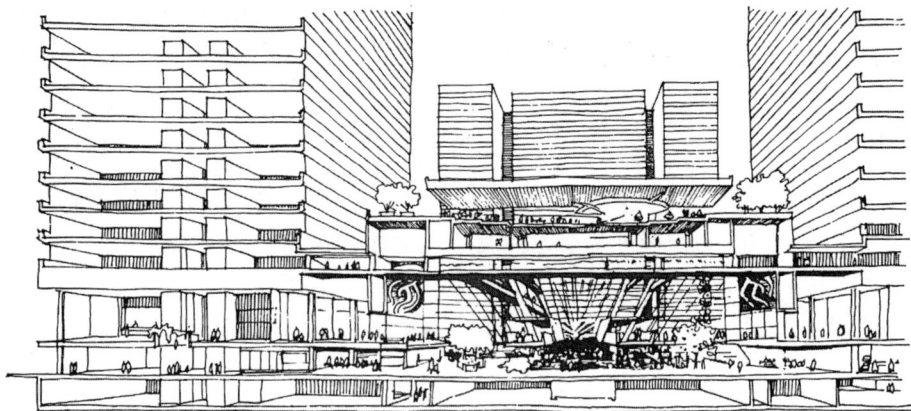

图 2-3-26 桃树中心剖面透视图

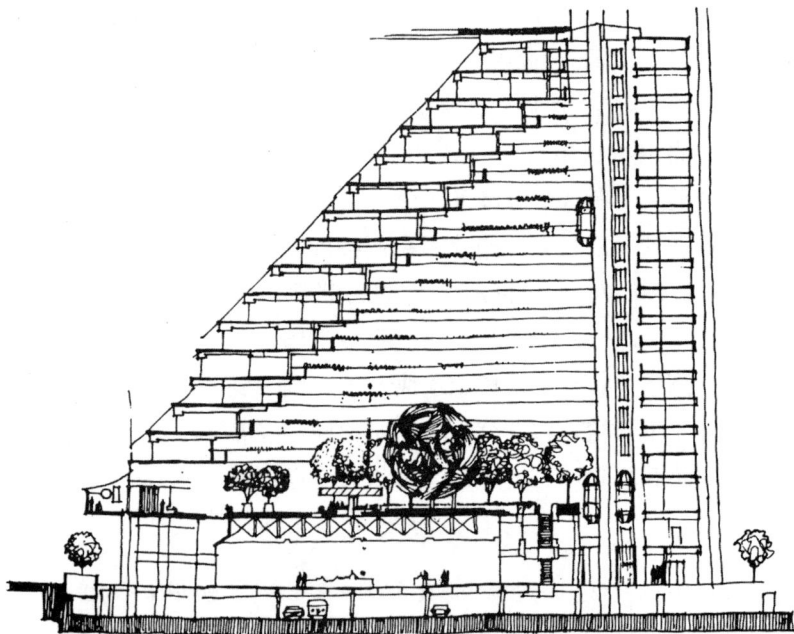

图 2-3-27 旧金山艾姆巴卡迪罗中心海亚特摄政旅馆剖面

图 2-3-28 共享空间
（左）
图 2-3-29 波特曼计划
中的多层室内大景园式
的时代广场旅馆（右）

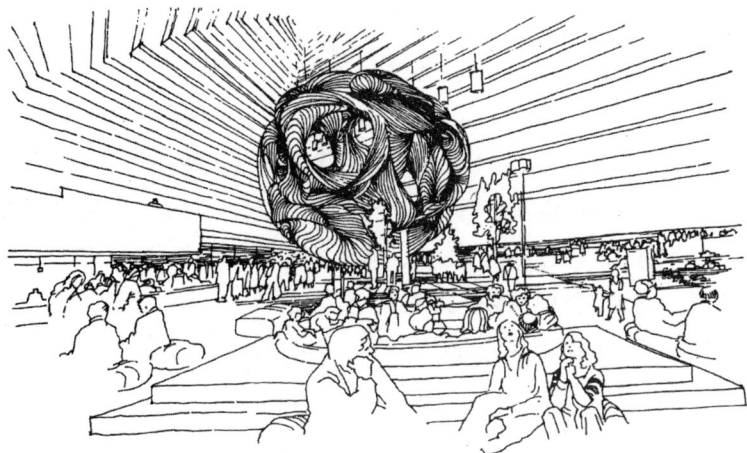

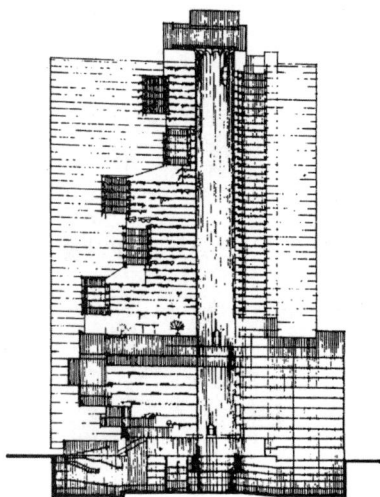

反过来又成了有趣的"活动雕塑"，地向的涌泉、空中的吊灯、巧趣的球雕和层层的廊道花池垂挂，构成了令人激情洋溢的共享空间（图 2-3-28）。共享空间的发展，已有在竖向分段形成的形式，如：波特曼计划中的时代广场旅馆（图 4-3-29），以竖向分成 7 层高的零售商店围成了一个室内大景园，而其上又形成了另一个具有 32 层高的大型室内景园空间，这两者之间有个过渡分隔的两层。如此设想一下去，超高层建筑就像自然竹形那样，可以演化出相当数量的空中室内景园，来丰富和完善人类的居住环境。

这种共享空间式的室内大景园，在国内已广泛应用。如：广州文化公园的园中院、广州白天鹅宾馆的室内大景园等。室内景园的景效无疑是可贵可取的，但在实际建设和经营管理中有许多技术问题需要认真而彻底地予以解决。如：节能问题、绿化培植问题、水池的排灌和保持水质问题等。这些问题在国内外都一直在进行探索、研究和解决。在我国如何按照国情创造性地完善这一课题的研究和得出相应处置办法，确应不断总结实践经验和教训，综合地解决好室内景园的实际问题。任何不视实情，一味抄袭的作风不应该予以助长。当然，更不能裹足不前地墨守成规，这样才能真正地把园林科学提升上去。

2.4 水石景栽

水石系指水局与石景。景栽系园林花木的统称，用以区别自然之林木花草。

水石与景栽是庭园构成的要素之一。众所周知，庭园景观和空间的构设，除需合宜的建筑布局外，水石与景栽起到重要的作用，其配置恰当与否，直接影响庭园空间的景观效果。因此，历来建庭对水石、景栽极为注意。譬如我国明代著名造园大师计成所著《园冶》中的"掇山"篇被誉为"结晶"[①]，清代文震亨所写的《长物志》，将花木、水石作为重要篇章放在卷首。我国有关景石、花木的专著历代也不少，如：宋有《云林石谱》《宣和石谱》，明有《素园石谱》，其中《宣和石谱》列石 65 个品种，《云林石谱》列石 116 种，清代有关造园的著作均有论石。专论花木的著述，以唐代贾耽《百花谱》；宋代范大成《菊谱》《梅谱》，欧阳修《洛阳牡丹记》，赵时庚《金漳兰谱》，王贵学《王氏兰谱》，王观《芍药谱》，陈思《海棠谱》；明代王象晋《群芳谱》，王路《花史》；清代陈淏子《花镜》，查彬《采芳随笔》，吴其濬《植物名实图考》，许衍灼《花卉图说》等为著。尽管这些文献均缺乏图解，难加考证，但仍不失为研究今日水石、景栽在造园中的珍贵史料。

古人有"石令人古，水令人远""山得水而活，得草木而华"之说。在庭园里，人们对水石、花木的玩赏往往抒情寄意，十分考究。自古而今，水石和景栽在庭园中千姿万态，得到了非常广泛的运用和发展。

2.4.1 水局

水在庭园中的运用，除浇花滋木、养鱼育莲、消防降温，洗涤庭院等功能外，常常以水为题，因水得景，用以模拟自然景象，如：以叠山引泉、溪流绕室作山水景；以泉滴潭池、雨洒芭蕉作声景；以水面为镜、倒影为图作影射景；以及赤鱼戏水、荷香飘池、古舫泊岸、渔歌盈湖等，构成各种不同意境的水局，使人浮想联翩、心旷神怡。

诚然，庭园的水局不是漫无边际的水景，它是由一定的水型和岸型所构成的景域。不同的水型和岸型，可以构设出各种各样的水局景，即使是在大致相同的水型和岸型条件下，由于协调不同的建筑环境，也会出现异常新颖的庭景。

水型，可分为水池、瀑布、溪涧、泉、潭、滩、水景缸等类。

园林水型的范畴较大，古时称园林水池为"巨浸"，以广称胜。如：北京北海、杭州西湖、昆明滇池等，莫不以一望无际、海阔天空的水面构成大型园林之旷野水局。庭园水池，无此之浩瀚，阔者一至数亩，精巧者一席见方，借意"一勺则江湖万里"。如：清代广东顺德清晖园（图 2-4-1），内庭设矩形水池一口，池北水亭濒于湖面，古态水杉遥呼左右；池西水榭居中，碧溪草堂隐于北西池角，三者以连廊贯穿，衔入门厅，而池北东两岸，仅以饰栏、景树相衬，空间敞然展开，构成半封半敞的水局景，使约亩许之水面，不觉呆滞、局促，反觉空域畅朗、水态丰盈，呈现出岭南水景之素秀风貌。至于水面更小的水池，一般设在小庐阶前或斋院中，其用于室内园时，更形精巧。如果小池中

---

① 郑元勋对《园冶》书中的《题词》。

图 2-4-1 广东顺德清晖园水池

巧以叠山引泉，模拟自然瀑布飞流者，益富情趣。岭南庭园里的小池，常在岸旁植棕竹，龟背竹见隙滋生于顽石间，尤显乡土气息。

庭园景观以水作动态时，常常模拟瀑布这一自然水型。通常的做法是将石山叠高，山下挖池作潭，水自高泻下，击石喷溅，俨有飞流千尺之势。历史上宋徽宗造艮岳"瀑布屏"，构筑甚妙，它用"紫石，滑净如削，面径数仞，因而为山，贴山卓立，山阴置木柜，绝顶开深池，车驾临幸，则驱水工登其顶，开闸注水，而为瀑布。"[①] 清代乾隆花园假山上的蓄水柜用作瀑布景，即属此类。古时还有用竹筒承檐溜，暗接石罅中，叠山凿池而成瀑布景，自然呈现另一番野趣。现在，城市里均有自来水设备，水引至叠山高处，不需借竹承檐溜，更不必"驱工登顶开闸"，可以按需随时瀑泻成景。广州白云宾馆主楼与餐厅之间内庭的瀑布景（图 2-4-2），它在榕荫之下塑石成丘，粗犷而滑削，俨似南岭一峰，瀑从榕根隙缝泻下，客人凭廊观赏，宛若身处谿峪间，起到了天然瀑布水形、落差和水声的一些效果。

溪涧属线形水型，水面狭而曲长。水流因势回绕，不受拘束。大型的风景园林中有天然泉涧时，自成其景。庭园里，一般利用大小水池之间，挖沟成涧，或轻流暗渡，或环屋回萦，使庭园空间变得更自如。如：南京瞻园静妙堂西侧的回流溪涧（图 2-4-3），它联络堂前堂后大小两池，前段湖石沿涧砌筑，与堂前叠山壮景联成一气；后段平坡而渡，涧若大若小，就中架设小石板桥，山石随势置立，莩草沿溪滋生，循涧徐步，涤尽尘俗。

图 2-4-2 广州白云宾馆内庭瀑布景

泉的资源，我国极富。在造园中早为先人引用。古有天泉、地泉、甘泉之说，天泉指天然雨雪。秋水白而冽，历来为人喜用；

---

① 《艮岳记》的《华阳宫记》。

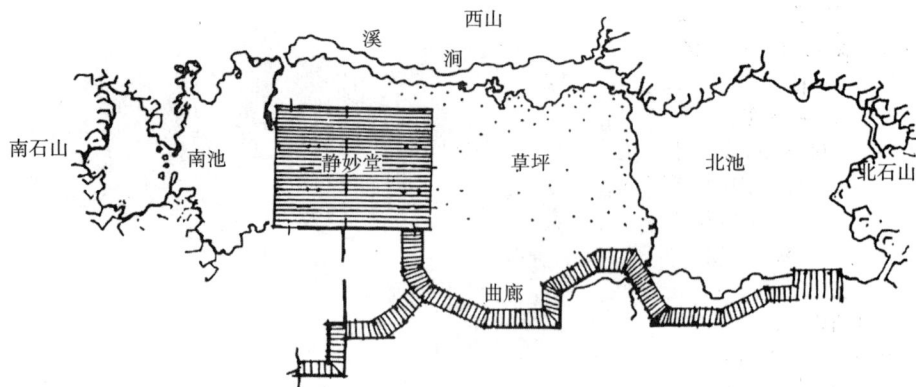

图 2-4-3　南京瞻园溪涧

夏日烈，有水调剂自然好，但就水质而论，夏暴雨易浊水景；春冬二水，以春雨为尤，所谓"春雨贵如油"是世上生机滋润之赞，可见春雨对园林的重要；寒冬季节以雪作景题的，在北方园林中是不言而喻的，哈尔滨以冰作园景，入夜冰灯尤瑰丽灿烂，异常诱人，打破了以往隆冬园景少人赏识的枯息景象。这种发挥当地优势造景的创举，是值得同类地区的造园活动效仿的。地泉又称乳泉，即今天常说的泉水。我国以名泉为题的庭园不少，其中以济南趵突泉、无锡惠山泉、杭州虎跑泉为著，这些名胜均以泉作景，历享盛誉。古时寺僧在名山大川尚有丹泉之说，据称其味异常，并能却病，此泉尚无进一步考证，可能就是今天的矿泉或温泉。矿泉或温泉地区，近代多辟为疗养胜地或旅游区，如：重庆北碚、广东中山温泉、广东从化温泉，广州三元里矿泉等。在现代庭园中为活跃水景，加强庭中的自然气氛，常模拟自然泉景，或喷成水柱；或漫溅泉石；或冒地珠涌；或细流涓滴；或砌成井口栏台作甘泉景，景效均极生动清趣。

潭，一般指临岸深水之水型。自然景色中，通常在瀑布下，承水成潭。潭的空间一般与峭壁连在一起，水面不大，但较深，在周围崖壁嶙峋形势下，俯瞰潭景，气势险峻，渊深莫测。在庭园中仿潭景者，往往蓄碧水一泓，回环叠出于深岩峭壁，以取其意。广东潮阳西园的"潭影"（图 2-4-4），就是运用这种意匠。历史上扬州瘦西湖的东园和桃花坞亦属此类。

滩，一般指水逐岸渐浅的水型。在自然界，河有河滩，海有海滩，景致天成。庭园用滩，常作水局之局部景，以潇洒自如的滩型水景，去破沿池围栏的池岸俗套。历史上唐代王维的辋川别业园里有"白石滩"一景，日本庭园中运用滩景的实例不少。我国新建庭园的许多小院、水庭中，亦喜用白色卵石铺滩作景（图 2-4-5），水清石显，十分别致。

庭园中用陶皿、盆缸或玻璃水柜之类承水作景的水型，属水景缸一类。它不像上述水型位置固定不变，而是可以随意迁摆，一般作为点缀庭园水景用。庭园中的水景缸，常见的如供玩赏金鱼的金鱼缸，亦有植盆荷水栽之类

图 2-4-4　潮阳西园
"潭影"（左）
图 2-4-5　滩景（右）

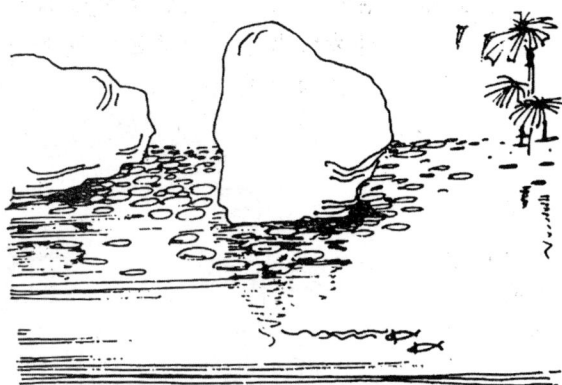

的。如：苏州寒山寺的荷缸，它在平庭阶前左右阵列，既不失寺庙之肃穆场面，又缓和了庭内干涸无水的枯燥气氛，铺排上很有灵活处置之法。关于水景盆栽，历史上有个元代掌故：江南常熟有个姓曹的园主，请倪瓒（元末无锡有名的造园家）到他的庭园（即陆庄）赏荷，倪瓒应邀而往，上楼一望，平庭空无所见。欲问，曹不语，先请他到别馆吃饭，膳后复登楼，但见眼前方池荷花怒放，鸳鸯双双戏游。倪大惊。原来，园主预育盆荷数百，用时摆进四尺见深的平庭里，注水入庭，复放水禽野草，瞬息间即现荷池胜景。这种盆植水栽作庭景的故事，反映了过去匠师的灵思巧作。在现代水庭中已用于解决育荷（或培育其他水生植物）之难，因为，现代庭园的水池，池底多以钢筋混凝土捣制，蓄水不深又要保持水清，因此，池底多不再复土栽植水生植物，而取水景盆栽隐于池中，这样，不但易于培育，池中造景亦较自如，为构设水局景提供了一种简便有效的方法。

水为面，岸为域。庭园水局之成败，除一定的水型外，离不开相应岸型的规划和塑造，协调的岸型可使水局景更好地呈现水在庭园中的作用和特色，把旷畅水面做得更为舒展。

岸型属园林范畴的，多顺其自然。庭园水局的岸型亦多以模拟自然取胜。一般而言，我国庭园中的岸型包括：洲、岛、堤、矶、岸各类形式。不同的水型，相应采取不同的岸型，不同的岸型可以组成多种变化的水局景。

洲诸，是一种濒水的片式岸型，造园中属湖山型的园林里，多有洲诸之胜。如：广东惠州西湖有芳华洲、点翠洲（图 2-4-6），明代诗人孔少娥以"西湖西子两相俦，湖面偏宜点翠洲"的诗咏相赞。历史上远如南北朝梁孝王兔园中雁池的"鹤洲""凫岛渚"，宋代徽宗良嶽岳大方沼中的"芦渚""梅渚"等，对园景的构设自然化了。有关承德避暑山庄的"芳渚临流"的图咏中有"亭临曲渚，巨石枕流。湖水自长桥泻出，至此折而南行。亭左右，岸石天成"的描述。可见，洲渚的构设在古代是相当考究的。苏州拙政园雪香云蔚亭所在的洲渚，正是这种做法，说明洲渚不是单纯的水面维护，而是与园林小品组成

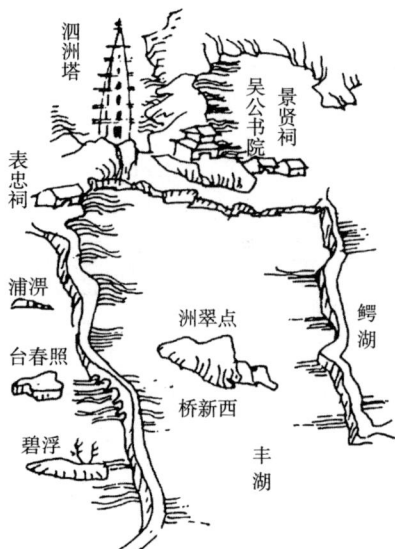

图 2-4-6 惠州西湖点翠洲（左）

图 2-4-7 环秀山庄问泉岛平面图（右）

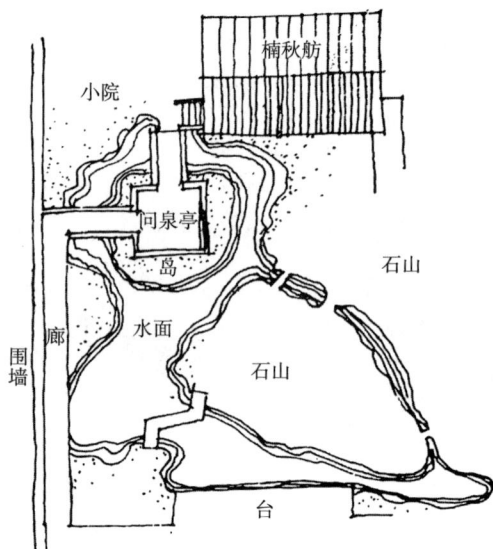

富有天然情趣的水局景的一项重要手段。

　　岛，一般指突出水面的小土丘，属块状岸型。庭园中运用小岛的例子，如：扬州瘦西湖荷浦薰风中的浮梅岛，苏州环秀山庄问泉亭所在的岛（图 2-4-7），上海南翔漪园的小松冈等。其所用的手法常常是岛外水面萦回，折桥相引；岛心立亭，四周配以花木景石，形成庭园水局之中心，游人临岛眺望可遍览周围景色。此种岸型与洲渚相仿，但体量较小，造型亦较灵巧。

　　以堤（隄）分隔水面，属带形岸型。在大型园林中如杭州西湖苏堤、承德避暑山庄芝径云堤，既是园林水局中之堤景，又是诱导眺望远景的游览线。在庭园里用小堤作景的，多用作庭内空间的分割，以增添庭景之情趣。如：广东清晖园现状的花径（图 2-4-8），把原为相邻的庭园的花径纳入，成为两个水庭的自然分隔线，一边借墙构廊亭，一边植栽铺道，使促成各有特色的水局景。

　　矶碛，是指突出水面的湖石一类，属点状岸型。造园史上承德避暑山庄有"石矶观鱼"一景，明代苏州拙政园有"钓碛"一景。这种传统手法在近代水局景中引用甚多，一般临岸矶碛多与水栽景相配，或有远景因借，成为游人喜爱的摄影点。位于池中的矶碛，常暗藏喷水龙头，自湖中央溅喷成景，也有用矶碛作水上亭榭之衬景的，成为水局之小品。

　　岸型中最常见的仍数沿池作岸的环状形，通称池岸。凡池均有岸，岸式却有规则形与自由形之分。规则形池岸国外古典庭园用得较多，一般是对称布置的矩形、圆形或稍加修饰的各类规则花式平面。善于吸收外来因素的岭南庭园，如：广东番禺余荫山房，其方形池和八角环形池的池岸（图 2-4-9），即属此类型。我国传统庭园池岸多属自由形，它因势而曲，随形作岸。一般多以文石砌作，或以湖石、黄石叠成。苏州狮子林的湖石池岸即其一例（图 2-4-10）。

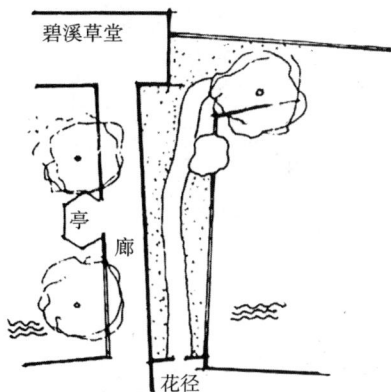

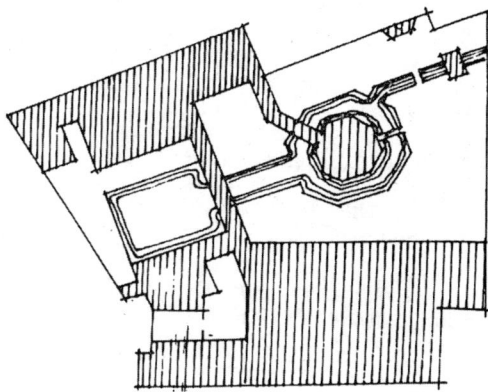

碧溪草堂

亭

廊

花径

图 2-4-8 广东顺德清晖园花径（左）
图 2-4-9 广东番禺余荫山房池岸（右）

图 2-4-10 苏州狮子林湖石池岸

　　现代新建庭园之小池池岸，形式多样，采用的材料亦各有不同，如用白色水磨石做成的流线形池岸（图 2-4-11），用小卵石贴砌的池岸（图 2-4-12）、大理石碎块嵌镶的池岸（图 2-4-13）、小石滩池岸（图 2-4-14）、人工灰塑的树桩、竹桩池岸（图 2-4-15）、山石式池岸（图 2-4-16），以及结合眺台处理的池岸（图 2-4-17）等。这些岸式一般做得较精致，与小池水景很协调，且往往一池采用多种岸式，不同的岸式之间用顽石作衔接（图 2-4-18），使水景更为添色。

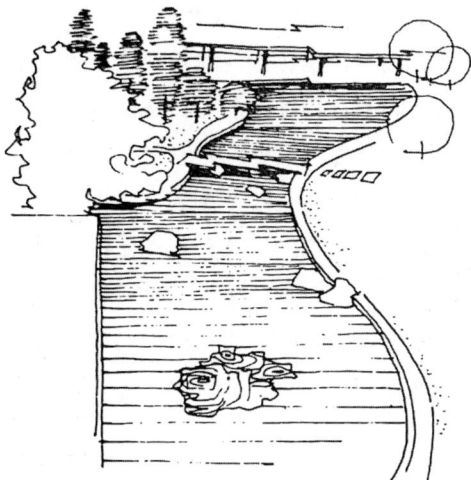

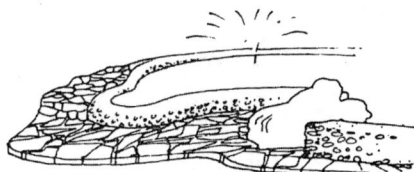

图 2-4-11 广州东方宾馆水磨石池岸（左）
图 2-4-12 小卵石池岸（右上）
图 2-4-13 大理石碎块池岸（右下）

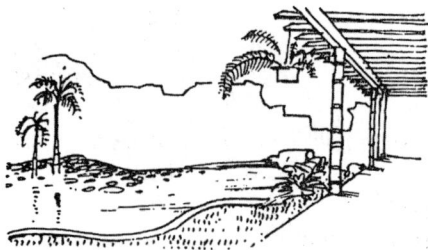

图 2-4-14 石滩式池岸（左上）

图 2-4-15 灰塑树桩池岸（左下）

图 2-4-16 山石式池岸（右）

图 2-4-17 结合眺望台（左）

图 2-4-18 不同岸式的衔接（右）

2.4.2 石景

石，在园林，特别在庭园中是种重要的造景素材。古有："园可无山，不可无石""石配树而华，树配石而坚"诸说，可见，园林对石的运用是很讲究的。

我国古代有关庭园用石的记述颇多，如：唐代牛僧孺"置野营第，与石为伍"，宋代米元璋"呼石为兄"，宋徽宗"爱石成癖"等。可见古人在庭园中对景石的钟爱。今天，园林用石尤广，它能固岸、坚桥，又可为人攀高作蹬，围池作栏，叠山构峒，指石为座，以至立壁引泉作瀑，伏池喷水成景。这些石材，过去均来自天然素石。能作石景的天然素石，通称为品石。我国园林用石袭用的品种很多，罗列品石多达 116 种[1]，多属叠山素材，亦有供几案陈列文房清玩的。目下习惯沿用的品石，为数并不多。品石中较典型的有太湖石、锦川石、黄石、腊石、英石、花岗石等，古时极具特色的灵璧石，现已不易得。

太湖石在园林中引用较早，运用亦较广泛，它质坚表润，嵌空穿眼，纹理纵横，连联起隐，叩击有声响，外形多峰峦岩壑之致。唐代白居易称"石有族聚，太湖为甲"，在品石中历来评价较高。太湖石原产自西洞庭湖，石在水

---

① 宋《杜绾石谱》。

图 2-4-19　太湖石（左）
图 2-4-20　英石（右）

中因波浪激啮而嵌空，经久浸濯而光莹，滑如肪，黝如漆，矗如峰峦，列如屏障（图 2-4-19），可见真正的太湖石是十分奇特的。近代常见的太湖石多属产自山上的旱石，颜不润音不清，仅得其形，自然逊色得多。广东肇庆星湖据传亦产此石，佛山群星草堂里的"十二石斋"就是十二具太湖石佳品，可惜现已毁。

英石，产于广东英德市，以盲仔峡所产为著，石质坚而润，色泽微呈灰黑，节理天然，面有大皱小皱，多棱角，稍莹彻，峭峰如剑戟（图 2-4-20），岭南庭园叠山多取英石，构出峰型和壁型两类假山，其气势与江南园林叠山迥然有别。小而奇巧的英石多作几案小景陈设。

锦川石，表似松皮状如笋，俗称石笋，又叫松皮石。有纯绿色，亦有五色兼备者。新石笋纹眼嵌石子，色亦不佳；旧石笋纹眼嵌空，色质清润，以高丈余者为名贵，一般只长三尺许，园内花丛竹林间散置三两，殊为可观。扬州个园于竹丛花墙下置锦川石，取"雨后春笋"之意，做出春景园（图 2-4-21），颇清逸。现在锦川石不易得，广东地区以人工灰塑精心仿作，真真假假，使人不易识破，很有成效。

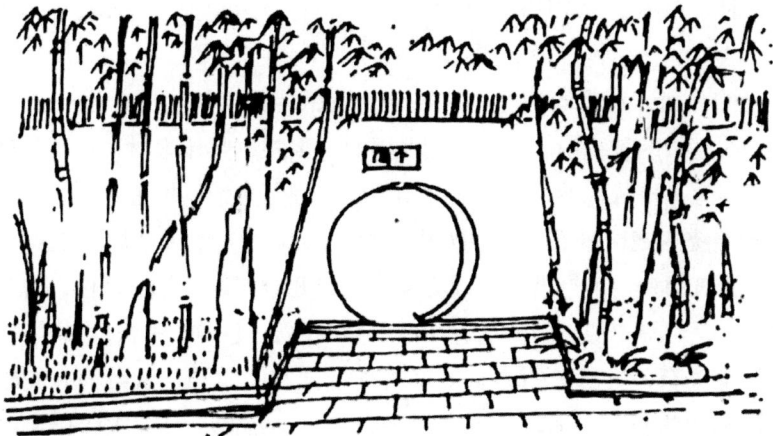

图 2-4-21　扬州个园的
春景

图 2-4-22 扬州个园的秋景（左）
图 2-4-23 蜡石景（右上）
图 2-4-24 散石景（右下）

　　黄石，质坚色黄，石纹古拙，我国很多地区均有出产，其中以常州黄山、苏州尧峰山、镇江图山所产为著。用黄石叠山，粗犷而富野趣。如北京静心斋叠山。扬州个园中的秋景园里用黄石叠砌秋景山色，尤贴切景意（图 2-4-22）。

　　蜡石色黄，油润如蜡。其形浑圆可玩。它没有灵璧石那样柔巧，有异于英石之峭拔，更不同于太湖石之百洞千壑，可谓别饶石趣。广东从化良口及西江鼎湖一带出产蜡石，当地造园，常以此石作孤景，散置于草坪、池边或树荫下，既可供坐歇，又能观赏（图 2-4-23）。

　　花岗石，我国许多地区均有出产，是园林用石的普及素材。其质坚硬，色灰褐，除作山石景外，常用作建材或加工成板桥、铺地、石雕及其他园林工程构件和小品。广州萝岗柯木塱所产的花岗石，形如蛋，体量仅 1m 见方者不少，搬运方便，又能保持原貌，广州地区园林坡地或水池旁，常以此石作散石景（图 2-4-24），予人以犷野纯朴之感。在坡地建筑中为加强山势的石景，用它亦很能取得自然效应。

　　以上品石是我国景石品种的一部分，但在园林景石中有较强的代表性。选取石材时，应尽量考虑使用当地产品，不但可省运输费，且能较好地体现当地特色。

　　一定的品石，在景石造型中，可作庭园的点缀、陪衬的小品，也可以石为主题构成庭园的景观中心。在运用品石时，要根据具体素材，反复琢磨，取其形，立其意，借状天然，方能"片山多致，寸石生情"增色庭景。

　　我国传统的庭园景石，有法无式，变化万千，大致可分成两类：一为塑物型，一为筑山型。前者借意人间物象，虽只几分形似，妙在神传，有如中国写意画，介乎似与不似之间。后者仿做自然山体，虽一峰一岭，亦讲究气势。

　　塑物型景石，其所选的品石素材本身就具有一定的形状特征，或酷似风物禽鱼，或若兽若人，神貌兼有；或稍以加工，寄意于形。唐代诗人白居易

图2-4-25　玉玲珑（左）
图2-4-26　瑞云峰（中）
图2-4-27　绉云峰（右）

图2-4-28　九曜石（左）
图2-4-29　冠云峰（中）
图2-4-30　飞鹏展翅（右）

咏石文《太湖石记》中有过这样的描述："有盘拗秀出如灵丘鲜云者，有端俨挺立如真官神人者，有缜润削成如珪瓒者，有廉棱锐刌如剑戟者。又有如虬如凤，若跧若动，将翔将踊，如鬼如兽，若行若骤，将攫将斗者。"[①] 明末清初名师张南垣造石景就很注重气质和态势，其石脉之所奔注，伏向起，突而怒，如狮蹲，如兽攫，口鼻含呀，牙错距跃，极有形趣。

塑物型景石作为庭中观赏的孤赏石时，一般布置在入口、前庭、廊侧、路端、景窗旁、水池边或景栽下。江南庭园里珍贵的塑物型景石不少，如：上海豫园香雪堂的"玉玲珑"（图2-4-25），这个隋唐时物和明代的苏州"瑞云峰"（图2-4-26），石门福严禅寺的"绉云峰"（图2-4-27），被誉为"江南三峰"。广州九曜园的九曜石历经千年留存至今，更是不可多得的珍贵景石，它两组在岸上，七组在池中，白如雪，状如兽，古拙相应，尽石景之趣（图2-4-28）。宋代书画家米襄阳（米芾）以"瑰奇九怪石，错落动乾文"相赞的诗句，今天在园中仍可见到。此外，苏州留园的"冠云峰"（图2-4-29），广州海珠花园的"飞鹏展翅"（图2-4-30），苏州狮子林的"嬉狮石"（图2-4-31）和扬州史公祠的"云曲"（图2-4-32）等，均是以一定的主题来

① 白居易《太湖石记》。

图 2—4—31　嬉狮石（左）
图 2—4—32　云曲（右）

表达景石的一定意境，它置于庭中，往往就成了庭园的景观中心，起到深化园意，丰润庭景的作用。

筑山型景石，在传统上非常注重山形各部分特征的塑造。如砌筑山峰，一般筑成下大上小，山骨毕露，峰棱如剑的峭拔峰，也有筑成下小上大，似"有飞舞势"之奇峰。作峰还常与岭相辅作景，把挺拔的峭峰置于"翻若长鲸"之伏岭间，对比之下，峰更峭，岭愈顺，逶迤起伏，气若颠峦。如果要使峰筑得更奇险，常用岩、壁、峡、峒之手法去强化，如用两峭壁间的峡峪，使峰更险；如用上伸下收的悬崖，使临水山态更奇；如用环山屏立，岩下伏洞，使山景深邃得更有层次。灵活运用这些方法，就能较准确地抓住自然山形的特征，体现在假石山上，达到所谓"一峰华山千寻，一勺江湖万里"的意境。

在我国造园史上，筑山技艺的造诣是很深的。从记载上可了解到，如北魏张伦造景阳山，那是"重岩复岭，嵚崟相属，深豀洞壑，迤逦连接……崎岖石路，似壅而通，峥嵘涧道，盘纡复直。"唐代王维在《山水决》中说："主峰最宜高耸，客山须是奔趋"。元末维则筑山却以"奇峰怪石，突兀嵌空，俯仰万变"称胜。明清时代的计成、石涛、张南垣、李笠翁、戈裕良等，更是名师辈出，在江南江北筑山，留迹至今，足以佐证。近人汪星伯提出筑山"十要""六忌""四不可"[①]，较全面较概括地谈到了筑山的正反要领。

由于品石不同，地区不同，历代匠师叠山，风格不尽相同。江南园林与北方园林的叠山，由于历史上的相互渗透，虽各有其个性，但多有相通处。岭南园林里的叠山有较明显的地方色彩，从传统的岭南石谱中，可看出它是在自然山形中提炼出一些筑山意境，定型成"局"，如"山潭局""壁潭局""岩洞局""蹲兽局""一峰独秀局"等，其布局方法：主峰一般不居山势之中，常偏一侧或靠后，群山环抱、峰峦起伏、层次分明。较好地反映了岭南山貌。

20 世纪 70 年代以来，广州地区广泛采用人工塑山。它以砖砌体为躯干，饰以颜色水砂浆，山形、色质和气势颇清新，能够根据不同的庭景来塑造。在广州文化公园内落成的一座园中院，其西、中、东庭都以人工塑制山石，构成

---

① 汪星伯《假山》。

图 2-4-33　园中院西庭

图 2-4-35　园中院东庭

图 2-4-34　园中院中庭

三种不同意境的水石庭，使支柱层下的各式平庭，显得新颖而富野趣。其西庭（图 2-4-33）位于电梯间与卫生间之间，花架、水廊前后呼应。大胆利用庭南的梯壁，塑出岩岭突屹、洞壑深深的壁型山岩洞局。中庭（图 2-4-34）与西庭不同，壁上的山石不采取嶙峋突屹的山，而是将至顶的全部墙面塑成整片峭壁，壁上满刻民间传说的浮雕，壁下一片池水，给此壁潭局水石庭赋予了崭新的意境。东庭（图 2-4-35），也是水石庭，却以山潭局的方法来构设，它巧妙地利用了北厅与贵宾室建筑的高差，使塑出的山石具有巍巍山巅之感，相形之下山下池潭变得更为幽深。此外，该园中还启用了具有鲜明岭南"群散"式布局的北面的水石庭（图 2-4-36），以孤赏石为主题的芭蕉院（图 2-4-37），以井泉为主题的"廉泉"室内景园（图 2-4-38），用英石叠砌的岭南传统的壁型

图 2-4-36　园中院北庭景观（左）

图 2-4-37　园中院芭蕉院景（右）

图 2-4-38 园中院廉泉景

图 2-4-39 园中院壁型山景

山（图 2-4-39），可谓对我国岭南传统水型和景石的继承和运用作了较全面的探索。一定的水型与相应的景石的结合，已愈来愈多地成为庭园构设的主要手段。

2.4.3 景栽

我国庭园花木的配置和栽植，在传统上非常注重景的塑造。我们的祖先将景与栽巧妙地结合在庭中是有悠久历史和深厚造诣的。所谓"庭园无石不奇，无花木则无生气"，说明庭景不但与景石有关，与景栽的配合也至关重要；做到远观近赏，怡情育物，要求栽植务得其宜。譬如，藩篱庭植，三径盘盎，使得庭园里自春而冬，四季都能生气盎然，丰姿多彩。明代文震亨在论及庭园花木时说："若庭除槛畔，必以虬枝古干，异种奇名，枝叶扶疏，位置疏密，或水边石际，横偃斜披，或一望成林，或孤枝独秀，草木不可繁杂，随处植之，取其四时不断者，皆入图画。"[①] 在这方面计成讲得也很细腻、透彻，他认为："景到随机，在涧共修兰芷。径缘三益，业拟千秋，围墙隐约于萝间，架屋蜿蜒于木末。山楼凭远，纵目皆然。竹坞寻幽，醉心即是。轩楹高爽，窗户虚邻。纳千顷之汪洋，收四时之烂缦。梧阴匝地，槐荫当庭。插柳沿堤，栽梅绕屋。结茅竹里，浚一派之长源。障锦山屏，列千寻之耸翠。虽由人作，宛自天开。"[②]

随着环保科学的迅速发展，景栽除供人们精神方面的鉴赏外，正在挖掘和发展园林花木在环境保护功能上的作用。人们都知道，景栽的绿化效能可以制氧，吸收二氧化碳，改善小气候，甚至可以滤尘防噪，吸收有害气体，净化

---

① 文震亨《长物志》。
② 计成《园冶》。

水体，灭菌防火，改良土壤等，根据研究材料表明：$1hm^2$ 林木，每天吸收 CO_2 1t，放出 O_2 0.73t。夏天，草坪表面比裸露泥地表面降温 6~7℃；外墙面如有藤本植物垂直绿化，比没有绿化的降温 5.5~14℃；树荫下气温比无林地带气温降低 3℃；冬季却反过来，草坪表面温度比裸露地表温度要高 4℃，林内气温与无林地带气温，在散热上要少 0.1~0.5℃。可见，绿化对建筑环境的夏凉冬暖有明显作用，庭园里用"槐荫当庭""栽梅绕屋""架屋蟠花""草铺如茵""移竹当窗""分梨为院"等诸般景栽手法，从调节气温这个角度来看，也是不无道理的。由于气温调节，引起庭内气流交换加速而出现的建筑环境小气候。这种小气候带来适宜的温湿度，确实给人增添了舒适感。

如果说得具体一些，可以从一些绿化品种的实际环保效能，进一步得到理解。譬如，用五爪金龙垂直绿化的街区比无垂直绿化的街区，尘灰要少。如果采用乔木来减尘的话，以黄槿、大叶榕、高山榕的效能最高。如果有些工厂的车间发散出二氧化硫的话，种上构树、木麻黄、印度榕、小叶驳骨丹最好，它们抗性既强，净化能力又较高。如需要抗氟性能较强的树种，可以是紫藤、女贞、柑桔等。有些植物能够分泌杀菌素，如柠檬桉能灭结核菌、肺炎菌；松能灭白喉、痢疾、肺结核；鸡脚草、看麦娘、草木樨等草本能灭土中的大肠菌；凤眼莲可以吸收水中有毒的镉、汞、酚；蒲公英和北方五叶地锦能吸收有害气体铅；白藜能抗氯、氨；南方常春藤能抗汞雾；狗牙根能抗光化学烟雾；而银杏却是在防火方面适应性较强的品种等。上述资料表明，绿化的环保功能是毋容置疑的，其各种绿化品种的效能的每一次新发现，均为庭园景栽的选种、规划、配植和组合提供了新的科学根据，为庭园景栽现代化开辟了广阔前景。

庭园花木，品类繁多，但古今中外均立足于乡土品种。随着科学技术的发展和广泛的文化、经济交流，庭园花木品种经过不断引进和驯化，正在不断发展中。根据历史记载，我国唐宋时代的庭园花木就有垂柳、素馨、华山松、余甘子、拓桑、梅、李等 17 种，元明时代增加了云南山茶、慈竹、丁香、杜鹃、辛夷、垂丝海棠、板栗、银杏、柿、槐、枇杷等 73 种，至中华人民共和国成立前已达 187 种，其中从国外引进的有葡萄、石榴、胡桃、茉莉、杉木、无花果、西香莲、倒挂金钟、夹竹桃、洋紫藤、蓝桉、银桦等。时至今日，由于花木资源的开发，许多地区将野外花草树木移植庭内，与国外、省外的交流日趋频繁，庭园花木的品种数目前尚难做出确切的统计。在上述品种中，有的经历代培育，留存至今仍不失生机，如：云南黑龙潭仍有壮健生长已达一千年高龄的松柏，昆明西山太华寺有经历过 670 个春秋的银杏，还有嘉定孔庙的枫杨、广州萝岗的九里香、广州海幢寺的菩提等，均属不可多得的庭园古木珍品。

园林中的植物，一般以乔木、灌木、藤本、草本分类，也有按观赏性能分为赏花、赏果、赏叶、赏形和赏香五类。前者系一般植物学科分类法，后者具有庭园特征，便于引用和鉴别。我国南方气候温和，各类品种较多，以广州为例，常用的就有 200 多种。其中乡土树种有木棉、榕树、荔枝、龙眼等。其常用的乔木有木棉、榕树、银桦、相思、石栗、木麻黄、千层、樟树、苦楝、乌桕、桉树、楹树、紫荆、刺桐、南洋楹、蒲葵、金山葵、桄榔、假槟榔、南洋杉、水松、白兰、桂花、荷花玉兰、九里香、桃、梅、李、松，竹、棕竹、荔枝、橄榄、蒲桃、凤眼果、仁面、芭蕉、芒果、枇杷、龙眼、人心果、黄皮、杨桃、梨、落叶松、榆、猫尾木、罗伞树、菩提树、黄槐、大叶紫薇、阴香、水杉、梧桐、法国梧桐、鸡蛋花、龙芽花、石榴、八角枫、木芙蓉、雪松、合欢、黄槿、鸭脚木、印度橡胶、紫薇、紫甲、桐树等。常用的灌木有：大红花、夹竹桃、洋素馨、山子甲、洋灵霄、铁树、洒金蓉、米仔兰、绯红、红桑、红杏、一品红、八角梅（冬红）、山丹、杜鹃、含笑、夜合、茉莉、冬青、红背桂等。常用的藤本有：炮仗花、簕杜鹃、紫藤、金银花、秋海棠、鹰爪、夜香、七姊妹、葡萄、山葡萄、牵牛花、狮子尾、使君子、爬山虎等。常用的草本有：台湾草、八足草、红草、蒲草、蕨类等。这些景栽各自均有其一定的习性、树形、花色和花期。

景栽品种的选择，除庭园性质、园景布局、传统手法和特定功能要求外，最好选用乡土品种，这不但易于培育，而且易于取得与众不同的地方特色，如果系长寿品种，经一定时期后还可成为景栽珍品。如：北京的白皮松、广州的木棉、重庆的黄葛树、福州的小叶榕、广西的桂花、台湾地区的相思，以及云南的山茶花、山东的牡丹花、海南岛的椰树、新会的蒲葵等，其中有的早已名扬四域，人们见到它就会联想到它的故乡，难怪国外有些国家和地区，以及我国的一些城市，爱以花称代，誉为国花、市花之类。诚然，要使景栽不断适应现代生活的需要，不能只着眼于乡土品种，应该在发展乡土品种的同时，积极引进外来的先进、优良品种。如：杭州西湖，除搞好传统的垂柳、碧桃、杉、竹、梅以外，大力培育雪松、龙柏、樟树、桂花、山茶、紫薇、广玉兰、七叶树等长寿树种，取得了良好效果。在国外，如法国巴黎也是一样。它除了用欧洲七叶树、红花七叶树、欧洲椴、欧洲杂种椴、欧洲小叶椴外，同时也把挪威槭、假桐槭、荷兰榆、欧洲云杉等长寿品种作为关键性树种来发展。

庭园花木如何充分发挥观赏效能，是景栽的首要问题。所谓"粉墙庄不谢之花，华屋有庄春之景"。然而，要搞好景栽并非一件轻而易举的事。俗话说："弄花一岁，看花一日"，经营景栽确需一番精心巧作，如何把各种不同性格、形态、颜色、花讯、栽培要求的花木，根据不同院落和空间特点，做到"景到随机"，不独讲求艺术性，尤先注重其科学性，把科学的培植与艺术的组合密切结合起来，才能真正达到预期的观赏效能。

景栽观赏，一般可分赏形、赏色和赏香三种不同的庭园景观，可以通过

图 2-4-40　规则式景栽[①]（左）

图 2-4-41　赏叶景栽（右）

各种不同的景栽观赏品类进行组合，有节奏、有韵律地利用其形、色、香，去演化所企求的各种庭景效果。

观赏景栽姿态称为赏形。由树干、树枝和树冠组成景栽的形态。自然界的树形可谓千姿百态，但不同的品类总有其相对固定的形态。如：苍柏古雅苍劲、古榕浓郁蔽天、香桉潇洒俏洁、碧竹清丽疏秀、红棉刚直不阿、垂柳婀娜多姿、葡萄柔劲蜿蜒、桄榔刺若天穿、蒲葵伏地成群、草本宽广舒畅等，构成庭园景栽空间的各种形态和格调。需要指出的是，在赏形景栽中，由于属性不同，有的是赏识其整个形态，有的却主要赏识其树冠，有的主要是赏枝，有的主要是赏叶。这样，在组合林相时，就可以有机地配置各种不同性质的赏形景栽。

赏冠的景栽有天然型和人工型两式，前者自然成冠，有圆锥形、伞形、宝塔形、多球型、椭圆形等各种；后者一般多取于灌木，用人工剪成规则式（图 2-4-40）。一般地说，树冠是景栽林相的主要轮廓线。天然型赏景栽一般协调于自然式庭景布置。人工赏冠景栽常以孤植或丛植方式布置在草坪或作绿篱、绿屏。庭园中的孤赏景栽一般均选择具有一定特点的树冠作为赏形景栽，以取得多方面的观赏角度。

赏叶景栽多取叶形奇趣的品种，以此作景栽的局部景，景石的衬景，甚至作为水局景的点景（图 2-4-41）。广州庭园中常用风车草（水葵）、棕竹、龟背竹、蕨、兰、荷等，它们的叶形都各有其趣，置于水中或岸旁特有野趣。

赏枝系主要鉴赏景栽的枝形势态。赏枝景栽的枝形一般有单杆无枝、一杆多枝和少数丛生的多杆少枝（或多杆多枝）三类。一般景栽多系一杆多枝形，其余两类多属亚热带植物。就枝形而言，又分扬枝、垂枝和平枝各种形式。不同的枝形，其风韵亦随之而异，如梅枝横溢、松枝苍劲、竹枝纤庄清隐、柳枝垂拂轻舞……落叶类花木枝杆更形突出，每年秋末时就叶落干露，常常作为

---

① 张志全，范业展，崔文山，郑晓非.园林构成要素实例解析.土地 [M].辽宁：辽宁科学技术出版社，2002.

表达冬景的景栽，协调于某些庭园意境里。单杆无枝属棕榈类景栽，以它来体现南国风貌，是岭南庭园里常见的手法。单杆多枝形景栽品类最多，其中以榕树最为风趣，它主干粗浑而多变态，各枝又曲劲横生，根部盘根错节，还能枝生气根落地成杆，浓郁不凋，干拔苍古，枝叶婆娑，是一种极尽古雅风情的赏形树。

赏色是观赏景栽的另一种类型。庭园里的花草树木，其色泽自然而富有魅力，每当开花时节，百花争艳，令人陶醉。古人常常运用景栽来表达人们的感情，使庭景赋介某种特有的性格，以助游兴。如：以菊喻隐逸，以牡丹喻富贵，以竹喻高洁，莲出污而不染喻洁白无暇，岁寒之后知松柏喻高风亮节等。这些若处置贴切时，确能深化庭意，获得教益。此外，以红花、朱叶象征壮烈，白兰、丝柳以示柔情，翠榕、仁面反映深邃宁静等，均属寓情寄意的一种表达。这在古时诗情画意中也诸多借用。

赏色景栽，一般以观赏花色的品种为多。但不只着眼于花色，俗话说："红花还得绿叶衬"，说明单凭花色是不够的。况且，有些景栽的叶色或树皮的颜色就特有一格，在绿相中很是醒目。如枫树入秋叶红如醉。柠檬桉（又称白皮桉），干直色嫩白，在绿丛中显得异常俊秀，热带肉质植物色形兼趣。落羽松的颜色一年四变，均系观赏叶色、干色的重要品种。

许多景栽的花甚至叶或根干，能播散出一种悦人的香味，增添了诱人的赏香情趣。赏香，一般是鉴赏花香，由于香花的香味质别不同，人们又将不同的赏香景栽分成浓香、芳香和幽香三种，如素馨、洋子甲属浓香，桂花、茉莉属芳香，兰花、米仔兰属幽香。在不同作用的庭园中配置不同香味的花木，可以丰富花木的赏香效能，如果设置得当，庭中之香还富有诗画和联想的深情意境。古时白玉蟾有"南枝才放两三花，雪里咏香弄粉些；淡淡著烟浓著月，深深笼水浅笼沙"的诗咏，将花香雪气的香景，揉出庭中早春园色的意境（图 2-4-42），即为赏香庭景一例。

根据上述一些较典型的景栽品种及其观赏效能，如能合理挑选，配植得宜，是可以构出好庭景的。然而，景栽的配植是一门实践性很强的工作，它必须根据庭园的具体情况，去选择合适的景栽品种，在一定的园景构思下，组成庭园景栽的配置，从而合理安排主从、先后、完善地构出庭景的空间层次，获得庭园功能的充分展示。

配置庭园景栽，一般有孤植、丛栽、群林、带植、花池、草地、漫生等方法。庭园空间里多以数种景栽配置方法组合，使景观丰富而自然。

孤植，是用单株种植为主的方法，一般选择观赏性特强的景栽，植物不但具备较好的形状，较奇特的树姿冠态，而且还往往是群芳谱里的珍品，显得格外名贵。如：玉堂春每年春节期间开花的花木，据说在古代时必须具备一定官阶的人才能配植，今天还之于民，自然其意。有些较稀罕的景栽品种，也是孤植的选材，供人鉴赏。广州白云山山庄旅舍门前的铁冬青（图 2-4-43），就

南枝绿如两之花
坡坡葉明逸居月

富蓋竹黄竹妙
風礼礼提观
一白工业

图2-4-42 白玉蟾"早春"春景图（左）
图2-4-43 广州白云山山庄旅舍铁冬青（右）

是不常见但配得恰到好处的品种，远观近看都能赏识其树姿和态势，组成良好的入口空间。

丛栽，是由为数不多的花木成丛配植的方法，一般置于垣旁、院角、池边、坡地或建筑空间较空隙的地方。布局上高低前后应配备恰当，避免堆砌感。广州地区的庭园里，常用三五棵桃榔（或棕榈、南洋杉、金山葵、洋素馨、灵霄）组成丛景。亦有用蒲葵、鱼尾葵独立成丛的。北方地区常有丛栽雪松，景效均很好。

群林的配植法，以竹林、梅林、松林为常。南方更有椰林、棕林、葵林等，极具地方特色。古代庭园中，群林的配植法亦不少见，如《洛阳名园记》中所记载的"苗帅园"里，"……其北，竹万馀竿，皆大满二三围，疏筠琅玕，如碧玉椽。"宋代艮岳里的"梅岭""丁嶂"等均属群林一类。广州兰圃，位于市内交通干道旁，它以竹林、松林配植。既减轻了闹市干道的干扰，又为园中造出所需之深邃景效，使景栽效能得到较充分发挥。

带植法是一种带形景观的配植方法，一般在庭园的水池边、园道旁，传统的"垂柳夹岸"即是。近代园中多沿池设栏，游人绕池漫步或凭栏闲眺，使带形景观更为生动。国外庭园里多用传统的人工剪裁灌木带，构成各种图案的带状景，园效亦很优美。

花池，应按不同院落布置，一般设置在围墙下、建筑物入口、池边路旁（图2-4-44），花池里的花草不宜多，更不宜杂，疏密配搭，做到远看丛花一片，近赏主次分明，如果有水石相衬，池景物更饶趣味。南方地区的许多园林建筑中，以小花斗的形式装置在景墙上，点缀得异常精致，有的花斗挂在栏杆上或柱子上，有的作吊盆挂在棚架上，为庭园的竖向绿化景观开辟了新的渠道。国外的花池传统上多属规则式，利用花色组成各式纹样，风格迥然不同（图2-4-45）。

草地，或按坡铺设，或于庭间铺伏成毡，倘以景石点缀一二，倍感清雅（图2-4-46）。庭园草地一般多用八足草、台湾草，这两种草在南方地区极易

图 2-4-44 岭南传统庭
园花池（左）
图 2-4-45 国外花池（右）

图 2-4-46 草地

生长，特别是八足草。但此草较粗野，并易长杂草，而台湾草纤滑如毯，异常精美，且不易长杂草。在庭中小块绿地上配植是很好的，把它植于铺地的石隙间，可使庭园铺地更有生趣。

漫生法是随意配植一些苔藓类、蕨类或一些荫生草本之类，使庭园景栽更接近自然景观，这在传统庭园里是常见的，现代庭园中也常有仿效，如：中山温泉宾馆庭景中，把气氛营造得野绿葱葱，使人若入溪峪间。

上述景栽配植的组合方法在我国庭园中运用得十分灵活，各种不同品类的景栽，务求量材配植，各尽其能地发挥各自的特点。不同功能的庭，要有相应的组合方法。例如，前庭宜开朗，但又不要把主体建筑全貌毕露。这就要求景栽配植有虚有实、若隐若现，其树形、体量不宜过于庞大，枝条宜秀，叶色宜鲜，疏密应与建筑物配合得宜。这样才能较好地组合前庭景观。广州地区多用红花紫荆、南洋杉、松柏、洒金榕、金山葵、假槟榔、勒杜鹃之类，作为前庭花木，使其空间敞朗又具有一定的热烈气氛。

内庭是景园之心腹，花木布置要适于人们静观近赏。在景栽选择上，要求树形秀丽，枝条疏密有致，树冠要易于通光透气，花叶色泽鲜艳柔和、芬芳宜人。白兰、九里香、丹桂、粉丹竹、佛肚竹、金丝竹、腊梅、绯桃、葡萄、山海棠、鹰爪、含笑、茉莉等均是内庭花木的良好品种。如果内庭是采用水石庭式，则需加以睡莲、蕨类、龟背竹之类的水生景栽来衬托庭景。有些内庭的水石池边放几块景石，石上植兰科，水中栽风车草，岸上斜插垂柳、水翁，使画面带有"疏影横斜"，便能产生一些情趣。

侧庭宜清静淡雅，可植竹、相思、紫藤之类，它多作书斋院落、餐厅小院，供人小憩。后庭，一般位于屋北，可植果木，在风景区里可结合自然景色处理。小院系小空间庭院，多用以点缀庭园空间，构思较精巧，景栽的选用也很考究，常成为庭园的珍品。

第3章

中式园林建筑设计

亭
廊
榭、舫
厅堂
楼阁

3.1 亭

3.1.1 亭的运用

亭子在我国园林中是运用得最多的一种建筑形式。无论是在传统的古典园林中，还是在现代新建的公园及风景游览区，都可以看到有各种各样的亭子，或伫立于山冈之上；或依附在建筑之旁；或漂浮在池水之畔。以玲珑美丽、丰富多彩的形象与园林中的其他建筑、山水、绿化等相结合，构成一幅幅生动的画面。亭子成了为满足人们"观景"与"点景"的要求而通常选用的一种建筑类型。亭子具有如下的一些特点：

（1）在造型上，亭子一般小而集中，有其相对独立而完整的建筑形象。亭的立面一般可划分为屋顶、柱身、台基三个部分。柱身部分一般做得很空灵，屋顶形式变化丰富，台基随环境而异。它的立面造型、比例关系比其他建筑能更自由地按设计者的意图来确定。因此，从四面八方各个角度去看它，都显得独立而完整，玲珑而轻巧，很适合园林布局的要求。

（2）亭子的结构与构造，虽繁简不一，但大多都比较简单，施工上也比较方便。传统园林筑亭，通常以木构瓦顶为主，亭体不大，用料较小，建造方便。现在多用钢筋混凝土结构，也有用预制构件及竹、石等地方性材料的，也都经济便利。亭子所占地盘不大，小的仅几平方米，因此建造起来比较自由灵活。

（3）亭子在功能上，主要是为了解决人们在游赏活动的过程中，驻足休息、纳凉避雨、纵目眺望的需要，在使用功能上没有严格的要求。单体式亭与其他建筑物之间也没有什么必须的内在联系。因此，就可以主要从园林建筑的空间构图的需要出发，自由安排，最大限度地发挥其园林艺术特色。

在我国传统的园林中，建筑的分量比较大，其中亭子在建筑中占有相当的比重。在北京颐和园、北海、承德避暑山庄等这类大型皇家园林中，亭子不占突出地位，但在一些重要的观景点及风景点上却少不了它。在江浙一带的私家园林及广东的岭南园林等规模较小的园林中，亭子的作用就显得更为重要，有些亭子常常成为组景的主体或构图的中心。在杭州、桂林、黄山、武夷山、青岛这类风景游览胜地，亭子就成了为自然山水"增美"的重要点缀品，应用得更为自由、活泼。

我国园林中亭子的运用，最早的史料始于南朝和隋唐时代。据《大业杂记》载：隋炀帝广辟地周二百里为西苑（即今洛阳），"……其中有逍遥亭，八面合成，结构之丽，冠绝今古"。又《长安志》载唐大内的三苑中皆筑有观赏用的园亭，其中"禁苑在宫城之北，苑中宫亭凡二十四所"。从敦煌莫高窟唐代修建的洞窟壁画中，可以看到那个时代亭子的一些形象史料：亭的形式已相当丰富，有四方亭、六角亭、八角亭、圆亭；有攒尖顶、歇山顶、重檐顶；有独立式的，也有与廊结合的角亭等。但多为佛寺建筑，顶上有刹。此外，西安碑林中现存宋代摹刻的唐兴庆宫图中，有沉香亭是面阔三间的重檐攒尖顶方亭，相当宏丽壮观。这些资料都说明：唐代的亭子，已经基本上和沿袭至明清时代的亭是相同的。唐代园林中及游宴场所，亭是很普遍使用的一种建筑，官僚士大夫的邸宅、衙署、别业中筑亭甚多。据史书记载，唐代的皇宫及官僚阶层到了炎热的季节，建有凉殿或"自雨亭子"，这种自动下雨的亭子，每当暑热的夏天，雨水从屋檐上往四外飞流，形成一道水帘，在亭子里就会感到凉快。

到了宋代，从绘画及文字记载中所看到的亭子的资料就更多了。宋史《地理志》记载徽宗"叠石为山、凿池为海，作石梁以升山亭，筑山岗以植杏林"。著名的汴梁艮岳，是利用景龙江水在平地上挖湖堆山，人工造园。其中亭子很多，形式也很丰富，并开始运用对景、借景等设计手法，把亭子与山水绿化结合起来共同组景，从北宋王希孟所绘《千里江山图》中，我们还可以看到那时的江南水乡在村宅之旁，江湖之畔建有各种形式的亭、榭，与自然环境非常融洽。

明、清以后还在陵墓、庙宇、祠堂等处设亭。此外，还有路亭、井亭、碑亭等，现存实物很多。园林中的亭式在造型、形制、使用各方面都比以前大为发展。今天在古典园林中看到的亭子，绝大部分是这一时期的遗物。《园冶》一书中，还辟有专门的篇幅论述亭子的形式、构造及选址等。所有这些都为我们提供了可资借鉴的宝贵资料。

中华人民共和国成立之后，随着新园林的建设与发展，以及古典园林的保护与重建，园林建筑中的亭也取得了很多成就。在建筑的造型风格上，既继承和发扬了祖国建筑的优良传统，又致力于革新尝试，根据不同的地形和环境，结合山石、绿化，做到灵活多变、形式丰富。同时，还根据我国各地区的气候特点与传统做法，运用各种地方性材料，用水泥塑制成竹、木等模仿自然的造型，很富地方特色。

3.1.2 亭的造型

亭子的体量不大，但造型上的变化却是非常多样灵活。亭的造型主要取决于其平面形状、平面上的组合及屋顶形式等。我国古代亭子起初的形式是不大的四方亭，木构草顶，结构简易，施工方便。以后随着技术水平的提高，逐渐发展成为多角形、圆形、十字形等较复杂的形体。在单体建筑平面上寻求多变的同时，又在亭与亭的组合；亭与廊、墙、房屋、石壁的结合；以及在立体造型上（如出现了重檐、三重檐、二层的亭式等）进行创造，产生了极为绚丽多彩的形体，达到了园林建筑创作上的一个高峰（图 3-1-1~

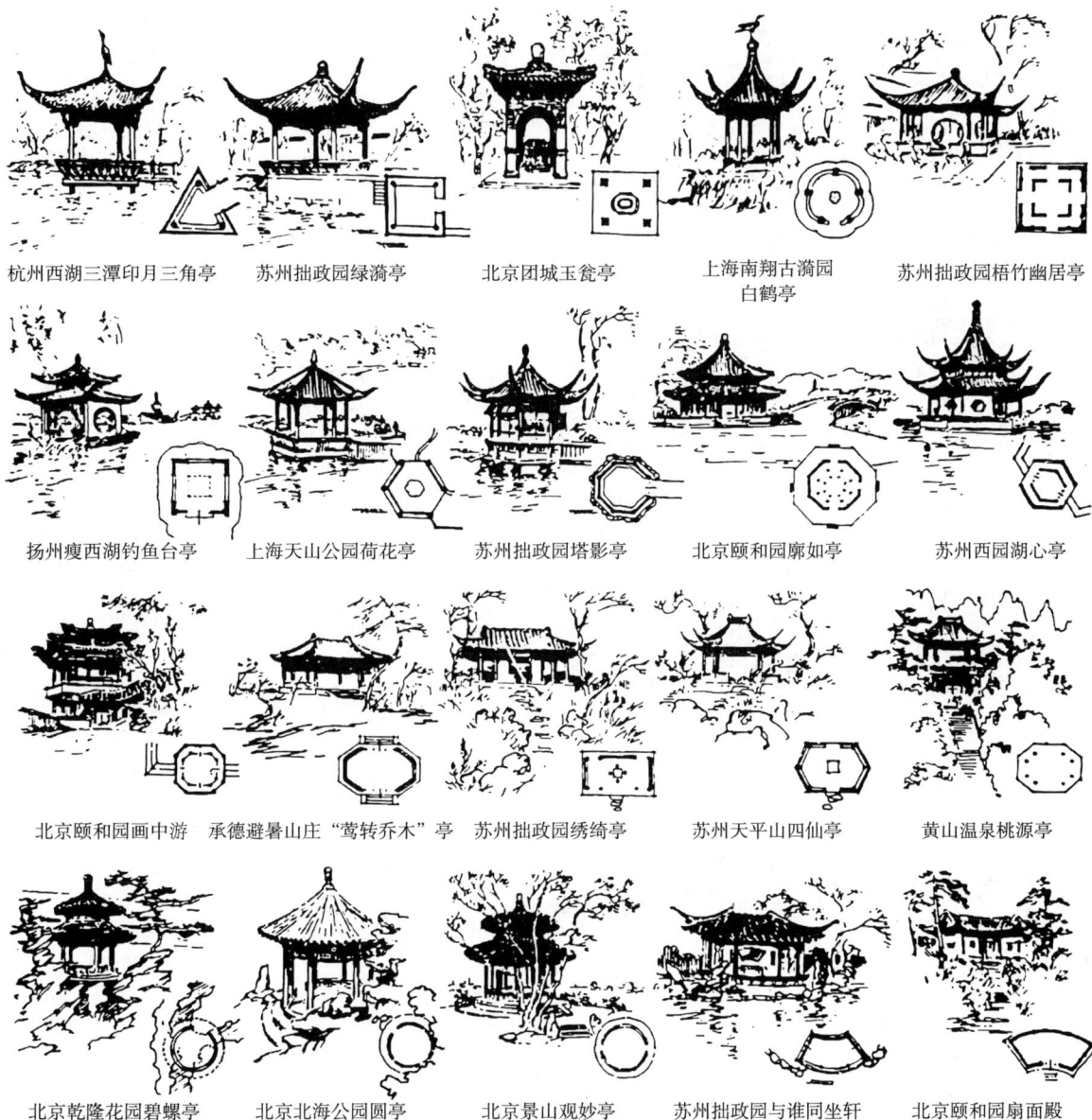

杭州西湖三潭印月三角亭	苏州拙政园绿漪亭	北京团城玉瓮亭	上海南翔古漪园白鹤亭	苏州拙政园梧竹幽居亭
扬州瘦西湖钓鱼台亭	上海天山公园荷花亭	苏州拙政园塔影亭	北京颐和园廓如亭	苏州西园湖心亭
北京颐和园画中游	承德避暑山庄"莺转乔木"亭	苏州拙政园绣绮亭	苏州天平山四仙亭	黄山温泉桃源亭
北京乾隆花园碧螺亭	北京北海公园圆亭	北京景山观妙亭	苏州拙政园与谁同坐轩	北京颐和园扇面殿

图 3-1-4）。可以这样说：在世界园林建筑中，我国园林中的亭、廊、墙等这些园林建筑类型是最为丰富多样，也最富民族特色的，是我国艺术中一份可贵的遗产。

图 3-1-1 以平面形式划分的独立式亭

　　下面按亭子的平面形状和立体造型，分别进行一些分析和研究。

　　从亭子的平面形状上，大致可分为：单体式、组合式、与廊墙相结合的形式三类。最常见的有下列几种：

　　（1）正多边形亭：如正三角形亭（图 3-1-5）、正方形亭、正五角形亭、正六角形亭、正八角形亭、正十字形亭等。（2）圆亭等。（3）非规整亭：如矩

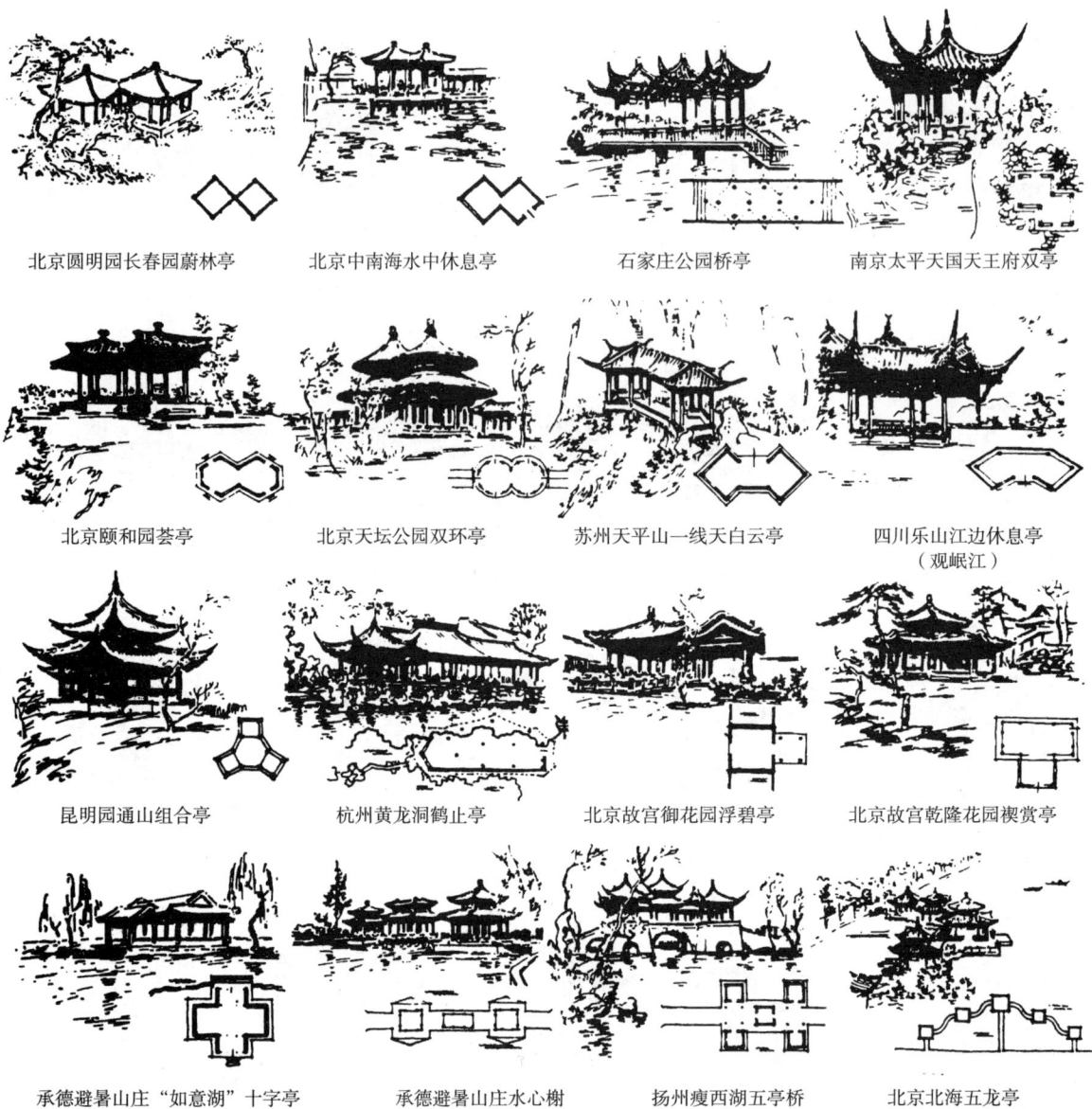

北京圆明园长春园蔚林亭	北京中南海水中休息亭	石家庄公园桥亭	南京太平天国天王府双亭
北京颐和园荟亭	北京天坛公园双环亭	苏州天平山一线天白云亭	四川乐山江边休息亭（观岷江）
昆明园通山组合亭	杭州黄龙洞鹤止亭	北京故宫御花园浮碧亭	北京故宫乾隆花园禊赏亭
承德避暑山庄"如意湖"十字亭	承德避暑山庄水心榭	扬州瘦西湖五亭桥	北京北海五龙亭

图 3-1-2　以平面形式划分的组合式亭

形亭、菱形亭、圭角形亭、扁八角形亭、扇面形亭等。（4）组合式亭：如双三角形亭、双方形亭、双圆形亭、双菱形亭、双六角形亭，以及其他各种形体亭的互相组合等。（5）平顶式亭（图 3-1-6）。（6）与墙、廊、屋、石壁等结合起来的亭式，如半亭等。

亭的立体造型，从层数上看，有单层和两层。中国古代的亭本为单层，两层以上应算作楼阁。但后来人们把一些二层或三层类似亭的阁也称之为亭，并创作了一些新的二层的亭式。亭的立面有单檐和重檐之分，也有三重檐的，如：北京景山上正中的万春亭。屋顶的形式则多采用攒尖顶、歇山顶，也有用盝顶式的。

苏州拙政园倚红半亭　　苏州拙政园别有洞天半亭　　苏州狮子林真趣亭　　苏州拙政园松风亭　　苏州狮子林文天祥碑亭

苏州网师园月到风来亭　　北京颐和园长廊清遥亭　　北京颐和园谐趣园小有天、兰亭　　北京颐和园五方阁角亭　　北京故宫乾隆花园矩亭

济南千佛山休息亭、廊　　南京瞻园临水半亭　　杭州小孤山西泠印社亭、廊　　苏州狮子林半亭　　苏州怡园四时潇洒亭

苏州狮子林扇子亭　　苏州网师园入口处半亭　　扬州瘦西湖六角亭　　上海中山公园假山、亭、墙

图 3-1-3　以平面形式划分的与廊墙相结合的亭

从建筑材料的选用上讲，中国传统的亭子以木构瓦顶居多，也有木构草顶及全部是石构的，但用竹子作亭不耐久。中华人民共和国成立后各地用水泥、钢木等多种材料，制成仿竹、仿木的亭。有些山地名胜地，用当地随手可得的树干、树皮、条石构亭，亲切自然，与环境融为一体，更具地方特色，造型丰富，性格多样，是值得推广的。

三角攒尖顶、单檐 兰州市白塔山三角亭	四角攒尖顶、单檐 杭州文澜阁假山西部方亭	四角攒尖顶、单檐 桂林七星岩洞口售票亭	四角歇山顶组合 黄山温泉纪念亭	六角攒尖顶、屋顶 坡度较大，与岩石结合 无锡梅园天心台六角亭
六角盝顶、单檐 北京太庙盝顶井亭	圆攒尖顶、单檐 苏州留园舒啸亭	两坡顶、悬山 桂林南溪山桥亭	歇山顶、单檐 无锡寄畅园知鱼槛	卷棚歇山、单檐 北京颐和园谐趣园 饮绿亭
草顶、六角亭 成都杜甫草堂碑亭	仿竹六角亭 南宁南湖公园休息亭	仿松皮亭 广州兰圃春光亭	石结构、平顶 黄山西海排云亭	重檐、四角攒尖顶 北京颐和园知春亭
重檐、四角攒尖顶 四川成都桂湖公园 休息亭	重檐、六角攒尖顶 南宁邕江大桥桥头纪念亭	重檐、小八角吊脚楼式 桂林七星岩洞口休息亭廊	重檐、攒尖顶、上圆下方 北海五龙亭之龙泽亭	
十字形、重檐圆攒尖顶 北京故宫御花园万春亭	重檐、歇山、攒尖顶 上海龙华公园纪念亭	六角攒尖顶、三层 承德避暑山庄金山亭	歇山顶、三层 安徽歙县村口亭	

图 3-1-4 以屋顶形式、立体造型划分的亭

图 3-1-5 上海青浦曲水园佛峪亭（左）
图 3-1-6 北京恭王府花园的平顶亭（右）

亭子的屋顶形式，以攒尖顶为多，结构构造上比较特殊。攒尖顶一般应用于正多边形（三角、四角、五角、六角、八角等）和圆形平面的亭子上。攒尖顶的各戗脊由各柱中向中心上方逐渐集中成一尖顶，用"顶饰"来结束，成伞状。屋顶的檐角一般反翘，北方起翘比较轻微，显得平缓、持重；江南戗角兜转耸起，如半月形翘得很高，显得轻巧雅逸。

攒尖顶的结构做法，是木结构的梁架系统。按清式做法，方形的亭子，先在四角安抹角梁以构成梁架，在抹角梁的正中立童柱或木墩，然后在其上安檩枋，叠落至顶安"雷公柱"。雷公柱的上端伸出屋面作顶饰，称为"室顶""宝瓶"等，瓦制或琉璃制，下端隐在天花内，或露出雕成旋纹，莲瓣之类。六角亭、八角亭最重要的是先将檩子的步架定好，两根平行的长扒梁搁在两头的柱子上，在其上搭短扒梁，然后在放射形角梁与扒梁的水平交点处承以童柱或木墩。这种用长扒梁及短扒梁互相叠落的做法，在长扒梁过长时显然是不经济的。圆形的攒尖顶亭子，基本做法同上，不过，因为额枋等全需做成圆形，比较费工费料。根据过去承德市文物局古建队在修复避暑山庄园林建筑工程过程中所统计的材料，像亭子这类建筑，大约每平方米需木材 $1m^3$ 上下（图 3-1-7）。

江浙一带的攒尖顶亭的梁架构造，按刘敦桢《苏州古典园林》一书总结的经验为以下三种形式（图 3-1-8）：

（1）用老戗支撑灯心木。这种做法可在灯心木下做轩，加强装饰性。但由于刚性较差，只适用于较小的亭。

（2）用大梁支承灯心木。一般大梁仅一根，如亭较大，可架二根大梁，或平行，或垂直，但因梁架较零乱，须做天花遮蔽。

（3）用搭角梁的做法。如为方亭，结构较为简易，只在下层搭角梁上立

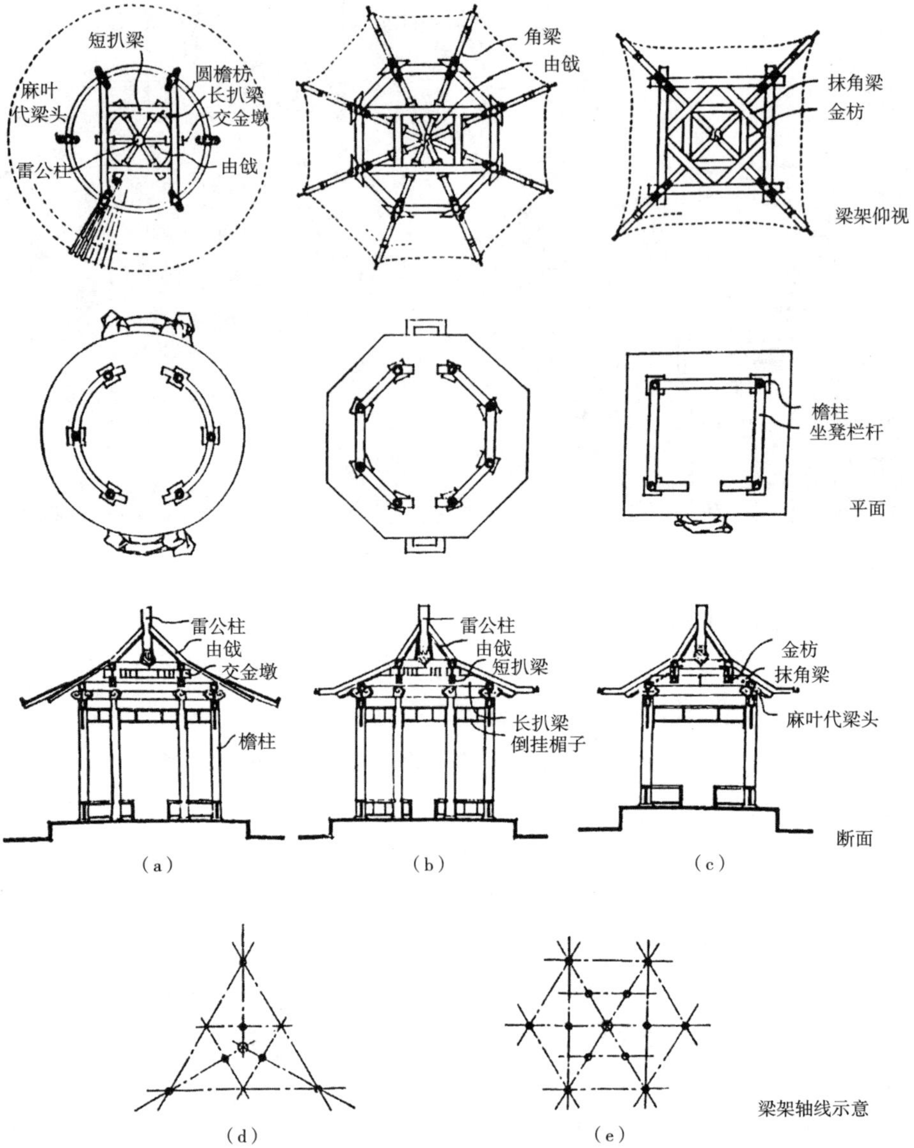

图 3-1-7 清式攒尖顶的结构做法
(a) 圆形攒尖顶;(b) 八角攒尖顶;(c) 四角攒尖顶;(d) 三角攒尖顶略图;(e) 六角攒尖顶略图

童柱,柱上再架成四方形的搭角梁与下层相错 45° 即可。如为六角或八角亭,则上层搭角梁也相应地须成六角形或八角形,以便架老戗。梁架下可做轩或天花,也可开敞。翼角的做法,北方的官式建筑,从宋到清都是不高翘的。一般是仔角梁贴伏在老角梁背上,前段稍稍昂起,翼角的出椽也是斜出并逐渐向角梁处抬高,以构成平面上及立面上的曲势,它和屋面的曲线一起形成了中国建筑所特有的造型美(图 3-1-9)。

江南的屋角反翘式样通常分为嫩戗发戗与水戗发戗两种。嫩戗发戗的构造比较复杂,老戗的下端伸出于檐柱之外,在它的尽头上向外斜向镶合嫩戗,用菱角木、箴木、扁檐木等把嫩戗与老戗固牢,这样就使屋檐两端升起较

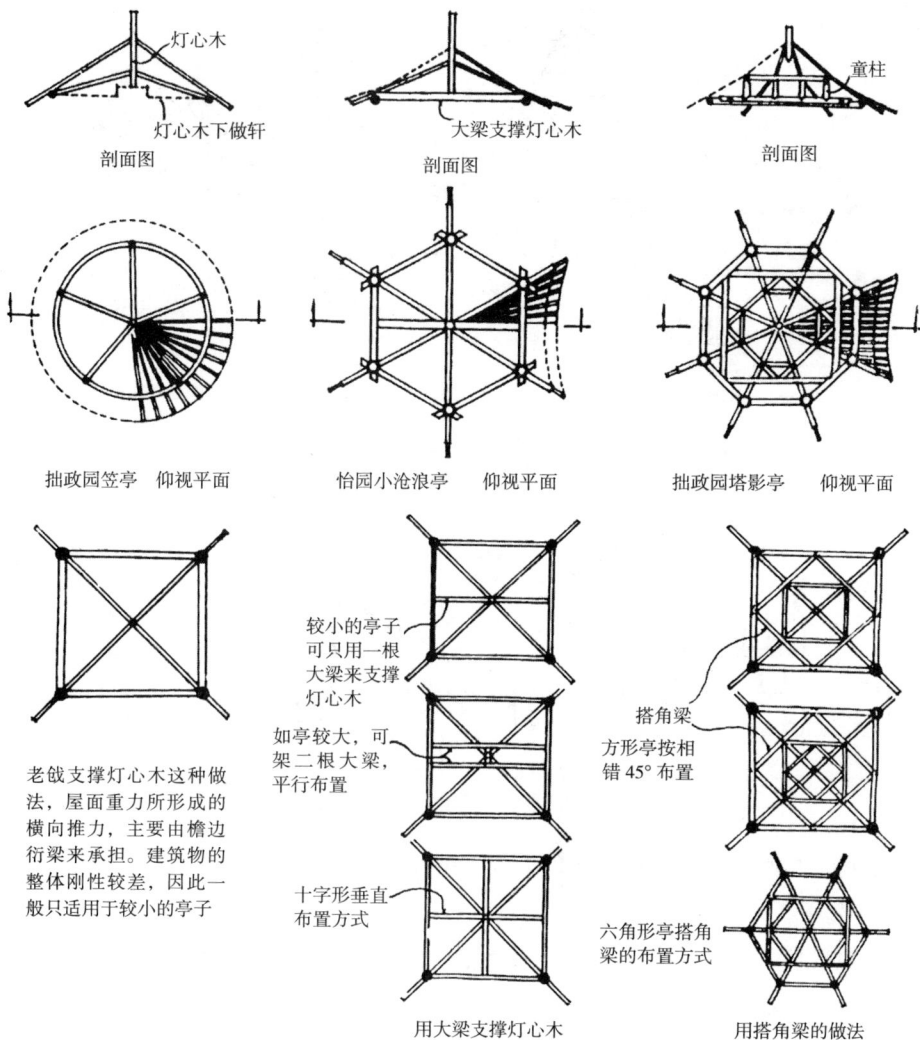

灯心木
灯心木下做轩
剖面图

大梁支撑灯心木
剖面图

童柱
剖面图

拙政园笠亭 仰视平面

怡园小沧浪亭 仰视平面

拙政园塔影亭 仰视平面

老戗支撑灯心木这种做法，屋面重力所形成的横向推力，主要由檐边衍梁来承担。建筑物的整体刚性较差，因此一般只适用于较小的亭子。

较小的亭子可只用一根大梁来支撑灯心木

如亭较大，可架二根大梁，平行布置

十字形垂直布置方式

用大梁支撑灯心木

搭角梁
方形亭按相错45°布置

六角形亭搭角梁的布置方式

用搭角梁的做法

图 3-1-8 南方攒尖顶做法

大，形成振翅欲飞的趋势。水戗发戗没有嫩戗，木构件本身不起翘，仅戗脊端部利用铁件及泥灰形成翘角，屋檐也基本上是平直的，因此构造比较简便（图 3-1-10）。

　　岭南园林中的建筑，体型一般轻快，通透开敞、体量较小。出檐翼角，没有北方用老角梁仔角梁的沉重，也不如江南戗出的纤巧，是介于两者之间的做法，构造简易，造型轮廓柔和稳定，比较朴实。

　　屋面构造，除桁椽等外一般为铺瓦作脊。南方一般用小青瓦，考究的或官式建筑则多用筒瓦及琉璃瓦。瓦底于檐口处置下垂的尖圆形

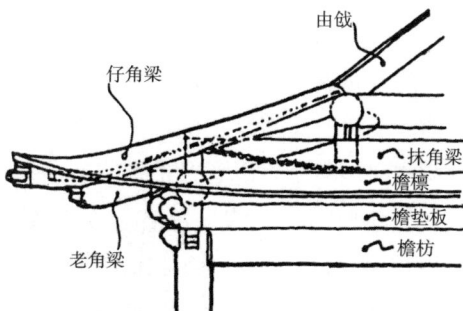

由戗
仔角梁
抹角梁
檐檩
檐垫板
檐枋
老角梁

图 3-1-9 北方翼角做法

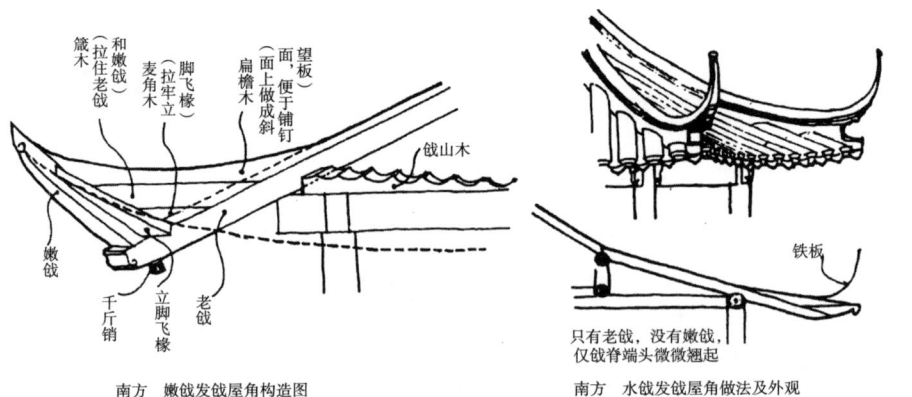

图 3-1-10 南方翼角做法

南方 嫩戗发戗屋角构造图

南方 水戗发戗屋角做法及外观

图中标注：
- 嫩戗
- 和嫩戗（拉住老戗）
- 箴木
- 脚飞椽（拉牢立麦角木）
- 扁檐木
- 望板（面上做成斜面，便于铺钉）
- 戗山木
- 嫩戗
- 千斤销
- 立脚飞椽
- 老戗
- 铁板
- 只有老戗，没有嫩戗，仅戗脊端头微微翘起

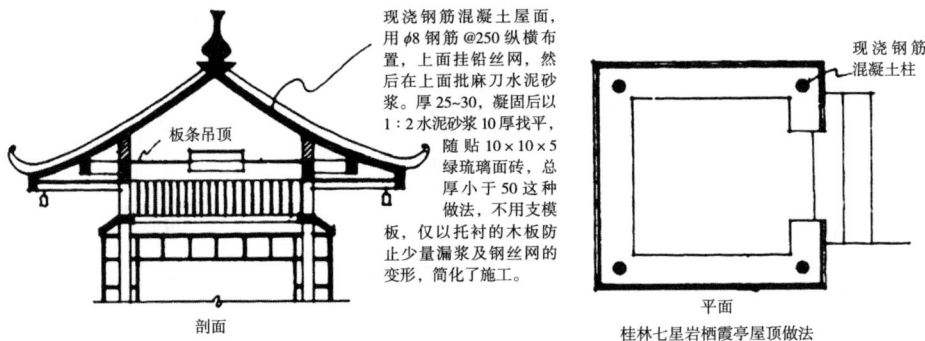

图 3-1-11 钢筋混凝土攒尖顶做法

板条吊顶

剖面

现浇钢筋混凝土屋面，用 φ8 钢筋 @250 纵横布置，上面挂铅丝网，然后在上面批麻刀水泥砂浆，厚 25~30，凝固后以 1:2 水泥砂浆 10 厚找平，随贴 10×10×5 绿琉璃面砖，总厚小于 50 这种做法，不用支模板，仅以托衬的木板防止少量漏浆及钢丝网的变形，简化了施工。

现浇钢筋混凝土柱

平面

桂林七星岩栖霞亭屋顶做法

滴水瓦，它们使亭子的檐口部位形成了精致的花边，在阳光照射下形成了生动的影界。

现代仿古亭子利用钢筋混凝土现浇或预制结构，做成几块薄壳组成亭子的屋面，用水泥做成瓦垄，各种局部构件按传统形象作简化处理，大大方便了施工，也很简洁、生动（图 3-1-11）。但通常感到不足的地方是屋檐底面过分光、平，缺少细部处理。

下面对亭子的造型按通常所见的几种形式分别作简要介绍：

（1）三角攒尖亭。杭州西湖"三潭印月"的三角亭、绍兴"鹅池"三角亭（图 3-1-12）、广州起义烈士陵园中三角休息亭都是实例。

三角亭因为只有三根支柱，因而显得最为轻巧。"三潭印月"的三角亭是个桥亭，它位于一组折桥的拐角上，与东南面的一个正方形攒尖顶亭在构图上收到了不对称均衡的效果，从北部的船码头上岸经折桥走过来，两个驾水凌空、玲珑透漏、形状各异的桥亭漂浮在开阔的水面之上，在折桥的转折处，又从水中立起一座造型生动爬满藤萝的山石。亭与石都成了水中之景，给初登这个湖中之园的游客以意料不到的感觉（图 3-1-13）。

兰州白塔山上的三角亭，是利用民间收集的各种零散材料巧妙地组合拼装设计而成，它矗立于山坡陡立的突出部位，俯视着滚滚东去的黄河与市区，亭顶平缓，层层挑出的斗拱把檐角挑出得特别深远，看上去好像是三角攒尖的

图 3-1-12 绍兴兰亭鹅池三角亭图

图 3-1-13 杭州"三潭印月"桥亭

屋顶扣在三组倒立的斗栱群上，再传力到三根支柱上。因此，浑厚中见秀丽，稳重中见轻巧。

（2）正方形、六角形、八角形单檐攒尖顶亭是最常见的形式，形态端庄，结构简易。杭州文澜阁前院一组大假山上西部的攒尖顶方亭，它与东部另一方亭对称布置，相互呼应，登高置身亭中可远眺西湖景色。它姿态挺秀，局部和细部都很精致（图 3-1-14）。

宁波天一阁前院中的方亭，建在假山的东南角最高处，与西北角入口处倚墙而筑的大角形攒尖顶亭，一高一低，形态各异地布置于庭院两翼，与山石水池一起增加了立体构图的生动性。

重新修复的绍兴小兰亭。四方攒尖

图 3-1-14 杭州文澜阁前院假山上的攒尖顶方亭

图 3-1-15 绍兴兰亭
（左）
（来源：潘谷西．中国美
术全集 建筑艺术编 3 园
林建筑 [M]. 北京：中国
建筑工业出版社，1991.）
图 3-1-16 四川峨眉山
清音阁牛心亭（右）
（来源：戴志坚 摄影）

顶，但顶部仿古代的塔刹，作山花蕉叶形装饰以相轮结束。翼角翘得很高，为一般江南嫩戗作风（图 3-1-15）。

　　无锡梅园的天心台六角单檐攒尖顶亭。梅园南临太湖，北倚龙山，环境幽雅，以梅饰山而得名。天心台依山构筑，颇称精巧，足使湖山增色。它的屋顶坡度大，更增加了集中向上的感觉，连同顶饰的"宝瓶"在内，屋顶的高度约为柱高的两倍，立于假山之上，更增加了庄重、挺秀之感。登上天心台，北可观梅山及宝塔、掩映在树丛中的楠木厅、清芬轩等，向南可远眺太湖、小箕山、鼋头渚等景色。

　　四川峨眉山清音阁前的牛心亭，也是一个六角攒尖顶亭（图 3-1-16）。位置选在两条溪水的交汇处，亭的左右横跨着两座石拱小桥。坐在亭内，但见两股飞瀑直泻而下，冲击着前面水潭中的牛心怪石，溅起层层水花，两侧石壁陡峭，丛林繁密，令人深感处于大自然的环抱之中。亭子的顶饰、翼角、花牙子、扶王靠椅等细部装修，都是典型的四川地方民间做法，轻巧、精致。

　　海棠亭、梅花亭均为多角（海棠四角、梅花五角）攒尖顶亭。亭子的台基、栏杆、枋和椽、屋檐的边缘轮廓，从平面上看，成海棠或梅花形。柱断面的形状有时也如此。这些在《园冶》中都有记载，但实例已不多见。上海南翔的古漪园（明代园林）中有一白鹤亭，为梅花式座的五角攒尖顶，造型生动细腻，比例精巧。此外，还有杭州龙井的五角梅花亭等。

　　（3）重檐攒尖顶亭。有两重及三重，重檐较单檐在轮廓线上更加丰富，结构上也稍复杂。亭与廊结合时往往采用重檐形式。在北方的皇家园林中，园林规模大，对建筑要求体型丰富而持重，因此采用重檐式亭很多。比较有名的如颐和园知春亭（图 3-1-17），长廊中间的"留佳""寄澜""秋水""清遥"4 个八角亭（图 3-1-18）、西堤六桥的桥亭，北海公园中的五龙亭，景山上的 5 个亭子，承德避暑山庄水心榭 3 个亭子等都是重檐式亭的实例。其中，景山

正中的"万春亭"是三重檐四方亭，两边的"富览""周赏"为重檐八角亭，"揖芳""观妙"为重檐圆亭（图3-1-19）。

颐和园荇桥上的万字亭，为长方形重檐，顶部并不汇集成一攒尖，而是仿盔顶形式，在顶的正中作一扁方敦实的顶饰，屋脊平缓舒展，与石桥汉白玉栏杆及桥墩上精致的石狮等构成一组完整和谐的桥亭造型（图3-1-20）。

颐和园十七孔桥东端岸边上的廊如亭（图3-1-21），是一座八角重檐特大型的亭子，它不仅是颐和园四十多座亭子中尺度最大的一座，在我国现存的同类建筑中也是最大的一个。面积达130多 m²，由内外三圈24根圆柱和16根方柱支承，体形稳重，气势雄浑，颇为壮观。在构图上，好像只有这么大的分量，才能取得与十七孔桥及南湖岛大体均衡的架势（图3-1-22）。

桂林七星岩洞口的碧虚阁（图3-1-23），在三跨双层廊的两头，分别布置了一个单檐正方形攒尖顶亭及一个重檐的正方形抹小八角的双层亭。而重檐亭的底部立于平台下部的岩石上，通过平台上的洞口石级与下层平面取得联系，

图 3-1-17 北京颐和园知春亭（上左）
图 3-1-18 北京颐和园长廊中间的八角亭（上中）
图 3-1-19 北京景山上的五座亭子（上右）
图 3-1-20 北京颐和园荇桥亭（下左）
图 3-1-21 北京颐和园廊如亭（下右）

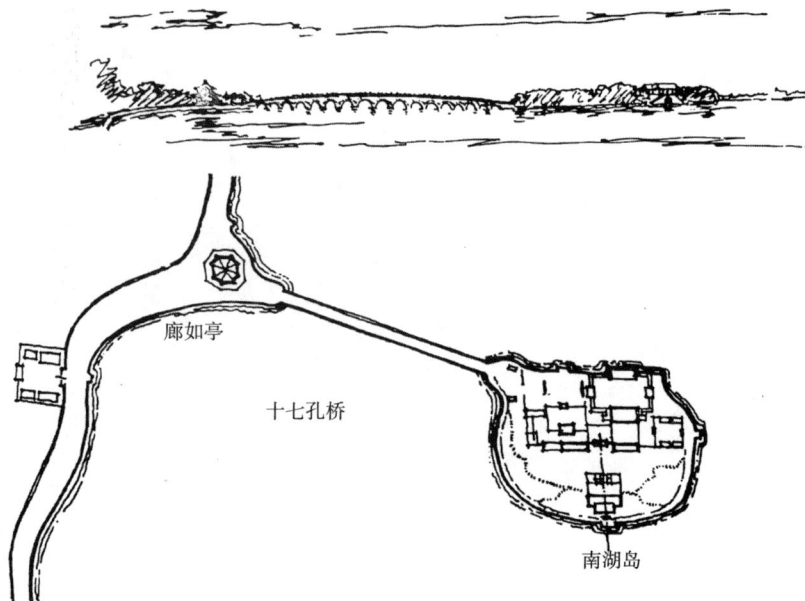

图 3-1-22　廊如亭十七孔桥及南湖岛

图 3-1-23　桂林七星岩洞口碧虚阁（亭、廊组合）

高高低低，出出进进，在本来很小的一块基地上，把建筑与地形环境结合得十分巧妙（图 3-1-24）。悬挑在外的重檐亭的顶层是最好的观赏点。建筑形象本身吸取了广西少数民族的吊脚楼形式，并作了革新，底部收缩，上部层层外挑扩大，把柱子做成垂帘柱式样，有民族风味又有地方特色。

北京北海五龙亭中央的龙泽亭，把方亭重檐的顶部做成圆攒尖形，以追求变化，突出中心的构图，是一种特例（图 3-1-25）。故宫御花园中的"千秋""万春"二亭是在十字形平面上，把顶层做成圆形攒尖顶，显得特别丰富华丽，也是一种特例（图 3-1-26，图 3-1-27）。苏州天平山的御碑亭是重檐八角攒尖顶，但上檐戗脊在中途作四脊，使顶部不致过分拥挤繁复，手法很巧（图 3-1-28）。

（4）有正脊顶的亭。有两坡、歇山、卷棚等形式，采用梁架结构，平面可作长方、扁八角、圭角形、梯形、扇面形等。

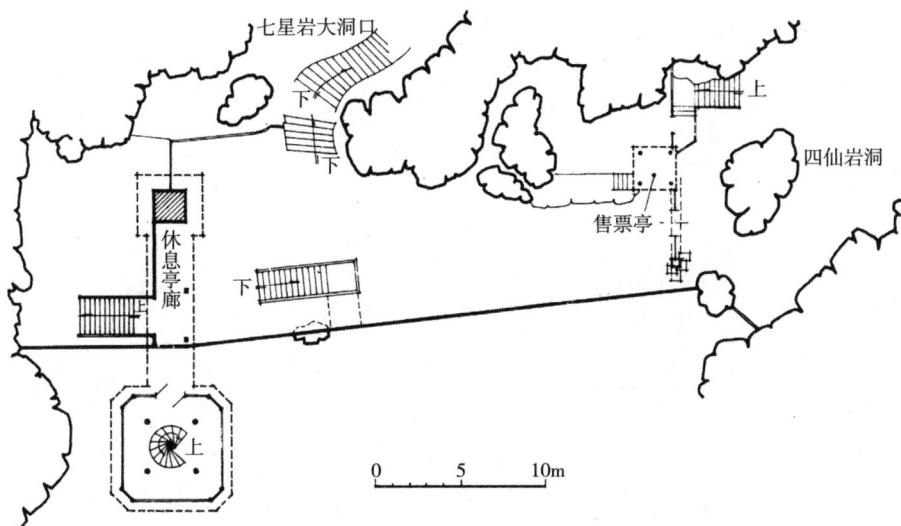

图 3-1-25 北京北海五
龙亭（左）
图 3-1-26 北京故宫御
花园千秋亭（右）

采用歇山顶的梁架，因步架少在构造上比较简易，南方庭园中常见。歇山顶通常不作厚重的正脊，屋面一般平缓，戗脊小而轮廓柔婉，翼角轻巧，有利于与环境的结合。歇山顶与攒尖顶亭的不同处还在于有一定的方向性，一般以垂直于正脊的方向作为正面来安排。如：无锡寄畅园中的"知鱼槛"亭（图 3-1-29）、南京瞻园中的半亭（图 3-1-30），都是以正面向水，背面倚墙，一边与廊子连接，姿态轻巧，成为园内观赏与休息的重要风景点。

图 3-1-27 北京故宫御
花园万春亭（左）
图 3-1-28 苏州天平山
的御碑亭（中）
图 3-1-29 无锡寄畅园
"知鱼槛"亭（右）

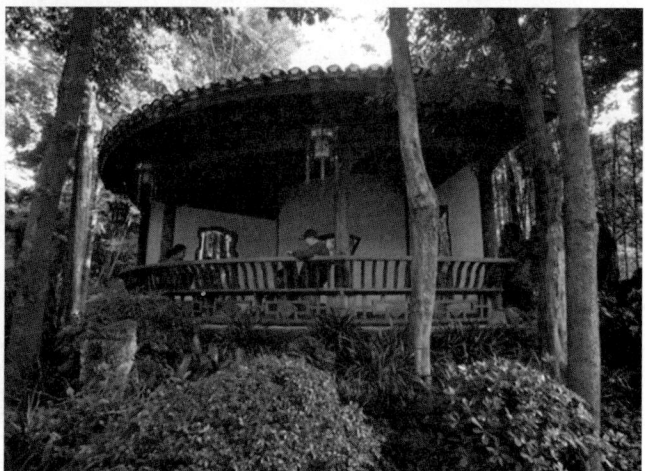

图 3-1-30　南京瞻园游
廊半亭（上左）
图 3-1-31　扬州个园
"拂云"亭（上中）
图 3-1-32　苏州沧浪亭
（上右）
图 3-1-33　苏州拙政园
"与谁同坐轩"（下左）
（来源：潘谷西. 中国美
术全集 建筑艺术篇 3 园
林建筑 [M]. 北京：中国
建筑工业出版社，1997.）
图 3-1-34　成都杜甫草
堂扇面亭（下右）

扬州个园黄石大假山上的歇山式四方亭，名曰"拂云"，体量很小，为秋日登高远望之处，峻峭依云，古柏出于石隙，蹬道皆在洞中，是个园四季山中之"秋山"（图 3-1-31）。屋角起翘比苏南地区低平，介于南北之间。歇山亭与两层楼廊相连，山、亭、廊三者结合得很巧妙。

苏州沧浪亭为歇山四方形亭（图 3-1-32），四角翘得很高，虽有正脊，也作得空漏，亭子立于庭园内假山的高处，感觉轻快飘洒，丰富了庭园环境空间的立体轮廓。

还有一种自由变体式亭，长方形变化为扇面形，方形变化为斜方梯形等，也多用梁架系统做成歇山顶形式。一般用于池岸、道路、游廊的转折处，把开敞的一面对着景色以扩大视野，短的一面做成实墙，上开什锦花窗。如：苏州狮子林的扇子亭、拙政园的"与谁同坐轩"、成都杜甫草堂中的扇面亭等（图 3-1-33、图 3-1-34）。

（5）复合式亭。有两种基本方式：一种是两个或两个以上相同形体的组合；另一种是一个主体与若干附体的组合。

前者是同一类型体亭在平面上的组合，构造上并不特殊。如：北京颐和园万寿山东山脊上的荟亭，平面上是两个六角形亭的并列组合，单檐攒尖顶。从昆明湖上望上去，仿佛是两把并排打开的大伞，亭亭玉立在山脊之上，显得轻盈。南京太平天国天王府花园的一组双亭，平面为两个套连着的正方形，屋顶成半月形翘起，顶饰以琉璃宝瓶，柱子修长，细部精致，从各个角度看，两个亭子都互相陪衬着，构图上丰富完整。北京天坛公园两个套连在一起的双环亭，它与低矮的长廊组成一个群体，显得圆浑、雄壮（图3-1-35）。

图3-1-35 北京天坛公园双环亭
（来源：冯钟平.中国园林建筑[M].北京：清华大学出版社，1988.）

主体与若干附体组合的复合式亭，一般是几种不同屋顶形式的组合。苏州天平山"一线天"悬岩旁利用地形做的一个名曰"白云亭"的复合式亭，亭由一个长方形和两侧斜放的两个方形亭组合而成，呈环抱状。屋顶用梁架做成坡顶，平台及体型上都显得自由活泼，与所在环境结合得很紧密（图3-1-36、图3-1-37）。杭州黄龙洞的鹤止亭在体型组合上更为自由，亭依山而筑，按地形及山石之起伏错落布置亭柱，屋顶用草架，结构随地形随宜安排，不拘一格，造型自然，富于变化。

（6）半亭。亭依墙建造，自然形成半亭。半亭有单独的；有位于围廊中间或其一端的。靠墙，多为方亭、长方亭，多角亭则截去倚墙一面的屋槽，屋顶有攒尖和歇山式。位于墙角或围廊的转折处时，往往处理成多角形亭或扇亭，也有做成四分之一圆亭的。

苏州网师园入口处庭园中的一个半亭，屋顶呈歇山形式，两个戗角翘得很高，一侧与矮廊相连，另一侧为假山围绕，在两层高明快白粉墙背景的衬托下，轮廓线条非常秀丽，乌黑的片片青瓦，赭黑色的梁枋构架，看上去宛若墨笔勾勒一般，显得清逸淡雅（图3-1-38）。

图3-1-36 苏州天平山白云亭（左）
图3-1-37 苏州天平山白云亭平面图（右）

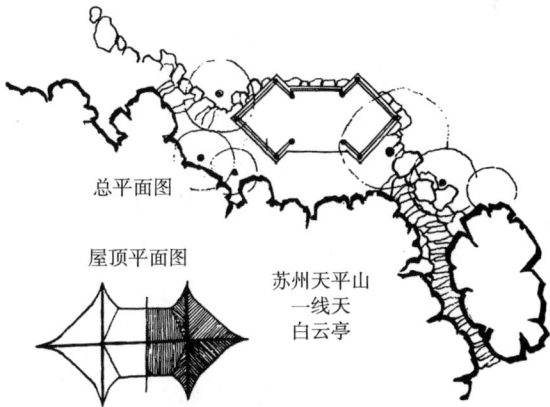

总平面图

屋顶平面图

苏州天平山一线天白云亭

图 3-1-38 苏州网师园
半亭（左）
图 3-1-39 苏州狮子林
游廊半亭（中）
图 3-1-40 苏州狮子林
扇子亭（右）

苏州狮子林南面游廊半亭，平面呈六角形，两端与廊相连和叠石、绿化一起构成了生动画面（图 3-1-39）。苏州狮子林西南角卡在 90°游廊之间的扇子亭，地形位置稍高，在扇面正面 90°的视界范围内，可观赏到园林内的大部分景色，它不仅是一个观赏点，而且也解决了游廊转折处的过渡（图 3-1-40）。

还有一些在自然风景区中与天然岩壁、石洞结合在一起的半亭，顺自然形势，就地取材，取得了与环境的融合。如：桂林七星岩出口的洞亭、黄山西海的排云亭等。

3.1.3 亭的位置

在园林建筑的设计中，亭的设计要处理好以下两个方面的问题：即位置的选择和亭子本身的造型。其中，第一个问题是园林空间规划上的问题，是首要的。第二个问题是在选点确定之后，根据所在地段的周围环境，进一步研究亭子本身的造型，使其能与环境很好地结合。

亭子位置的选择，一方面是为了观景，即供游人驻足休息，眺望景色；另一方面是为了点景，即点缀风景。

眺望景色，主要应满足观赏距离和观赏角度这两方面的要求。而对于不同的观赏对象，所要求的观赏距离与观赏角度是很不相同的。如：在素有"天下第一江山"之称的江苏镇江北固山上，立于百丈悬崖陡壁的岩石边建有一个"凌云亭"又名"祭江亭"。北固山三面突出于长江之中，站在这"第一江山第一亭"中观察奔腾大江的巨大场面：低头俯视，万里长江奔腾而过，"洪涛滚滚静中听"；极目远望，"行云流水交相映"；左右环顾，金、焦二山像碧玉般浮在江面之上，"浮玉东西两点青"，气势极大。通过"俯视""远望""环眺"这些不同的观赏角度与观赏距离，使得"凌云亭"成了观望长江景色的著名风景点。再如，北京颐和园中的"知春亭"，是颐和园主要的观景点之一。在这个位置上，大致可以纵观颐和园前山景区的主要景色，在180°的视域范围内，从北面的万寿山前山区、西堤、玉泉山、西山，直至南面的龙王庙小岛、十七孔桥、廓如亭，视线横扫过去，形成了恰似中国画长卷式、单一面完整的风景构图立体画面。在距离上，"知春亭"在万寿山前山中部中心建筑群及龙王庙小岛500~600m的视距范围内。这个范围，大致是人们正常视力能把建筑群体轮廓看得比较清晰的一个极限，成了画面的中景。而作为远景的玉泉山、西山侧剪影式地退在远方，而从东堤上看万寿山，"知春亭"又成了使画面大大丰富起来的近景。从乐寿堂前面望南看，知春亭小岛遮住了平淡的东堤，增加了湖面的层次。"知春亭"位置的选择在"观景"与"点景"两方面都是极其成功的（图3-1-41）。

江南的庭园，多半是在平地上人工创造的以建筑为基础的综合性园林，因而着重以直接的景物形象和间接的联想创造境界，互相影响，互相衬托。在园林建筑的构图手法上特别讲究互相之间的对应关系，运用"对景""借景""框景"等手段来创造各种形式的美好画面。其中，亭的位置的选择，就十分注意满足园林总构图上的要求及本身观景上的需要。如：拙政园西部的

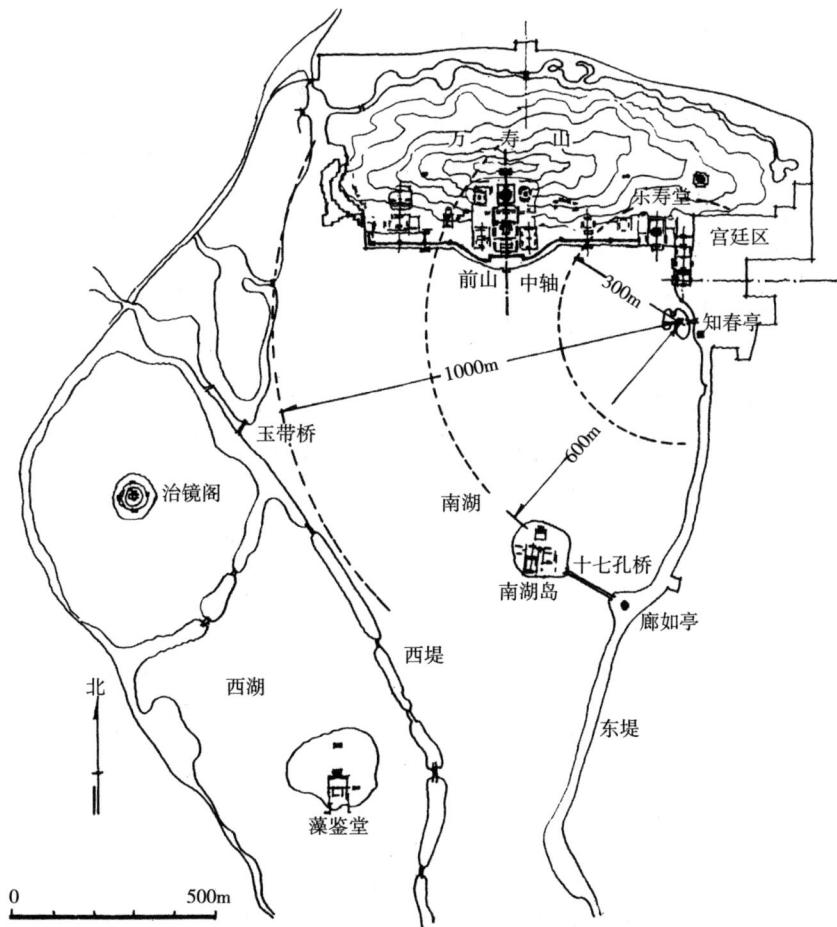

图3-1-41 颐和园"知春亭"位置选择

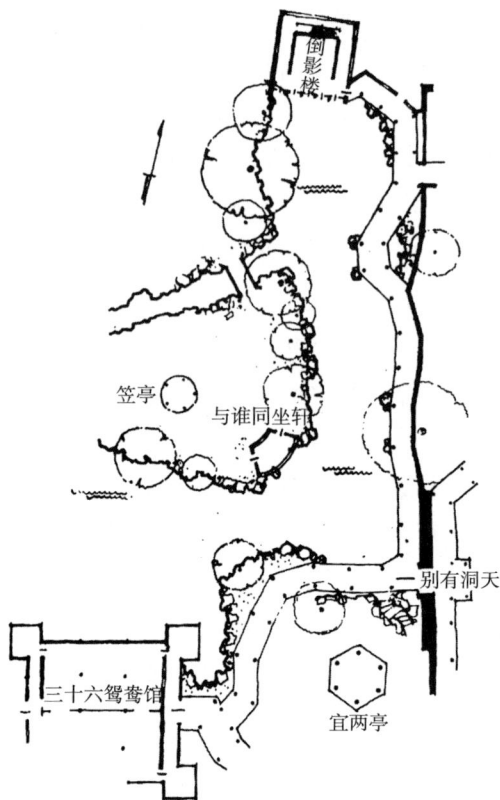

图 3-1-42 苏州拙政园
"与谁同坐轩"及其环境

扇子亭"与谁同坐轩",它位于一个小岛的尽端转角处,三面临水,一面背山,前面正对"别有洞天"的圆洞门入口,彼此呼应。在扇面前方180°的视角范围内,水池对岸曲曲折折的波形廊飘动在水面之上。扇面亭两侧实墙上开着两个模仿古代陶器形式的洞口,一个对着"倒影楼",另一个对着"三十六鸳鸯馆",这就在平面上确定了它们之的对应关系及观赏的视界范围。可以看出,它在位置上的经营和亭子形式的选择上是很精道的(图 3-1-42)。

还必须指出,亭及其他园林建筑位置上的经营,不能仅从平面图上去进行推敲,还必须从游人在主要游览路线上所能看到的"透视画面"来确定。有时看苏州一些园林的平面图,某些亭及建筑物并不是正南正北地布置,而是变幻着角度,廊子、墙等也是曲曲折折,好像很不规则,但身临其境,从视觉的"静观"与"动观"中才能逐步领悟到它们的奥妙。

在《园冶》一书中讨论到亭、榭的位置时,有下面一段话:"花间隐榭,水际安亭,斯园林而得致者。惟榭只隐花间,亭胡拘水际,通泉竹里,按景山巅,或翠筠茂密之阿;苍松蟠郁之麓;或借濠濮之上,入想观鱼;倘支沧浪之中,非歌濯足。亭安有式,基立无凭。"这里指的"花间""水际""山巅"泉流水注的溪涧、苍松翠竹的山上等都是不同情趣的景致,有的可以纵目远瞻,有的幽僻清静,均可置亭。没有固定不变的程式可循。

下面就亭子经常所选择的几种地形环境在处理上的一些特点进行分析。

1. 山上建亭

这是宜于远眺的地形。特别是山巅、山脊上,眺览的范围大,方向多,同时也为登山中的人休憩提供一个坐坐看看的环境。山上建亭,不仅丰富了山的立体轮廓,使山色更有生气,也为人们观望山景提供了合宜的尺度。

我国著名的风景游览地,在山上最好的观景点上常常设亭。加上各代名人到此常常根据亭之位置及观赏到的风景特色而吟诗题字,使亭的名称与周围的风景更紧密地联系了起来,在"实景"的观赏与"虚景"的联想之间架起了

"桥梁"。如：桂林的叠彩山是鸟瞰整个桂林风景面貌的最佳观景点之一。从山脚到山顶在不同高度上建了3个形状各异的亭子，最下面的是"叠彩亭"，游人到此而展开观景的"序幕"，亭中悬"叠彩山"匾额，点出主题。亭侧的崖壁上刻有明人的题字"江山会景处"，使人一望而知，这是风景荟萃的地方。行至半山，有"望江亭"，青罗带似的漓江就在山脚下盘旋而过。登上"明月峰"绝顶，有"鸳云亭"，"明月""鸳云"的称呼不仅使人想见其高，而且站在亭中，极目千里，真有"天外奇峰挑玉笋""如为碧玉水青罗"之胜，整个桂林的城市面貌及玉笋峰、象鼻山、穿山等美景尽收眼底。

广东肇庆七星岩星湖公园中的"天柱阁"与"石室峰"上都设置有亭（图3-1-43）。既可观赏整个星湖景色，也丰富了七星岩山景的立体轮廓，生动别致。同时，由于这两个山峰位于星湖的中心部位，在山顶设亭，也起到了控制整个星湖风景的作用。

著名的黄山风景区中，在纵观西海群峰的万丈悬崖处设置了"排云亭"；在远眺始信峰、"梦笔生花"的北海狮子林山巅处设置了"六角亭"；在温泉风景区的桃花溪上游，面对桃花峰与人字瀑处设置有两层的"桃源亭"，这几处亭子，都成了黄山风景的极好观赏点，吸引着无数的游人。

于山上建亭，来控制景区范围最成功的实例之一要数承德避暑山庄了。清康熙帝选中这块有山区、有平原、有水面的地段进行建园的初期，首先决定在最接近平原和水面的西北部几个山峰上建"北枕双峰""南山积雪""锤峰落照"3个亭子，随着山区园林建筑的发展，又在山区西北部的山峰制高点上建"四面云山"亭，共4个亭子。这样，就大致在空间的范围内把全园的景物控制在一个立体交叉的视线网络中，把平原风景区与山区建筑群在空间上联系了

图 3-1-43 肇庆七星岩星湖公园亭的设置

图 3-1-44 避暑山庄山区五亭规划布局图

起来。到乾隆年间，又在山庄最北部的山峰最高处建"古俱亭"，其目的在于俯视北宫墙外狮子沟北山坡上建起的"殊像寺""普陀宗乘庙""须弥福寿庙"等，进一步使山庄与这几组建筑群在空间上取得联系与呼应。这5个亭子数量不多，但作用很大，规划手法上很成功（图3-1-44）。

北京颐和园内，不同形式的亭子有40多座。建在万寿山前山上的亭子，从规划布局上看，有两个主要的特点：第一，所有的亭子都是作为陪衬与烘托以佛香阁为中心的强烈中轴线而大体均衡、对称地布置着，这就有助于形成这个皇家园林主体建筑群的宏伟场面。第二，所有的亭子按照观赏上的要求，分别布置在山脊、山腰、山脚三条主要游览路线上，这样就在不同的高度上获得了不同的风景效果。在这个整体布局的基础上，亭子的个体造型与其周围的环境又紧密地配合起来，形式各不相同，在严整中求变化，以增添园林建筑的气氛。

北京景山上的"万春亭"，是个很特别的例子，它位于贯穿全城南北中轴线的中心制高点上，起着联系与加强南起正阳门、天安门、端门、午门、故宫三大殿、神武门，北至钟楼、鼓楼的枢纽作用。为突出强调它的地位，"万春亭"本身不仅做成了三重檐的宏丽、壮观形象，而且在其两翼山脊上分别建造了相应对称布局的"缉芳""富览"和"周赏""观妙"4亭，较小而有变化，使一组5亭相互呼应，主次有序，联成一气，起到故宫背景的陪衬作用（图3-1-45）。

苏州园林中建在山石上的亭子，在丰富园林的空间构图上所起的作用是很突出的。如：留园中部假山上的"可亭"，拙政园中部假山上的"北山亭"，沧浪亭园林中部山石上的"沧浪亭"等，它们与周围的建筑物之间都形成了相互呼应的观赏线，成为园林内山池景物的重心。但它们的尺度一般都比皇家园林中的亭子小得多，私家园林中的假山一般在5m以下，因此山上建亭特别注意建筑的尺度，像怡园中部假山上的六角形"罗阶亭"，各边长仅1m，柱高2.3m；留园的六角形"可亭"，各边长1.3m，柱高2.5m。虽是咫尺园林，却也小中见大。

2. 临水建亭

在我国园林中，水是重要的构成因素，山石、建筑一般是静止的东西，而水则是流动的，在各种光影的作用下，色调也是变化着的。由于水的透明性质还能产生各种倒影。这种"静"与"动"的对比，增加了园林景物的层次和变幻效果。因此，水面是构成丰富多变的风景画面的重要因素。同时，清澈、坦荡的水面给人以明朗、宁静的感觉。所以在水边设亭，一方面是为了观赏水面的景色，另一方面，也可丰富水景效果（图3-1-46）。

水面设亭，一般应尽量贴近水面，宜低不宜高，突出水中为三面或四面水面所环绕。如：扬州瘦西湖中的"吹台"，是个两重檐攒尖顶的四方亭，《宋书》载："徐湛之筑吹台，盖取其三面濒水，湖光山色映人眉宇，春秋佳日，临水作乐，真湖山之佳境也"。经清代改建，亭子三面临水，一面由长堤引入水中，盖见瘦西湖之瘦。步至亭入口处，但见亭子圆洞门中五亭桥及白塔正好嵌入其中，宛如两幅天然图画（图3-1-47）。

图3-1-45 北京景山上五亭相互呼应，主次有序（左）
图3-1-46 苏州拙政园绿漪亭（右）
（来源：冯钟平.中国园林建筑[M].北京：清华大学出版社，1988.）

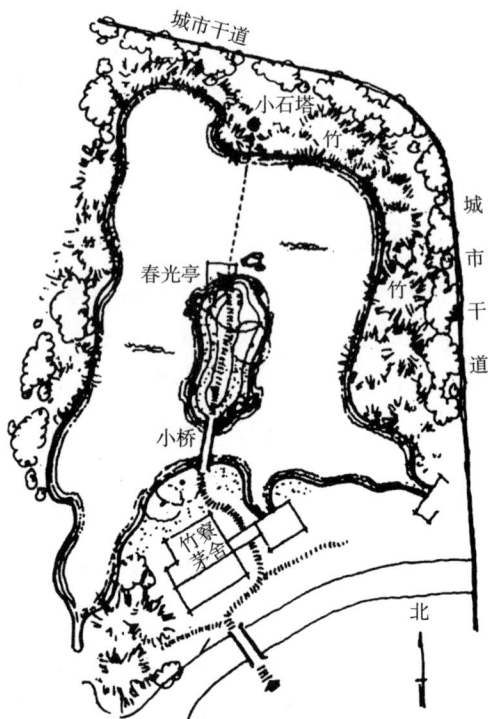

图 3-1-47 扬州瘦西湖
"吹台"观景（左上）
图 3-1-48 拙政园"荷
风四面亭"周围景物
（左下）
图 3-1-49 广州兰圃春
光亭（右）

拙政园中的"荷风四面亭"有同样的妙着。它是个单檐攒尖顶六角亭，三面环水，一面邻山，西、南两角处各架曲桥与岸联系。从亭内向东、西方向眺望，可看到拙政园中部湖面及周围建筑的最大进深，湖南岸的远香堂、南轩；湖北岛上的北山亭、雪香云蔚亭、低矮折桥那边的"香洲""别有洞天"等都隐约可见。傍晚"月到风来"，"爽借清风明借月，动观流水静观山"，别有一番诗情画意（图 3-1-48）。

广州兰圃中的"春光亭"位于湖心岛的顶端，是公园游览线的结束点。亭为两层形式，游人通过"竹寮茅舍"后面的小桥步入湖心岛，走到岛的尽端即进入春光亭的顶层，布置于湖对岸浓密竹林中的石塔成了它的对景。由亭边的石磴道盘旋而下，可达亭的底层，底层比顶层面积宽大，做成飘台形式在水面上延伸着，为人们观赏景致提供了两个不同的高度。虽湖北岸竹林外已属城市交通干线，但经过地形处理及绿化布置，使这个小小的湖面显得特别幽静和富有野趣（图 3-1-49）。

北京颐和园谐趣园中的"饮绿"亭，苏州留园的"濠濮亭"，拙政园的"与谁同坐轩"，沧浪亭的"观鱼亭"，上海天山公园的"荷花亭"，杭州西湖的"平湖秋月"，广州晓港公园湖边的双层水亭等都是把亭建于池岸石矶之上，三面临水的良好实例。

凸入水中或完全驾临于水面之上的亭，也常立基于岛、半岛或水中石台之上，以堤、桥与岸相连。如：颐和园的"知春亭"，苏州西园的"湖心亭"，绍兴剑湖的"鹤亭",武昌东湖的湖心亭,上海城隍庙的湖心亭等均属之。完全临水的亭,应尽可能贴近水面,现代仿古亭切忌用混凝土柱墩把亭子高高架起,使亭子失去了与水面之间的贴切关系,比例失调。为了造成亭子有漂浮于水面的感觉,设计时还应尽可能把亭子下部的柱墩缩到挑出的底板边缘的后面去,或选用天然的石料包住混凝土柱墩,并在亭边的沿岸和水中散置叠石,以增添自然情趣。如:拙政园的"塔影亭"就架在湖石柱墩之上,有石板桥与岸相连,前后水面虽小,但已具水亭的意味,并成了拙政园西部水湾的一个生动的结束点。

水面设亭在体量上的大小,主要看它所面对的水面的大小而定。如:苏州各园林临池的亭,体量一般不大。有些是由曲廊变化而成的半亭,适合于较小的空间和水面。位于开阔湖面的亭子的尺度一般较大,有时为了强调一定的气势和满足园林规划上的需要,还把几个亭子组织起来,成为一组亭子组群,形成层次丰富、体型变化的建筑形象,给人以强烈的印象。如:北海的"五龙亭",承德的避暑山庄"水心榭",扬州瘦西湖的"五亭桥",广东肇庆星湖公园中的湖心五亭等。它们都成了公园中的著名风景点,都突出于水中,有桥与岸相连,在园林中处于构图中心的地位,从各个角度都能看到它们生动、丰富的形象。

桥上置亭,也是我国园林艺术处理上的一个常见手法。设计得好,锦上添花。北京颐和园西堤六桥中的柳桥、练桥、镜桥、幽风桥和石舫近旁的荇桥上,都建有桥亭。这5个桥亭,结构各异,长方、四方、八方、单檐、重檐等,与桥身都很协调,与全园金碧辉煌的建筑风格也很统一,成为从万寿山西麓延伸到昆明湖最南端绣漪桥去的一条精致的链环。从东岸看过去,这条链带增加了空间上的层次,丰富了湖面的景色。

3. 平地建亭

亭通常位于道路的交叉口上;路侧的林荫之间,有时为一片花圃、草坪、湖石所围绕;或位于厅、堂、廊、室与建筑之一侧,供户外活动之用。有的自然风景区在进入主要景区之前,在路边或路中筑亭,作为一种标志和点缀。亭子的造型、材料、色彩要与所在的具体环境统一起来考虑。

苏州拙政园的嘉宾亭,为四角亭,三面开敞一面筑墙,墙中开有一横向矩形空窗,透过空窗看到窗后的石景。亭子独立建在平地上,周围建筑院墙环抱,旁植树木,形成以亭为中心,安静别致的园林空间(图 3-1-50)。四角亭三面有美人靠,方便游人在此小憩。在通向武夷山风景区一个独立"景区"的入口处,建有一个路亭,取木构坡顶形式,造型上与当地民居形式相近,与两旁山谷的形势也很协调,平面、立面都很自由灵活,朴实无华(图 3-1-51)。

与建筑物结合起来筑亭,有的与建筑物贴得很紧,成为一种半亭的形式,亭与建筑物合为一个整体。有的则完全独立设置,用廊子或墙相连。这时,亭

图 3-1-50　苏州拙政园嘉宾亭的庭院空间（左）
图 3-1-51　武夷山风景区路亭（右）
（来源：冯钟平．中国园林建筑 [M]．北京：清华大学出版社，1991．）

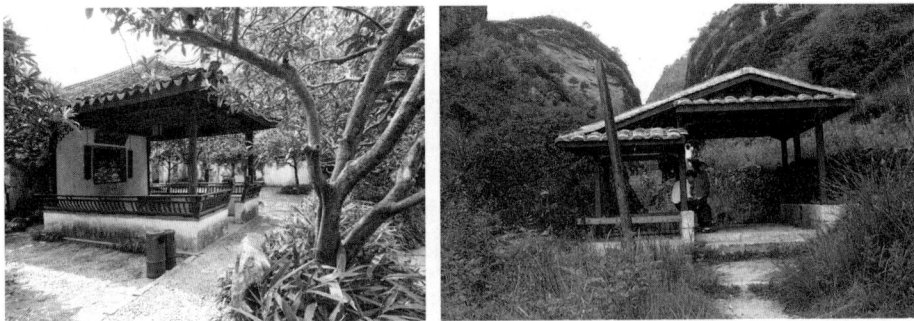

子的形象与尺度大小应主要服从主体建筑的风格及总体上空间的要求。如：承德避暑山庄烟雨楼，在主体建筑的三个角上布置了 3 个不同形状但风格一致的亭子。东部的 2 个小亭，北面一座为八角亭，南面一座为四方亭；西南角黄石大假山上的则为六角亭。它们之间互相呼应，高低错落，陪衬着主体，从湖的四周各个角度都能看到其优美生动的形象（图 3-1-52）。

综上所述，有关亭的设计归纳起来应掌握下面几个要点：

（1）首先必须选择好位置，按照总的规划意图选点。无论是山顶、高地、池岸水矶、茂林修林、曲径深处，都应使亭置于特定的景物环境之中。要发挥亭子基地小、受地形、立基、方位影响小的特点，运用"对景""借景"等手法，使亭子的位置充分发挥观景与点的作用。

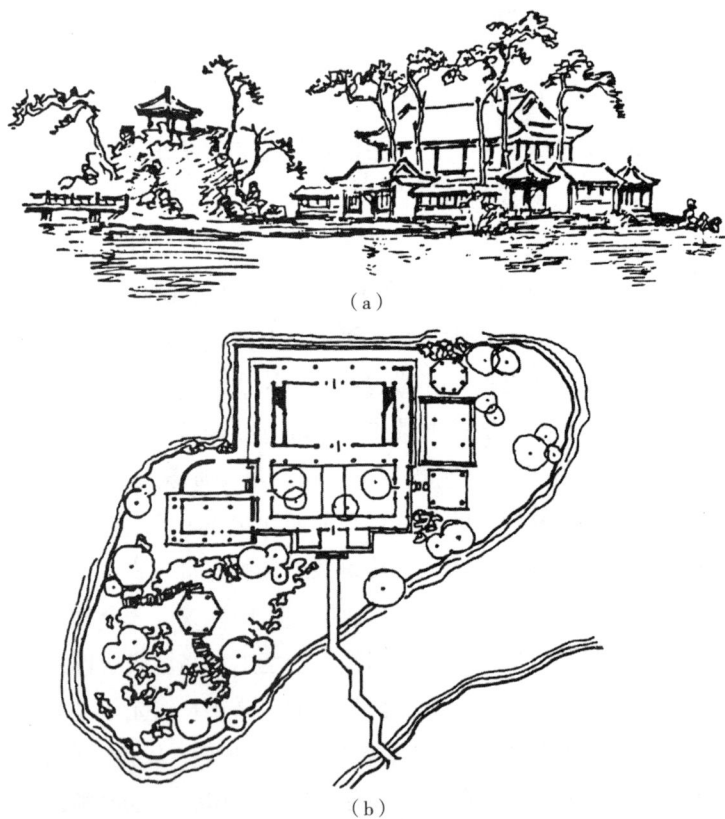

（a）

图 3-1-52　避暑山庄烟雨楼亭的布置
（a）透视图；（b）平面图

（b）

（2）亭的体量与造型的选择，主要应看它所处的周围环境的大小、性质等，因地制宜而定。较小的庭园，亭子不宜过大，但亭作为主要的景物中心时，也不宜过小，在造型上也宜丰富些。在大型园林的大空间中设亭，要有足够的体量，有时为突出亭子特定的气氛，还成组地布置，形成亭子或亭廊组群。山顶、山脊上建亭，造型应求高耸向上，以明确丰富、山与亭之轮廓；周围环境平淡、单一时，亭子造型可丰富些，周围环境丰富，变化多时，亭子造型宜简洁。总之，亭之体量与造型要与周围的山石、绿化、水面及临近的建筑很好地搭配、组合、协调起来，要因地制宜，没有固定的"模式"可循。

（3）亭子的材料及色彩，应力求就地选用地方性材料，不仅加工便利，又易于配合自然。竹木、粗石、树皮、茅草的巧妙设计与加工，也可做出别开生面的亭子，不必过分地追求人工的雕琢。

3.2　廊

廊本来是作为建筑物之间的联系而出现的。中国传统建筑物属木构架体系，一般个体建筑的平面形状都比较简单，经常通过廊、墙等把一幢幢的单体建筑组织起来，形成空间层次丰富多变的建筑群体。无论在宫廷、庙宇、民居中，都可以看到这种手法的运用，这也正是中国传统建筑的特色之一。

在园林设计中廊被运用以来，它的形式和设计手法就丰富多彩。观察一些中国园林的平面图时就会看到：如果把整个园林作为一个"面"来看，那么，亭、榭、轩、馆等建筑物在园林中可视作"点"，而廊、墙这类建筑则可视作"线"。通过这些"线"的联络，把各分散的"点"连成有机的整体，它们与山石、绿化、水面相配合，在园林"面"的总体范围内可以形成一个个独立的"景区"。

廊通常布置在两个建筑物或两个观赏点之间，成为空间联系和空间分划的一种重要手段。它不仅具有遮风避雨、交通联系的实用功能，而且对园林中风景的展开和观赏程序的层次也起着重要的组织作用。

我国一些较大的园林，为满足不同的功能要求和创造出丰富的景观气氛，通常把全园的空间划分成大小、明暗、闭合或开敞、横长或纵深、高而深或低而浅等互相配合，有对比、有节奏的空间体系，彼此互相衬托，形成各具特色的景区。而廊、墙等这类长条状的园林建筑形式，每被用来作为划分空间或景区的手段，表现出其所特有的丰富、变换空间层次或过渡园林空间的作用而引人入胜。

廊还有一个特点，就是它一般是一种"虚"的建筑元素，两排细细的列柱顶着一个不太厚实的廊顶。在廊的一边可透过柱子之间的空间观赏廊另一边的景色，像一层"帘子"一样，似隔非隔、若隐若现、把廊两边的空间有分又有合地联系起来，起到一般建筑元素达不到的效果。

在近现代建筑中，廊不仅被大量地运用在园林中，还经常被运用到一些公共建筑的庭园内。它一方面是作为交通联系的通道；另一方面，又作为一种室内外联系的"过渡空间"。因为在廊内可以产生一种半明半暗、半室内半室外的效果，在心理上能够予人以一种空间过渡的感觉。从庭园空间的视觉角度说，某些庭园空间的处理如果缺少廊、敞厅这类"过渡空间"，就会感到生硬、板滞，室内外空间之间缺乏必要的、内在的联系；有了这类"过渡空间"，庭园空间增添了层次，就容易"活"起来，仿佛在绘画中除了"白"与"黑"的色调外，又增加了"灰调"。这种"灰色空间"把室内外空间紧密地联系在一起，互相渗透、融合，形成生动、诱人的一种空间环境。

廊的结构构造及施工一般也比较简单。中国传统建筑中的廊通常为木构架系统，屋顶多为坡顶、卷棚顶形式。中华人民共和国成立后新建的园林建筑中，廊多采用钢筋混凝土结构，取平屋顶形式，还有完全用竹子做成的竹廊等，结构与施工上都不困难。过去江浙一带的私家园林中的廊子宽度较窄，很少超过 1.5m，高度也很矮。北京颐和园的长廊是属于宽的，也仅 2.5m。由于构造与施工上比较简易，廊在总体造型上就比其他建筑物有更大的自由度，它本身可长可短，可直可曲，也可建造于起伏较大的山地上，运用起来灵活多变。可以"随形而弯，依势而曲。或盘山腰，或穷水际。通花渡壑，蜿蜒无尽。"

3.2.1 廊的类型

廊的基本类型，如果从廊的横剖面上来进行分析，大致可分成下面 4 种形式：双面空廊、单面空廊、复廊和双层廊。其中最基本、运用最多的是双面空廊的形式。在双面空廊的一侧列柱间砌有实墙或半空半实墙的，就成为单面空廊。完全贴在墙或建筑边沿上的廊子也属这种类型，只是屋顶有时做成单坡的形状，以利排水。在双面空廊的中间夹一道墙，就形成了复廊的形式，或称之为"内外廊"。因为在廊内分成两条走道，所以廊的跨度一般要宽一些。把廊做成两层，上下都是廊道，即变成了双层廊的形式，或称"楼廊"。除上述外，有时用钢筋混凝土结构把廊做成只有中间一排列柱的形式，屋顶两端略向上反翘，落水管设在柱子中间，这种新的形式，可称之为"单支柱式廊"。

如果从廊的总体造型及其与地形、环境的结合的角度来考虑，又可把廊分成：直廊、曲廊、回廊、爬山廊、叠落廊、水廊、桥廊等（图 3-2-1）。

下面，分别按其类型及特点作一些介绍：

1. 双面空廊

在建筑物之间按一定的设计意图联系起来的直廊、折廊、回廊、抄手廊等多采用双面空廊的形式。不论在风景层次深远的大空间中，或在曲折灵巧的

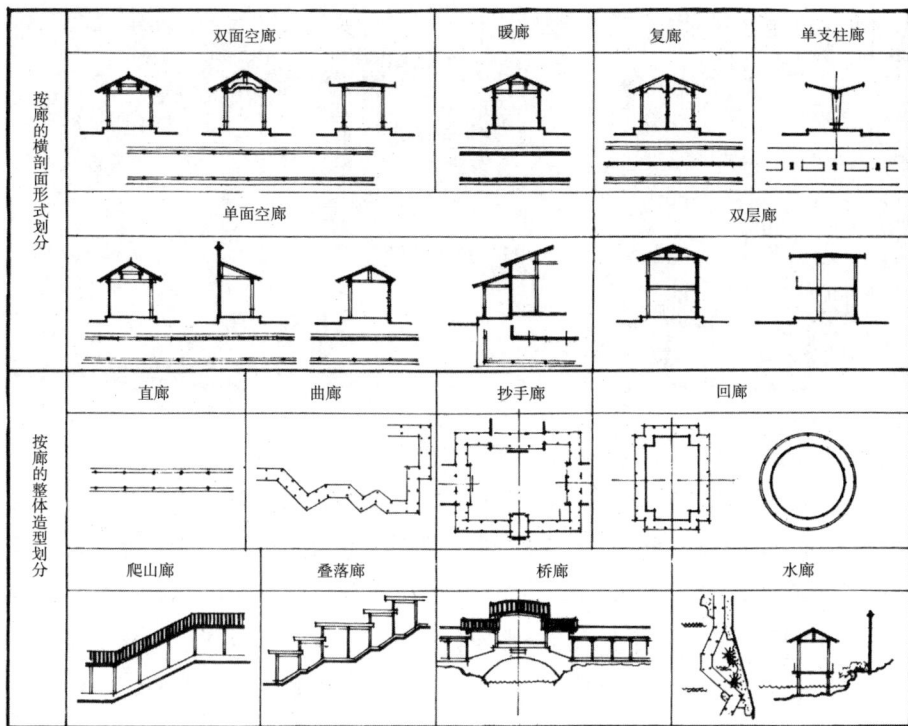

图 3-2-1 廊的类型

小空间中均可运用。廊两边景色的主题可相应不同，但当顺着廊子这条导游路线行进时，必须有景可观。

北京颐和园的长廊是这类廊的一个突出实例（图 3-2-2）。它始建于 1750 年，1860 年被英法联军烧毁，清光绪年间重建。它东起"邀月门"，西至石丈亭，共二百七十三间，全长 728m，是我国园林中最长的廊子。整个长廊北依万寿山，南临昆明湖，穿花透树，曲折蜿蜒，把万寿山前山的十几组建筑群在水平方向上联系起来，增加了景色的空间层次和整体感，成为交通的纽带。同

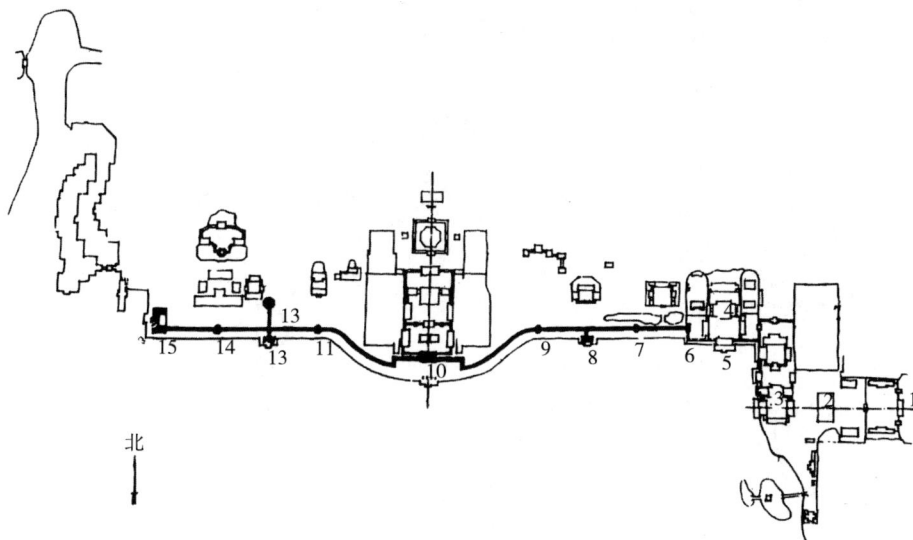

北

图 3-2-2 北京颐和园长廊总平面
1—东宫门；2—仁寿殿；3—玉澜堂；4—乐寿堂；5—水木自亲；6—邀月门；7—留佳亭；8—对鸥舫；9—寄澜亭；10—排云门；11—秋月亭；12—山色湖光共一楼；13—鱼藻轩；14—清遥亭；15—石丈亭

图 3-2-3 北京颐和园内
谐趣园连廊（左）

图 3-2-4 皇家园林中的
直廊（中）

图 3-2-5 皇家园林中的
爬山廊（右）

时，它又是作为万寿山与昆明湖之间的过渡空间来处理的，在长廊上漫步，一边是整片松柏的山景和掩映在绿树丛中的一组组建筑群，另一边是开阔坦荡的湖面，通过长廊伸向湖边的水榭及伸向山脚的"湖光山色共一楼"等建筑，可在不同角度和高度上变幻地观赏自然景色。为避免单调，在长廊中间还建有4座八角重檐顶亭，丰富了总体的形象。颐和园等皇家园林内应用双面空廊的例子非常多，如：谐趣园连廊（图 3-2-3）、还有直廊（图 3-2-4）、曲廊、折廊、爬山廊（图 3-2-5）等。

苏州留园中部西北两面的曲廊，长而曲折，是一种用"占边"的手法设计得很巧妙的双面空廊（图 3-2-6）。它的位置南起"涵碧山房"，结束于东北

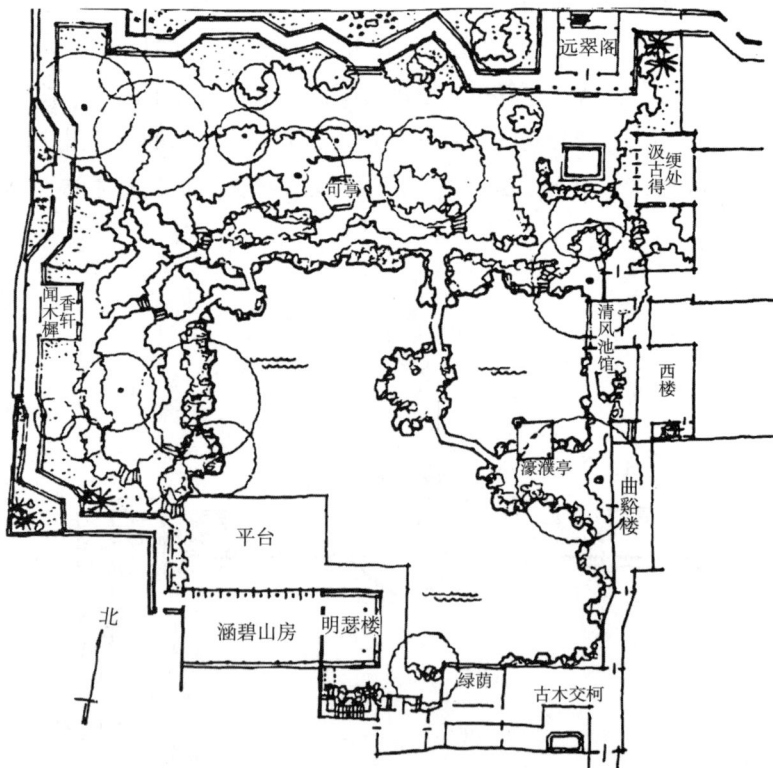

图 3-2-6 苏州留园折廊

角上的"远翠阁"，视山势之高低，环境之需要，高高低低、曲曲折折，除三处紧贴外墙其余皆脱空布置。有时空出一些三角形的小空间，置以叠石、绿化作为点景；有时空出水头，使廊跨越水上。北部几折与墙相间的几处小空间内，布置了不同品种的花木和不同形态的叠石，在整片白墙的衬托下，犹如一幅幅中国水墨画，清新、素雅。人们沿廊行进时，随着廊子的转折而不断变幻着观赏的角度，收到步移景异的效果。空廊虽主要面向中央的山池，另一面的小空间内也有景可看。登上廊的中点"闻木樨香轩"高处，便可纵观中部园林的整个景色，设计上是成功的。

2. 单面空廊

一边为空廊面向主要景色，另一边沿墙或附属于其他建筑物，形成半封闭的效果。其相邻空间有时需要完全隔离，则作实墙处理；有时宜添次要景色，则须隔中有透、似隔非隔，做成空窗、漏窗、什锦灯窗、隔扇、空花格及各式门洞等（图3-2-7、图3-2-8）。有时虽几竿修篁、数叶芭蕉、三二石笋，得作衬景，亦饶有风趣。

苏州留园中的"古木交柯"与"绿荫"一组建筑，可看成是敞廊与敞榭的结合（图3-2-9）。由于它们处于由大门通道进入主要园林空间的起点上。不希望人们一眼看穿整个景色。因此，敞廊的空柱廊对着小院，院中以朴拙苍劲的古树为主景，而面向主要庭园的则是一排漏窗，山容水态依稀可见，预示即将展开的风景中心。到了"绿荫"敞榭，整个湖光山色才呈现在面前。这种利用廊的墙面的不同处理方法以达到掩映、透漏、敞开的空间效果，手法是非常巧妙的。

通过安置在廊子一侧墙面上的门、窗洞口，自一个空间窥视另外一个空间可以产生一种对景的效果。人们透过连续排列在一起的窗洞漫步观景，则可得到一组时断时续的景物形象，产生引人入胜的效果。如：自北京颐和园乐寿堂临湖一侧走廊上的什锦灯窗往南眺望，

图3-2-7 皇家园林中的单面空廊

图3-2-8 苏州园林的单面空廊

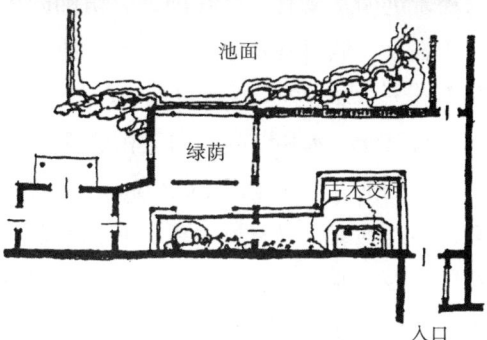

图3-2-9 留园入口一组敞廊处理

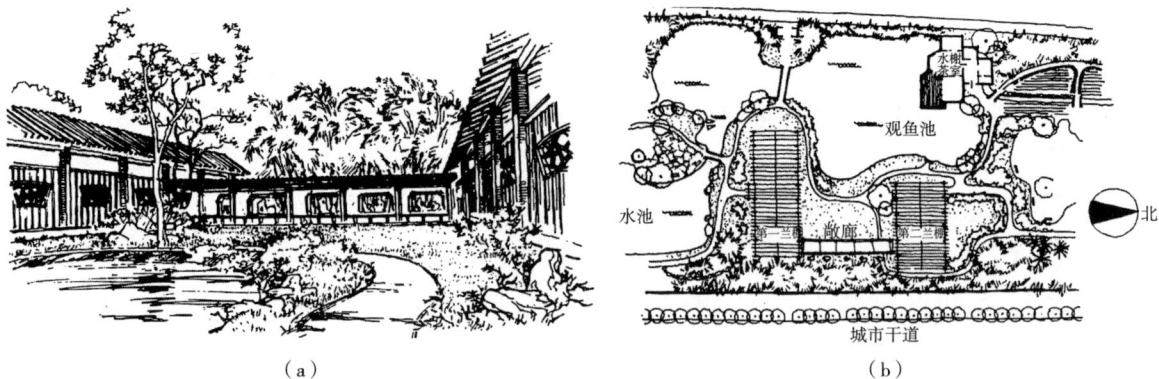

图 3-2-10　广州兰圃单面空廊
（a）透视图；（b）平面图

透过这组形状各异的窗洞，昆明湖上的景色经过剪裁各自成画。

在广州兰圃内，位于第一兰棚与第二兰棚之间，加建了一段五开间的单面空廊，廊子靠近公园的东围墙，它一方面把两个兰棚在交通线上联系起来，另一方面又帮助划分了空间。在廊子的开敞方向与兰棚一起围成了一个"Π"字形空间，开阔的草地上点缀着花木，草地的尽头则是观鱼池和凌驾于池面的水榭。而在廊子较"实"的一面墙上，开着几个较大的空窗，在廊与围墙之间种着一列茂密的竹林，并衬以景石分别作为空窗的对景并与廊内主景相呼应（图 3-2-10）。

3. 复廊

复廊是在双面空廊的中间隔一道墙，形成两侧单面空廊的形式。中间墙上多开有各种式样的漏窗，从廊子的这一边可以透过空窗看到空廊那一边的景色。这种复廊，一般安排在廊的两边都有景物，而景物的特征又各不相同，通过复廊把这两个不同景色的空间联系起来。此外，利用墙的分划与廊子的曲折变化，亦可收到延长游览线、增加游廊观赏趣味，达到小中见大的目的。在江南园林中有不少优秀的实例。

如：位于苏州园林沧浪亭东北面的复廊就很有名。它妙在借景，沧浪亭本身无水，但北部园外有河有池，因此，在园林总体布局时一开始就把建筑物尽可能移向南部，而在北部则顺着弯曲的河岸修建起空透的复廊，西起园门东至观鱼处，以假山砌筑河岸，使山、水、建筑结合得非常紧密。这样处理，游人还未进园，却有"身在园外，仿佛已在园中"之感。进园后在曲廊中漫游，行于临水一侧可观水景，好像河、池仍是园林不可分割的一部分，透过漏窗，园内苍翠古木丛林隐约可见。反之，水景也可从漏窗透至南面廊中。通过复廊，将园外的水和园内的山互相借资，联成一气，手法甚妙（图 3-2-11）。

怡园的复廊取意于沧浪亭。沧浪亭是里外隔，怡园是东西隔。怡园原来东、西是两家，以复廊为线，东部是以"坡仙琴馆""拜石轩"为建筑的庭园空间；西部则以水石山景为园林空间的主要内容；复廊的穿插划分了这两个大小、性质各不相同的空间环境，成为怡园的两个主要景区。复廊中没有精致

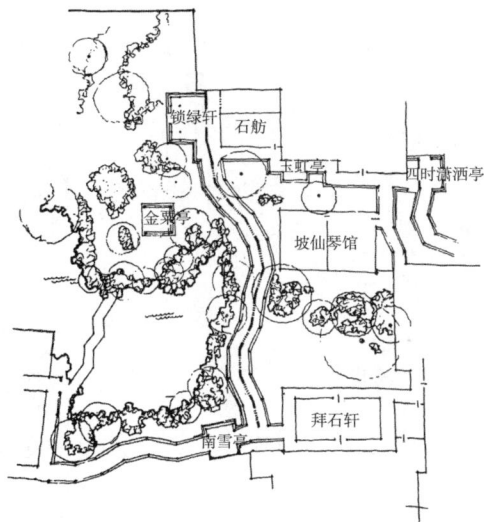

的漏窗，也是很有代表性的（图3-2-12、图3-2-13）。

上海豫园中也有一段复廊，长度仅约12m，但在空间的分划与景物的空间组织上却起着重要的作用。它在平面上分别联系了"会心不远""万花楼""两宜轩"3个建筑物，使之互相结合得很紧凑、自然。通过复廊及跨越山溪的白墙，把"仰山堂"前大假山与"点春堂"之间的庭园分划成性质不同的3个空间。廊子平面三折，变换着视线的角度。复廊的中间实墙上开了一些形状各不相同的大空窗，透过空窗窥视对面园景，收到可望而不可即的效果（图3-2-14）。

4. 双层廊（又称"楼廊"）

双层廊可提供人们在上、下两层不同高度的廊中观赏景色的效果。有时，也便于联系不同标高的建筑物或风景点以组织人流。同时，由于它富于层次上的变化，也有助于丰富园林建筑的体型轮廓。依山、傍水、平地上均可建造。

北海琼岛北端的"延楼"，是呈半圆形弧状的双层廊，共60个开间，面对着北海的主要水面，环抱着山，东、西对称布置，东起"倚晴楼"，西至"分

图 3-2-11　苏州沧浪亭复廊（左）
图 3-2-12　苏州怡园复廊平面（右）

图 3-2-13　苏州怡园的复廊（左）
图 3-2-14　上海豫园复廊平面（右）

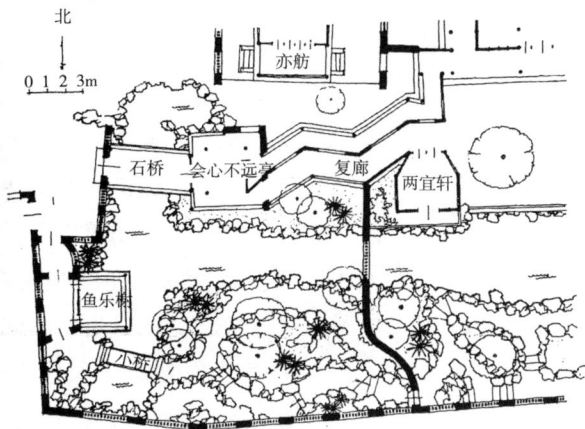

楼廊平面

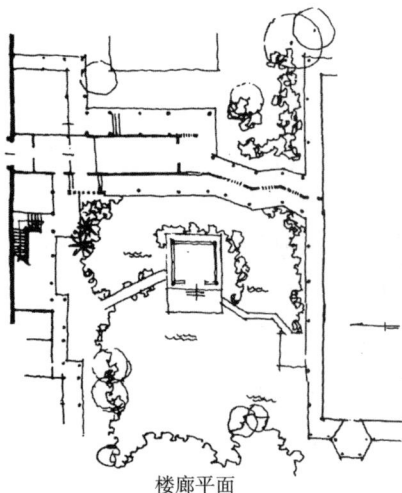

图 3-2-15 扬州何园楼廊平面（左）
图 3-2-16 扬州何园楼廊（右）

凉阁"，从湖的北岸看过来，这条两层长廊仿佛把琼岛北麓各组建筑群都兜抱起来连成了一个整体，很像是白塔及山上建筑群的一个巨大基座，将整个琼岛簇拥起来，游廊塔山倒映水中，景色奇丽。廊外沿着湖岸有长约 300m 的白玉栏杆，蜿蜒如玉带。从廊上望五龙亭一带，水天空阔，金碧照影。

扬州的何园（寄啸山庄），用双层折廊划分了前宅与后园的空间，楼廊高低曲折，回缭于各厅堂、住宅之间成为交通上的纽带，经复廊可通全园。双层廊的主要一段取游廊与复道相结合的形式，中间夹墙上点缀着什锦空窗，颇具特色。园中有水池，池边安置有戏亭、假山、花台等。通过楼廊的上、下立体交通可多层次欣赏园林景色（图 3-2-15，图 3-2-16）。

3.2.2 廊的设置

在园林的平地、水边、山坡等各种不同的地段上建廊，由于不同的地形与环境，其作用及要求亦各不相同。

1. 平地建廊

在园林的小空间中或小型园林中建廊，常沿界墙及附属建筑物以"占边"的形式布置，形制上有一面、二面、三面和四面建廊的，在廊、墙、房等围绕起来的庭园中部组景，易于形成四面环绕的向心布局，以争取中心庭园的较大空间。如：苏州王洗马巷万宅（图 3-2-17），为住宅大厅与书房之间的一个后花园，园内东部沿外墙叠砌假山，假山上东北角置一六角小亭，南部建方亭，彼此呼应。院子西北角绕以回廊，以廊穿过书房紧贴南墙成斜道与方亭相接，廊呈环抱状与东部的假山一起围合了庭园空间，书房三面突出于庭园之中，后面空出的小院使书斋格外感到幽静。

在苏州的留园、拙政园、狮子林、沧浪亭等园林中，沿着园林的外墙布置环路式的游廊是常见的手法。这种回廊除不致使游人遭受日晒雨淋外，也打

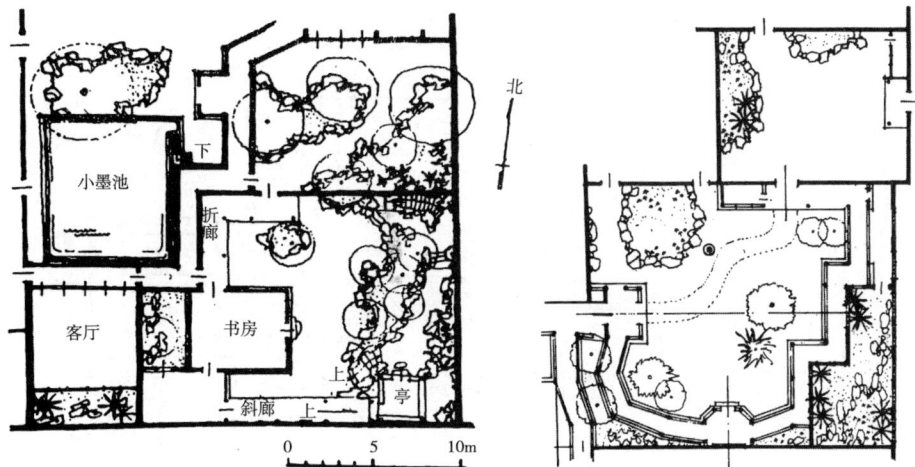

图 3-2-17 苏州王洗马巷万宅庭园（左）
图 3-2-18 苏州怡园入口处庭园空间（右）

破了高而实的外墙墙面的单调感，增加了风景的层次和空间的纵深。

北海画舫斋也是以廊子作为围合、划分庭园空间的主要手段。在中央轴线上呈方整形布置的水庭，以单面廊的形式把四面对称安排的 4 个建筑组合在一起，在廊子外侧的白墙上开着一个个的什锦灯窗，从而与外部空间有一定的联系。东部的一个不规则小园——古柯庭园，是以折廊及曲廊与 3 幢建筑组合成的内向庭园，园内以古槐、湖石、花卉组景，使它与画舫斋的水庭各异其趣：规则方整与曲折变化；单一空间与多向空间；波光廊影的水景与静雅古柯的旱庭。两庭之间互为因借，相互陪衬，成为有机的整体。其中，达到这种空间效果的一个重要手段，就是廊与墙在其间的巧妙分隔，运用回廊、折廊、曲廊、灯窗廊、长短廊等形式，划分、围合空间，达到多样统一的空间效果。

苏州怡园的入口处，布置了一个由廊、亭、墙围合成的庭园空间（图 3-2-18）。这个庭园主要是作为过渡空间来处理的。一方面，当人们通过保留着住宅特征的比较"实"的大门及一个比较封闭的前庭进入这个四周以折廊环绕的庭园空间后，感到空间开朗、曲折有致，在折廊与外墙间嵌着几个小院，进一步丰富了空间环境；另一方面，这个庭园通过建筑轴线上的对应关系，引导人流方向的转折，由"四时潇洒"亭的圆门洞而进入"坡山琴馆"——"拜石轩"一组庭院（图 3-2-12）。

承德避暑山庄"万壑松风"一组建筑群，是利用折廊巧妙地把以"万壑松风殿"为中心的 5 幢单体建筑串连起来，组成了大小不同的几个空间院落（图 3-2-19）。廊有时用双面空廊，有时用单面空廊；有时廊主要面向内庭，有时则主要面向外庭的松林。经过廊的划分，使各庭园空间相对独立完整又彼此穿插联系，既使内部庭园空间雅静、尺度适宜，又使建筑群的外部空间与周围环境极为协调。一组建筑，着墨不多，寥寥数笔，即点出了园中千变万化的胜景。

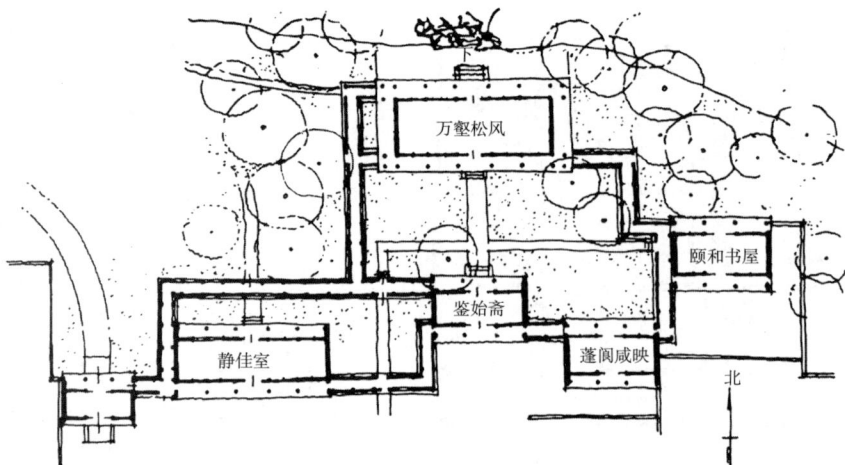

图 3-2-19 避暑山庄"万壑松风"一组建筑群

平地上建廊，还作为动观的导游路线来设计，经常连接于各风景点之间，廊平面上的曲折变化完全视其两侧的景观效果与地形环境来确定，随形而弯、依势而曲、蜿蜒透迤、自由变化。有时，为分划景区，增加空间层次，使相邻空间造成既有分割又有联系的效果，也常常选用廊作为空间分划的手段。或者把廊、墙、花架、山石、绿化互相配合起来进行。

2. 水边或水上建廊

一般称之为水廊，供欣赏水景及联系水上建筑之用，形成以水景为主的空间。水廊有位于岸边和完全凌驾水上两种形式。

位于岸边的水廊，廊基一般紧接水面，廊的平面也贴紧岸边，尽量与水接近。如：南京瞻园沿界墙的一段水廊（图 3-2-20）。廊的北段为直线形，廊基即是池岸，廊一面倚墙，一面临水。在廊的端部入口处突出水榭作为起点处理，在南面转折处则跨越水头成跨水游廊。廊的布置不但克服了界墙的平板单调，丰富了水岸的构图效果，也使水池与界墙之间的狭窄通道得以充分利用，由于廊的穿插、联络还使假山、绿化、建筑和水体结合为一个很美观的整体。

在水岸曲折自然的情况下，廊大多沿着水边呈自由式格局，顺自然之势与环境相融合。如：苏州拙政园西部那段有名的波形廊，它联系了"别有洞天"入口与"倒影楼"和"三十六鸳鸯馆"2幢建筑物，呈"L"形布局。它高低曲折，翼然水上。中间一处三面凌空突出于水池之中，紧贴水面漂浮着，有一种轻盈跳跃的动感。为使廊显得轻快、自由，除注意使其尺度较小外，还特别注意廊下部的支承处理，有时选用天然的湖石作为支点，有时从墙上伸出挑板隐蔽支承，以增加廊漂浮于水面的感觉（图 3-2-21、图 3-2-22）。

图 3-2-20 南京瞻园沿墙界的一段水廊

北京颐和园谐趣园迤逦曲折的游廊，基本上也是顺着池边布置（图 3-2-23），为求自由活泼，廊子有曲有直，有时跨越溪涧，有时退入池岸深处，穿插于翠竹、松林、叠石之间。通过游廊把建筑、山池等结合为一个整体，没有零乱散漫的感觉，在宏大皇家园林一隅，自成格局地形成一个以水面为主体的园中之园。

驾临水面之上的水廊，以露出水面的石台或石墩为基，廊基一般宜低不宜高，最好使廊的底板尽可能贴近水面，并使两边水面能穿经廊下而互相贯通，人们漫步水廊之上，左右环顾，宛若置身水面之上，别有风趣。上述的拙政园波形廊，廊身顺水蜿蜒而去，水流廊下，令人益增水源深远廊体漂浮的感觉。

桥廊在我国很早就开始运用，与桥亭一样，除供休息观赏外，对丰富园林景观也起很突出的作用（图 3-2-24）。桥的造型在园林中比较特殊，它横跨水面在水中形成倒影，别具风韵，引人注目；桥上宜廊设廊往往更是锦上添花。如：拙政园松风亭北面一带的游廊特别曲折多变，其中"小飞虹"一段是跨越水面之上的桥廊，形态纤巧优美，其北部是香洲面对的大水面空间，南部是小沧浪前面的小水庭空间，前后都与折廊相连通，可达"远香堂"和"玉兰堂"等景点，在划分空间层次、组织观赏线上起着重要的作用（图 3-2-25）。

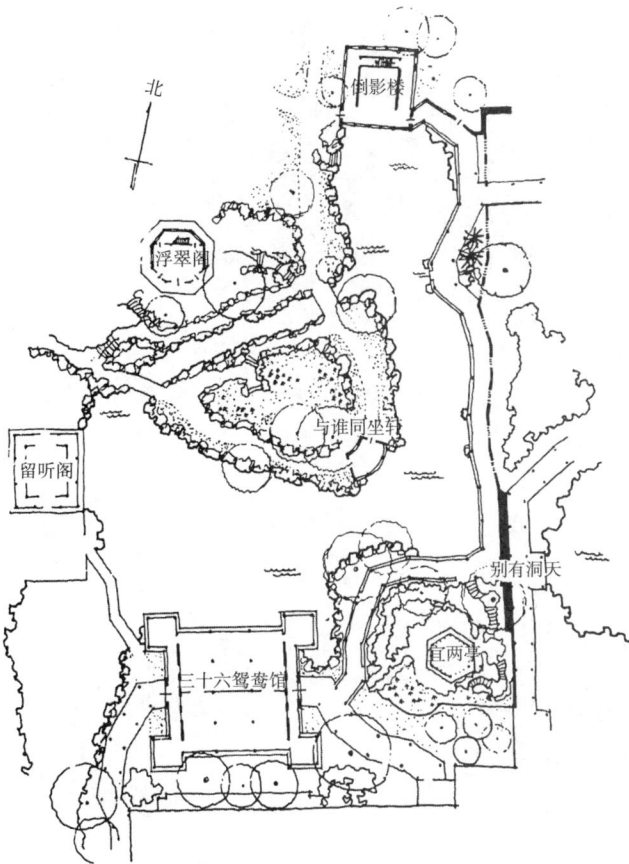

图 3-2-21　苏州拙政园波形廊

图 3-2-22　苏州拙政园西部波形水廊（左）
图 3-2-23　北京颐和园谐趣园的游廊（右）

香洲

倚玉轩

小飞虹

得真亭

松风亭

小沧浪

平面

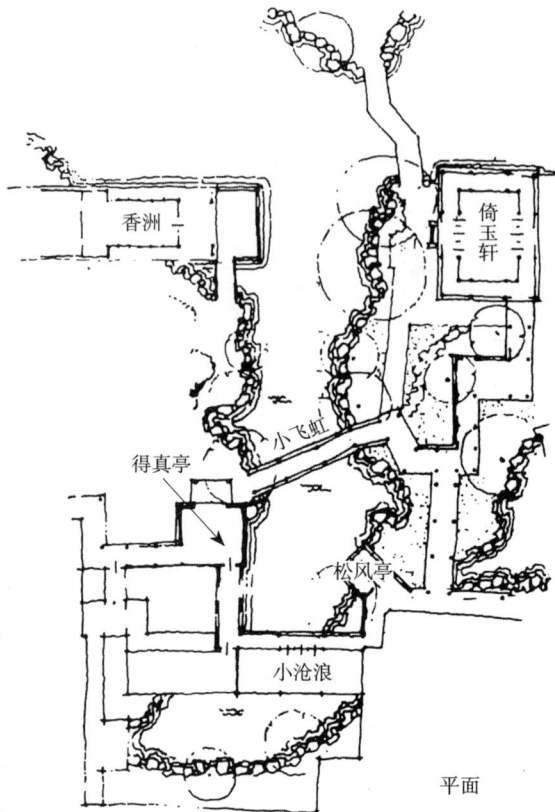

图 3-2-24　圆明园廊桥
（左上）
图 3-2-25　苏州拙政园
"小飞鸿"桥廊平面（右）
图 3-2-26　桂林七星公
园花桥（左下）
（来源：沈攀提供）

　　桂林的花桥，是一座已具有七百多年历史的古桥，为桂林著名风景点。桥身的主体是四跨半圆形的大石拱券，券洞之间"实"的支承点特别细小，使整个桥身显得轻快、跳跃，远远望去，花桥倒映于小东江里，4 个半圆形的桥洞"虚""实"相映成 4 个满月形的圆环，一个紧接一个，生动有趣。桥廊呈"一"字形展开，扁扁地覆盖着桥身，廊顶为木构两坡绿琉璃瓦顶，造型简洁、明快。花桥作为七星公园的主要入口，兼备功能与艺术上的双重作用（图 3-2-26）。

　　3. 山地建廊

　　供游山观景和联系山坡上下不同标高的建筑物之用，也可借以丰富山地建筑的空间构图。爬山廊有的位于山之斜坡，有的依山势蜿蜒转折而上。廊的屋顶和基座有斜坡式和层层叠落的阶梯式两种。

　　颐和园"排云殿"和"画中游"所在位置山势坡度较大，所建爬山廊动用了较多的土方砌筑石壁以构成斜廊的坡度和梯级，它除具有联系不同标高建筑物的作用外，也增强了建筑群的宏伟感。顺排云殿西侧的爬山廊登高至"德辉殿"，人工的雄伟气势的确令人赞叹！再往上，围在 38m 高的佛香阁外圈的四方形回廊，建筑在粗大石块砌起的石台上，无论从它在佛香阁一组建筑群中所起的艺术作用，还是从它本身提供给人们休息与观赏的价值上看，它的设计

图 3-2-27 北京颐和园佛香阁下面的"画中游"爬山廊（左）
图 3-2-28 北海濠濮涧的爬山折廊（右）

都是十分成功的（图 3-2-27）。

北海濠濮涧一处，山石环绕、树木茂密、环境清幽，以爬山的折廊连接了 4 座屋宇，呈曲尺状布局。廊从起到落，跨越起伏的山丘，结束于临池的水榭，手法自然、富于变化（图 3-2-28、图 3-2-29）。

无锡市锡惠公园内位于惠山脚下的愚公谷，利用旧宗祠辟作园林，改建了不少富有乡土气息的园林建筑，其中有一条爬山游廊，名曰"垂虹"，长 32m，廊身随地形逐级上升，廊顶也随廊身渐陡而处理成层层叠落的阶梯和曲线相结合的形式，阶梯有长有短、有高有低、自由活泼、富有节奏感。爬山游廊在交通上联系了"天下第二泉"与"锡麓书堂"。此外，在组景上又是处于山麓上下两个不同景区空间的界景位置，空透、绵延、精巧的廊身，贯连了前后不同空间的景色，增添了景色的层次，更衬托出了惠山的雄姿（图 3-2-30）。

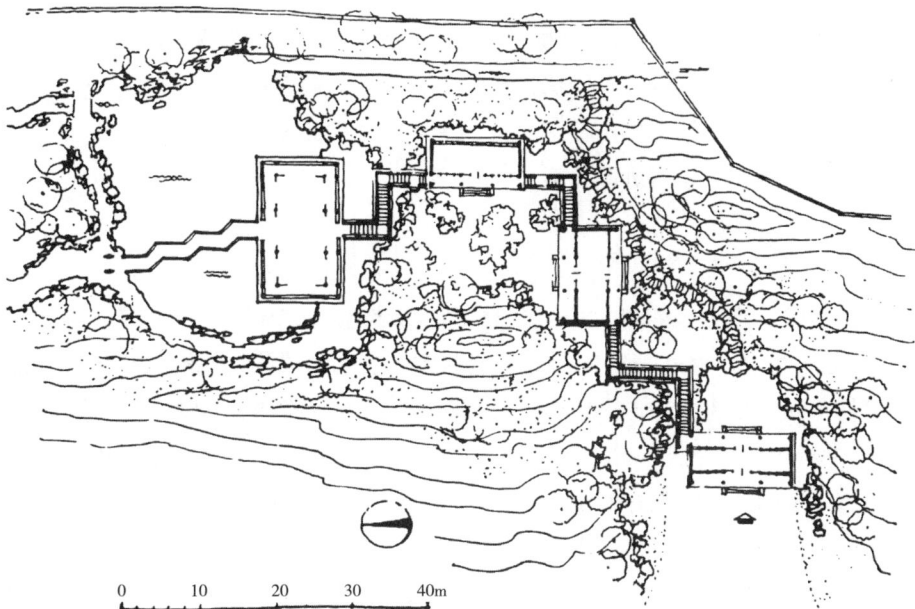

0　　10　　20　　30　　40m

图 3-2-29 北海濠濮涧的爬山折廊平面

（a）

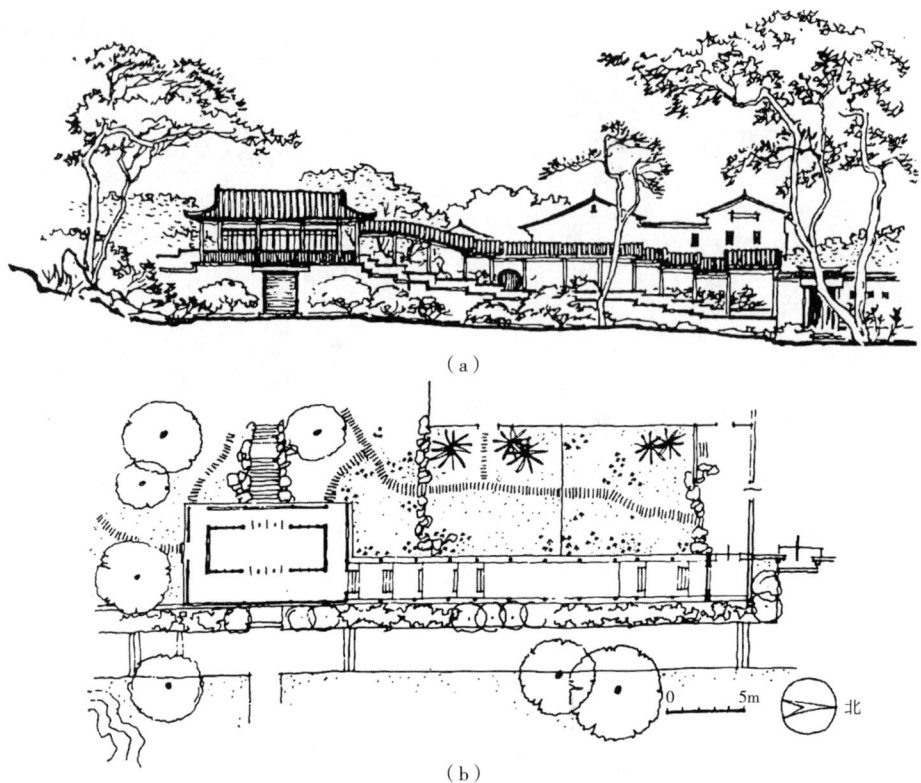

图 3-2-30　无锡锡惠公园
"垂虹"爬山游廊
（a）正立面图；（b）平面图

0　　　5m　　北

（b）

3.3　榭、舫

在园林建筑中，榭与舫和亭、轩等属于性质上比较接近的一种建筑类型。它们的共同特点是：除了满足人们休息游赏的一般功能要求外，主要起观景与点景的作用，是园内景色的"点缀"品，是从属于自然空间环境的。它们一般虽不作为园林内的主体建筑物，但对丰富园林景观和游览内容起着突出的作用。在建筑的性格上也多以轻快、自然为基调，与周围环境和谐地配合。它们所不同的是：榭与舫多属于临水建筑，在选址、平面及体型的设计上，都要特别注重与水面和池岸的协调关系。

3.3.1　榭

《园冶》上说："榭者，藉也。藉景而成者也。或水边，或花畔，制亦随态。"意思是说，榭这种建筑师凭借着周围景色而构成的，它的结构依照自然环境的不同可以有各种形式。不过，那时人们大约把隐在花间的一些建筑也称之为"榭"，而在今天一般人的概念中，把"榭"多看作是一种临水的建筑物。从宋画以及明清园林现存的实例中，所看到的中国过去水榭的基本形式是：在水边架起一个平台，平台一半伸入水中，一半架立于岸边，平台四周以低平的栏杆相围绕，然后在平台上建起一个木构的单体建筑物，建筑的平面形式通常为长方形，其临水一侧特别开敞，有时建筑物的四面都立有落地门窗，显得空透、畅达，屋顶常用卷棚歇山式样，檐角低平轻巧，檐下玲珑的挂落、柱间微微弯曲的鹅颈靠椅和门窗、栏杆等都是一整套协调的木作做法，显示出匠师的智慧及其对自然的感情。这种水榭的建筑形式，成为当时人们在水边的一个重要休息场所。

在南方的园林中，水边常建水榭以观水景，由于在私家园林中水池面积一般较小，因此水榭的尺度也不大，形体为取得与水面的调和，以水平线条为主。建筑物一半或全部跨入水中，下部以石梁柱结构支承，或用湖石砌筑，总让水深入底部。临水一侧开敞，或设栏杆，或设鹅颈靠椅。屋顶多为歇山式，四角起翘轻盈纤细，建筑装饰比较精致、素洁。苏州拙政园的"芙蓉榭"、藕园的"山水间"、网师园的"濯缨水阁"、上海南翔古漪园的"浮筠阁"等都是一些比较典型的实例。

苏州拙政园的"芙蓉榭"位于东部池畔，坐东面西，有深远的视野，是园林东部景区的重要点景建筑。暮春夹岸桃红柳绿，景色醉人，夏日赏荷，此处犹凉，故以"芙蓉"取名。建筑基部一半在水中，另一半在池岸，跨水部分以石支柱凌空架设于水面之上。平台四周设鹅颈靠椅，供坐憩时凭依之用。平台上部为一歇山顶独立建筑，其内圈以漏窗、粉墙和圆洞落地罩加以分隔，外围形成回廊。四周立面开敞、简洁、轻快，与环境很协调（图3-3-1）。

榭这种形式被借鉴、运用到北方皇家园林中后，除仍保留着它的基本形式外，又增加了宫室建筑的色彩，建筑风格比较浑厚持重，尺度也相应加大，有些水榭已做成一组建筑群体，失去了水榭的原有体型特征，如：北京中山公园水榭（图3-3-2）。皇家园林中比较典型的例子有：北京颐和园谐趣园的"洗秋""饮绿"水榭，"对鸥舫"和"鱼藻轩"；北海的"濠濮涧"水榭；被毁的圆明园中也有许多这种水榭建筑物。

"洗秋"和"饮绿"是谐趣园内的两座临水建筑物。"洗秋"为面阔三间的长方形建筑，卷棚歇山顶，其中轴线正对谐趣园的入口。"饮绿"为一正方形建筑，位于水池拐角的突出部位，它的歇山屋顶变换了一个角度，而面向

图 3-3-1　苏 州 拙 政 园
"芙蓉榭"（左）
图 3-3-2　北京中山公园
水榭（右）
（来源：北京中山公园
官网）

图 3-3-3　北京颐和园谐趣园"洗秋""饮绿"水榭（左）

图 3-3-4　颐和园从"鱼藻轩"看玉泉山（右）

（来源：潘谷西. 中国美术全集 建筑艺术编 3 园林建筑 [M]. 北京：中国建筑工业出版社，1991.）

"涵远堂"方向。这两座建筑之间以短廊连成一个整体。体型上富于变化。红柱、灰顶、略施彩画，反映了皇家园林的建筑风貌（图 3-3-3）。

在岭南园林中，由于气候炎热，水面较多，因此创造了一些以水景为主的"水庭"形式，所建"水厅""船厅"之类的临水建筑，多位于水旁或完全跨入水中，其平面布局与立面造型都力求轻快舒畅，与水面贴近，有时做成两层，也是水榭发展的一种形式。

水榭作为一种临水建筑物，就一定要使建筑能与水面和池岸很好地结合，使它们之间配合得很有机、很自然、很贴切。为此，大致应掌握下面几个设计要点：

（1）水榭在可能范围内宜突出于池岸，造成三面或四面临水的形势。如果建筑物不宜突出于池岸，也应以伸入水面上的平台作为建筑与水面的过渡，以便为人们提供身临水面之上的宽广视野。如：北京颐和园的"鱼藻轩"，建筑突入昆明湖中，三面临水，后部以短廊与长廊相衔接，在水榭之中，不仅可观赏正面坦荡的湖面，而且向西透过烟波浩渺的朦胧水景，可观赏到玉泉山及西山群峰的借景，视野异常开阔，成为游人休息、摄影的好地方（图 3-3-4）。南京中

图 3-3-5　山东潍坊十笏园水榭

（来源：潘谷西. 中国美术全集 建筑艺术编 3 园林建筑 [M]. 北京：中国建筑工业出版社，1991.）

山陵水榭、山东潍坊十笏园水榭（图 3-3-5），都是凌跨水中四面临水的实例，这时建筑与池岸间常设小桥取得联系；在水榭不能突出于水中时，通常以宽敞的平台作为过渡，如：杭州西湖的"平湖秋月"，苏州怡园的"藕香榭"（图 3-3-6）等。

（2）水榭宜尽可能贴近水面，宜低不宜高。这里通常容易出现的毛病，是在池岸地平离水面较高时，水榭建筑的地平没有相应地下降高度，而是把地平与岸边地平取齐，结果使水榭在水面上高高架起，支承水榭的下部骨架

图 3-3-6　苏州怡园藕香榭（左）
图 3-3-7　上海南翔古漪园"浮筠阁"（右）

暴露得过于明显，虽然有时建筑物本身比例尚称良好，但整体感觉是失调的，北京中山公园水榭也有这个毛病（图 3-3-2）。

（3）在造型上，榭与水面、池岸的结合，以强调水平线条为宜。建筑物平扁扁地贴近水面，如：上海南翔古漪园的"浮筠阁"（图 3-3-7）。有时水榭可与水廊、白墙、漏窗配合，平缓而开朗，再加上几株竖向的树木或翠竹，一般均能取得较好的效果。在建筑轮廓线条的方向上，榭与亭那种一般集中向上的造型是不同的。

3.3.2　舫

舫是仿照船的造型在园林湖泊中建造起来的一种船形建筑物，供人们在内游玩饮宴、观赏水景。身临其中，颇有乘船荡漾于水中之感。舫的前半部多三面临水，船首一侧常设有平桥与岸相连，仿跳板之意。通常下部船体用石建，上部船舱多用木构。虽然像船但不能动，所以亦名"不系舟"。

我国江南地区，气候温和，湖泊罗布，河港纵横，自古以来就以船舶作为重要交通工具，有些渔民以船为家，长期生活在水面之上，对船是熟悉而有感情的。过去还有一种画舫，专供富人家在水面上荡漾游玩之用，画舫上装饰华丽，还绘有彩画等。北海公园中的"画舫斋"就取这种寓意。江南园林，造园又多以水为中心，因此，园主人很自然地希望能创造出一种类似舟舫的建筑形象，使得水面虽小，划不了船，却能令人似有置身于舟楫中的感受。这样，"舫"这种园林建筑类型就诞生了。

在江南的园林中，苏州拙政园的"香洲"（图 3-3-8）、怡园的"画舫斋"（图 3-3-9）是比较典型、设计较好的实例。此外，还有苏州狮子林"石舫"（也称"旱船"）（图 3-3-10）、上海南翔古漪园"不系舟"（图 3-3-11）、南京煦园以及扬州园林的船舫（图 3-3-12、图 3-3-13）等，都可以看到明清时代舫的遗物。

舫的基本形式与真船相似，宽约丈余，船舫一般分为前、中、后三个

图 3-3-8 苏州拙政园的
"香洲"手绘图（左）
图 3-3-9 苏州怡园画舫
斋（右）

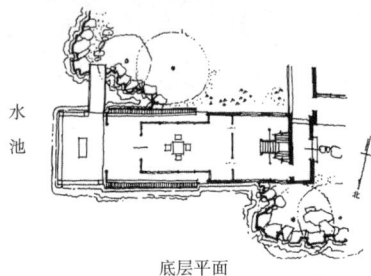

水
池

底层平面

图 3-3-10 苏州狮子林"石舫"

图 3-3-11 上海南翔古漪园"不系舟"

图 3-3-12 南京煦园船舫

图 3-3-13 扬州西园曲水的船舫

部分，中间最矮，后部最高，一般做成两层，类似楼阁的形象，四面开窗，以便远眺。船头做成敞棚，供赏景谈话之用。中舱是主要的休息、宴客场所，舱的两侧做成通长的长窗，以便坐着观赏时有宽广的视野。尾舱下实上虚，形成对比。屋顶一般做成船篷式样或两坡顶，首尾舱顶则为歇山式样，轻盈舒展，在水面上形成生动的造型，成为园林中重要的景点。

北方园林中的舫是从南方引进的。清乾隆帝六次南巡，对江南园林非常欣赏，希望在北方皇家园林中也创造出江南水乡的风致，因此，除在颐和园中模仿江南建造了"水街"外，还在湖面上修筑石舫，以满足"雪棹烟蓬何碍冻，春风秋月不惊澜"的意趣。著名的如颐和园石舫"清宴舫"。它全长36m，船体用巨大石块雕造而成，上部的舱楼原本是木构的船舱样，分前、中、后三舱，局部为楼层。它的位置选得很妙，从昆明湖上看过去，很像正从后湖开过来的一条大船，为后湖景区的展开起着预示作用。1860年被英法联军烧毁后，重建时才改成现在的西洋楼建筑式样（图3-3-14）。

图3-3-14 北京颐和园"清宴舫"石舫

3.4 厅堂

厅堂是园林中的主体建筑。《园冶》上说："堂者，当也。谓当正向阳之屋，以取堂堂高显之义。"在江南的园林中，厅堂是园主人进行会客、治事、礼仪等活动的主要场所，它们的位置一般都居于园林中最重要的地位，既与生活起居部分有便捷的联系，又有良好的观景条件与朝向，建筑的体型也较高大，常常成为园林建筑的主体与构图的中心。

厅是满足会客、宴请、观赏花木或欣赏小型表演的建筑，它在古代园林宅第中发挥公共建筑的功能。它不仅要求较大的空间，能容纳众多的宾客，还要求门窗装饰考究。建筑总体造型典雅、端庄，厅前广植花木叠石为山。一般的厅都是前后开窗设门，但也有四面开门窗的厅，称为"四面厅"；堂是居住建筑中对正房（上房）的称呼。一般是一家之长的居住地，也可以作为家庭举行庆典的场所。堂多位于建筑群中的中轴线上，体型严整装修瑰丽，室内常用隔扇、落地罩、博古脊架进行空间分割。堂的名称常常饰以文雅有德的称号，如"慎德堂""秉礼堂""世伦堂"等。园林建筑中也有用梁架造型来判断厅、堂建筑的，其梁架用长方形扁木料者谓之"厅"，用圆木料者谓之"堂"，但今日常将二者合在一起称谓。

南方传统的厅堂较高而深，正中明间较大，次间较小，前部有敞轩或回廊；在主要观景方向的柱间，安装着连续的隔扇（即落地的长窗）；明间的中部都有一个宽敞的室内空间，以利于人的活动与家具的布置，有时周围以灵活的隔断和落地门罩等进行空间分隔。其装修质量较一般建筑复杂而华丽。

过去江南大户人家的住宅中，均在大门之后的正中设有茶厅，亦称轿厅，是供停轿、备茶的地方。茶厅之后是大厅，供款待宾朋及婚丧礼仪之用，是全宅中室内空间最高大，装修最精美的建筑物。大厅之后为楼厅，供家人生活起居之用。在住宅的侧院偏僻安静处还常设置书厅及花厅，是主人的书房及家人起居及会客处。厅堂的前面布置天井或小庭院，点缀山池花木，如：苏州网师园东部的居住部分就是典型的实例（图3-4-1）。江南的私家园林是住宅部分的进一步延伸，厅堂被运用到范围较大的园林空间中，除仍保留着它们一般的使用性质及结构特点外，在类型上更加丰富，在布局上也有变化。

按其使用性质，厅堂一般分为：厅堂、花厅、荷花厅等。按建筑形式，又分为四面厅、鸳鸯厅等。但有些厅常兼作各种用途而不能明确区分。

江南园林中厅堂一般布置于居住区域与园林之间的交界部位，并与两者都有紧密的联系，朝向好，观赏条件也佳。它面阔三、五开间，前后开敞或四面开敞，以利观景与通风。厅堂的正面一般对着园林中的主要景物，经常采取：厅堂一面临水一面对山的格局，景象开阔，设宽敞的平台作为室内外空间的过渡。如：无锡寄畅园的"嘉树堂"（图3-4-2）、苏州留园的"涵碧山房"（图3-4-3）、广东番禺余荫山房的"深柳堂"等（图3-4-4）。

还有的厅堂布置于附属的小庭院中，位置多接近住宅，庭院点缀山石花木形成有特色的小园林气氛，构成安静、幽深的环境，供生活起居兼作会客之用，也称作"花厅"。如：苏州拙政园的玉兰堂，南部是住宅，北部是园林，厅前为四方形较封闭庭院，内植高大玉兰树，沿南墙筑湖石花台，植以竹林、牡丹，配以石峰，以白墙作衬，十分清幽淡雅。留园中的"五峰仙馆"是座面阔五间的大厅，它的前后都布置有独立的庭园，前庭主景为湖石假山，上置五峰，由室内观望山势起伏，气势连绵，在白墙衬托下好似立体画卷。后院似曲

图3-4-1 苏州网师园万卷堂（左）
图3-4-2 无锡寄畅园嘉树堂（右）

图 3-4-3 苏州留园涵碧山房（左）
图 3-4-4 余荫山房深柳堂（右）

廊环绕，间隔有漏窗花墙，适当点缀山石花木小景，通过西部的"清风池馆"与园林主体取得联系（图 3-4-5、图 3-4-6）。扬州瘦西湖金山东麓的"月观"花厅，布局上十分精心，它既带有一个满植桂花的独立小院，又以敞开的正面对着湖景，隔水与四桥烟雨楼相望，成为古代文人墨客赏月吟诗的好地方，每当皓月当空，月影波光，相映成趣。厅内郑板桥的一副对联："月来满地水，云起一天山"正点出了它的意境。

当厅堂完全融合在园林之中时，就产生了一种四面开敞的建筑形式——四面厅。坐在厅中，可观赏到四周 360° 范围内的景色，是全景画面的效果。四面厅由于四面脱空地布置于园林的中心部位，因此，建筑的体量与造型对于园林景观的组织起着重要的作用。如：苏州拙政园的"远香堂"（图 3-4-7），

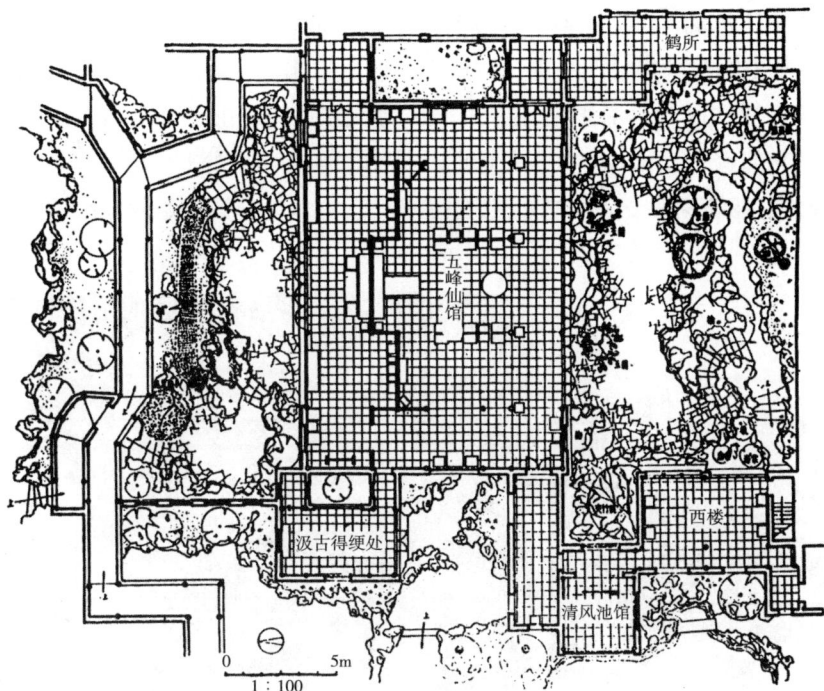

图 3-4-5 苏州留园五峰仙馆与前后庭院
（来源：冯钟平．中国园林建筑 [M]．北京：清华大学出版社，1988．）

图 3-4-6 苏州留园五峰仙馆室内（左）

图 3-4-7 苏州拙政园远香堂（右）

它的正面是园林的主要空间，向北是隔水相望的"雪香云蔚亭"；向西北透过水面为"荷风四面亭"和"见山楼"；东北面为"待霜亭"；正东为"梧竹幽居"，视线深远；西南是以曲廊联系小飞虹水庭空间；东面是"绣绮亭""枇杷亭"等一组建筑空间；南面是起着照壁障景作用的水池假山小园。面面有景，旋转观看，好像是一幅中国山水画的长卷。扬州个园中的"桂花厅"也是一个很好的例子，它正对园的入口，厅前遍植桂花树，厅北临池，六角小亭隔水相望；西北方向是夏山，东北方向是秋山，四面环眺，是园内的主要观景场所。

上海豫园"三穗堂"之北的"仰山堂"，外形较多变化，明间朝北突出一跨，外廊东部向外挑出两跨，上面为"卷雨楼"，堂与楼结合一体，造型丰富华丽。堂前临水池，隔水有黄石大假山，布置有蹬道、峭壁、瀑布、溪流，山顶点缀山亭，由仰山堂观大假山，峰峦起伏，气势雄浑（图 3-4-8）。

鸳鸯厅在建筑形式上与一般厅有所不同，它的脊柱落地，脊柱间的隔扇、门罩等把空间分为前后两个部分，梁架一面用扁作，一面用圆料，好似两进厅堂合并而成，因此进深很大，平面形状比较方整。常供冬夏两用，南部宜于冬春，北部宜于夏秋。如苏州留园的"林泉耆硕之馆"（图 3-4-9）、狮子林的"燕春堂"等都采用这种形式。拙政园的"三十六鸳鸯馆"是西园中的主体建

图 3-4-8 上海豫园仰山堂（左）

图 3-4-9 苏州留园林泉耆硕之馆（右）

筑，前后两厅结合而成，中间隔以银杏木雕刻的玻璃屏风。北厅为"三十六鸳鸯馆"，馆北临荷池，池中有鸳鸯戏水，取《真率笔记》："霍光园中凿大池，植五色睡莲，养鸳鸯三十六对，望之烂若披锦"之意而名。厅的四角建4个耳室，供园主在厅堂内宴客时做奴仆待命和戏曲艺术化妆之用，构造及体型上都很别致（图3-4-10、图3-4-11）。

南京瞻园的"静妙堂"是座面阔三间的鸳鸯厅，布置于园的中心偏南部，将园分划为南、北两个景区。堂北设宽敞平台，过草坪、水池与假山相对应；堂南接水榭，隔水与南假山相对峙；东与曲廊相通联系花厅、亭榭、入口；西部跨过小溪上的平板有山道可攀西部山冈；它既是园内的中心，又是主要的观景点（图3-4-12）。

把厅堂临水建造，使其一面临水或前后两面或三面临水，如荷花厅、船厅等。厅堂的临水一侧一般做得特别开敞，有时还以挑向水面的平台作为建筑与水面的过渡，如：苏州狮子林的"赏荷厅"、怡园的"藕香榭"、留园的"涵碧山房"等。南京莫愁湖公园的"赏荷厅"是前后两面临水的厅堂，位于水庭的北部，与南部的"光华亭"入口取轴线对位关系，水庭中置莫愁女塑像，由"赏荷厅"北部大空窗可借景莫愁湖中的"湖心亭"，气氛幽雅、空透敞达（图3-4-13）。

岭南庭园喜欢设"船厅"，它兼具厅堂、楼阁的多种功能。广东顺德大良清晖园中的船厅，是全园建筑配置的中心。船厅、南楼、惜阴书屋、真砚斋等建筑，古朴淡雅，彼此用曲廊衔接，古树穿插其间，船厅造型仿照昔日珠江上的"紫洞艇"，十分别致。由船厅后舱的南楼登小梯，经迂回的露天平台可

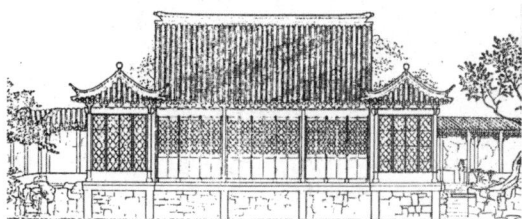

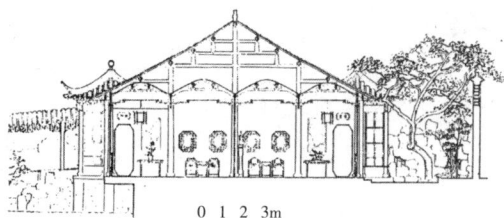

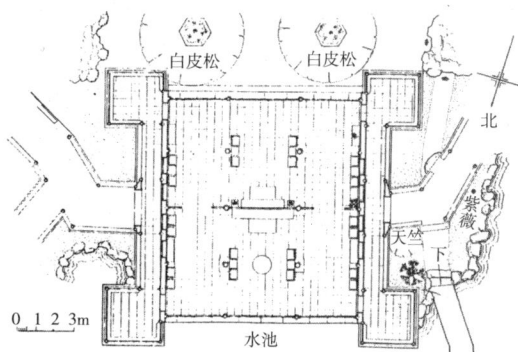

图3-4-10　苏州拙政园三十六鸳鸯馆平、立、剖面图
（来源：冯钟平. 中国园林建筑 [M]. 北京：清华大学出版社，1988.）

图3-4-11　苏州拙政园三十六鸳鸯馆外观（左）
图3-4-12　南京瞻园静妙堂（右）

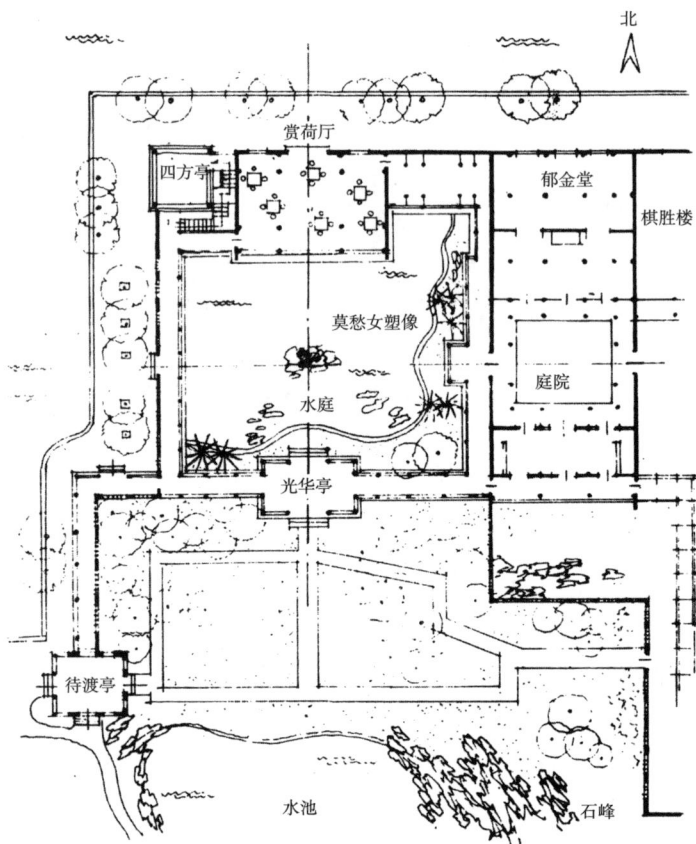

图 3-4-13 南京莫愁湖公园赏荷厅水庭平面
（来源：冯钟平. 中国园林建筑 [M]. 北京：清华大学出版社，1988.）

图 3-4-14 广东顺德清晖园二楼船厅

达船厅二楼的前舱（图 3-4-14），凭栏眺望，莲池水榭，蔓草修竹，令人心旷神怡。

在北方的皇家园林，作为园主的封建帝王所使用的建筑称作"殿""堂"，要与一定的礼制、排场相适应。园林中的"殿"是官式做法中最高等级的建筑物，布局上一般主殿居中，配殿分列两旁，严格对称的形式并以宽阔的庭院及广场相衬托，完全是一种宫廷气氛。但布置在园林内，仍要考虑与地形、山石、绿化等自然环境的结合，创造一种既堂皇又有变化的园林气氛，与紫禁城内的殿宇很不相同，如：颐和园中的"仁寿殿""排云殿"，避暑山庄中的"澹泊敬诚殿"等。

皇家园林中的"堂"，是帝后在园内生活起居、游赏休憩性的建筑物，形式上要比"殿"灵活得多。它的布局方式大体有两种情况：一种是以厅堂居中，两旁配以次要用房组成封闭的院落，供帝后在园内生活起居之用，如：颐和园的"乐寿堂"（图 3-4-15）、"玉澜堂"（图 3-4-16）、"益寿堂"，避暑山庄的"莹心堂"，乾隆花园中的"遂初堂"等；另一种

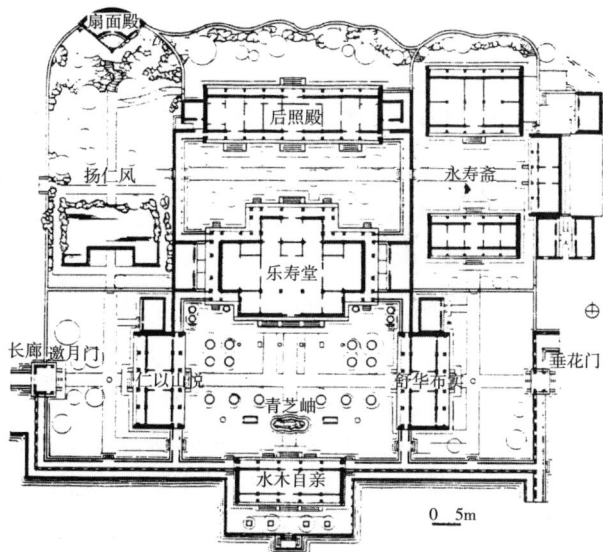

图 3-4-15 北京颐和园
乐寿堂（左）
（来源：冯钟平．中国园
林建筑 [M]．北京：清华
大学出版社，1988．）
图 3-4-16 北京颐和园
玉澜堂（右）

是以开敞的方式进行布局，厅堂居于中心地位，周围配置着亭廊、山石、花木
组成不对称的构图，厅堂内有良好的观景条件，供帝后游园时在内休憩观赏，
如：颐和园中的知春堂、畅观堂、涵虚堂等。

3.5　楼阁

　　楼阁是园林中采用的一种建筑形式，体量较大，两层或两层以上，给人
的印象以高耸为主，有一种飞阁崛起，层楼俨以承天的气势，而且造型丰富，
变化多样，在造园中起着统领环境，成为园林内重要的主景建筑。楼阁广泛运
用于园林的点景建筑，多建在抱山衔水，景色清幽，视线开阔的地方，也有建
在建筑群的中轴线上及园林的重要位置。建筑常面阔三间或五间，多面开窗。
楼阁造型多为重檐歇山式、攒尖式和十字脊式，其平面形状布置常为四、六、
八角形及十字形等。

　　楼为两重以上的屋，故有"重层曰楼"之说。《说文》云："楼，重屋也。"
园林中的楼在平面上一般呈狭长形，面阔三间、五间不等，也可形体很长，曲
折延伸；立面为两层或两层以上的建筑物。由于它体量较大、形象突出，因
此，在建筑群中既可以丰富立体轮廓，也能扩大观赏视野。阁与楼近似，相比
较巧，阁一般是指底层空着或作次要用途，而上层作主要用途的单体建筑，供
储藏或观览之用。园林中的阁在造型上高耸凌空，较楼更为完整、丰富、轻
盈、集中向上。平面上常做方形或正多边形。《园冶》上说："阁者，四阿开四
牖"，形式为攒尖顶，四周开窗，每层设周围廊，有挑出的平座等。阁所带有
的平座可以说是楼与阁主要之区别。由于楼与阁在形制上不易明确区分，人们
常将"楼阁"二字连用。

3.5.1　楼阁的布局

楼阁在园林中的布局，大体可归纳为以下几种方式：独立设置，轴线设置，园林组群侧、后部。

独立设置于园林内的显要地位，从而成为园林中的重要景点。它们有的建在山顶，有的建在临水岸边，还有的建在水中，都可登高远望。由于独立设置，因此造型上都平地拔高而起，十分突出、完整，成为控制园林风景线的重要点景建筑。

点景的楼阁建筑在我国历史上有很多非常著名，像湖北武汉的"黄鹤楼"、湖南岳阳的"岳阳楼"及江西南昌的"滕王阁"，曾并称为江南的三大名楼。它们既丰富了建筑艺术，也点缀了锦绣山河。黄鹤楼位于武汉长江之滨，南北朝萧子显所撰的《南齐书》有记载："黄鹤楼在黄鹤矶上，仙人子安乘黄鹤过此"。唐代崔灏写了《黄鹤楼》一诗因而名声大振。岳阳楼位于湖南岳阳西门城楼上，濒临洞庭湖，初建于唐代，现楼建于清光绪年间，为三层三檐的木结构，黄色琉璃瓦盔顶，气势雄伟而飘洒。宋代范仲淹写有《岳阳楼记》。滕王阁位于南昌市西的赣江之滨，背城面水，创建于唐初，因唐代王勃写下《滕王阁序》而名闻古今。

昆明的"大观楼"，以开阔明丽的风光和著名的长联而闻名。它建于滇池北岸，隔水与太华山相望。始建于清康熙年间，后毁于兵火，同治八年（1869年）重建。平面为正方形，高3层，每层都有挑出深远的层檐，下大上小，向上收分。顶部为黄琉璃攒尖顶，下部坐落在一宽敞的平台上，四周绕以汉白玉石栏，造型稳重、端庄、飘逸。南部临水，在水面与绿树的衬托下，更觉明丽醒目。登楼远望，远山如黛，池水荡漾深远，视界十分开阔（图3-5-1）。

图3-5-1　云南昆明大观楼

（来源：潘谷西.中国美术全集 建筑艺术编3 园林建筑[M].北京：中国建筑工业出版社，1991.）

成都望江公园"崇丽阁"。取晋代文学家左思《蜀都赋》中的名句："既丽且崇，实号成都"之意而名。阁为木构，高三十多米，上下四层，上两层八方，下两层四方。坐落于石栏围绕的石基座上。登阁凭栏，澄江如练，川西平原，绿野平畴，尽入眼底（图3-5-2）。

而山西万荣县的"飞云楼"，建于明代中叶，是我国现存古代楼阁中最精美者之一，在建筑技术和艺术上都达到了很高水平。整座楼比例匀称，在稳重端庄中带着玲珑飘逸的意韵，它将屋顶艺术与结构技术巧妙地融合为一个整体，既有统一的柱网和构架，又有多变的外形。它建于一

图 3-5-2 四川成都望江公园崇丽阁
（来源：冯钟平 . 中国园林建筑 [M]. 北京：清华大学出版社，1988.）

个方形的石台上，底层平面为正方形，宽深各为五间，外观三层，中有平台两层，实际有五层。二层每面凸出抱厦三间，三层改为凸出垂莲柱式抱厦一间，顶部为十字歇山屋顶。楼层曲折，平座挑飞，造型极富变化。每当天高云淡，有朵朵白云从楼外掠过，看上去好像从楼中飞出，故名飞云楼，耐人寻味（图 3-5-3）。

昆明的"大观楼"、成都望江公园"崇丽阁"，还有武汉东湖的"行吟阁"，都是建于临近水边平地上的高阁。行吟阁在形式上仿大观楼，建于四面环水的小岛上，为纪念我国唐代伟大诗人屈原兴建。其平面正方形，高 3 层，四角攒尖顶，高 22.5m，钢筋混凝土结构，仿木构形式。造型端庄俏丽，登高可览东湖及南岸山麓景色，意境开阔。它秀丽的体型轮廓大大丰富了东湖西岸的风景线，也是东湖内的著名景点（图 3-5-4）。

图 3-5-3 山西万荣县飞云楼（左）
（来源：运城市人民政府官网）
图 3-5-4 武汉东湖行吟阁（右）
（来源：冯钟平 . 中国园林建筑 [M]. 北京：清华大学出版社，1988.）

台湾高雄莲花潭中的"春秋阁"，左右成双地分立潭中，莲花潭在高雄市北部，面积 60~70hm²，这里曾是清初凤山县治的学宫泮池，因植莲而得名。春时清波荡漾，夏日菱叶如茵，潭畔垂柳依人。建造了两个八角四层檐攒尖顶的阁，造型丰富生动，颇具民族特色，莲池潭的景色更是锦上添花，游人络绎不绝（图 3-5-5）。

北京陶然亭公园中的"云绘楼"和"清音阁"建于清乾隆年间，1954 年从中南海东岸迁移至陶然亭公园。建筑群由 3 个部分组成：两层的楼、三层的阁和两个双层方攒尖顶的组合亭，以短廊将它们联系成一个整体。平面上和体型上都参差错落，透视效果生动。通过拱桥与对岸的慈悲庵隔水相望，成为公园内的著名风景点（图 3-5-6）。

楼阁设置位于建筑群体的中轴线上，成为园林艺术构图的中心。采用这种布局方式的楼阁，通常位于一组性质上属于比较庄重的建筑群（如宗教性建筑或纪念性建筑群等）中心偏后部，前面安排有数进规整庭院所组成的空间层次，楼阁成为整个建筑群空间序列的高潮及构图的中心，如：北京颐和园的"佛香阁"，承德避暑山庄外八庙中的"大乘阁"，曲阜孔庙的"奎文阁"，山东蓬莱水城中的蓬莱阁等。

图 3-5-5 台湾高雄莲花潭春秋阁
（来源：冯钟平 . 中国园林建筑 [M]. 北京：清华大学出版社，1988.）

图 3-5-6 北京陶然亭公园中的云绘楼与清音阁
（来源：冯钟平 . 中国园林建筑 [M]. 北京：清华大学出版社，1988.）

北京颐和园的"佛香阁"位于前山中央建筑群的高处，在陡斜的山坡上建起高达 20m 的巨大石台作为阁的基座。阁的总高达 40m，在我国现存的古代木结构建筑中，它的高度仅次于山西的应县木塔而位居第二。阁的平面呈八角形，三层重檐攒尖顶，底层有挑出的宽敞的裙廊，二、三层设有围廊，自下而上每层外廊的宽度逐层缩小，使建筑的外形轮廓形成逐渐向上收缩的金字塔式构图，体态敦实、丰满、巍然耸立，气宇轩昂，成为前山前湖景区艺术构图的中心（图 3-5-7）。

图 3-5-7 北京颐和园的佛香阁

位于佛香阁西部山坡上的"画中游"，是一组小园林建筑群的中心建筑，是座两层、小八角形、重檐攒尖顶的阁。它下部的立柱支承于起伏的岩石之上，长短不一，适应地形的变化，类似于干阑式结构。顺后部岩洞内的石阶而上可登至阁的上层，远眺湖光山色，交映生辉，堤岛妖娆楼台金碧，而西眺玉泉与园外青山，有置身于画中之感。两侧有爬山游廊接引亭、楼，在各种各样的形体的组合中，使其获得了突出的艺术效果，成为小园林构图的中心，是我国园林建筑中的优秀实例（图 3-5-8）。

楼阁也有位于园林的边侧部位或后部来丰富园林景观的。在北方皇家园林中的小园林里，或江南的一些规模较小的古典园林，楼阁的位置多在小园的

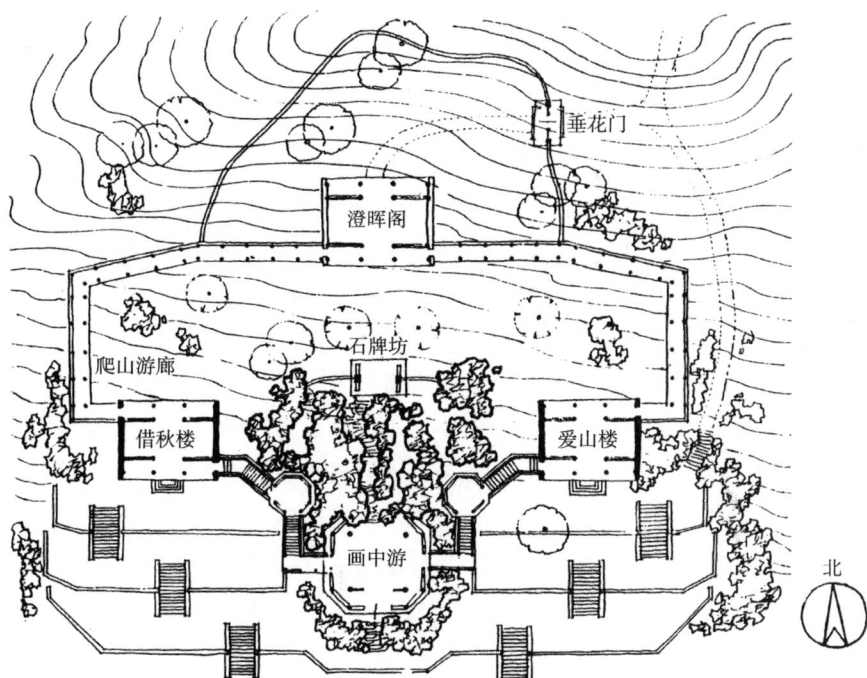

图 3-5-8 北京颐和园中的"画中游"
（来源：冯钟平. 中国园林建筑 [M]. 北京：清华大学出版社，1988.）

图 3-5-9 苏州沧浪亭看山楼（上）

（来源：冯钟平．中国园林建筑 [M]．北京：清华大学出版社，1988．）

图 3-5-10 无锡寄畅园凌虚阁（下）

边侧部位，以保证中部园林空间的完整，同时也便于因借外景和俯览全园景色。小园林中楼阁的尺度处理总考虑到与园林整体空间的协调统一，如：北京颐和园谐趣园中的"瞩新楼"、北海静心斋中的"叠翠楼"、北京香山见心斋中的"畅风楼"，以及苏州留园中的"远翠阁"、沧浪亭的"看山楼"、上海豫园中的"快楼"、广东东莞可园的"可楼"等，都是运用这种布局手法的实例。

　　苏州沧浪亭的"看山楼"，取虞某诗："有客归谋酒，无言卧看山"之意而名。此楼地处全园的最南端，高达三层，底层为黄石大假山叠砌而成的"印心石屋"，上两层为木结构，三层向后部收缩成一楼阁，翼角成月牙形向上兜起很高，非常轻巧、生动，是苏州园林中很别致的楼台。登楼可远眺苏州南部灵岩、天平诸峰，形胜优越（图 3-5-9）。无锡寄畅园的"凌虚阁"，位于寄畅园的东南部，明万历十九年（1591 年）都察院右副都御使、湖广巡抚秦燿（字舜峰）改筑寄畅园时所建，后毁。现在的凌虚阁是 2000 年重建，为园内最高建筑，登楼可俯视园内外景色，还可近看惠山街景和远眺惠山、锡山（图 3-5-10）。成都望江公园的"吟诗楼"，位于崇丽阁东侧锦江之畔，楼高二层，不仅平面不对称布置，楼层上也高差起伏，以求变化。建筑形象空透、轻巧，极富四川地方建筑性格。楼西假山依傍，竹林丛丛，可循石阶上下。假山下是流杯池，水渠蜿蜒，向南流经"清怨室"（图 3-5-11）。

　　园林内临水的楼阁，造型多比较丰富，体量与水面大小相称，避免呆滞死板的处理。如：苏州留园的"明瑟楼"位于池南，西部与"涵碧山房"相接，因水面不大，楼的面阔仅一个半开间，主要为了取得造型上高低错落的变化，底层是个敞庭，北、东两面以临水的平台凸向水面，南部隔出小庭，选湖石堆叠假山，有石级盘旋从室外登临楼上，名曰"一梯云"，别有情趣。拙政园的"倒影楼"，位于西园狭长形水面的尽端，东部与起伏飘动的波形廊相连接，西部有山林花木为之映衬，为避免体量过大而极力压缩面阔，使楼的平面成方形，并降低二楼的层高，正立面以全部木装修作成"虚"的效果，使楼显得轻盈欲动，取得了很好的艺术效果（图 3-5-12、图 3-5-13）。北方的园林中也常在临水的建筑群中，顺着湖岸的边缘地带建起一楼，以丰富水面上的景观效果，如：颐和园"玉澜堂"与"宜芸馆"之间临湖的"夕佳楼"、荇桥西部长岛西岸的"迎旭楼"和"澄怀阁"等。

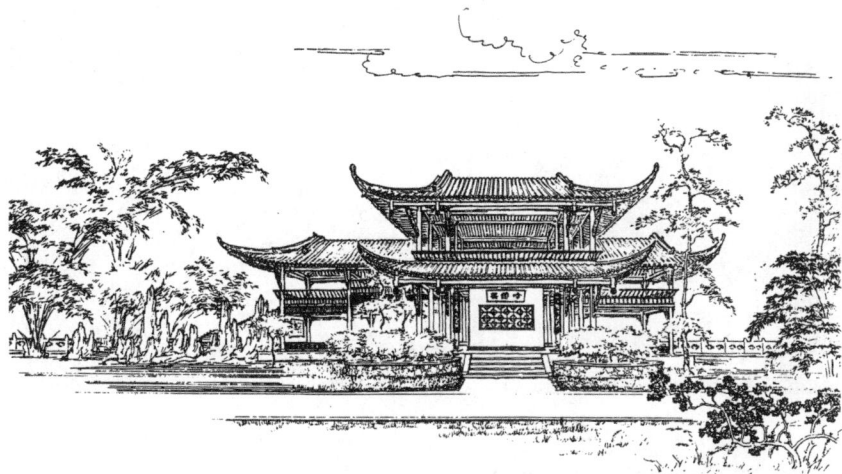

图 3-5-11　成都望江公园吟诗楼
（来源：冯钟平 . 中国园林建筑 [M]. 北京：清华大学出版社，1988.）

图 3-5-12　苏州留园明瑟楼（左）
图 3-5-13　苏州留园明瑟楼首层敞厅（右）

　　在园林山地上建楼，常就山势的起伏变化和地形上的高差，组织错落变化的体型，因而常能取得极为生动的艺术形象。如：风景区中的一些楼阁及一些寺观建筑，均因山就势，运用多种设计手法取得与环境的协调。如：杭州西泠印社的"四照阁"，建于山顶庭园的南部，临崖修建，底层为凉堂，上建四方小阁，凭栏可俯瞰西湖，境界开阔。利用园林叠石堆山的起伏变化来营造楼阁也别有情趣，扬州个园东南角上读书楼就很有特点，它平面呈 L 形，高两层，局部为一层，楼北以黄石大假山为依托，顺石阶可登临顶层的轩室，楼南有独立小院，在体型、立体交通、建筑与山石环境的结合上都很有趣，与园林的整体环境也很统一。

3.5.2　楼阁的功能

　　楼阁不但具有丰富多彩的造型，而且还有多种多样的使用功能。

图 3-5-14 承德普宁寺
大乘阁（左）
图 3-5-15 北京故宫角
楼（右）

许多风景区中的寺观及皇家园林中的佛堂，既是一种宗教性质的建筑物，同时又是一种风景园林建筑，它们对景观的构成起着重要的作用。如：承德避暑山庄外八庙，都是一些宗教性质的寺庙，有些寺庙，综合了汉、藏建筑的许多特征而创造出了十分丰富而有特色的形象，在中国建筑史上有着重要的地位。其中的普宁寺，整座寺庙依山而筑，大乘阁布置于这组建筑群中轴线后部的高台上，总高 39m，是中国现存木构建筑中高度位于第三的建筑物。面阔七间，进深六间，平面呈长方形，入口处凸出五开间的抱厦，结构上由内外两圈柱网所组成，内外柱间又有圈梁与梁枋相联系组成一个刚性很强的双筒整体，中心是高达四层的空筒，内置一座高达三层的大佛像。立面上共做了六道水平出檐以打破高大平板的感觉，外轮廓自下而上逐层向中心收缩使体型不致笨拙。顶部作了 5 个亭子式的攒尖屋顶，使屋顶丰富而不觉厚重。这些手法都运用得十分成功，使它的总体形象庄重雄伟、轮廓丰富、色彩绚丽，在周围松柏与远处山峦的衬托下，既给人一种宗教建筑的神秘感，又给人一种优美、高傲的印象，成为山区景色的重要点缀（图 3-5-14）。

颐和园的"佛香阁"以及清漪园时期的"昙花阁"，既是园林内的佛堂，布局上又处于重要地位，成为园林建筑艺术处理的重点，对园林景观的构成起着重要的作用。

我国古代城墙上都建有城楼、角楼、箭楼作为进出的关口，是一种防御性建筑物，万里长城的每座关城上都有城楼与关楼。如：长城最东端的山海关城楼，长城最西端的嘉峪关城楼。山海关北倚峰峦叠翠的燕山山脉，南临波涛汹涌的渤海湾，取襟山带海之势，万里长城腾山越岭蜿蜒急驰而下，以城关为其终点；城楼下部为高大砖台，中间有栏道沟通关城内外；台上矗立着一座二层箭楼，檐下正中悬挂"天下第一关"的巨幅匾额，气势雄伟，确有"一夫当关，万夫莫开"之势。嘉峪关雄峙于嘉峪山下，南连起伏连绵的祁连山脉，这里正处于古代"丝绸之路"的交通咽喉地带，在一望无垠的大沙漠中，城关的主体轮廓越发鲜明、突出、壮观；关城平面呈梯形，以高大城墙相围绕，

四隅均设有角楼；东、西有两座城楼，东为光化门，西为柔远门，三层、歇山顶、周围廊，挺拔、雄伟。登高远望，长城似游龙浮动于戈壁瀚海，若断若续，塞外风光，尽收眼底。

图 3-5-17　杭州西湖文澜阁

北京的古城楼也很有特色，形式也十分多样，它不仅在城墙上建有城楼，还在城门外的瓮城上建有箭楼，在城墙的四角建有角楼。紫禁城的四角矗立着 4 个绮丽的角楼，它的结构非常复杂，被称为九梁十八柱，是在一个正方形平面的四个方向各突出一个重檐歇山顶的抱厦，顶部以正十字脊形屋顶作结束，十字脊的正中又饰以宝顶，下部环绕汉白玉石栏杆基座，造型美观、生动，与北海塔、景山亭遥相呼应（图 3-5-15）。

浙江宁波的"天一阁"，是明嘉靖时兵部右侍郎范钦所建的藏书楼，藏书楼为二层硬山建筑，楼下六间，楼上除楼梯间外为一大通间。庭前凿池蓄水，意在消防。庭园面积不大，仅半亩左右，然而山重水复，石径回透，池边依墙半亭与山上方亭呼应，构图自然，书楼的功能与庭园的意趣配合得相当成功（图 3-5-16）。后来清代乾隆为珍藏《四库全书》而修建文渊、文源、文津、文溯、文澜、文汇、文淙七阁，都参照天一阁建造，但都因所在环境的不同而各有特色（图 3-5-17）。

我国过去的一些城镇中及寺庙前的广场上，以及一些会馆的庭院里常建有戏楼，一般为两层，下层较矮，上层演戏。有些私家园林内也设有戏楼，但尺度更小，有的以亭代替，如扬州"寄啸山庄"。园林中建戏楼最大的还要算北方的皇家园林。清代宫廷和园囿中供演出的戏台很多，大体可分为两种形式：一种是只有一层或两层演出台面的小戏台，台面不大，宽和深各为一开间

图 3-5-18 北京故宫宁
寿宫畅音阁（左）
图 3-5-19 北京颐和园
内德和园大戏楼（右）

的方形，通常设在室内或四合院庭院南部中央与南房后墙相接，也有建在水池中的。这种小戏台一般只供说唱一类小戏或杂耍之用，和一般民间戏楼构造差不多，如：清漪园"听鹂馆"中的小戏台及避暑山庄"一片云"等。另一种是有三层演出台面的大戏台，即所谓"崇台三层"，三层戏楼最上层叫福台，中层叫禄台，首层叫寿台。这种戏台不仅舞台的面积大，层数多，而且还设有地下层，在演出个别场面时，三层台面上都有演员，无论从规模和结构形式上都远远超出了过去戏台的范围，是戏台形式上的一种变革。建戏楼的地点，一般仍在四合院庭院的南部，舞台向院内三面凸出，可以从北、东、西三面观演。这种大戏楼清代故宫宁寿宫有"畅音阁"（图 3-5-18），颐和园内有"德和园大戏楼"（图 3-5-19）。"德和园大戏楼"规模最大，总高 22m，底层舞台宽17m、三开间，深 17m、三开间，大小相当于 9 个普通的台面；第二层结构柱与首层柱对齐，但台面略小；第三层结构柱向后收缩，层高也略降低，台面也更小些。戏楼的三层台面均可演出，每层各有本层的上下场门，但主要的表演区在首层中央，只是在个别戏的个别场面在二层和三层台面上才有表演活动。由于仰视所造成的视线遮挡，二、三层用得上的表演区只是靠近台口的很狭小的一块地方。首层平台的后部利用空间做成夹层，称为"仙楼"，楼下是上下场门，楼上作为乐队伴奏的地方，设小楼梯上下联系。在舞台正中，天花板上挖了 7 个"天井"，地板上安了 6 块活动地板称为"地井"。"天井""地井"都可通向后台，在演出某些戏剧性的特殊场面时，角色可以从天而降，也可以从地下钻出；雪花可以从"天井"飘下来，水景也可以从"地井"中喷出，使演出空间突破首层台面的局限，创造出更为逼真的艺术效果。舞台天花板中央部位向上抬升，地板下设有水缸，都有聚音作用，增强了表演时的声学效果。紧贴大戏楼的南面还有一座高两层的楼房，相当于现代剧场的后台。两者结合体态丰富、高耸，对园林内的建筑艺术起着重要的影响。

第 4 章

现代园林建筑设计

景区园门入口
展览类建筑
服务性建筑
休憩及其他建筑

4.1 景区园门入口

4.1.1 景区入口

名胜风景区通常系以其真山真水、浩瀚的自然空间和瑰丽的园林景色取胜，如：北京香山、山东泰山、杭州西湖、福建武夷山、四川峨眉山、安徽黄山、桂林七星岩等。由于范围广阔，不便设置固定的界址，其入口处多半在风景区的主要交通枢纽处，结合自然环境，在前区先设立景区入口标志，继之设立票房和管理间。进入景区内再按不同景区、景点分设各入口。在规模较大的风景区，其票房还可结合各景点分别设置，以便管理。

1. 景区入口标志

景区入口组成包括：入口标志、票房及停车场等。山区风景点有些还设有旅游建筑和供客用的其他服务设施。如：小卖、旅游纪念品售卖点等。入口标志是入口的重要组成部分，用以指明景区的入口位置。标志宜明显，易为游人瞩目。

优美的入口形象有助于吸引游人。在山区经过长途跋涉，可使人精神振奋，寻奇探胜的欲望更为炽盛。标志的造型要富有个性，体量不一定要大，材质不一定要高。入口设计要根据实际环境，从整体出发去考虑其空间组织及建筑形象，立意要切合景区的性质与内容。广东韶关的丹霞山国家重点风景名胜区，也是国家地质地貌自然保护区，丹霞地貌最突出的特点就是"赤壁丹霞"，形成了顶平、身陡、麓缓的方山、石墙、石峰、石柱等奇险的地貌形态。景区入口采用了以景区著名的僧帽峰、阳元石、通泰桥等景点为特色的仿丹霞地貌岩层颜色的新大门（图4-1-1）。

风景区的售票房是风景区入口的管理处所，应按具体的环境和条件来决定其位置和数量。目前，售票房多忽视其艺术和功能要求，缺乏个性。"千人

图 4-1-1 广东丹霞山景区入口大门

"一面"的售票房尽管材质很高档也无法挽回其艺术上的损失。但亦有一些别具一格的佳作，如：福建武夷山"云窝"景区的入口售票房，设于游览道一侧倚壁而筑。售票房模拟洞穴构筑，简而不陋，与自然吻合（图 4-1-2）。售票房尺度小，退入山凹，更突出了背后庞大的石壁和题刻"重洗仙颜"，引导出了由自然巨石组成的"云窝"景区入口（图 4-1-3）。

　　大王峰为武夷山主要游览点之一，其入口处售票房设在大王峰山麓游览路线旁（图 4-1-4）。大王峰售票房采用小巧的木构坡顶山区小筑形式。售票房既满足了功能的要求，又不会与大王峰比高争奇，恰当地衬托出山区主要景色的气氛。

图 4-1-2　武夷山"云窝"景区入口票房

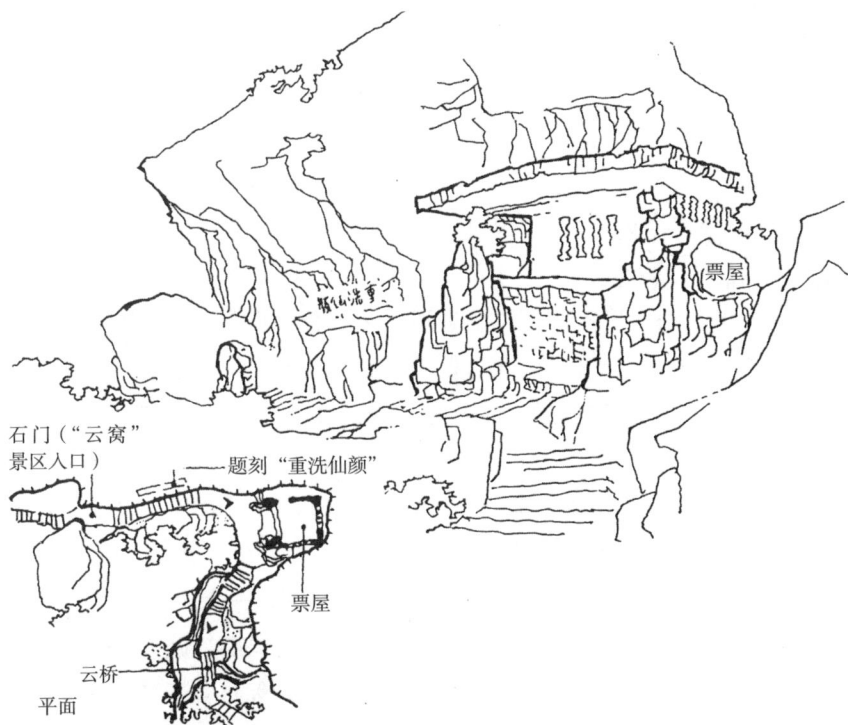

石门（"云窝"景区入口）
题刻"重洗仙颜"
票屋
云桥
平面

图 4-1-3　武夷山"云窝"景区入口（左）
图 4-1-4　武夷山大王登山入口票房（右）

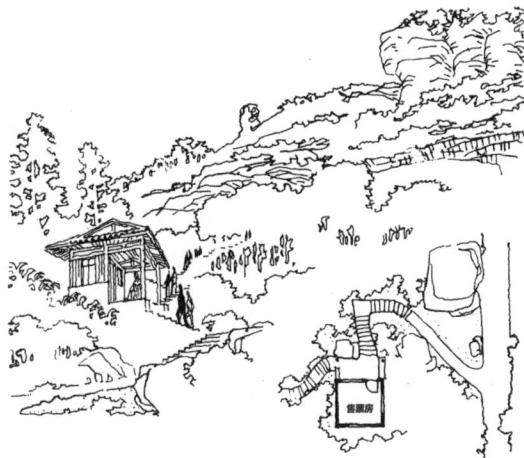

售票房

平面图

图 4-1-5 昆明西山 "龙门"

2. 景点入口表征

景点入口常以其特有的形象表现该景点的性质、内容与特征。同时应结合自然环境创造一个可供休憩和观景的空间。景点入口处理"藏"或"露"、"简"或"繁"，应服从总体要求。一般多在风景区的交通枢纽，根据自然环境的地形地貌，构设牌坊、山亭、碑石，以至沿用寺庙、山门，或借名泉古木，浓荫道旁散置石栏、几凳。这样的处理不但朴素自然，也易于表达风景区的性质和特点。成功的景区入口处理既可丰富景区的景观，又成为游客乐于驻足的赏景点，甚至还可能成为整个风景区的主要表征。

昆明西山是游滇常登之名胜景区，"龙门"又是西山"龙门胜景"景点的入口，凭临峭壁上的"达天阁"，可俯瞰五百里滇池。登山的主要通道为一在悬崖绝壁上凿成的石廊。循廊再上，至石廊咽喉处，凭险凿出"龙门"石牌坊。"龙门"牌坊在功能上是登山长廊达"龙门胜景"之"过厅"。在艺术上它是西山绝壁上镶嵌的一颗明珠。"龙门"牌坊虽然尺度不大，造型也不完整，但由于选址恰当，顺势凿成更显姿态自然。它不但是西山绝壁一景，而且也是龙门胜景的主要表征（图 4-1-5）。

在风景区中，特别是人工构成的景点入口表征，一定要注意结合总体环境，分清主从关系充分满足在使用上和艺术观瞻上的需要。武夷山天心亭为牛栏窝景区入口表征，它位于往返九龙窝"大红袍"和天心岩下"永乐禅寺"等景点的峡谷及崇建公路旁。因此，天心亭在使用功能上既是路亭又可作候车点。同时，天心亭附近峭壁冲天，顽石遍地，游览路线环丘盘曲，在如此旷野的景点峡谷口，设置一间小巧的"凡间"木构架瓦顶小亭甚为合宜，在视觉艺术上，亦起着景区入口表征的作用。路亭利用高差把空间分为"动静"两小区，造型简洁、活泼（图 4-1-6）。

3. 景点入口构成

景点入口构成形式多样，有利用原山石、名泉古木；有用砖石砌筑门、墙；也有的以较完整的各种建筑形象构成。景点入口构成无论是以自然为主或以人工构筑为主，均需详细了解景区景点的有关历史或民间传说，从总体出发，结合自然环境，因地制宜地进行设计，只有这样才能构成性格鲜明的景点入口。

图 4-1-6 武夷山牛栏窝景点入口"天心亭"

景点入口构成的几种类型：

1）用小品建筑构成入口

桂林七星岩普陀山前岩区，山腰一带景点有七星岩洞口的"栖霞亭""碧虚阁""普陀精舍""文昌亭""小蓬莱""玄武阁"等。此区盘道迂回、古木参天，洞口建筑若隐若现。此景区有两个主要登山入口，处理各有特点。山西麓采用仿传统的山门式建筑——"普陀山门"，邻为道旁颜真卿书法碑亭，门、亭高低起伏，古朴而有变化。普陀山西北麓入口亦系用山门式——"拱星山门"，由步级、景墙、山门和登山步级旁的马头墙组成。登山入口表征显著，入口采用交错韵律构图，造型较新颖，富有地方特色。

上述普陀山景区两个登山入口均系采用小品建筑处理，主要是与山腰七星岩洞口的古建筑群相呼应，这样的处理既增加建筑群的空间层次，又为游客树立了较明显的登山标志。

景区景点入口的设置对游客起到重要的提示作用。湖南衡山是一个有悠久历史的风景区，名胜古迹文物荟萃，岩壑清幽，景区内有许多富有传统特色的风景建筑和古寺庙等。各景点的入口多采用山门、牌坊等建筑形式，它与周围的建筑、环境十分协调。如：磨镜台景点入口也是采用仿传统的山门式入口建筑（图 4-1-7）。

当然也有做成过路休息亭式的景点入口（图 4-1-8）。

山门、牌坊于平地兴建时一般设在主体建筑群的轴线上。如：在坡地则多结合地形筑于主体建筑的一侧，或于前方依山就势而筑。陕西韩城司马迁祠的山门、牌坊即是结合险峻的梁山山冈依山傍水分层设立的一例（图 4-1-9、图 4-1-10）。各牌坊和山门造型不同但在变化中求统一，层次较为丰富。

2）利用原山石或模拟自然山门构成入口

此类景点入口巧借地形，更顺乎自然，以简胜繁，耐人寻味。福建武夷

图 4-1-7 湖南衡山磨镜台山门（左）
图 4-1-8 亭式的景点入口（右）

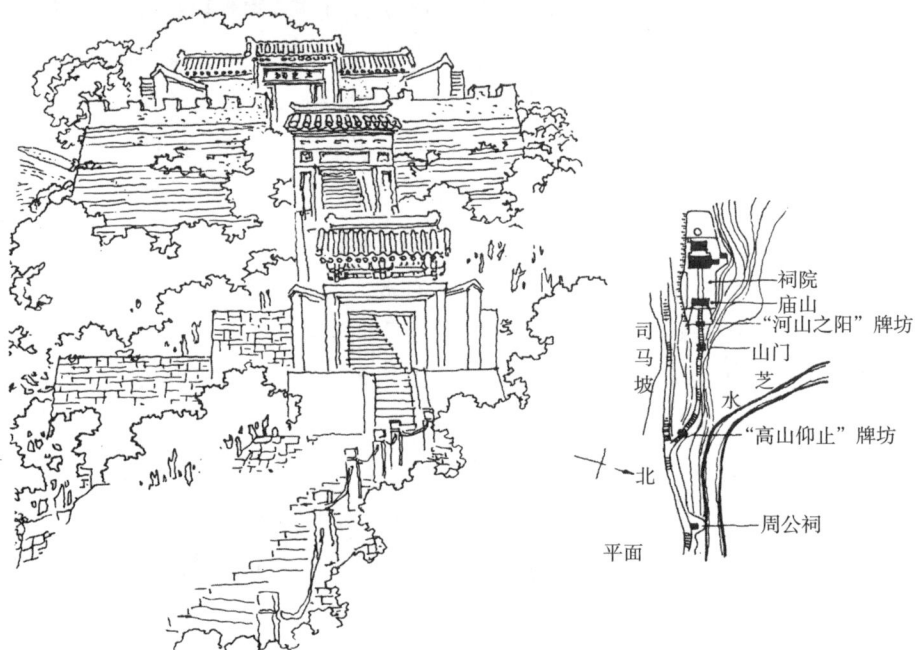

图 4-1-9 陕西韩城司马迁祠的山门、牌坊

山"天游门"，剔土露石，利用巨石与石壁构成景点入口。在石壁一侧刻上"天游门"三个大字以加强景点入口的气氛（图 4-1-11）。还有武夷山的"灵岩"，山崖突兀、横亘谷中，崖顶裂开一罅，似为巨斧劈开，此景区有著名的"一线天""神仙楼阁"和"伏羲洞"等景点。从公路进入景区要经过刻有"一字天"的岩廊，步入"求天门"才能到达这"神仙出没"的境地。景点入口"求天门"位于岩廊拐弯处。此入口由穴洞前的巨大山石组成。入口山石把游人导入洞内（图 4-1-12），收到自然朴拙的景观效果。

有些景点入口采用人工塑造山石的做法来模拟自然。如：福建武夷山茶洞景区"仙浴潭"入口就是采用在山谷间塑造石门的手法，以取景点雅朴幽深之景效（图4-1-13）；而武夷山云窝景区入口处，两巨石相对峙，尖削圆浑，体态对比强烈，富有动感，在巨石间模拟自然山石砌筑石门联成一个整体，气势亦称雄伟，于平淡中见有奇崛（图4-1-14）。

图4-1-10 陕西韩城司马迁祠"高山仰止"入口牌坊

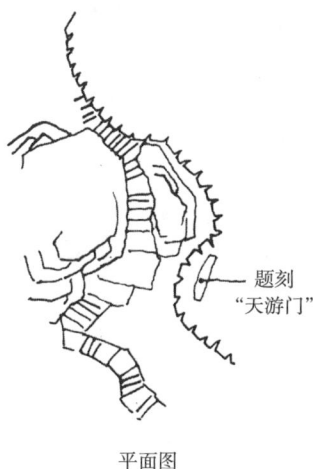

平面图

图4-1-11 福建武夷山"天游门"

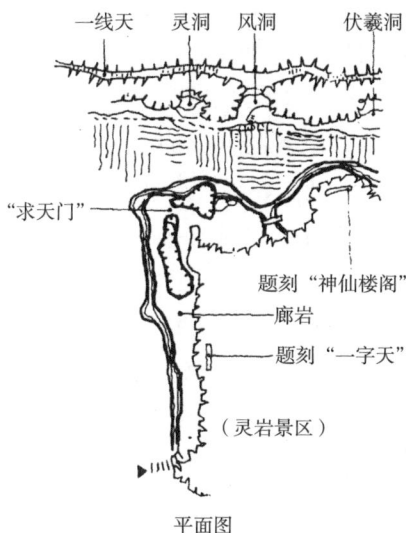

平面图

图4-1-12 福建武夷山"求天门"

"云窝"景区入口

岩洞

景区碑石

平面图

图 4-1-13 福建武夷
山茶洞景区"仙浴潭"
(左)
图 4-1-14 福建武夷山
"云窝"景区入口内景
(右)

3）用石筑门构成入口

这类入口虽以建筑形式构成，但由于材质朴素、造型浑厚、古朴，因而
具有特殊的魅力。福建武夷山不少景区景点的入口均采用这种处理手法，山内
各景点入口不仅造型各异，空间构思亦颇巧妙。亦有结合环境、历史与传统，
题刻入口称号或对联，更富传统特色与史实寓意。

武夷山"小桃源"取世外桃源之意，景点的入口为"通天关"。从苍屏
峰、北廊岩之间，沿小溪进入山谷。经景点入口前段狭长阴暗的"水廊"后再
拾级上岸，岸前石墙挡路，墙隙有栗树雄姿虎踞，枝叶蔽天，疑为无路。曲
折转向，突见门洞外逆光劲射，顿感内外两空间的大小、明暗，形成了强烈
的对比。石砌山门额上所刻的"通天关"，贴切地点出了景区入口的主题意境
（图 4-1-15）。山门两侧刻有对联"喜无樵子复观奕，怕有渔郎来问津"。品评
对联，联想起仙凡对弈的传说，更添凡人探洞觅胜之情趣。一进入洞口，一片
桃林，泛红吐绿，流泉潺潺，鸟鸣啁啾，真似进入桃源胜境。

武夷山"留云书屋"是"云窝"景区尽端的景点，也是通往"隐屏峰"、
"仙奕亭"的主要入口。在自然山石构成的书屋旁的石壁上，刻有巨幅武夷山
游记。壁前建有山亭可供游人休憩，景点布局自然。景点入口设在悬崖磴道
上，倚壁石砌悬崖牌坊，险中生情，造型简朴（图 4-1-16）。

过"留云书屋"景点，攀天梯，步悬崖，抵"仙凡界"，然后登悬崖阶梯直
上青云。在悬崖设残墙门洞，这就是"仙奕亭"和隐屏峰的入口（图 4-1-17）。
此入口用石屑粗坯，断墙残壁，颇添怀古之意。

图 4-1-15 武夷山小桃
源"通天关"（左）
图 4-1-16 武夷山"留
云书屋"入口（右）

　　"嘘云洞"是"云窝"景区中的另一景点，洞内外温差约摄氏十度，洞内
有时会吐出一股云烟，故曰"嘘云洞"。该景点入口设在洞前山凹处，入口用
毛石砌筑，装上石门轴块，作为设门表征。入门处再登数级，一侧辟有人工整
治的小平台，以天然石块作椅案，野味甚浓，小平台可供游人驻足和观景。在
登山道上景点的入口附近设置可供游人休憩的地方，在功能上是十分需要的
（图 4-1-18）。

　　大王峰之登山道入口，地势极为险峻，入口用石砌筑，造型与众不同，
具有城关、山寨的特色。入关口后有依山修筑的"城墙"，可供登临远眺之用
（图 4-1-19）。大王峰悬崖登山入口前面是一块起伏的休息平台。周围按地形
建有曲线形的座椅，可供游客休息，又可作围栏。登山入口是用坚实的片石砌
筑，顶盖小瓦，富有乡村气息（图 4-1-20）。入门楼后一侧尚筑有岩穴长廊，
可供游客眺望。入口门楼额上刻有"悟心"题字。后方悬崖石壁上所刻四个大
字——"居高思危"，异常醒目。

　　4）以自然山石，结合山亭、廊、台构成入口

　　将人工和自然这两种不同性质的处理方式糅合一起，使其布局紧凑，主
次有序、较易收到一定的景效。

　　广州白云山在西边登山拐道上有一块迎面巨石，石旁悬崖筑有山亭。巨
石上有题刻"白云松涛"作为景点的标志。景点四周松林似海，每当山风呼
啸，松林此起彼伏，有如惊涛骇浪，与白云相逐。亭石相配得宜，游人倚亭赏
景，极尽领略白云松涛的情趣（图 4-1-21）。

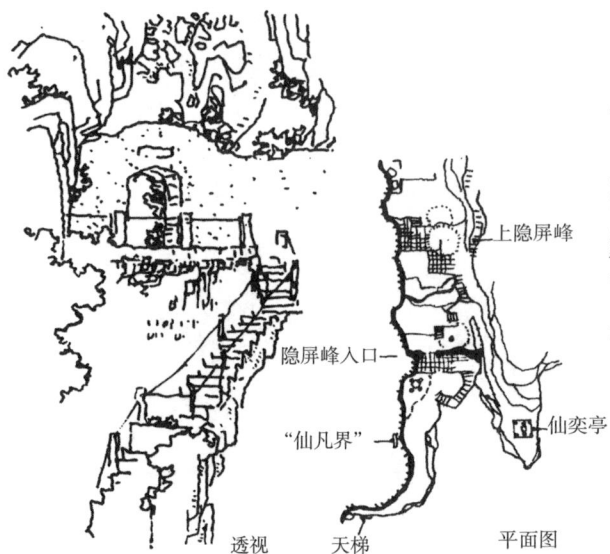

上隐屏峰

隐屏峰入口

"仙凡界"

仙奕亭

透视　　　天梯　　　　　平面图

图 4-1-17　武夷山茶洞隐屏峰入口

下

上

平面图

图 4-1-18　武夷山茶洞"嘘云间"入口

平面图

图 4-1-19　武夷山大王峰登山入口

平面图

图 4-1-20　武夷山大王峰"悟心"峭壁登山入口

图 4-1-21 广州白云山
"白云松涛"

图 4-1-22 桂林七星公
园花桥入口

桂林七星公园桥头区为公园主要入口。"花桥"桥廊横跨小东江。桥廊端头以自然配置的雪松为屏障，衬以花坛，渲染成五彩缤纷的花园景象。桥端一侧为兀立挺拔的"芙蓉石"，石与花桥在方向上和体态上对比明显（图 4-1-22）。

5）亭台结合古木构成入口

在风景区中姿态奇异或带有掌故传说性的古木，很能吸引游人。这些景点由于历史悠久，历代文人题咏甚多，更添游人品评、鉴赏的兴致。在这些难得的景点或景区入口处，多以这些古木为核心，修台、筑亭、立碑以示尊崇珍重。如：泰山五大夫松、岱庙汉柏、河南嵩山中岳书院将军柏均属此类入口的处理方法。

4. 景区内各景点入口的总体考虑

处理景点入口时要有总体观念，既要照顾和局部环境的配合，也要注意在同一景区内特别是同一游览线上各景点入口处理的统一性。入口处理不单纯是入口的造型、风格问题，也牵涉入口前后的空间序列与组织的相关性。

在同一风景线上各景点处理如上所述，有些以人工为主，有些以自然为主，也有些是取两者之所长。总之要顺乎自然，注意单体设计的特色，也要照顾总体的统一性与协调性。

图 4-1-23 广东西樵山
"第一洞天"牌坊（左）

图 4-1-24 广东西樵山
"湖山胜迹"门坊（右）

广东西樵山的"白云洞"风景区始创于明代，此景区有峭壁凌空，飞泉吐玉，四周苍松翠柏之胜，是西樵山之主要景区，故有"欲揽西樵胜，应先访白云"之说法。到白云洞有两条通道，一条是通过山路、岩穴，由石牌坊、洞穴，门洞和天然山石等组成；另一条游览线则经云泉仙馆前和墨庄侧面然后再进入山路，这组景点处理注意了个体的变化和总体的协调。从白云古寺旁登山拾级而上，在浓荫蔽天的白云湖旁建有简朴的"第一洞天"石牌坊，这是"白云洞"景区的第一个景点的序列空间（图 4-1-23）。再拾级而上，便抵达鉴湖旁倚山而筑的砖石牌坊"湖山胜迹"（图 4-1-24）。这座纤巧玲珑的砖石牌坊与"仙馆"在构图上的尺度、比例和主从关系方面都处理得十分恰当，更衬托得"仙馆"雄伟、"鉴湖"宽阔。通过这序列空间后便攀跻怪石、折道登山，步入砖砌门洞，即达"第三洞天"。洞后顽石陡矗，一山门巧立于嶙峋巨石之间，成为登"龙崧阁"的入口（图 4-1-25）。在山门一侧由景墙和自然山石构成另一景点"云门听泉"的入口（图 4-1-26），简朴的景墙划分开景点

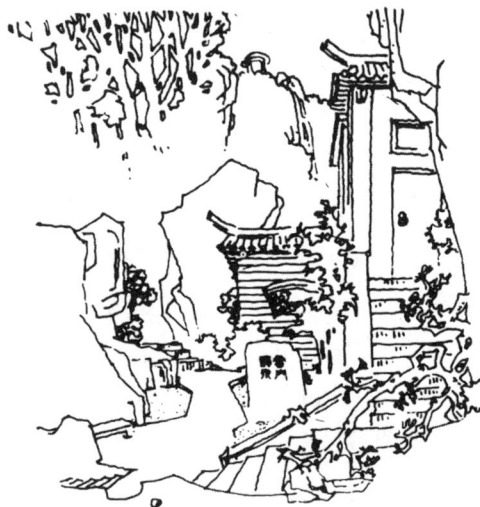

图 4-1-25 广东西樵山
"龙崧阁"入口（左）

图 4-1-26 广东西樵山
"云门听泉"入口（右）

的内外空间，游人步入景区后，顿感空间豁然开朗，飞瀑喧声入耳面对潭壁，倾听飞瀑，深得云门听泉之意（图4-1-27）。继寻声越溪，过桥攀登至白云洞深处，仰望苍天，但见三面峭壁耸立，高插云霄。一股清泉"飞流千尺"劈崖而下，宛若银河倒泻，气势激壮。游人至此就到达赏景的高潮。白云洞景区的各景点都能结合环境与地形，采用地方料，顺乎自然，在变化中求得协调。

从上述福建武夷山云窝、茶洞、大王峰、天游山、隐屏峰等景区的景点入口诸例，虽为数甚多，但均各异其趣，无一雷同。各入口处理亦能切合题意，善于利用地方材料，巧妙组织空间。各入口无论是利用自然山石或人工砌筑均具有浓郁的乡土气息，粗犷而富有野趣。即使新建的入口或建筑小品亦均循此法，新修旧筑浑然一体，突出了山区景区"敦厚""古朴"的性格。

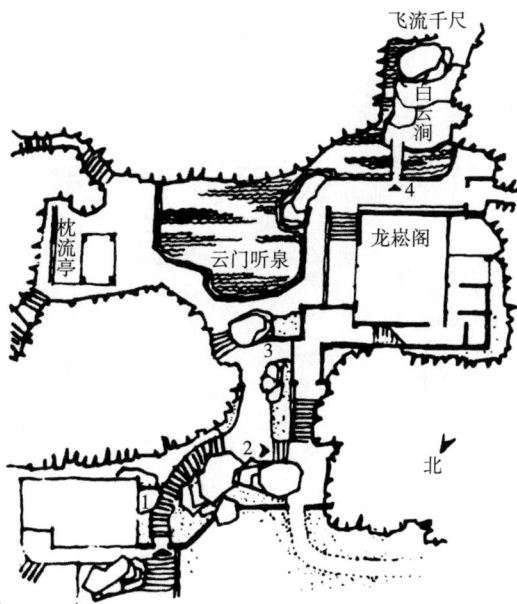

图4-1-27 广东西樵山"第三洞天"平面
1—题刻"第三洞天"；
2—"龙崧阁"入口；
3—"云门听泉"入口；
4—白云洞入口

4.1.2 公园大门

1. 公园大门的作用

近代公园为便于管理，界址四周多设园墙和大门。规模较大的公园，园内更增添各类入口，以便分区组织游览路线。公园大门的设置要考虑使用上的功能和精神上的需求。

控制游人进出是公园大门的一项主要任务。公园客流量变异很大，在人流高峰状况下，公园大门也应能较好控制游人的进出。对于游人高峰密集的公园，如：文化公园、动物园等，除了设置一个或多个大门外，尚需设置若干个太平门，以适应在紧急情况下游人均能迅速疏散和便于急救车、消防车的通行。

公园往往通过大门的艺术处理体现出整个公园的特性和建筑艺术的基本格调。所以，大门设计既要考虑在建筑群体中的独立性，又要与全园的艺术风格相一致。成功的大门设计必须立意新颖、巧于布局，富有个性。

2. 公园大门的位置

大门位置的选择，在城市公园首先要便于游人进园。公园大门是城市与园林交通的咽喉，与城市总体布置有密切的关系。一般城市公园主要入口多位于城市主干道一侧。较大的公园还在其他不同位置的道路设置若干个次要入口，以方便城市各区群众进园。具体位置要根据公园的规模、环境、道路及客流向、客流量等因素而定。

如何组织游览路线也是考虑大门位置的主要因素。广州起义烈士陵园为纪念广州起义英勇牺牲的烈士而建，属纪念性公园。在规划上分为"陵"和

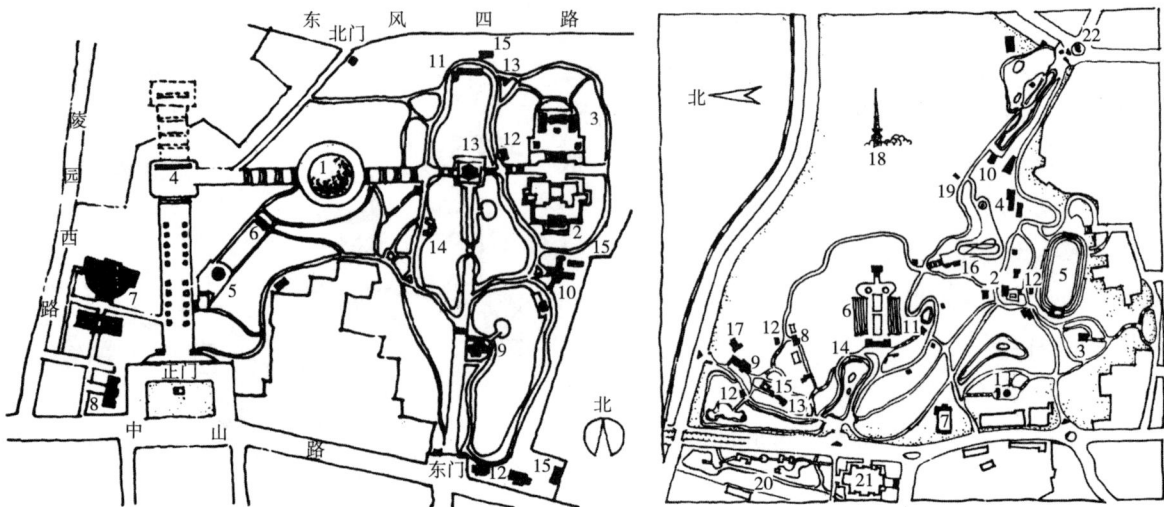

图 4-1-28　广州烈士陵园平面图（左）

1—烈士墓；2—中朝血谊亭；3—中苏血谊亭；4—烈士碑；5—四烈士墓；6—松山避雨亭；7—博物馆；8—办公室；9—接待室；10—茶圃；11—划艇部；12—摄影部；13—亭；14—花架；15—厕所

图 4-1-29　广东越秀公园总平面图（右）

1—五羊塑像；2—镇海楼；3—中山纪念碑；4—广州美术馆；5—体育场；6—游泳池；7—露天电影场；8—体育室；9—听雨轩（餐室）；10—南音餐厅；11—竹林冰室；12—小卖；13—摄影部；14—游艇码头；15—花卉馆；16—金印游乐场；17—管理室；18—电视塔；19—接待室；20—兰圃；21—广州体育馆；22—小北花园

"园"两大部分。两者互相沟通，连成整体（图 4-1-28）。正门设于陵园南面西侧，面临城市主干道，是"陵"的主要入口。陵道较宽，以适应节日群众结队祭祀的需要。通过"陵"的碑、墓可与"园"内干道相接。陵园东侧是园的重要组成部分，另辟的园门是游人重要的出入口。园内沿湖道路迂回曲折，松林小径随势起伏，郁郁葱葱与道旁所植红花相辉映。碧血红花，使人们对烈士的怀念和敬仰油然而生。陵门和园门是整个陵园游览路线的主要进出口和标志。

公园的总平面可分对称式、非对称式和综合式等。大门的位置一般均和公园总平面的轴线有密切的关系。广州黄花岗公园、广州起义烈士陵园、南京中山陵等属纪念性公园。它们的总体布局多具有明显的中轴线，大门的轴线亦多与公园轴线相一致。这样，从大门进园可予人以庄严、肃穆的感觉。一般游览性公园，如：广州越秀公园、西苑、杭州花港观鱼等多采取不对称的自由式布局。不强调大门与公园主轴线相应的关系，显得比较轻松和活泼（图 4-1-29）。

3. 公园大门的空间处理

公园大门的平面主要由大门、售票房、窗橱、围墙、前场或内院等部分组成。公园大门入口的空间处理包括大门外的广场空间和大门内的序幕空间两大部分。

1）门外广场空间

门外广场是游人首先接触的地方，一般由大门、售票房、围墙、窗橱等组成，再配以花木等。售票房有些使之和大门作有机的结合，设在大门的一侧或两旁。也有些采取分离式，把售票房另设于园内（图 4-1-30）。现许多城市公园为了更好地服务于市民，免收门票，原售票房改为管理人员用房及游客服务中心，如：北京紫竹院公园东门的管理等用房（图 4-1-31）。

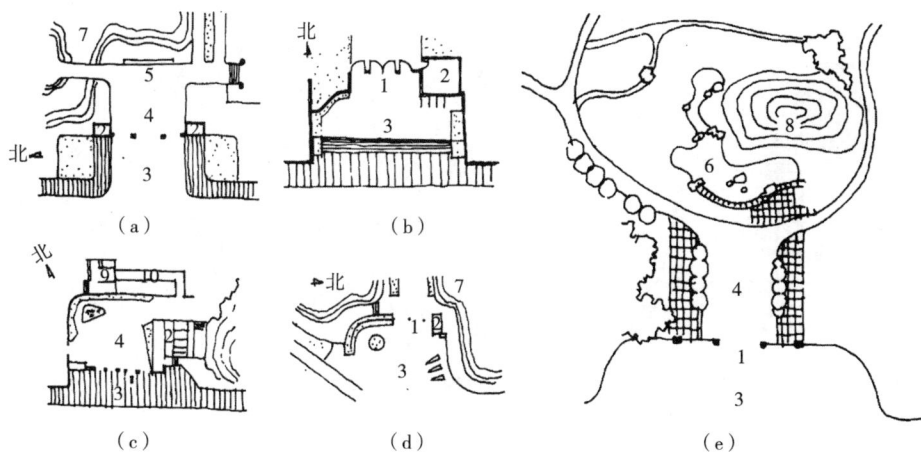

图 4-1-30 公园大门平面组成示意图
(a) 广州越秀公园；
(b) 广州儿童公园；
(c) 北京紫竹院公园；
(d) 天津水上公园；
(e) 广州晓港公园
1—大门；2—票房；
3—前场；4—内院；
5—照壁；6—水池；
7—湖；8—山丘；
9—亭；10—廊架

图 4-1-31 北京紫竹院公园东门游客中心及管理用房

一般经常开放的公园，门前交通流量较大，每逢假日时人流、车流更为集中，因而门前广场有缓冲交通的作用。有些公园在门外广场设置一些服务设施，如：出售纪念品、旅游资料、小卖等。大门是公园门前空间的构图中心，广场空间的组织要有利于展示大门的完整艺术形象。

2) 门内序幕空间

门内序幕空间分有约束性空间和开敞性空间。

约束性这类空间的组织一般指在进入园内后由照壁、土丘、水池、粉墙和大门等所组成的序幕空间。此空间具有缓冲和组织人流的作用。结合我国传统的造园手法处理这种空间，可获丰富空间变化和增加游览程序的效果。也有利用节日期间经过重点的装饰和布置，在游园中使之带有"序幕性"的作用。

广州越秀公园正门门内空间，南行是山麓的圆形景门——"南秀"，北行越"北秀桥"是园的水域游览区，东行沿湖岸可直抵游艇码头和游泳场。这门内空间在分导人流和组织序列空间等方面是比较成功的（图 4-1-30a）。

（a）

（b）

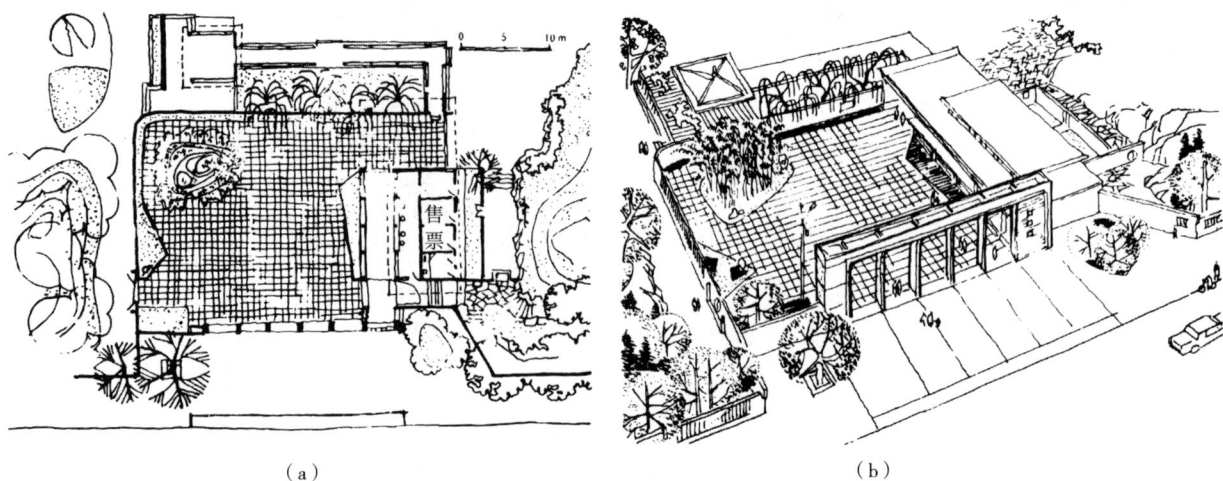

图 4-1-32　北京紫竹院
公园西南门
（a）平面图；（b）鸟瞰图

广州晓港公园进门后由土丘和不规则的水池作屏障，形成园内的序幕空间。堤岸、水面散点顽石、间植花草、园林空间的格调较浓（图 4-1-30e）。

北京紫竹院公园西南门，借鉴了西洋古典石构列柱的间架，重点地方使用了富有民族特色的琉璃面砖，大门色彩对比鲜明，造型富有时代感，但又不失传统的韵味。大门位置临路边，缓冲人流的作用则转由门内序幕空间解决，牌坊门只起公园标志的作用。这个庭园式的门内空间在闭园期亦可作为附近居民休息活动的小园地。紫竹院公园内院除大门和售票房外，两侧衬以弧形转折的粉墙，墙后以较小尺度的亭廊作衬托，使牌坊大门显得更为雄伟，并丰富了内庭空间的层次。内庭倚角竹丛点出了全园的意境。经过内庭几块几何形的绿丛，游人可随意步入园内（图 4-1-32）。

广州盆景之家——西苑，入口用照壁、门厅和院墙组成半开敞的门外空间，游人步入门厅，通过狭窄的英石山洞才到达西苑的序幕空间。通花照壁、石山门房和绿化把这空间装点得自然雅致（图 4-1-33）。东行是一组空间开阔的前院花园，向西跨过景门便是内院庭园。这个规模不大的专业性花园的门内空间组织得古朴、自然、淡雅、别具一格。

图 4-1-33　广州流花西
苑入口平面图

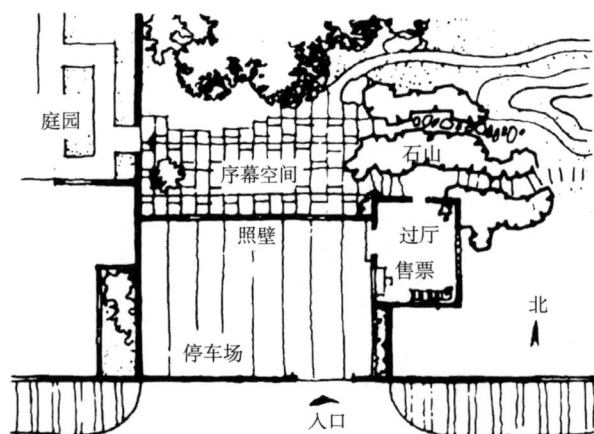

上述诸例的门内空间界面较为闭合，故属约束性空间。

有些公园的内空间的处理由于某种功能要求和结合园内特殊环境的需要，往往采取纵深较大的开敞性空间。广州起义烈士陵园，大门外是喧闹的城市主干道，浓荫常绿的细叶榕环抱门前广场，把富有民族形式的阙式金顶大门衬托得异常璀璨，庄严而又开朗。进门后纵深极大的开敞性空间比门前广场更为开阔。宽广的陵道平砌着光面的白麻石，两旁密植深绿色的针松，予人以肃穆、宁静的感觉。陵道两侧是整齐的花坛，红花烂漫象征着无数的革命先烈的热血洒遍大地。广州起义纪念碑立于开敞性空间的尽端，浓密的绿林衬托出向上高耸的纪念碑，陵园内的序幕空间在高潮中结束。经碑前东折，沿轴线拾级登山即抵园内第二空间——"陵园旭日"。

4. 公园大门的设计

大门的设计要根据公园的性质、规模、地形环境和公园整体造型的基调等各因素而进行综合考虑，要充分体现时代精神和地方特色。造型立意要新颖、有个性、忌雷同。

首先，园门的比例与尺度运用得是否恰当，直接影响到艺术的效果。所以，园门不仅要考虑其自身的需要，也要考虑与所在环境的协调，反之亦然。适宜的比例与尺度，有助于刻画公园的特性和体现公园的规模。如：苏州东园，园门采用对称布局，正中设置景石小院，两侧为出入口，平面处理有一定特点，与苏州以园林称著的特色有其内在联系。由于东园规模不大，园门强调与所临的宽阔广场匹配，故体量显得有点过大（图4-1-34）。

有些公园大门需要较大的空间尺度处理，而又与结为整体的辅助用房在体量上有矛盾时，应仔细分析，分别处理，妥为结合。如：香港海洋公园，规模较大，用地较广，门前道路宽阔。因此大门设计采用了较大的尺度，体现出一定的雄伟气魄，与所在环境十分协调。在门楼的大空间下把一系列的辅助用房，如：售票房、检票口等处理成尺度较小的建筑空间，简明轻快。这样的空间处理，既节约了投资，在使用功能上又合理地控制了人流，游人能迅速进出，是处理矛盾较为成功的实例（图4-1-35）。

新材料、新结构、新工艺在当代建筑领域中不断涌现，因而公园大门设计无论在造型、空间组织亦应体现出一种富有时代感的清新、明快、简练、大方的格调。

下面将几种较为常见的公园大门的立面处理形式分别论述：

1）山门式

这是我国传统的入口建筑形式之一。据我国古代的"门堂"建制，不仅在建筑群外围设门，且在一些主要建筑前也设门，如：天坛皇穹宇入口等。

我国古代的宗教建筑，特别地处山林郊野，一般在道观门或寺庙门外尚设有"山门"等建筑标志，这实是宗教建筑的"福地""洞天"——所属领域的明示，"山

图4-1-34 苏州东园大门（上）
图4-1-35 香港海洋公园大门（下）

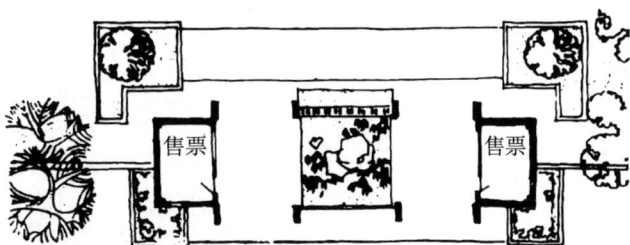

图 4-1-36 广州中山纪念堂山门（左）

图 4-1-37 北京北海公园大门（右）

门"就是这建筑群的序幕性空间，对游人来说是起着表征和导向的作用。后来也有把控制人流的入口建筑称为"山门"。过去此类入口建筑多为砖石墙身、坡顶，造型敦厚、庄重。如：广州中山纪念堂大门（图 4-1-36）。

向广大游客开放的皇家园林，其出入口多利用原宫门。为了符合今天的使用功能，一般需增设有关的管理设施和服务设施。同时，在空间处理和造型上要注意其统一性和协调性。北京颐和园、景山公园、北海公园等入口大门即属此列（图 4-1-37）。

有些规模较大的风景点，为了使门和环境的比例协调，入口门为多开间建筑，体量较大，气魄较雄伟。如：武汉解放公园大门、北京月坛公园大门（图 4-1-38）。北京天坛公园后建的东门（图 4-1-39），沿用传统建筑形式，但其造型和架构有新意、线条简洁、朴素大方、比例良好。其浓郁的民族特色和公园内古建筑形式亦和谐一致。

图 4-1-38 北京月坛公园大门

图 4-1-39 北京天坛公园大门

2）牌坊式

牌坊式建筑在我国有悠久历史。按其开间、结构和造型来区分，一般有门楼式牌坊和冲天柱式牌坊两大类。一般牌坊多属单列柱结构，规模较大的牌坊为了结构的稳定则采用双列柱构架。

过去的牌坊和"山门"在功能上相仿，作为序列空间的序幕表征，广泛运用于宗教建筑、纪念建筑等。如：南京中山陵牌坊门（图4-1-40）。过去在祠堂、官署前也多置牌坊为第一道门，既是空间的分割，也是区别尊卑的标记。在古代城市中被称为牌楼门的牌坊则是坊里大门。

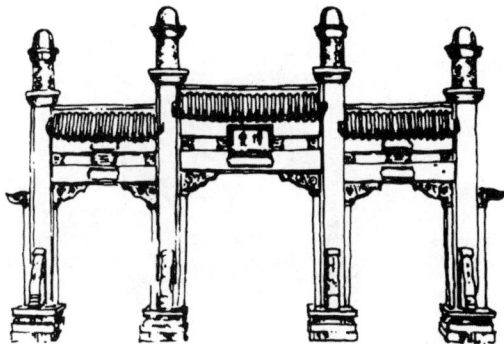

图4-1-40　南京中山陵牌坊门

近代公园的牌坊门为了便于管理，多采用较通透的铁艺门，售票房设于门内，以免影响牌坊的传统造型。如：北京动物园的老大门（图4-1-41）。北京动物园园址在清朝末年时期为1906年建立的农事试验场，以后多次更名，但一直为农事园艺试验场地。1950年3月，以西郊公园的名义正式对外开放，并逐步确定了以动物园作为发展方向，1955年更名为"北京动物园"。

传统的牌坊门，一般造型较疏朗、轻巧。但也有些牌坊门设计得较浑厚，如：广州黄花岗大门（图4-1-42），粗壮的梁柱气势，能较充分体现烈士墓园的性质。云南罗平多依河风景区入口为牌坊式的大门，大门造型采用当地少数民族的村寨建筑形式（图4-1-43）。传统的牌坊门多采用对称手法，云南罗平九龙瀑布风景区入口也是牌坊式的大门，但大门一侧建有游客服务中心，对称中又有非对称因素（图4-1-44）。北京紫竹院原南门牌坊却处理成不对称的形式，在传统与创新方面作了新的尝试。

3）阙式

阙式大门是由古代石阙演化而来，当时的双阙一般东西列，南向，子阙位于阙身外侧，结成整体。石阙比例为墩状，坚固、浑厚、庄严、肃穆（图4-1-45），古代的门阙就是由此演变而成。现代的阙式园门一般在阙门座

图4-1-41　北京动物园的传统老大门（左）
图4-1-42　广州黄花岗大门（右）

图 4-1-43 云南罗平多依河风景区牌坊式大门（左）
图 4-1-44 云南罗平九龙瀑布风景区入口大门（右）

两侧连以园墙，门座中间设铁栏门。由于门座间没有水平结构构件，因而门宽不受限制，售票房可筑在门外或门内，也有利用阙座内部空间作管理用房，如：四川宜宾翠屏公园大门（图 4-1-46）。

广州起义烈士陵园的"陵"门，宽达 30m，后靠宽敞的陵园大道，面向宽阔的草坪（图 4-1-47）。两座白石阙门座之间建以多组红色铁花门，阙顶为朱红色琉璃瓦，大门两侧连以弧形园墙，砌上红色琉璃通花。阙壁镶嵌刻有题词的红色大理石。这个阙式园门处理得十分壮丽、庄重、肃穆、雄伟，体现了革命烈士的英雄气概。宽阔的石阙园门不仅可满足节日期间疏通大量人流的需要。同时，园内大道尽端立有高耸的纪念碑，由于大门没有顶上的水平构件，所以在门外广场眺望园内，纪念碑的完整艺术形象不会受到干扰。

4）柱式

柱式大门主要由独立柱和铁门组成，柱式门和阙式门的共同特点是：门座一般独立，其上方没有横向构件，区别在于柱式门之比例较细长。有些柱由于其体量较大，也有利用柱体内部空间作门卫或检票口用。

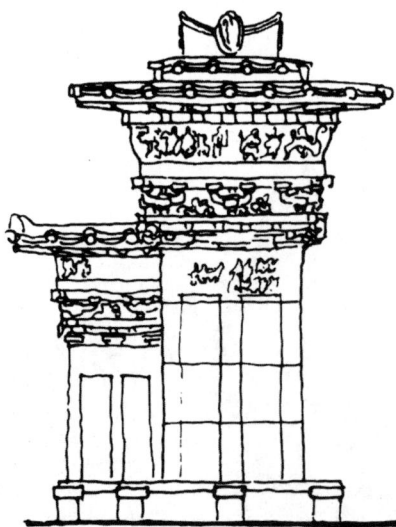

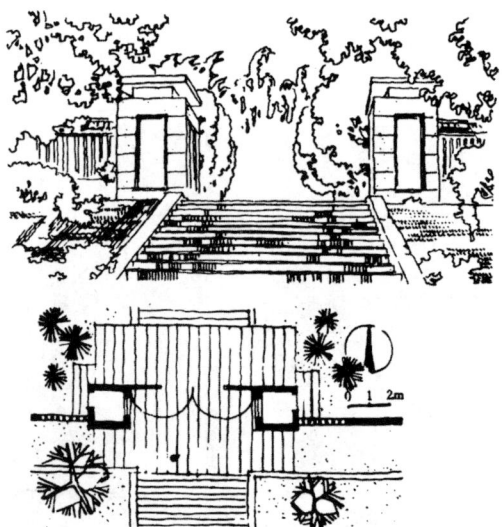

图 4-1-45 雅安汉高颐墓阙（左）
图 4-1-46 四川宜宾翠屏公园大门（右）

图 4-1-47 广州起义烈士陵园大门

南京中山植物园北园大门，按其比例则属柱式，门的造型则有古代汉阙的韵味（图 4-1-48）。大门两侧与门房之间各设小门，以便大门关闭后方便行人出入。门房墙面以浅红色干粘石饰面，顶部檐口贴红缸砖。在丛林深山中，给人以明快、富有生气的感受。大门造型、比例、尺度适宜。有传统特点，又具有明朗、简洁的特征，檐下饰以浮雕植物图案，借以反映植物园之性格。

广州文化公园地处闹市中心，园内活动内容丰富，游客众多，节假日期间每天高达十四五万人次。园内主体以两座独立高柱构成，门柱底座中空，供门卫和检票使用。整个园门由双柱三门和两侧售票房、围墙组成。中门为出口，有较强的人流通过能力，两旁为入口。票房设于门的两侧，以分散人流，可惜门外缓冲用地较浅是其缺点。园门的设计雄伟开敞、简洁明快（图 4-1-49）。

一般柱式大门多为对称构图、双柱并列。南宁人民公园大门则采取非对称布局（图 4-1-50）。独立单柱与较扁平的门房在方向上形成对比、围墙的曲直和虚实又产生强烈的对比，整体效果良好。

图 4-1-48 南京中山植物园北园大门

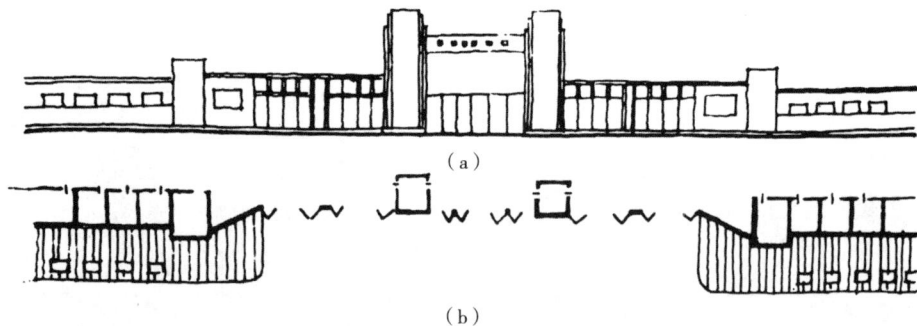

图 4-1-49　广州文化公园大门
（a）立面图；（b）平面图

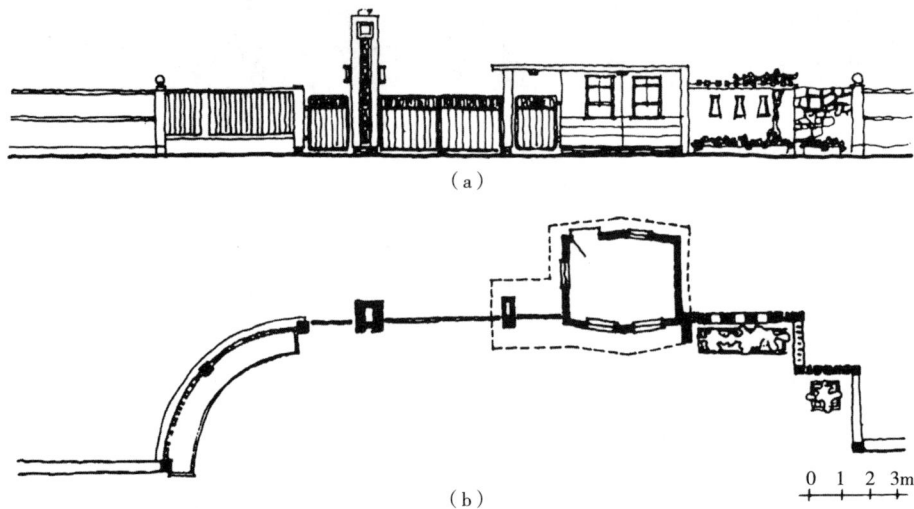

图 4-1-50　南宁人民公园大门
（a）立面图；（b）平面图

0 1 2 3m

5）顶盖式

上述门、山门等入口虽属坡屋顶。但随着建材、结构和施工技术的发展，承重构件上方筑有顶盖的形式还有平顶、拱顶和摺板顶等。

广州流花公园大门为平顶式（图 4-1-51）、广州东山湖公园亦为连续波顶式（图 4-1-52）。这 2 个公园园门采用这种屋顶形式，用以显示以水面为主的公园特性。

图 4-1-51　广州流花公园大门（左）
图 4-1-52　广州东山湖公园大门（右）

　　桂林七星公园后门由值班、售票房和门廊等组成，采用坡顶形式（图4-1-53）。曲折的平面，两坡盖顶，高低起伏前后错落的体型，组合成生动活泼、富有乡土韵味的入口。

　　平顶式的园门易于适应各种较复杂的平面，应用范围较广。如：哈尔滨儿童公园大门（图4-1-54）、上海向阳公园大门（图4-1-55）、上海法华公园大门和广东新会动物园大门等（图4-1-56、图4-1-57）。

　　除平顶外，也有坡顶式的大门，如：成都杜甫草堂增设的北门入口就是一例。杜甫草堂新的大门为木结构，但其形式已非原有的山门造型，采用山面入口，屋顶梁架明露，大门既有传统建筑韵味，又有当代气息（图4-1-58）。

（a）

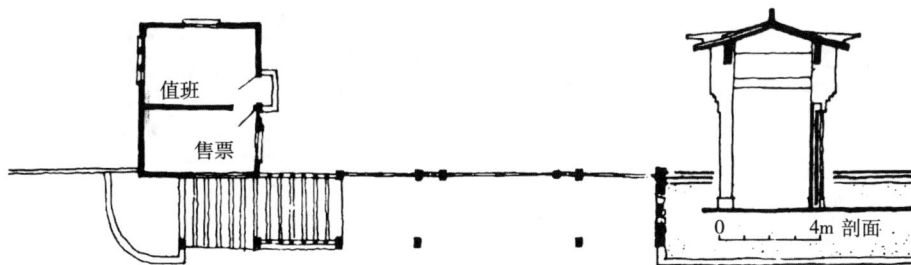

（b）

0　　　4m 剖面

图 4-1-53　桂林七星公园后门
（a）立面图；（b）平面图

0　　4m

售票　　管理

图 4-1-54　哈尔滨儿童公园大门

图 4-1-55 上海向阳公园大门
（a）立面图；（b）平面图

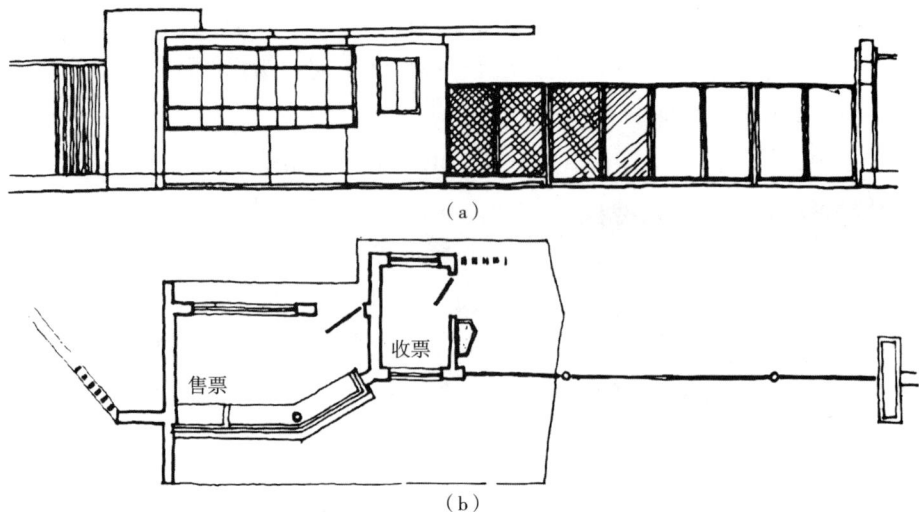

（a）

收票

售票

（b）

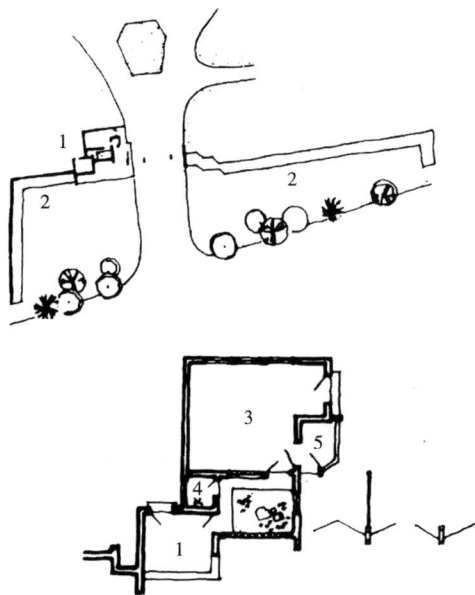

（a）

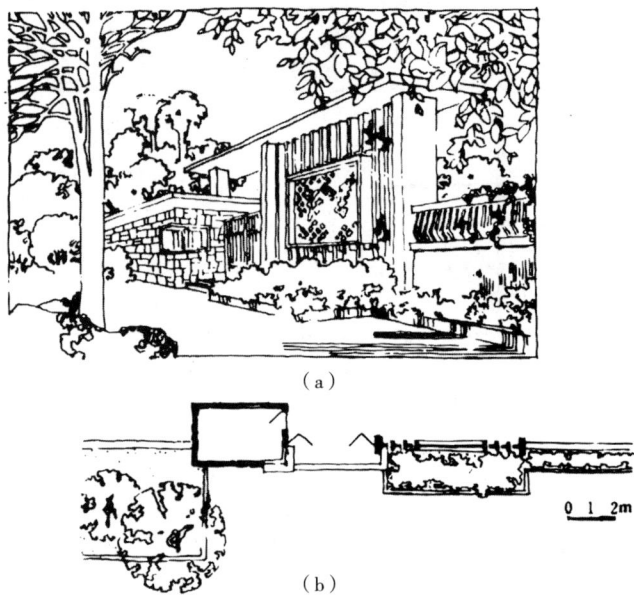

0 1 2m

（b）

图 4-1-56 上海法华公园大门（左）
1—售票处；2—围墙；
3—管理；4—厕所；
5—收票

图 4-1-57 广东新会动物园大门（右）
（a）透视图；（b）平面图

上述各类大门，如：山门式、牌坊式、阙式等传统形式历史悠久，形象优美。现代公园的大门设计，由于功能、结构、材料和设备等方面均有所发展，不少园门在继承传统的基础上进行了大胆的革新，如将售票房等和园门连成整体，不但可使平面简洁，结构合理，管理方便，在立面造型上也予人以一种清新、简练、亲切的时代感。以顶盖式为主调的各种园门不少设计形式新颖，切合园意，手法不落俗套，都有各自特点（图 4-1-59）。

5. 公园大门的性质类别

1）纪念性公园大门

纪念性公园大门一般采取对称的构图手法，如：广州起义烈士陵园的"陵门"为对称阙式，北京天坛皇穹宇入口和广州中山纪念堂大门是对称门式，

广州农讲所、南京中山陵和广州黄花岗公园园门等是采用对称牌坊式等。此类大门具有庄严、肃穆的性格。

2）游览性公园大门

游览性公园大门多采用非对称手法，以求达到轻松活泼的艺术效果。

上述北京紫竹院西南门属不对称的牌坊式园门，此门借鉴了西洋古典石构列柱的间架，重点使用了富有民族特色的琉璃面砖。大门色彩对比鲜明，造型富有时代感，但又不失传统的韵味。

扬州瘦西湖公园，园内有宽阔的湖面，大门位于瘦西湖畔，平面新颖别致（图4-1-60）。大门以歇山亭为主轴，一侧是筑于陆地的游廊，另一侧是

图4-1-58 成都杜甫草堂北门入口（左）
图4-1-59 北京动物园入口大门（右）

（a）

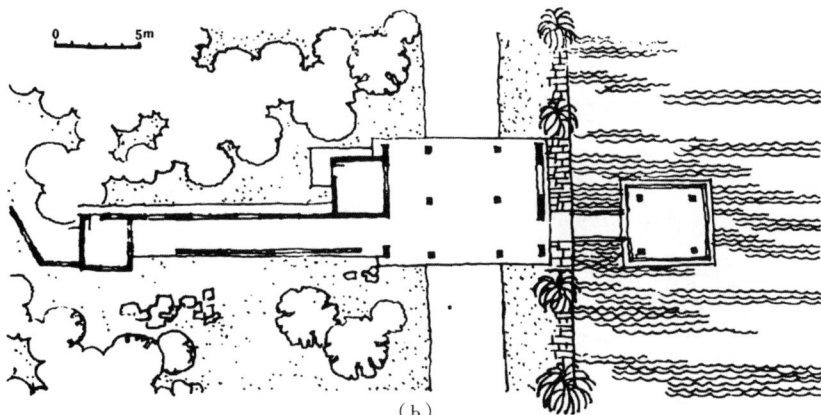

（b）

图4-1-60 扬州瘦西湖公园大门平面及立面图
（a）立面图；（b）平面图

图 4-1-61 广州荔湾公
园大门

飘浮于湖心的攒尖方亭，中间连以小桥，售票房设于门内。大门与瘦西湖融为一体，立面构图高低错落，有韵律感和地方风格。这种具有浓郁民族气息的非对称园门与桂林七星公园后门的处理都有异曲同工之妙。

广州荔湾公园主入口邻接泮溪酒家，园门采用本地区民间建筑常用的白石脚，水磨青砖等，门楼顶用广东石湾产的琉璃瓦，显得淡素、庄重。门前配以南方石雕狮子，增添了几分乡土气息，与相邻的泮溪酒家格调亦相协调（图 4-1-61）。

游览性公园除采取非对称手法处理外，也有采用对称式的，但其造型和格调有别于一般的纪念性公园大门。如上述广州流花公园大门等均属此列。

3）主题性公园大门

从广义而言，主题性公园包括：动物园、植物园、儿童公园、盆景园和花圃等。主题性公园大门如能结合公园主题特性考虑则更具个性和特色，其手法一般以寓意而非写实为佳。

广州华南植物园大门采用不对称的形式，简洁明快。大门不规则的石墙，米黄色的面砖和较低矮的通花墙，三者在尺度、质感和色彩上都运用得较恰当。正门对景为临湖双层亭，内外配植亚热带作物，通过背景的渲染和衬托，使园门更富个性，具有华南园林特征（图 4-1-62）。

（a）

（b）

图 4-1-62 广州华南植
物园大门
（a）透视图；（b）平面图

图 4-1-63 广州兰圃园门
（a）透视图；（b）平面图

（a）　　　　　　　　　　　　　（b）

广州兰圃位于越秀山下，是一座栽培繁殖及研究欣赏兰科植物的主题性花园。园内以各种兰花为主，配以上百种常绿的热带植物，将占地仅 3.6hm^2 的有限空间组成数处幽静清雅的景区。园内以小空间形式设置兰圃荫棚，曲径相连，配以浅池叠石，敞厅迴廊，有邸宅韵味。所以，兰圃园门在造型上亦采用小空间尺度，以别于其他大公园的处理。门楼体量不大、外形雅朴，以青砖作壁，顶盖青瓦，入口的黑漆大门和花岗石门槛，衬以通花翼墙和门前两具比例适中的石狮子。在绿树丛中，杜鹃花出墙吐艳，隐现出一座富有广东特色的邸宅性园门（图 4-1-63）。

4.2 展览类建筑

4.2.1 展览类建筑概述

公园展览陈列馆与博物馆内展出内容一般包括历史文物、文艺及科普之类，如：书画、金石、工艺、盆栽、花鸟、虫鱼、摄影和动植物等。

我国公园内的展览馆由于展览内容日趋丰富，展览的规模亦日趋增大。一般展览馆多采用套间和外廊相结合的平面类型，以有利于组织庭园空间。多体量的空间组合，功能上有利于灵活使用，空间上有利于丰富层次。展览建筑除室内展出外尚可采用展廊和露天展场等各种展出方式相互结合，以扩大展出范围和丰富展出效果。桂林花桥展览馆（图 4-2-1）、上海虹口公园艺苑（图 4-2-2）等是利用厅、廊、墙配合水石景栽组织展览室内外空间的良好例子。

展览建筑不仅在内部功能上要符合展览要求，同时其自身也应成为展览品。不少国家或地区均以较新的造型、结构、材料和技术去表现新的构思。在

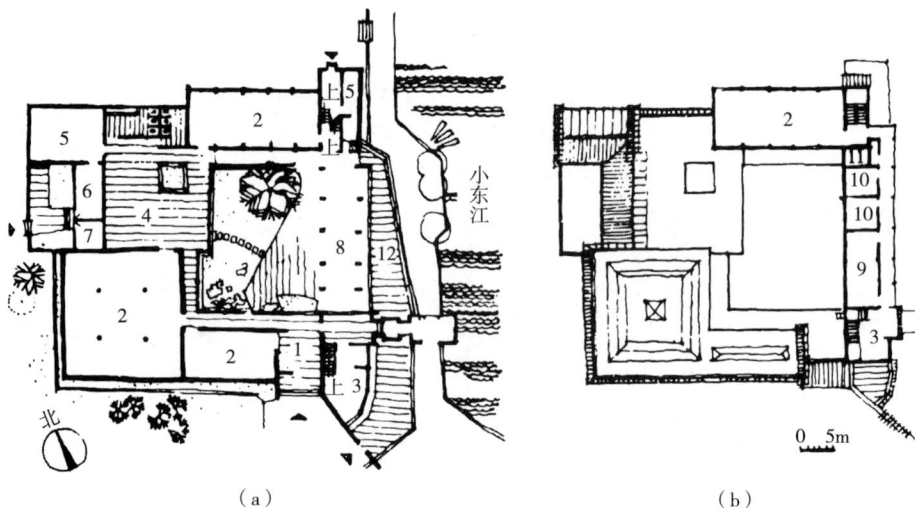

图 4-2-1 桂林花桥展览馆
(a) 一层平面;(b) 二层平面
1—门厅;2—展览;3—接待;4—休息敞厅;5—贮藏;6—服务;7—宿舍;8—架空层;9—会议;10—办公;11—厕所;12—平台

展览建筑的造型中有以较巧妙的构思或较形象的手法去表达某种设计意境;也有以较新颖的建筑体型和组合去表达良好的建筑气氛和奇异多变的活动空间。

比利时的"爱菲尔"——布鲁塞尔原子塔,它是 1958 年世界博览会之展览馆(图 4-2-3)。原子塔是一个原子结构的示意模型。居中的球体是"原子核",其他 8 个球体代表围绕原子核的"电子"。钢结构的原子塔球径 19m,底球是一个圆形的接待厅,通过居中的金属管道——电梯,可登上离地面 100m 的顶球。顶球有一圈固定的钢化有机玻璃窗,隔窗远眺,整个布鲁塞尔市尽收眼底。其余各球均内分两层,全是科技展览室。每球展出一个主题。展出内容包括:天文、气象、地理、人造卫星、原子结构等科普资料。球间的联系为金属管,既是结构部件,也是展览馆交通的纽带,或是电梯,或是自动扶梯和钢质楼梯。金属管道有玻璃窗孔,人在管内运行时,上可望蓝天白云,下可瞰绿丛草坪。一个个熠熠闪光的巨型金属球从眼前掠过,颇有遨游太空,腾云驾雾的感受。原子塔展览馆构思巧妙,内外空间独特,含意深刻,其处理手法足供参考。

城市公园中的展览建筑,一般规模较小,同时又要与园内各建筑协调,

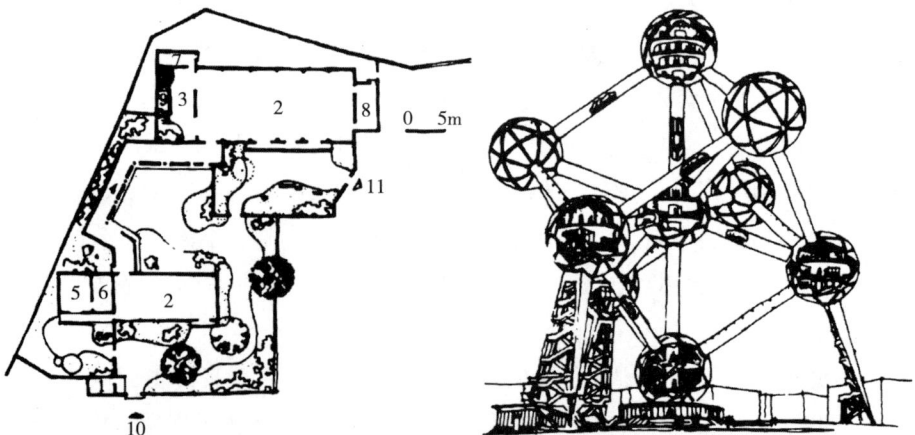

图 4-2-2 上海虹口公园艺苑(左)
1—售票;2—展览;3—温室;4—展廊;5—办公、接待;6—储藏;7—花卉工作室;8—美工室;9—水池;10—入口;11—出口

图 4-2-3 比利时的布鲁塞尔原子塔(右)

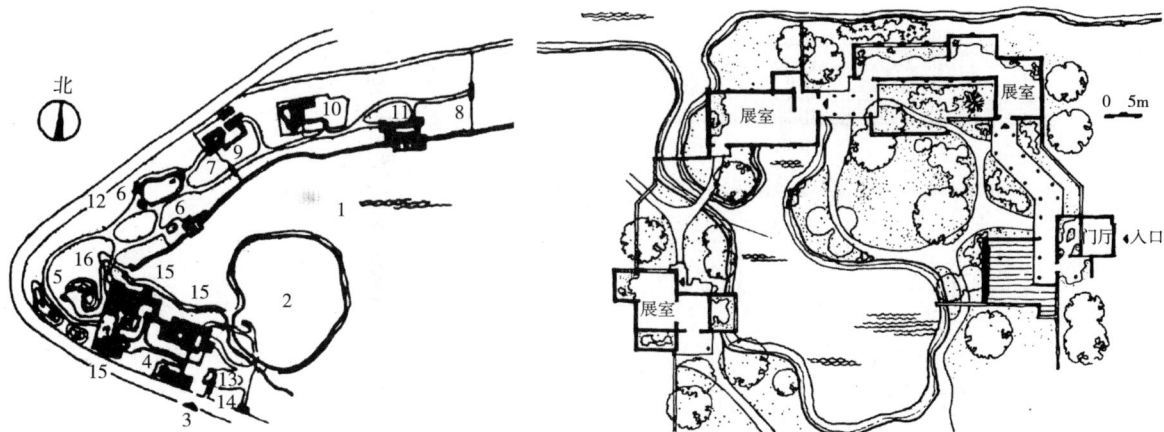

多采用园林建筑手法进行设计。有些公园的展览建筑群落，如：广州文化公园，在建筑平面和立面造型上结合专业展出的特性和功能，塑造出变化较多的体型空间，宛如博览会的小缩影。

在展览建筑林立的公园里，建筑各具特色，这会加强公园建筑对比的活跃气氛，但要注意其总体之间相互协调。反之在建筑群体间的建筑基调对比较弱时，在总体布局上则要加强建筑环境的处理，运用造型手段以增强建筑空间的对比。如：广州"盆景之家"西苑，属中等规模的专业性花园（图4-2-4），园址濒临流花湖，湖宽岸坦，树老荫浓，环境优雅。但西苑建筑地段并不宽阔。造园者根据该公园主题，细心雕琢环境与地形的特点，沿湖错落布置了建筑群，巧妙地安排了游览路线。展览空间则结合园林布局手法，由建筑、墙垣、山石、花木组成各类小型的庭园，为静观近赏，细品盆趣创造了清幽宁静的空间环境。这种着重环境处理，突出空间的对比手法，西苑是比较成功的。它不但简易可行，较为经济，同时在障景、借景、补景各种造园手法上亦有所发展。

上海植物园水石盆景廊由4栋前后错落的建筑组成（图4-2-5），为防止过于旷野，利用虚廊，院墙形成一个较大的三合院，这样既便于管理，又能组成一个内聚性较强的内庭空间，通过引水入园，更进一步增强了建筑群体的聚向性，自由式的堤岸和弯曲的园道与规则的建筑群形成了较强烈的对比。这种"直中求曲"的建筑构图是我国传统的造园手法之一，为今天新的庭园设计所采用。此盆景园室内庭园空间处理较细致，盆景的展出亦较突出。

公园的展览陈列馆（室）或博物馆，按其使用特点，一般可分为专展与轮展两类。

4.2.2　专题馆

专题馆以展出专题性展品为主。此类展览馆展品展出的时间较长，故对展品要有良好的保护措施。除需通风、防潮和防日晒等一般措施外，尚需根据不同的地区，不同的展品内容采取不同的相应措施。如：金鱼展廊则需考

图4-2-4　广州西苑总平面（左）
1—流花湖；2—小岛；3—入口；4—旧园展区；5—峡峪清泉；6—亭、台；7—景门洞；8—望门；9—浓荫馆；10—盆趣馆；11——迴波水榭（接待室）；12—西村公路；13—假山石洞；14—花田；15—展览室；16—曲溪
图4-2-5　上海植物园（右）

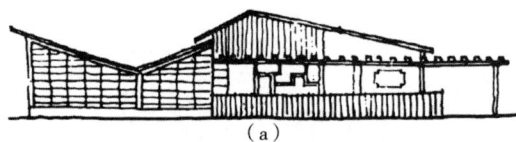

图 4-2-6 广州流花西苑
温室
（a）立面图；（b）平面图

图 4-2-7 上海复兴公
园展览温室（左）
1—门厅；2—展览、温
室；3—接待休息；4—管
理；5— 工具室；6— 厕
所；7—花架
图 4-2-8 广东湛江花
圃花房（右）
1—温室；2—接待；
3—花廊；4—管理

虑金鱼对水温、环境、水质和氧气等方面的要求。有些作物不宜阳光过多，其生长条件以阴湿为主，如：广州华南植物园和广州兰圃设有荫生植物棚。某些花卉在生态上要有一定的日照与温湿度。有些专展室还需设置专门温室，如：广州流花西苑温室（图 4-2-6）、华南植物园展览温室和上海复兴公园展览温室（图 4-2-7）等。不少作物不时要露水湿润，故除室内展场外还需添设露天展场，以便展品能经常调换不同性质的场地，满足其生态要求。

广东湛江花圃花房，平面布局力求争取较多的阳面，以利肉质植物的生长。温室和花廊的顶部和下部采用固定的玻璃窗，上部则采用活动的玻璃百叶窗。在使用上采光和迎风调节方便。半开敞的花廊把温室和接待厅连成整体，造型轻巧。室外沙地植有仙人掌和剑麻，亦有助于增添南国风光（图 4-2-8）。

华南国家植物园大型展览温室群是目前亚洲最大的综合性温室，集科研、科普、旅游为一体，展示热带雨林植物、沙漠植物、高山植物和奇花异草。温室设计方案采纳了法国著名的温室设计公司设计的木棉造型，该设计的灵感源自于广州市花木棉花。温室由四个造型各异的五边形温室相互连接，组成了木棉树的花枝。温室的设计和水系相互映照，水系的设计形成整个木棉花枝和叶子，沿着水系，四座大小不一的花瓣形温室串联起来。这座专门为植物建造的建筑包括一个主体展览温室和三个辅助性温室。热带雨林室是"漂在水中的木棉花"中最大的一朵，占地面积 7987m²，建筑高达 27.4m。来自世界各地的 2000 多种热带植物济济一堂，营造了雨林奇观区、水生植物区、奇趣植物区、雨林文化区、雨林群落区、中心瀑布区和河谷雨林区七大主题景区，室内丘山堆秀，林麓幽深，曲涧凝烟，泉流飞溅，重现了迷雾掩重嶂、苔藓铺青崖的奇特与枯藤缠老茎、泉流滴清响的热带雨林神奇之植物世界（图 4-2-9）。

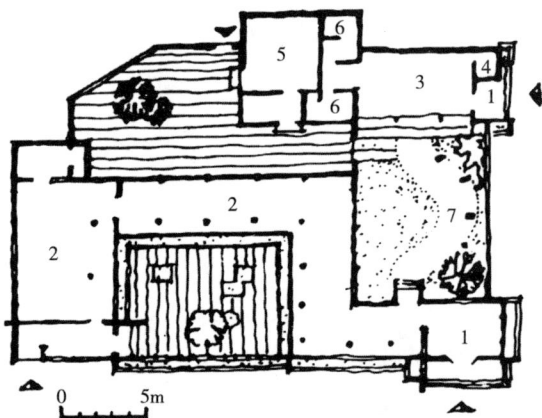

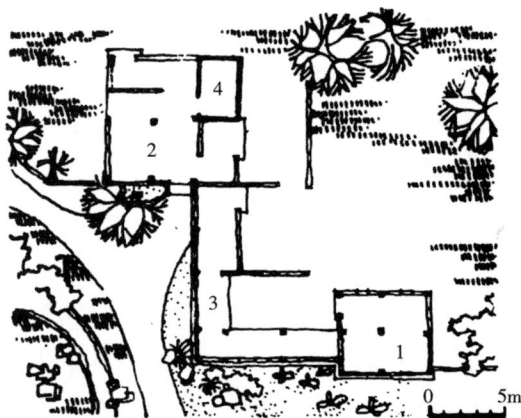

（a）

（b）

图 4-2-9　广州华南国家大型展览温室群
（a）展览温室群总平面鸟瞰
（来源：邓华《走进华南国家植物园》）；
（b）热带雨林室内部

　　总之专展馆如不能符合展品的保护或展品的生态要求，则不论展馆的造型和空间处理如何巧妙都是没有意义的。展品忌罗列与堆砌，而烘托展品的环境与背景要注意主从关系。过于追求建筑空间的变化或过于渲染展品之背景亦易冲淡展览之主题。桂林七星公园的盆景园，建筑体型和庭园空间在组合上是协调的，但有些空间变化和墙饰类型较多，削弱了展品主题。

　　展览馆要提高展览的艺术效果，须深入了解各类展品的特性和展出的特点。如盆景是一项缩龙成寸、富有生机的展品，因而既要有较好的通风采光和便于栽培保养的设置，建筑空间与展品背景也宜朴素、清雅，使之易与盆景的自然情趣相协调。盆景配置有高低起伏，不但可以添增空间的变化，在观赏时亦便于随意仰观俯视。千姿百态的盆景宜配以不同类型的盆钵几架，以烘托小型盆景的特有韵味和组成各种不同的画面。

　　对于有生态要求的展品，如上所述应采取相应的措施。一般专展馆都具有接待的任务，因而建筑的室内外空间要求淡雅而丰富。如：上海植物园小盆景展览室（图 4-2-10）、南京中山植物园李时珍馆、广州西苑温室等。展出空间要注意主从关系，特别在建筑空间处理方面，一定要以有利于展品的保护和突出展品为主。

　　对于某些非生态性的展品，如展出的对象是珍贵的历史文物像遗址和题刻等。则需采取措施保护展品，免遭受自然和人为的破坏。如：桂林七星公园的"桂海碑林"（图 4-2-11），位于月牙山西麓，洞与岩一带有许多古代具有历史价值的碑刻题铭。为了保护碑刻并展出桂林各山岩有名碑刻拓片，修建了藏碑阁及休息廊，主

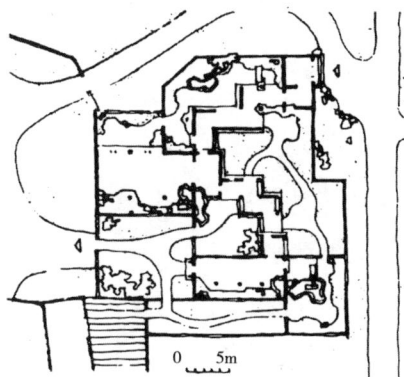

0　　5m

图 4-2-10　上海植物园小盆景展览室

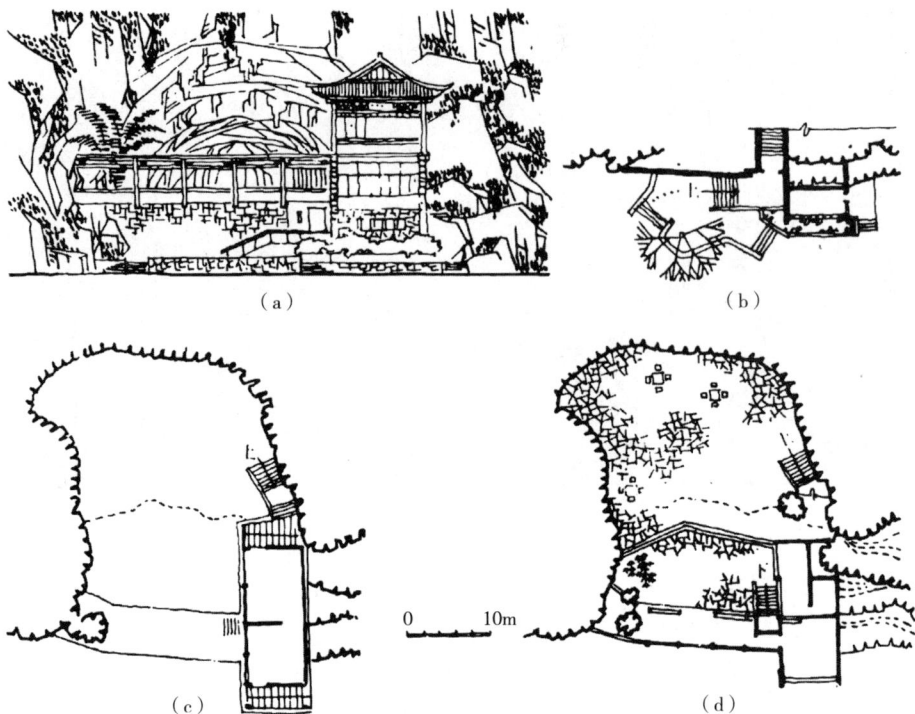

图 4-2-11 桂林 "桂海碑林"
(a) 立面图; (b) 底层平面; (c) 三层平面;
(d) 二层平面

楼靠岩洞一边设置, 以免堵塞洞口遮挡光线而影响阅读碑文。休息廊沿洞口前高台边缘布置, 可眺望外景, 同时把岩洞围合成一个半封闭的内庭空间。

甑皮岩展览室位于桂林南郊独山。甑皮岩是距今 1 万年前的一处原始母系社会人类居住与墓葬洞穴的遗址, 有大量人、兽遗骸及原始工具、器物等珍贵出土文物, 是研究原始社会的宝贵实物资料, 为了保护遗址和展出这些文物, 因而结合洞口、池塘、山坡等自然环境建成专展室。入口门厅及接待室做成长短不等坡的坡顶, 收尾山墙借鉴民居的山墙形式, 使整个建筑寓有地方特点 (图 4-2-12)。

景区和公园内的展览馆除了与园林有关联的展物外, 也有其他内容的展品。如: 广东罗浮山风景名胜区内就有多个博物馆, 包括: 历史文化、中草药文化、红色文化等。罗浮山地处北回归线, 属南亚热带气候区。高温、多雨、土层厚, 形成南亚热带的天然植物园。常绿乔木与阔叶林和众多的藤本、草本等植物, 计有 3000 多种, 其中中草药就有 1240 种。罗浮山为南药基地, 屈大均《广东新语》记载: "粤中有四市: 一曰药市, 在罗浮山冲虚观左, 亦曰洞天药

图 4-2-12 桂林 "甑皮岩" 展览室

市"。罗浮生的百草油疗效奇特，远销国内外，有如门前楹联所云："百草精华
百草油，百姓良药百姓求"。为了让游客了解百草油历史渊源与特点，近年建
有"罗浮山百草油历史文化长廊"陈列室，建筑单层，平面条状，带有传统的
草亭连廊风格造型（图4-2-13）。陈列室位于洗药池旁，洗药池为一个八角形
水池，据说是东晋道教理论家、著名炼丹家和医药学家葛洪与夫人鲍姑洗药
之处。

图4-2-13 广东罗浮山
百草油陈列室（左）
图4-2-14 广东罗浮山
东江纵队纪念馆（右）

罗浮山也是广东人民抗日游击队东江纵队的抗日根据地。1945年春，东
江纵队派出两个支队挺进东江北岸，开辟以罗浮山为中心的江北抗日根据地。
同年5月，纵队领导机关由东江南岸转移到博罗县罗浮山。罗浮山东江纵队纪
念馆在朱明洞景区内（图4-2-14），设有4个展示厅及工作服务区，展厅分别
为"序幕厅""陈列厅""英烈厅"和"映视厅"，以及两条长约60m、宽3m
的参观走廊。馆内展示了500多幅真实的历史照片，陈列了98件文物（主要
是东纵战士生活用具）以及缴获的武器、东江纵队《前进报》印刷机、东江纵
队、粤赣湘边纵队当年出示的布告等。

有些民俗生活类展览馆，采用分散式的布局方式。如：云南罗平多依河
风景区，用村落的住居形式展出当地少数民族生活的农事用具（图4-2-15、
图4-2-16）。更有些风景名胜旅游区内，其特色民居与其他乡土建筑本身就是
极佳的实物展品。

图4-2-15 云南罗平多
依河风景区少数民族生
活陈列馆（左）
图4-2-16 云南罗平多
依河风景区少数民族农
事生活陈列（右）

4.2.3　轮展馆

轮展馆（室）展出的特点是展览的主题不固定，展品主题经常更换。有些较大的轮展室还可同时展出多项主题展品。

轮展室可结合不同的时令、不同的节日展出不同性质的主题展品。既可丰富游客的文化生活，也有利于提高展室的使用效率。此类展览室由于灵活性较大，规模可大可小，一般公园多有设立。轮展室有些是独立设置，有些则与其他项目综合组成建筑群。

轮展室除了要符合一般展览建筑交通路线和灵活分区等要求外，其内在使用功能比专展室简单，专业性要求较低。因而其室内外空间之处理和造型较之专展室更为自由。在不影响表达展出主题的基础上，较多建筑作品着意其空间的划分和室内外空间的渗透。

不同规模的轮展室，其设计重点也不同，规模较小者，着重于其造型和室外环境设计；也有在室内套以小院，以丰富室内空间景效和有利于某些展品的基本生态要求。如：广州越秀公园花卉馆（图4-2-17）、广东韶关公园花卉馆（图4-2-18）。

中等规模的轮展室，可因地制宜，根据功能分区和展室的内容采用亭、廊、轩、榭，结合墙垣、水石和花木组成各种大小不同的庭园空间。如：前面介绍的上海虹口公园艺苑、桂林花桥展览馆、上海植物园水石盆景展览室，以及南宁南湖公园中草药展览廊（图4-2-19）等。

规模较大的轮展馆亦有结合全园的功能分区，运用障景、借景、造景等各种造园手法，把全园分成若干景区，组成各具特色的序列空间。

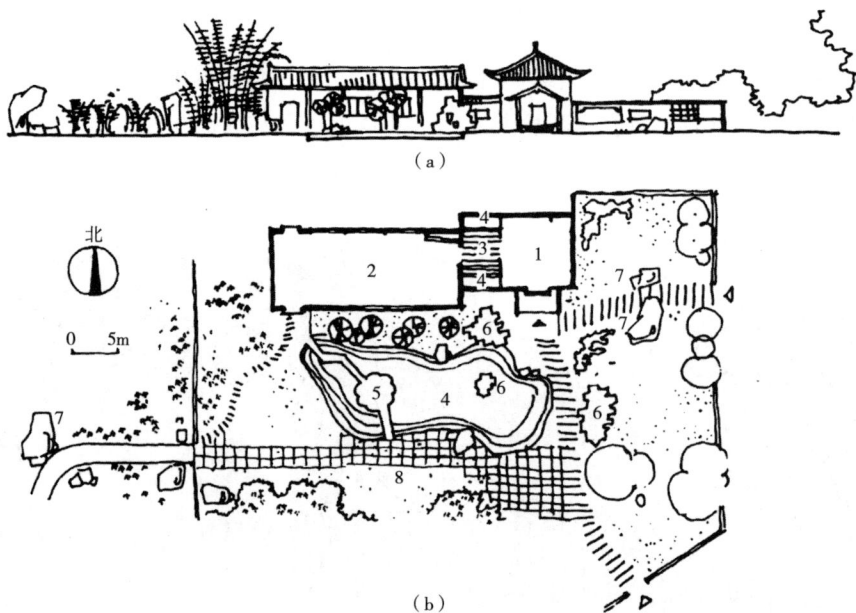

（a）

图4-2-17　广州越秀公园花卉馆
（a）立面图；（b）平面图
1—序厅；2—展室；3—天井；4—鱼池；5—平台；6—假山；7—巨石；8—草坪

（b）

图 4-2-18 广东韶关公园花卉馆
1—序厅；2—展室；3—天井；4—鱼池；5—阅览室

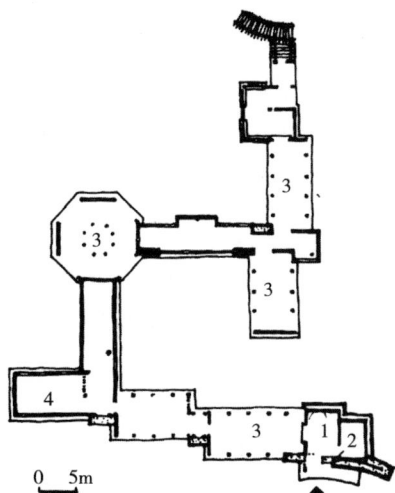

图 4-2-19 广州西苑温室（左）
1—门厅；2—管理；3—展览廊、亭；4—展览室
图 4-2-20 北京紫竹院公园问月楼艺术馆（右）

一般公园内的轮展室规模多属中小型，较大规模的轮展室为节约用地亦有采用多层建筑的。如：广州文化公园曾做有 4 层建筑的展馆，底层作园林茶厅——"园中院"，楼上作展览室，其"园中院"不仅为公园景色增添活力，而室内景园设计亦颇有新意。

北京紫竹院公园明月岛上的问月楼艺术馆，临水而立，始建于 1978 年 11 月，竣工于 1980 年，曾是北京市公园中最大的水榭，建成后成为公园的重要景点及文化活动场所之一。2020 年 6 月，问月楼进行修缮改造，将其建设成集文化艺术展示教育、文创产品展览展卖等多种功能复合一体的紫竹院公园文化展示中心，建筑面积 780m² （图 4-2-20）。

4.2.4 动物展馆[①]

1. 动物展馆概述

动物展馆（区）是动物园圈养野生动物的家园及活动场所，动物园的动物来自世界各地，动物生长的环境均不相同，在进行动物展馆（区）设计时，

---

① 该小节动物展馆内容由广州动物园的林敏仪高级工程师撰写，插图由广州市动物园提供。

不但要考虑动物兽舍建筑设计要符合不同动物个体需求，同时还需要结合动物习性，在动物展示区模拟营造动物原生态自然栖息地的地貌环境以帮助动物融入环境，保证健康生长及繁育。动物园作为圈养和展示野生动物的平台，在保证游客安全、动物安全下将动物日常活动的行为进行展示，动物展区的展示环境能促使游客在足够大的自然环境中欣赏动物，符合国际标准的动物展区设计，不仅允许游客可以沉浸于动物园营造的环境氛围，还可以促进游客探索自然，通过体验感受去了解如何通过实际行动去保护环境，促使游客参与更多的社会公益事业，使其感受更多的社会责任、义务和权利。

动物展馆（区）包含两部分：一是动物兽舍，主要是动物内室，承载动物保育、行为训练、动物医疗救护等功能；二是对外展示区，该区主要承载动物户外活动，向观众展示其自然行为的空间，该区域的环境需要结合动物习性模拟营造动物自然生境进行展示。由于动物展区涉及地域空间、展示面积及动物特性、动物安全等方面，动物展馆（区）的展示方式一般可以归纳为几种方式，如：深坑式展示、笼网式展示、仿自然生态壕沟式展示、全景沉浸式展示。目前较先进的"全景沉浸式"展示方式，需要结合场地环境、动物种类、动物安全、游客体验、管理者几者关系进行规划布置，在我国较为成熟的城市动物园展区建设及规划上也逐步向该方向发展。

动物园是展示和保护濒危野生动物的重要场所，一个合理的动物展馆（区）设计需要了解野生动物生活习性，根据动物栖息地的环境模拟建设，同时考虑引入植物景观营造自然生态环境，创造出人与动物和谐相处的自然生态展区，让动物可以在自然环境下生活，自由体现其原有特性的一面。

2. 动物兽舍建筑

动物兽舍是动物展示的后台，一般由动物兽舍、饲养操作通道、动物保定通道、动物隔离区、室内外展区连接通道、饲养后勤通道、管理间等部分组成。因动物个体不尽相同，兽舍通常不对游客开放。动物展馆（区）会因地域气候条件不同，有时将兽舍与户外展示区结合作为室内展示方式呈现，对动物而言，长期于室内展示而缺乏户外展区活动，将会大大降低其动物福利。如：亚热带、热带动物在北方地区进行圈养及展示，室内展馆的条件及要求就需要相应改善及提高，也应结合绿色建筑的标准进行规划设计。对于兽舍设计，不但要考虑动物福利标准及饲养员操作安全、便捷等需求，还要结合动物展示、游客参观、科普教育流线进行考虑。

现代动物园为了更好地保证动物福利，摆脱动物监狱的刻板印象，在满足动物安全、游客安全的重要原则下，采用兽舍即动物内室结合动物户外活动区域即动物展示区的方式进行规划。兽舍建筑有其特殊性，动物笼舍建筑主体结构无论是钢材，还是混凝土为主要材料，在建筑外观构造上尽量采用符合天然环境的材料，如：采用仿真天然材料——仿木、仿石山、仿树木，采用天然材质——竹子、天然山石、废弃树木等与混凝土、玻璃、钢材等材料一起合并运用。建筑室内空间及各种设施，如：墙体、天花、门窗等需要结合动物个体特性进行考虑，如需要结合动物的体型、重量、动物日常行为特征来考虑建筑高度、门窗设置的位置，还应做好通风、采光、保暖设备等设计。

动物兽舍不仅要考虑满足日常居住环境因素，还要考虑动物在户外活动的安全问题。动物隔离方式选择也是动物展馆（区）设计的关键，在保证动物福利、饲养安全、游客参观之间寻求较为自然的、对动物影响较少的隔障措施。自然壕沟方式可以创造更为自然且美观的展示环境，同时有利于表达动物的自然生态信息；生态绿化栅栏是动物园里常用的景观隔障，景观隔障在兽舍与户外展区起到自然过渡作用，不至于让游客在游览过程中对动物展区兽舍内室一览无余，也有利于保护动物隐私；玻璃外墙在动物展示区中较为常见，但这种材料有利有弊，玻璃的应用可以提高展示效果，特别是在大型猫科动物、水下展示、小型动物近距离展示中有很好的观赏效果，但因玻璃也存在缺乏通风透气、玻璃面反光、局部温室效应，以及有指纹压印、起雾结霜等问题，同时也需要考虑玻璃安全系数以满足动物安全的要求。还有预制钢筋水泥板及钢结构防护网，这些隔障设施与兽舍建筑结构结合时，墙面在满足安全要求下采用喷涂方式做出自然仿生视觉效果，必要时设置脉冲电网或防动物逃笼等。

广州动物园，属亚热带气候地区的动物园，在规划布局上具有明显的南方特色，运用园林艺术的手法，把各个动物展区及兽舍建筑规划成通透、清幽、雅素、美妙的园境。在建园初期，考虑操作简便及通风透气，园内兽舍建筑大部分以栏栅式为主，是一种临时过渡的做法。通过后期的对动物展区的整体调整、充实、提高、扩建，动物兽舍的功能及展示的环境也得到了逐步改善。

动物园大象馆展区建设顺应周边环境，随形就势，利用原有地形，形成山坡形式的"象山"，搭配周边的绿化，营造旷野自然的环境，其环绕型的参观通道可让游客从多个角度观察象的形态以及它的自然行为（图4-2-21）。整个象馆内的建筑主要是由动物内室、管理房组成，建筑立面高大厚重，与动物的体型相协调（图4-2-22）。建筑东边户外场地以漫坡草坪为主，建筑西侧

图 4-2-21 广州动物园早期大象馆（左）
图 4-2-22 广州动物园2018 年新象馆（右）

图 4-2-23 广州动物园
象馆隔离沟（上）
图 4-2-24 广州动物园
长颈鹿馆Ⅰ、Ⅱ鸟瞰（中）
图 4-2-25 广州动物园
鹿馆Ⅰ（下）

场地结合动物生活习性及原生栖息环境设计了狭长弧形水池，大象喜欢通过漫坡到水池沐浴、戏水。场地设置有安全壕沟水池与防护绿带，有效地保证大象与游客之间安全（图 4-2-23）。

广州动物园长颈鹿馆由动物馆舍（鹿馆Ⅰ、Ⅱ）和户外活动场地构成（图 4-2-24）。根据功能需求，两个长颈鹿馆均设置了各种功能空间。整个长颈鹿展区借鉴非洲动物园林风格进行建设，模拟长颈鹿野外生存环境特征，同时加入了长颈鹿斑纹墙面等元素。户外活动场地则结合长颈鹿的生理和心理需求进行布置，设置草地并配以大叶榕、大王椰等具有岭南地域特点的植物，使得建筑与植物自然融合，相得益彰。整个展区的绿化设置疏密得宜，通风、透光、通景。

广州动物园长颈鹿馆平面由大内室、隔离内室、管理室、饲料室、檐廊组成，长颈鹿馆建筑高 1 层，层高约 8m，建筑面积约 200m²，是以符合长颈鹿动物体型特征设计的动物馆舍，钢筋混凝土框架结构，中间动物内室呈高筒仓形，旁侧立细圆柱架空，形成开放空间（图 4-2-25、图 4-2-26），既满足岭南地域湿热多雨气候，也为长颈鹿日常活动提供了一个半户外活动的开放空间。长颈鹿是非常怕冷的动物，为了更好地解决长颈鹿的保暖问题，两个长颈鹿馆有壁暖设计，增加了取暖设置，能更好、更方便地让长颈鹿安然过冬。为了让长颈鹿轻松地度过炎热的夏天，长颈鹿馆的内室还设置了风扇。同时，在户外运动场的树上安装有喷淋系统，为长颈鹿提供了一个凉爽的生活环境。

广州动物园狮虎山设计以营造动物自然生态栖息地为设计理念，结合动物自然生活习性合理布置山水、植物等，巧妙地将动物馆舍与环境融为一体，同时考虑狮子和老虎的活动特征如弹跳、攀爬等习性，设置了围墙、隔离壕沟（图 4-2-27）等各种安全防护设施，使动物馆舍既适合动物的生活，又便于游客参观游览。

狮山、虎山都是塑造断壁悬崖作为背景，壁前是活动场，场地配置峻峭山石，山上藤萝衍蔓，石旁杂草丛生，老虎出没期间，宛如觅食于深山老林（图 4-2-28）。虎山外场分东、西两部分，分别用于展示华南虎与东北虎，华

图 4-2-26　广州动物园
鹿馆Ⅱ（左）
图 4-2-27　广州动物园
狮虎山壕沟（右）

图 4-2-28　广州动物园
狮虎山

南虎展区以灌木为主，东北虎展区以乔木为主。另外，在虎山山体的用材方面也特别讲究，参与该馆舍建设的施工人员还专门到云南石林进行考察，经多次比选，最终选定虎山的塑石为灰白色竖向纹路的喀斯特石山特色，狮山的塑石为横向纹路的非洲红石头特色。

在动物笼舍设计方面：虎山是半自然式兽舍，笼舍空间以山麓坡陀造景，室外活动场和内室互通，虎可以从外场到达内室各个房间。动物笼舍的内室、外室都有隔离笼，便于饲养工作安全操作。内室常用于动物体检、行为训练等，还可作为动物孕育幼崽的产房；而外室则具有展览功能。狮山也是半自然式的兽舍，笼舍的建筑空间同样结合动物生活习性进行设计，狮山内引进水面、嘉木、奇花，游人观赏狮山时有自然景色的感受。塑石假山处理结合狮子好栖息于山谷丛林的习性，以壁潭局构思，山顶松柏扶疏，山涧瀑流琅琅，山麓花木掩映，潭水溢流洞穴深邃，曲径贯通笼舍，地面溪涧潺潺，池壁飞水直注隔离沟，还有谷台洞穴，台上可供狮子登高瞭望，台下洞穴可供狮子栖息乘凉。植物配置以亚热带植物为主，构成非洲荒野的自然环境。

4.3 服务性建筑

园林建筑中的服务性建筑包括：游客中心、饮食业建筑、小卖部、游艇码头等。虽然这类建筑一般体量不大，但因它们大都设置在风景区和公园里面，所以建筑物的选址和设计是否得当，对增添风景区和公园的优美景色有着密切的关系，是不能掉以轻心或马虎从事的。

4.3.1 服务性建筑概述

1. 布点与基址

根据服务、休憩、观赏等要求，服务性建筑需均匀地分布在游览路线上。一般来说各点水平距离约100m，高差约10m（大型的风景区布点则可远些）。距离和高差要恰当，以减少游人的疲乏和方便游人在游园中的种种需求。至于游客中心（接待室）、游艇码头等建筑，其位置还须与选址条件相适应。在大型风景区景点距离较远时，亦可采取综合性集中式的布点方法。

在景区内服务性建筑的基地，土质要坚实干爽。如在坡地边缘或悬崖处要考虑是否会发生塌方或山泥倾泻等现象。要充分利用原地形合理组织排水，以节省工程费用。如受地形限制，在朝向上要尽量避免冬天的寒风吹袭或夏日的炎阳直照。如属饮食业建筑还要考虑水源、电源和后勤供应的交通，这些问题都会直接影响到营业的效益。在大型的山地风景区中尤为突出。建于险峻悬崖、深渊峡谷间的各项服务性建筑要注意游客的安全，妥善安排各项安全措施，以防止失足、迷向或暴风雨吹袭等所产生的种种意外。

风景区中如为名泉所在，附近宜多设茶室。在果园或有名的土特产地，亦往往设置营业点，这样不单可以方便游客，还可增添游园兴趣和提高经济收益。

环境质素对游客的吸引力关系密切，布点时应尽量发挥环境质素的优越条件，仔细分析所在环境的风景资源及其性质，以表达每一景区的特有风貌。被誉为"大自然艺术宫"的桂林芦笛岩是该景区的主要游览点，洞内熔岩石笋像物拟人，仪态万千，潭影泉滴，若隐若现，使人如入太虚幻境。游览路线曲折起伏，顺洞内自然势态布置，以突出洞内天然景致。洞外景色则以芳莲池为中心。北靠天然屏障光明山（岩洞所在），西倚陡壁芳莲岭，东南拥有千顷良田，构成了芦笛岩田园式的风景基调（图4-3-1）。

风景建筑既要为风景区添景，又要为游客提供较佳的赏景场所，因而在建筑选址时要充分考虑风景区对风景建筑的上述要求。对可借之景如何与建筑基址配合须反复推敲，衡量利弊，同时要估计因借对象的实际景效（包括建筑和自然景色）。基址选定后，无论在建筑所处的环境或被因借的自然景色均需本着"俗则屏之，嘉则收之"的原则来剪裁空间，以获较理想的景效。

图 4-3-1 桂林芦笛岩
风景区空间序列

当建筑朝向和视野有矛盾时，可采用遮阳、隔热和其他技术手段来满足视野的要求。建筑物如设有空调装置，更应以视野为主。

2. 建筑空间组织与环境

风景区和公园内的服务性建筑大部分是分散设置，穿插在各风景点或游览区中，也有把功能不同的几幢建筑串联起来，组成若干个建筑空间。这种处理方式有利于节约用地，创造较丰富的庭园空间，同时也便于经营管理。如：杭州"平湖秋月"，苏州东园茶室，武汉"水云乡"，北京紫竹院水榭，上海西郊公园"留春园"，广州华南植物园蒲江接待室、冰室、花展室等。

风景区各种服务性建筑在功能上不仅要满足游客在饮食和休息等方面的要求，同时它们往往也是园中各景区借景的焦点和赏景的较佳点。因此，这些风景建筑无论在体型、体量和风格等方面都要从全园的总体布置出发，在空间组织上使之能相互协调，彼此呼应。

一些属营业性建筑的辅助用房，如：厨房、堆场、杂务院等在总体布置时要注意防止对景观的损害，并要妥善解决好后勤、交通、噪声、三废等问题，不要污染风景区。

风景区各种服务性建筑一般分布在游览线上或离游览线不远的地方。游览线是组织风景的纽带，建筑则是纽带上的各个环节，彼此需相互衬托，互为因借。如：桂林芦笛岩景区，游览线始于光明山南麓，设有游览公路终点的停车场、餐厅和休息室等。按规划意图离停车场不远的光明山麓设登山入口，沿山坡西行经中途休息廊然后到达芦笛岩洞口。游罢出洞，经洞口建筑平台越天桥沿芳莲岭山腰小路便抵接待室。山麓临池设榭，绕池过曲桥便是芳莲池东岸的冰室和休息亭，沿池再北行即回归游览路线的起点。芦笛岩沿线各建筑或依山、或临水、或凌空、或深藏。风格统一、形态各异的建筑参差错落地分散在不同的风景画面上。相互顾盼，互为因借。

建筑空间组织要点：

（1）因地制宜，反映基址特点。风景建筑设计贵在与地形、地貌作有机

北

0　10m

底层平面图　　二层平面图

图 4-3-2　桂林七星岩普陀精舍（上）

图 4-3-3　桂林七星公园小广寒（下）

的结合，相辅相成，结成整体，达到人工与自然的统一。因此，风景建筑的构图可视作特定地形、环境的产物。基址选定后要作详细踏勘，反复琢磨。对有价值的一草一木、一水一石都要保护好并予以充分利用。总之对基址的一切积极因素均要尽量发挥其作用。对所存在的某些消极和不利的因素，则要设法加以改造，务求达到建筑与基址的较完美结合。

桂林七星岩普陀精舍一组建筑位于普陀山山腰（图 4-3-2），巧据山岩隐蔽之处。底部利用一大群组山石，划分入山门后的过渡空间和内部较大而幽隐的封闭庭园空间。文昌亭按地势凸出山岩。从底层庭园登上楼阁，居高临下，山光水色处处入目。穿过普陀山洞，则又步入另一境界。整组建筑结合地形高低错落，平面组织曲折多变，体型、体量对比强烈，主次分明。建筑格局朴拙超脱，富有宗教建筑韵味。小广寒位于月牙山山腰，隐于凹入的月牙岩内。建筑采用水平线构图，造型精巧，酷似月牙岩的浮雕。襟江阁则立于凸出巨石之巅。在对比上用以强化垂直构图。两建筑以傍山而筑的弧形悬梯相连，宛似云霄彩带。这组建筑结合特定的地形，强化了地貌，一藏一露、一横一竖，对比运用得宜，空间构图极富动感，收到了诱导游客"探胜"的效果（图 4-3-3）。

上述案例在建筑结合地形方面作了可贵的探索，同时在结合山水意境、历史文物等方面也较成功地塑造出个性独特的建筑形象和丰富的建筑群体空间。

（2）衬托环境，明确主从关系。风景区建筑除考虑其本身使用功能外，还要注意建筑在景区序列空间中所产生的构图作用，处理好与自然景色的主从关系。在整个风景区的建设中应明确以自然景色为主，建筑宜起点缀作用。从某种意义上讲，其存在的目的首先是衬托主景，突出主景，装点自然，然后才是个体形象的建筑处理。在风景区中出现压倒自然的建筑物，不论其自身形象处理得如何成功，从总体景效来说，终属败笔。

建筑空间的处理，无论在体型选择、体量大小、色彩配置、纹样设计以至线条方向感等各方面都要与所在基址协调统一，浑然一体。如：新建筑毗邻旧建筑，则须注意新旧建筑间的间距，以保持原有环境的气氛与格调。在景区中确需兴建较大规模的建筑，则应遵循"宜小不宜大、宜散不宜聚、宜藏不宜露"等原则，切忌损害环境，压倒自然。如因某种功能需要而兴建较大规模的服务性建筑时，其基址一般应选在景区外，既可避免大体量建筑倾轧自然，又可减小彼此间的干扰。

（3）设置适宜，利于景点观赏。风景区内的建筑在起点景（添景）作用的同时，也要为游客赏景创造一定的条件。所以，在设计前要详细踏勘现场，对基址布置做多方案比较，既要反复推敲建筑体型、体量，也要创造良好的视野，包括对不同景象的视距视角的分析。此外在进行建筑设计时一定要树立全局观念，不能顾此失彼，只注意创造新建筑的赏景条件，却忽略了自身对毗邻景点视线的障碍。如：广东南海西樵山主要景区白云洞，瀑布"飞流千尺"即在这洞天胜地深处。昔日从这危石凌空，飞瀑溅响的洞天往外眺望，周围林木葱茏，视野开阔。洞内外动静对比、明暗对比异常强烈，倍添"飞流"磅礴的气势和洞天的挺拔幽深。但后来在洞口不远处修建了一座体量较大的"龙崧阁"，尽管"龙崧阁"有较佳的赏景条件，可是它的存在既破坏了原洞天的视野，又堵塞了洞天的空间，也削弱了飞瀑的气势。这种顾此失彼，因小失大应引以为鉴。

（4）尊重环境，防止损害景观。较佳的风景建筑应巧妙结合自然，因地制宜。"园基不拘方向，地势自有高低。涉门成趣，得景随形"。如能充分利用地形地物就能借景以衬托建筑和丰富建筑的室内外空间。自然地貌多种多样，"有高有凹，有曲有深，有峻而悬，有平而坦"，这种多变的地形对于风景建筑总体布局和个体设计来说，不但不是一种障碍，反而是构成较佳构思的积极因素。如：广州白云山的山庄旅舍、双溪别墅等都属山林地庭园，它们依山形而建，遇怪石则作景、逢古木则留荫，建筑物穿插在山石池水之间、浓荫古木之旁，高低错落，构图得体。这些建筑均能较好地结合自然地貌，保持自然环境，从而创造出较有个性的建筑群体和庭园空间。

有些人图省事，修屋筑桥，炸山填谷，爆石取材。更有甚者，把坡地铲平，把古树顽石搬掉，截川断流用作水源。这些随意毁坏自然地貌的做法不仅大煞风景，而且破坏了生态平衡，不能等闲视之。

4.3.2　综合类建筑

1. 游客中心及接待室

游客中心或称游客服务中心，过去常称作接待室。规模较大的风景区或公园多设有一个或多个专用游客中心，以接待游客或旅行团。这类以接待功能为主的游客中心为游客提供售票、休息、景区（景点）介绍、联系导游，也有

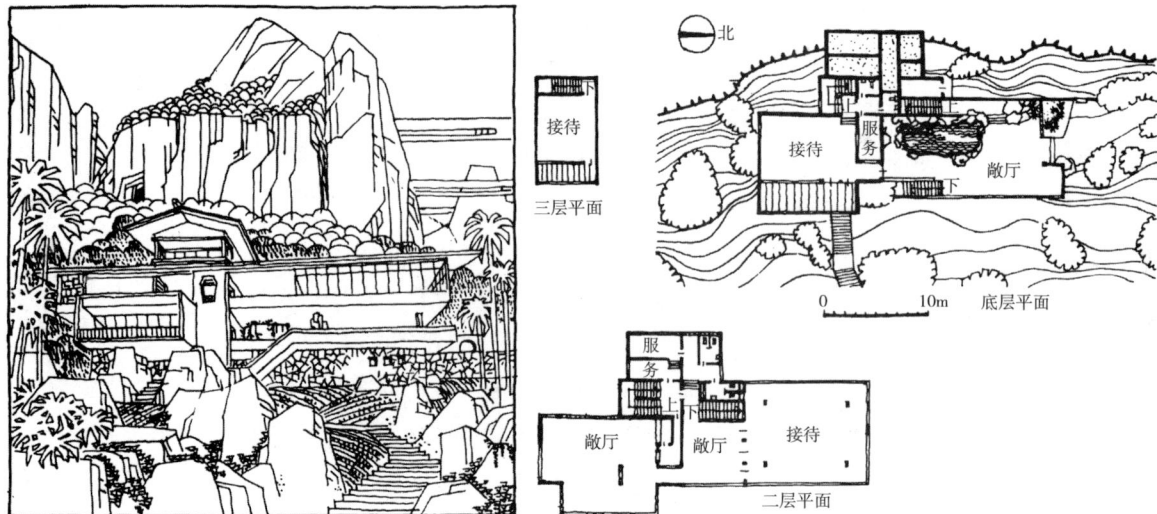

图4-3-4 桂林芦笛岩半山阁接待室

兼作小卖（包括工艺品和生活用品）和小吃等营业部分。游客中心的位置多处于风景区或大型公园的入口处，也有结合风景区主要风景点或公园的主要活动区选址。一般要求交通方便，环境优美而宁静。即使在客观环境欠佳的情况下，也需创造一个幽静而富于变化的庭园空间。

游客中心设计通常难以面面俱到，倘能在某方面巧作构思就不失为有特点而不落俗套的风景建筑。特别在风景园林区，应因地制宜，天然成趣。像桂林芦笛岩的半山阁接待室，筑于芳莲山陡坡，其依山而筑高低错落的体态就颇有新意（图4-3-4）。主体两层，局部三层。每层均设一个接待室，可以同时接待数批来宾。一、二层均有一个敞厅，专供一般游客憩息和小吃用。在构筑上接待室底层敞厅筑小池一方，模拟涌泉，基址岩壁则原样保留，建筑宛似根植其上。这样的处理，不但可使天然的片岩块石成为室内空间的有机组成部分，且与室外重峦叠嶂遥相呼应，深得因地制宜，景致天成的效果。登接待室，纵目远眺，正前方开阔的湖山风光，两山间飞架的新颖天桥，山麓濒池的水榭，遥遥相对的洞口建筑以及四周的田园风光，诸般景色均为接待室创造了良好的赏景环境。

桂林伏波山听涛阁接待室筑于陡坡悬崖（图4-3-5）。它借岩成势，因岩成屋。楼分两层供游客休息与赏景用。建筑室内空间虽较简单，但利用山岩半壁，与入口前之悬崖陡壁相互渗透，颇富野趣。由于楼筑山腰，居高临下视野开阔。凭栏远眺绮丽漓江得以饱览无遗。

突出主题，吻合园意。广州兰圃是以兰为主题的专业性花园，它虽临闹市，但经造园者一番经营，却成为一个浮香储秀，闹处寻幽的好去处。由"兰圃"景门折西，跨小石板桥便是兰圃荫生植物棚的接待室（图4-3-6）。室前临池，侧依小溪，平台卧波，清流涸石，绿荫曲径，环境幽雅。室内巧置兰草数丛，窗前品茗，兰香沁人肺腑。建筑室内外空间虚实相映，墙垣质感对比强

接待室（二层）

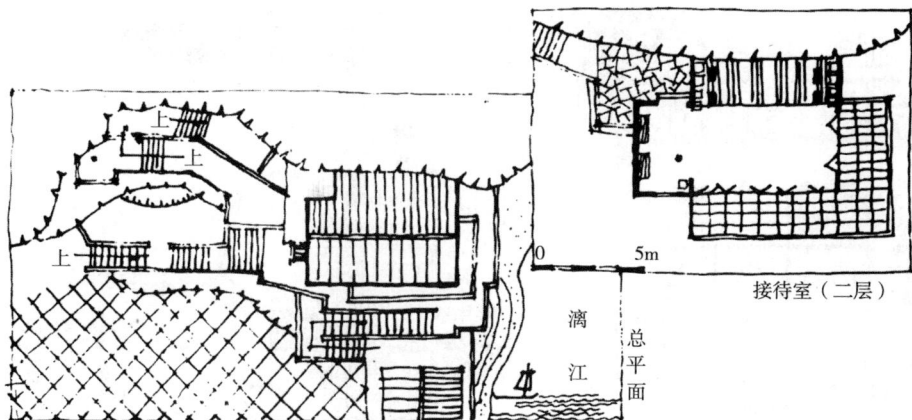

图 4-3-5 桂林伏波山听
涛阁接待室

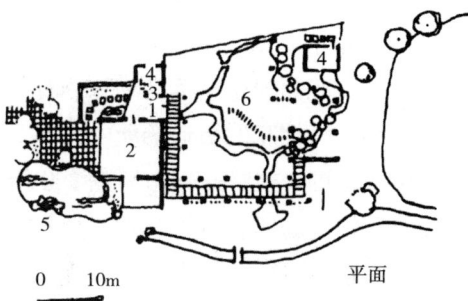

过厅

平面

图 4-3-6 广州兰圃荫生
植物棚接待室
1— 过 厅；2— 接 待 室；
3— 厕 所；4— 管 理 室；
5—叠石山泉；6—荫生植
物棚

烈，色彩明快和谐。壁面分青砖、粉墙或石壁，形朴质雅，颇为得体。幽旷野
趣的建筑风格与兰花生长环境的相互协调，吻合兰圃的主题性公园。

　　游客接待室分单一型和综合型，单一型主要解决游客的临时接待，提供
茶水和休息的地方。广州越秀公园"金印"游乐场是广州和日本福冈结成友好
城市后多方面交流与合作的一个侧面。在游乐场东入口旁设有接待室。这里交
通方便，环境幽静（图 4-3-7）。接待室小尺度的简洁、朴实的入口处理与规
模不大的接待室在体量上十分协调。园内铺地、绿化和悬浮式的露台均具有一
定的日本韵味。"金印"游乐场接待室是体现出日中两国人民友好合作的象征。

　　发挥环境素质，创造丰富空间。一般游客接待室多选址于良好景区、环
境素质较佳处。如：广州华南植物园临湖的接待室（图 4-3-8）。室的南面虽
靠近园内主要游览道，但由于为竖向花架绿壁所障，游人虽鱼贯园道也无碍室
内的宁静。接待室采用敞轩水榭形式濒湖开展。此接待室不仅充分发挥其较佳
的环境素质，错落安置水榭、敞厅、眺台和游艇平台，同时极力组织好室内外
的建筑空间，如通过绿化与建筑的穿插，虚与实的适宜对比，达到敞而不空。
又采用园内设院、湖中套池的方法增添景色层次，使规模不大的小院空间，朴

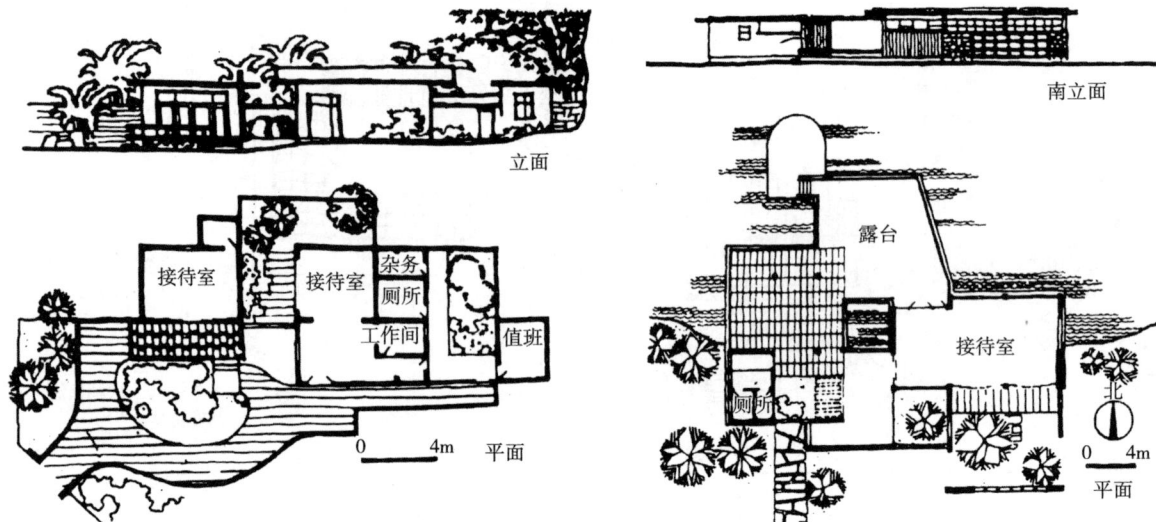

立面

南立面

接待室　接待室　杂务　厕所　工作间　值班

0　　4m　平面

露台

接待室

厕所

0　4m

平面

图 4-3-7　广州越秀公园"金印"游乐场接待室（左）

图 4-3-8　广州华南植物园接待室（右）

实自然而富有变化。

广州流花西苑接待室"回波水榭"位于园西末端，为游客游园休息、品茗赏景和即兴挥毫的活动场所（图 4-3-9）。此接待室虽位于园之一端，但由于巧借流花湖，视野开阔，环境十分绮丽。回波水榭外形淡雅、清新、明快。高低错落的内庭辟有竹兰石景。步入静室，东窗框景现出"越秀剪影"。凌波平台可鉴湖面波光。绕过竹兰小院，拾级到书画间，窗明几净，简朴典雅，富有挥毫诗画，文采风流的气氛。回波水榭设有品茗赏景的静室和眺台。在结合湖边起伏的地形，组织错落内庭空间方面，亦富有地方民间色彩。

南京中山植物园的前身为孙中山先生纪念馆，建于 1929 年，为我国著名植物园之一。该园地处紫金山南麓，背山面水，丘陵起伏，为南京主要风景点之一。中山植物园从事国际和国内交往的历史较早，接待任务较重，因而在园内新建了一座以接待、会议和陈列中草药物为主的"李时珍馆"。该馆设计吸取了江南园林的处理手法，采用我国传统建筑形式，较好地结合基地的周围环境。建筑体型和空间显得朴实而丰富（图 4-3-10）。

有些接待室环境虽平庸，但只要善于构思，经营得体亦可创造出较佳的内部空间。如：广州中山纪念堂贵宾接待室扩建于堂之西侧。由于环境和安全所限，且接待室要和严肃的纪念堂相协调，因而不宜把建筑处理得过于开敞（图 4-3-11）。此专用接待室从纪念堂西门有车道直抵入口，进门后有曲廊和观众大厅前座相通，同时也有通道和舞台连接，交通便捷，功能合理。小贵宾室和交通廊道以小院相隔。小院金鱼池朴素大方，绿化配置合宜。大贵宾室和廊道、卫生间组成一稍大的庭园空间。卫生间后墙竖向绿化生态良好。周围绿化、盆栽经精心的安排和管理，显得院落规整而富有生气。虽然这接待室属扩建工程，周围环境素质平庸，但由于功能组织合理，布局协调得体。通过方中求曲、活泼多变的空间处理和精心经营的绿化配置，取得了良好的空间艺术效果。

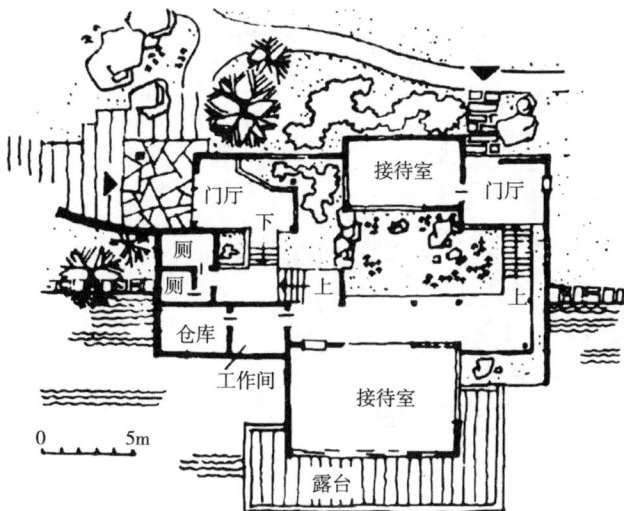

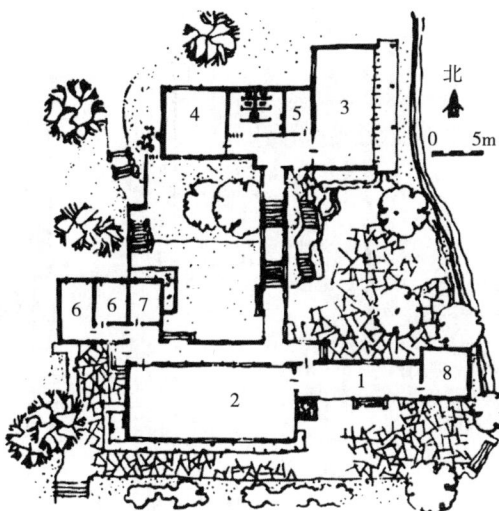

规模较小的风景区和城市公园设置的小型游客中心，用以承担园林管理和接待游客等业务。这类接待多与工作间、行政用房等统一安排，也有兼设小卖、小吃或用餐等项内容。这类的游客中心或接待室属综合性的，由于其组成部分较单一性接待室复杂，所以在设计中如何统筹安排、合理组织是一个关键性的问题。

综合性的游客中心或接待室小卖、进餐等人流较多的部分，常设在入口处附近。行政办公等也可邻近入口，但宜偏于一隅以方便联系工作及减小相互干扰。厨房等辅助用房应隐蔽，另设供应入口。接待部分应安置在视野较佳、环境较安静的地方。如：广州兰圃接待室（图4-3-12）。

单层的游客中心或接待室可通过水平方向组织功能分区，为使各区能够获得较好的空间环境，多采用庭园设计手法，穿插大小院落，以丰富空间层次。这也有利于分区管理和保证建筑功能分区的合理性。多层的游客中心多采用垂直和水平综合分区的手法，往往把人流较多、交通联系要方便的组成内容置于首层，如：小卖、冷饮、餐厅、厨房、仓库等；而人流较小，要求环境较宁静的则安排在楼上，如：接待室及其工作间等。也有为方便来宾而在楼上设置小卖、小吃或餐厅等。

位于杭州城市西部的杭州西溪湿地公园，有秋芦飞雪、高庄宸迹、渔村烟雨、河渚听曲、龙舟盛会、曲水寻梅、火柿映波、莲滩鹭影、洪园余韵、兼葭泛月等十景，蕴涵了"梵、隐、俗、闲、野"五大主题文化要素，是国内集城市湿地、农耕湿地、文化湿地于

图 4-3-9 广州"西苑""回波水榭"（左）
图 4-3-10 南京中山植物园"李时珍馆"（右）
1—门廊；2—陈列室；3—接待室（会议室）；4—接待室；5—服务；6—办公；7—储藏；8—水泵房

图 4-3-11 广州中山纪念堂贵宾接待室
1—服务；2—贵宾；3—空调；4—女厕所；5—开水；6—电话；7—男厕所

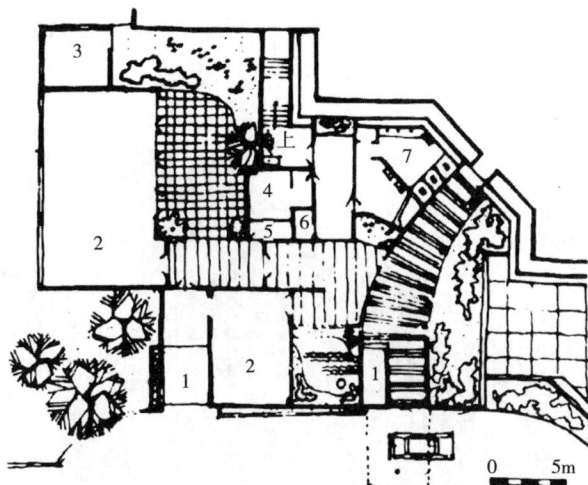

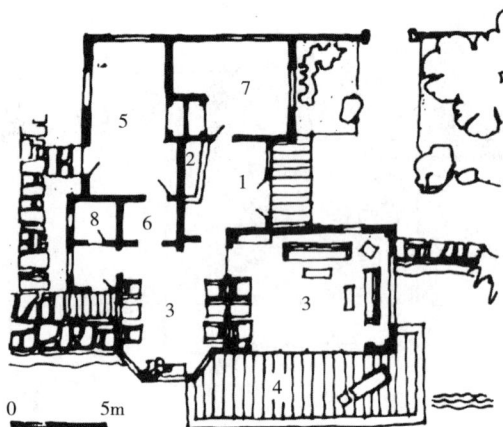

图 4-3-12 广州兰圃接待室平面图
1—门厅；2—小卖；3—休息；4—露台；5—厨房；6—备餐；7—管理；8—厕所

一体的湿地，也是全国首个国家湿地公园。西溪湿地其南面天目山路周家渡出入口外集游客服务中心、停车场、驿站于一体。建筑群分散布局，游客服务中心大厅内有西溪湿地公园介绍、售票、小卖等，有廊与山门式的大门相连，入口广场对面有饮食驿站。建筑采用江南地区的民居楼房造型（图 4-3-13、图 4-3-14）。

2. 公园驿站

公园中的驿站特指供游客在公园使用中途进行休憩、饮食、阅读等活动的场所，是城市公园服务设施中的重要组成。建筑外观优先考虑协调场地所在园区的主题，宜在设计中考虑建筑传统。一般依据其规模和功能特征分为三个等级。

一级门户型驿站是公园管理服务中心，承担管理办公、综合服务（餐饮、会议、公共文化、公厕等）、交通换乘等，功能较为复合。多结合大型公园绿地、设施等交通核心地带设置。这类驿站注重室内外空间的结合。南京无想山秋湖驿站位于无想山国家森林公园，场地周边自然环境优越。驿站依据原有林场中的办公场地重建，包含了景区游客咨询、商品售卖、休憩中转、景区管理等功能。建筑布局对传统四合院、坡屋顶建筑形式进行呼应（图 4-3-15、图 4-3-16）。

图 4-3-13 杭州西溪湿地公园周家渡入口游客服务中心外观（左）
图 4-3-14 杭州西溪湿地公园周家渡入口游客服务中心室内（右）

　　二级节点型驿站是服务的次中心，承担综合服务（餐饮、会议、公共文化等）、售卖、休憩和交通换乘功能，结合公园绿地、广场等重要节点空间，一般偏重餐饮或公共文化功能的组织。悉尼 Cabarita 公园社区场馆具有通透轻盈的建筑外观，建筑部分主要由凉亭、公共大厅和服务设施 3 部分组成。建筑墙体部分大量使用尺寸较大的滑动玻璃门，形成了良好的室内外空间联动（图 4-3-17、图 4-3-18）。

　　三级基础型驿站作为使用者休息场所，结合蓝绿廊道进行灵活布置，多以公厕功能为核心，组织休憩廊、平台等。该类型有模块化设计的趋势。南粤古驿道梅岭驿站选址在广东韶关，功能包括古驿道管理、综合服务、交通换乘等。用新的建筑形式语言解构了传统的坡屋顶，较好地回应了地方的建筑传统（图 4-3-19）。上海黄浦江东岸望江驿位于黄浦江贯通工程东岸，服务驿站沿江每公里分布一个，总数为 22 个。建筑形式相同，功能都是以公厕为核心，组织平台、走廊等，布局方式结合场地差异进行局部的调整（图 4-3-20）。

4.3.3　餐饮建筑

　　饮食业建筑在风景区内已成为一项重要设施，还有公园内主要以茶室类的服务建筑为主。该项服务性建筑在人流集散、功能要求、建筑形象等方面对景区和公园的影响较其他类型建筑为大。如能结合实际，因势利导，不但可以避免或减少对景区所产生的种种弊端，且可为园景添色，为游客的饮食提供方便。而且从"以园养园"的角度看，也是一项重要的经济收益。

　　饮食业风景建筑名称繁多，有以景区、景点命名。如：桂林七星公园月牙楼、驼峰茶室。有以公园名称直呼，如：广州流花公园流花茶室、杭州花港

图 4-3-15　南京无想山秋湖驿站鸟瞰（左上）
（来源：崔勇.文化振兴背景下苏南乡村社区文化服务中心营造研究 [D].上海：东华大学，2022.）
图 4-3-16　南京无想山秋湖驿站（右上）
（来源：崔勇.文化振兴背景下苏南乡村社区文化服务中心营造研究 [D].上海：东华大学，2022.）
图 4-3-17　Cabarita 公园社区场馆（左下）
（来源：林云帆.旅居模式下的养老小镇景观设计研究 [D].吉林：吉林建筑大学，2019.）
图 4-3-18　Cabarita 公园社区场馆平面图（右下）
（来源：林云帆.旅居模式下的养老小镇景观设计研究 [D].吉林：吉林建筑大学，2019.）

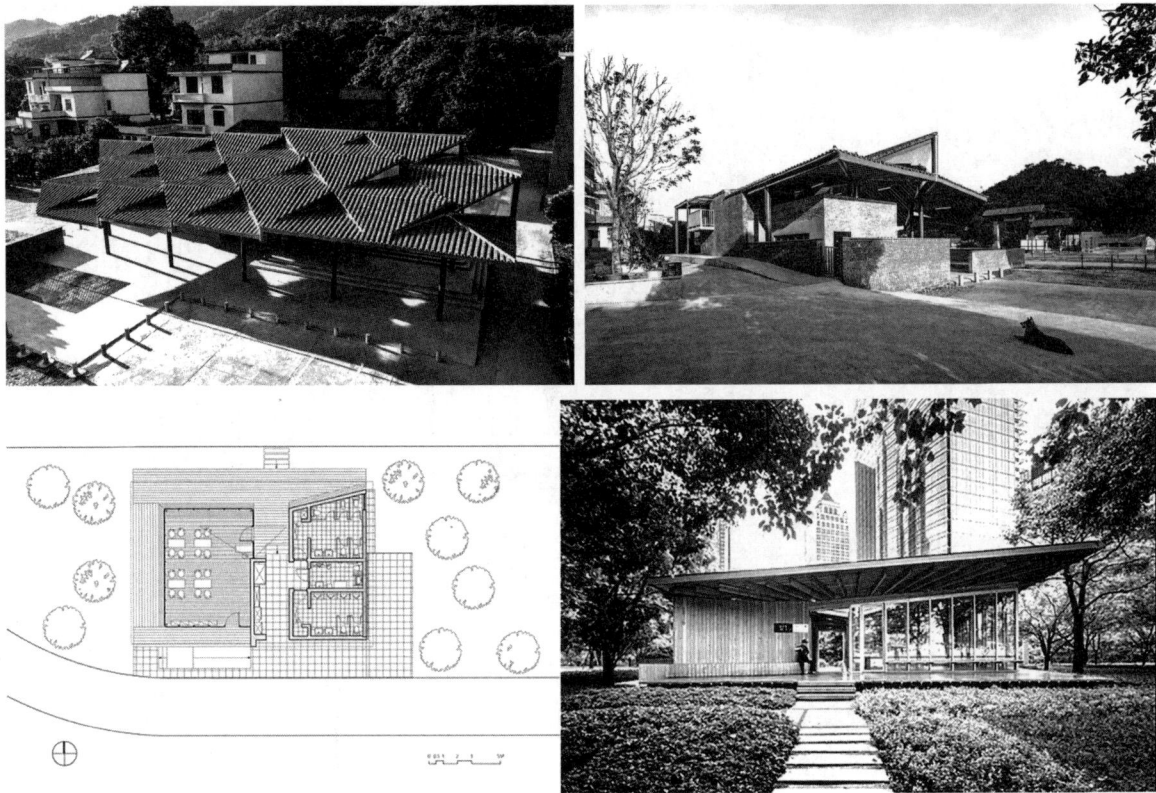

图 4-3-19 南粤古驿道梅岭驿站（上）
（来源：广东省建筑设计研究院有限公司提供）
图 4-3-20 上海黄浦江东岸"望江驿"服务驿站（下）
（来源：建筑研习社《上海黄浦东岸望江驿/致正建筑工作室》）

观鱼茶室。以其所在环境、气氛之特点另设雅号，如：北京颐和园听鹂馆、广州越秀公园听雨轩、武汉东湖公园听涛酒家、西安兴庆公园花萼相辉楼、杜甫草堂沆花园、杭州玉泉观鱼鱼乐国等。有以馆子菜谱特点称号，如：南宁南湖公园鱼餐馆等。至于店名和其营业内容，从其实质而言也有不尽确切之处。一般称为馆、轩、餐厅、楼等者多属餐馆性质。称茶室、茶圃者，其营业性质多样，有属中小型餐室，有属小吃或茶座等。饮食业建筑由于经营对象与类型的不同，故在使用特点、人流集中状态、周转率高低、布点要求及其辅助用房的设置和规模等各个方面有相当大的差别。

1. 经营位置的选址

为方便游客，应配合游览路线布置饮食业服务点。在一般公园里，饮食业建筑（特别是餐馆）应与各景区保持适当距离，避免抢景、压景而又能便于交通联系。建筑位置经营适当能达到组织风景的作用。

在中等规模的公园里，饮食业建筑亦宜布置在人流活动较集中的地方。建筑地段一般要交通方便、地势开阔，以适应客流处于高峰期的需要，也有利于管理和供应。为吸引更多的游客，基址所在的环境应考虑在观景与点景方面的作用。如：南京玄武湖白苑、天津水上公园茶室、武汉东湖公园水云乡等均属较好的例子。有些饮食业建筑为取得幽静的环境，将建筑物略偏离主园道，如：广州越秀公园听雨轩、广州烈士陵园茶圃、广州文化公园茶圃等。

在风景区或大规模的公园里，一般采取分区设点。如：广州白云山风景区，麓湖有鹿鸣酒家，能仁寺茶室；山顶有一峰饭店和云岩茶座，以及双溪别墅茶座、山庄旅舍餐厅；山腰有"松涛别院"茶座；山麓有明珠楼松风轩饭店、凌香馆茶室等（图4-3-21）。

在规模较大的风景区为方便远道而来的游客亦有设置规模较大、设备较完善的生活服务点，以供游客食宿。在各景区则分设一些饮食点、茶室等。在总体布局上形成一个完整的服务网。结合游览线来布置饮食服务点，还可使富有动态的饮食服务区和园中其他宁静的游览区交替出现，使园林空间序列富有节奏。但是在位置选址方面要特别注意：一是设施不宜过于集中；二是选址不宜过于偏僻。

20世纪70~80年代，苏州东园茶室是公园内新建的服务点，茶室建筑群包括茶室、小卖部、接待室、亭廊和水灶间等辅助用房。该建筑在平面布局、内庭空间处理和立面造型、建筑色调等方面是经一番深入构思，颇富地方色彩的（图4-3-22）。不过根据当时该公园的规模和环境，在基址的选择、规模和体量等方面似有商榷之处。东园位于老城之东北角，濒临外城河，河西为园之主体，地势平缓，河东是一片郁郁葱葱的山林，城河蜿蜒穿越园地，自然环境优美。由于

（a）

（b）

图4-3-21 广州白云区风景区风景建筑布点
（a）建筑布点；（b）平面图
1—鹿鸣酒家；2—游艇码头；3—小卖、休息亭；4—能仁寺茶室；5—云岩茶室；6—一峰茶室；7—天南第一峰；8—极目南天亭；9—白云晚望；10—小卖部、摄影；11—双溪别墅；12—山庄旅舍；13—白云松涛；14—松涛别院；15—凌香馆（冰室）；16—松风轩饭店；17—明珠楼；18—水月阁划艇

园东面积不大，园内设施较少，因而茶室建筑群显得庞大而孤单，这种情况下如果把茶室适当分成若干小组，配以亭榭廊台，分设在园内，这样既可减小大群组建筑过分集中，体量过大的缺点，同时亦可把游人引导到公园其他景点。在规模较小的公园里，服务点位置过于集中且建筑体量过大，会使园林空间更显得小中见小。

规模较大的公园，结合环境适当组织建筑群是可行的，在管理上亦方便。但园内建筑空间应有大有小，富有变化。如：武汉东湖公园水云乡、上海西郊公园留春园等建筑群处理就较好。

水云乡兴建在武汉东湖西部游览区，是20世纪70年代早期的作品（图4-3-23）。西濒宽阔的莲花湖，东面利用湖面辟作游泳池。这里环境优美，建筑群包括：冷饮部、茶厅、制冰间、摄影站、水榭及游泳更衣室等，占地3500m²，建筑面积达1200m²。在布局上建筑群体因地制宜，依势而筑，利用空廊、花架，墙垣和绿化与几栋建筑组成各种大小不同、功能各异的庭园空间。园内植树栽花，挖池叠石、砌台铺路、高低错落、纵横穿插，富有空间层

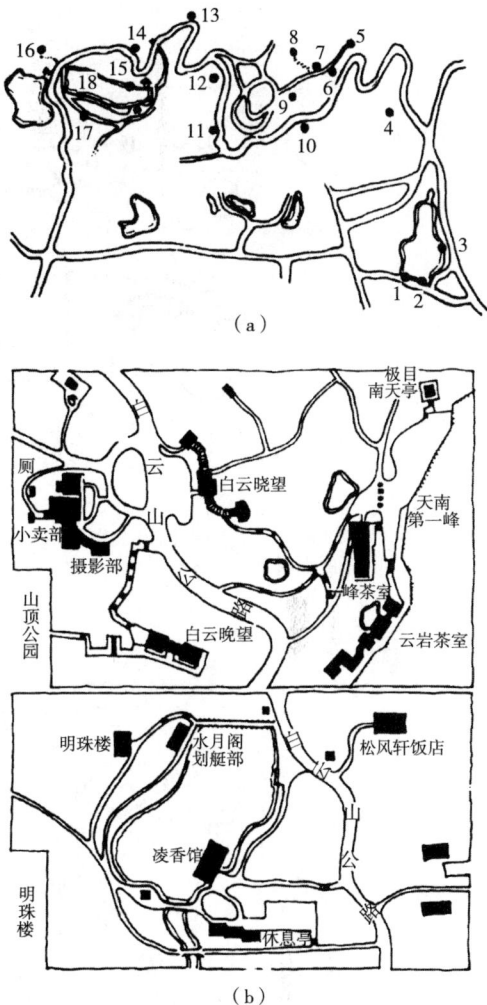

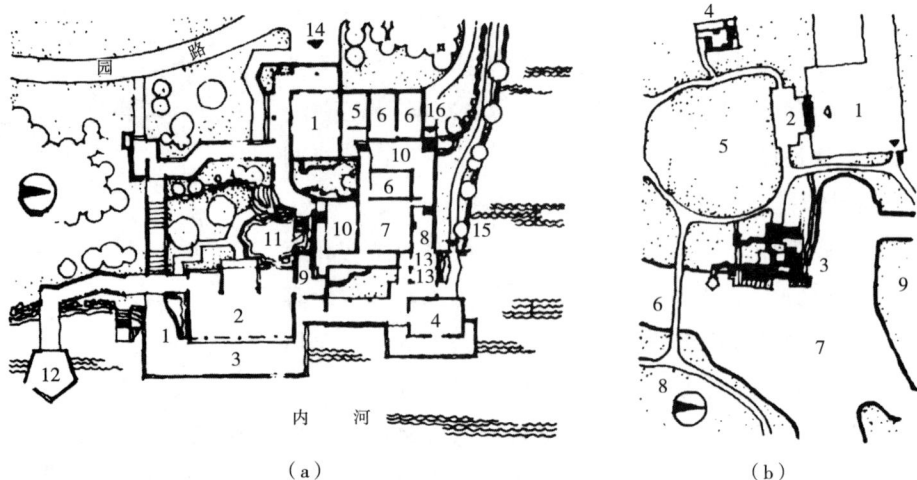

图 4-3-22 苏州东园
（a）茶室；（b）总平面图

1—小卖；2—茶室；3—露天茶座；4—接待；5—值班；6—储藏；7—水灶间；8—烧火；9—工作间；10—内院；11—水池；12—露台；13—厕所；14—入口；15—接待室入口；16—服务入口

1—广场；2—东园大门；3—茶室；4—明轩；5—桃园；6—桥；7—内河；8—山林；9—动物园

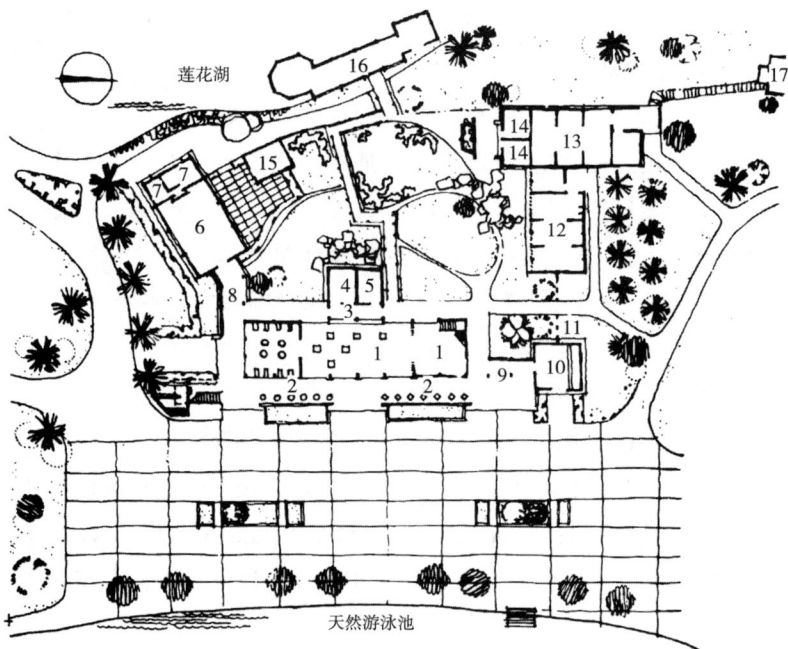

图 4-3-23 武汉东湖公园水云乡

1—冰室；2—冰室散座；3—小卖；4—制作室；5—管理；6—制冰间；7—小冷库；8—花架廊；9—联系廊；10—摄影部；11—洞口；12—男更衣；13—女更衣；14—宿舍；15—开水房；16—水榭；17—厕所

次。主体建筑冷饮部采用大挑廊，既满足了观景要求，又方便高峰人流时可扩大容客量，在遮阳方面亦有一定作用。水云乡虽是一组占地较多、规模较大的建筑群，但它修筑在规模较大的水上公园内，面临宽广水域，因而其功能、布局、比例还是适当的。天然游泳池和这群组建筑是不可分割的整体，二者形成了东湖公园重要的活动中心区。

贵州的山间餐厅与酒吧，建筑位于高差较大的陡坡上，周围自然环境优美。依据功能分为高处的酒吧和低处的餐厅。建筑依据山势起伏，削弱了过大的体量感，使酒吧和餐厅均获得较好的外部视野（图 4-3-24）。

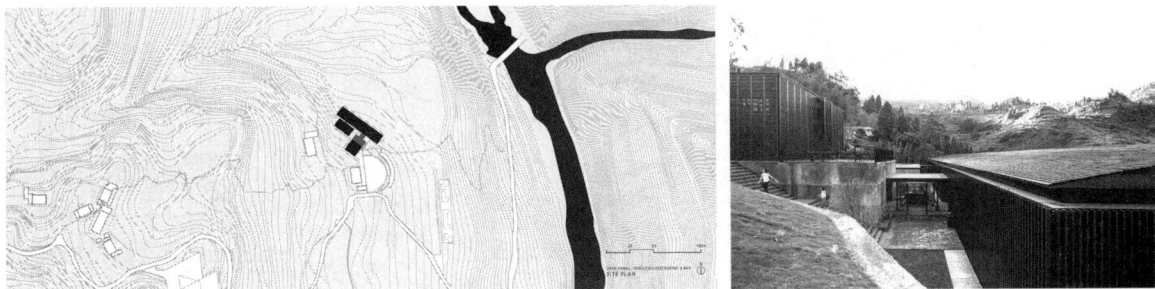

2. 建筑与客流量

饮食业建筑客流量的变化因素与公园规模、设施等有关，即在同一城市，因季节、假日和园外服务网之不同，对之也会产生极大的差异。于旅游旺季或公休假日，游客众多，不但座无虚席，即座位四周、走廊、平台往往挤满候餐的人群，客流量呈过饱和状态。反之，于淡季，座上宾客又寥寥无几。处理变化幅度大的客流量，如以高限计算，建筑面积和管理人员的利用率势必会形成浪费。如只取其平均值，于客流高峰期则又供不应求，群众不方便，营业额也受影响。

在建筑处理上如何解决客流量的变化，一般有下列几种方式：

多种经营。在出现客流量高峰时，采取多种经营方式，如：小卖、外卖、快餐等，可以解决部分游客的需要。在建筑设计时这些问题应预先加以考虑。

分区布置。建筑布局应按不同服务对象与服务特点，将营业用地分区处理。人流较多的一般服务点宜设于底层或靠近入口处，以求交通线短，进出快捷。单间雅座则设于楼上或底层一隅，以减小彼此间的干扰，获取幽静的环境。较高级的营业小厅还可专设小院。这样的分区布置不仅在使用上可各得其所，也有利于分区管理，创造出较幽雅的建筑空间。如：广州白云山鹿鸣酒家，大众厅位于底层，一侧面向溪涧水石景内庭，另一侧濒临宽阔的麓湖（图4-3-25），二楼设有中等规模的营业厅和较高级的雅座。彼此间以光棚小院相隔，并以水石盆景、垂吊兰芷点缀空间（图4-3-26）。

内外结合。采取基本营业厅与敞厅、外廊的散座区相结合的方式是解决客流量变化幅度大的有效措施。如有条件的亦可通过庭园空间组成露天的

图4-3-24　山间餐厅与酒吧
（来源：汪冬梅.乡镇综合体空间类型及其组合模式研究[D].湖南大学，2021）

图4-3-25　广州白云山鹿鸣酒家平面图
（a）一层平面图；（b）二层平面图
1—贵宾入口；2—入口；3—餐厅；4—小餐厅；5—敞厅；6—小卖（收款）；7—厨房；8—备餐；9—小卖；10—储藏；11—办公；12—厕所；13—游廊；14—亭；15—内庭

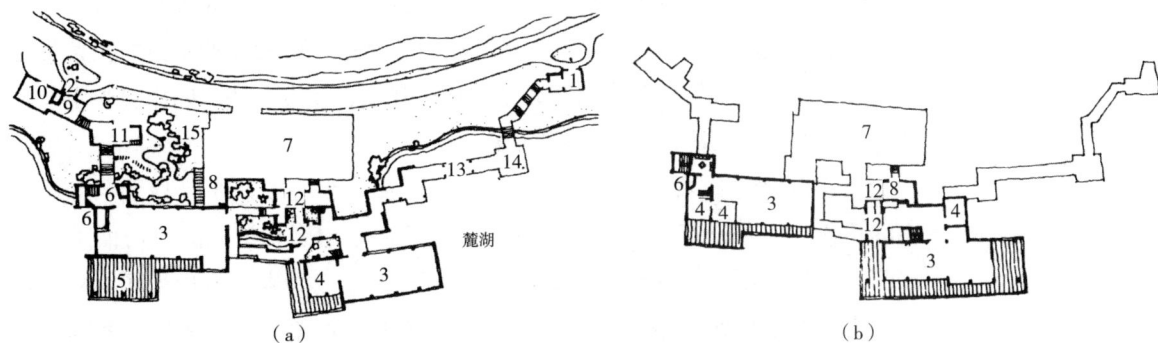

（a）　　　　　　　　　　　　　　　（b）

图 4-3-26 广州白云山
鹿鸣酒家二层光棚小院

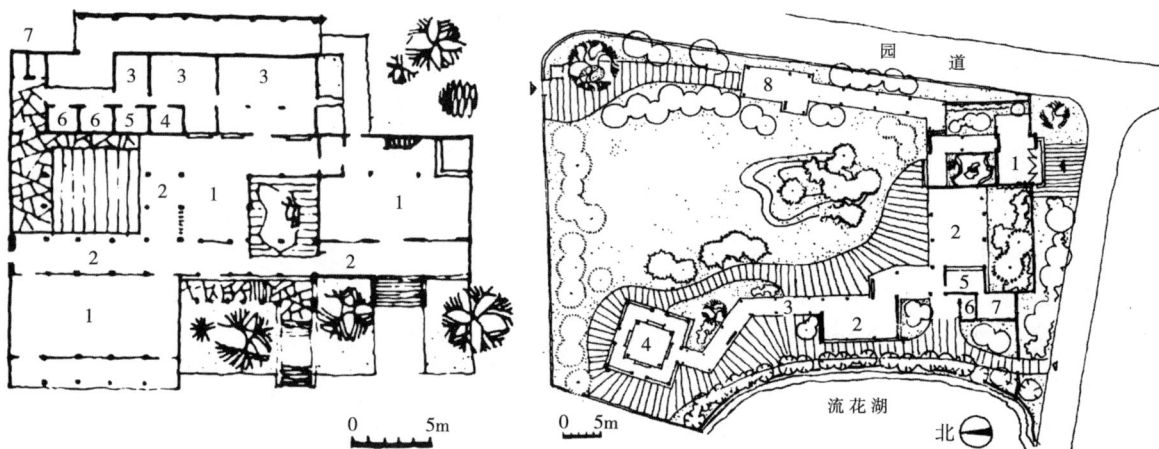

图 4-3-27 武汉东湖公
园人民餐厅（左）
1—餐厅；2—廊座；3—
厨房；4—冷库；5—储
藏；6—宿舍；7—厕所
图 4-3-28 广州流花公
园音乐茶座（右）
1—门厅；2—茶厅；3—
廊式茶座；4—亭；5—小
卖；6—茶水；7—贮存；
8—花架荫棚

营业区。营业厅容量可按日常平均游客数量来计算。当旅游旺季客量增多时，则开放敞厅、廊座和庭园露天散座，以满足客流量高峰的需要。武汉东湖公园人民餐厅扩建部分基本营业厅仅有 150 座，利用敞厅、花架、廊道布置散座，高峰时可容 700 座以上。这餐厅就是采取内外结合的方式以适应客流量的变化（图 4-3-27）。

广州流花公园 20 世纪 80 年代改建的音乐茶座由大厅、小厅、廊座和露天散座等组成（图 4-3-28）。茶座通透开敞，室内外可打成一片，给人以明快清新之感。室内品茗，四周景色宜人。茶座旁的地坪在客流量较大时也可增加座位，扩大营业面积。这种内外结合的方式对于夏季时间较长的南方地区尤为适合。北方地区由于气候条件不同，不宜过于开敞。北方有些公园用房由于过于开敞，冬季北风凛冽，导致使用困难。

在建筑处理上采用室内外结合的方式除使用灵活外，亦有利于丰富建筑空间层次，促进建筑与庭园空间的相互渗透，添增园林气氛。像前面所说的广州越秀公园金印青少年游乐场茶室（图 4-3-29），营业部分由前厅、廊座和后厅组成。前厅面临规整的水池、草坪和花圃，环境宁静幽雅；中庭以绿地

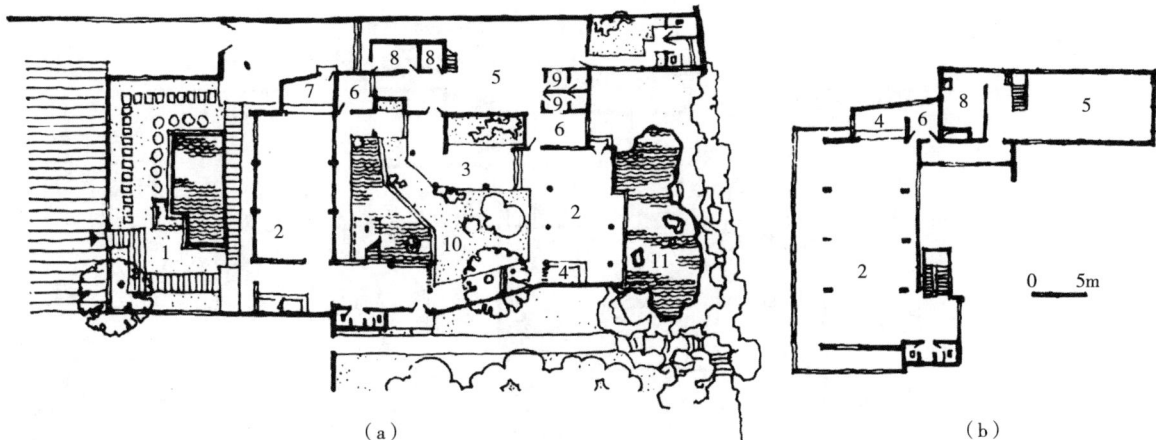

（a）　　　　　　　　　　　　　　　　　　（b）

为主，添以多边水池、正梯、小品等，富有动感；后厅筑有山池，壁山饰土墙，并使之分割和围合空间，形成山野之趣。另外，杭州玉泉茶室、广州百花园冰室（图4-3-30）、华南植物园蒲江茶室（图4-3-31）等均运用上述手法，取得了明显的效果。

3. 隐蔽辅助部分

饮食业建筑特别是餐馆，它的厨房、仓库、锅炉、烟囱等辅助部分用房和构筑物，庞大而杂乱，一般较难与园林风景相协调，极易破坏景区。这类问题若处理不当，将产生尖锐矛盾。要解决好这项功能和建筑形象间的问题，主要是充分利用自然环境的特点，因地制宜，合理进行功能分区，并采取绿化和其他建筑手段，以突出风景建筑的主体，隐蔽辅助部分。

不同的地理环境，隐蔽辅助部分的处理方式各异。

1）山地建筑

建于山麓的餐馆，其辅助部分宜设于靠山一侧或视野死角，务求隐蔽。以利于生产加工，后勤供应、交通运输、对外联系和"三废"处理。

桂林七星公园月牙楼，两层厨房隐退在岩洞边，弧形"眉月轩"把主体建筑和山岩连成整体，突出了三层主楼。这样"眉月轩"既掩饰了厨房，又掩饰了用作冷藏库、仓库和堆场等的岩洞。此外，"眉月轩"茶座和岩洞又围合成具有山岩特色的露天茶座——"桂庭"（图4-3-32）。

设于山腰规模不大的茶座、小吃等。一般使用功能较简单、辅助面积较小。往往由于地势狭窄，故多利用底层或洞穴作辅助部分，楼上挑出回廊，有利于游客赏景，加强建筑悬岩气氛又可

图4-3-29　广州越秀公园金印青少年游乐场茶室
（a）一层平面图；（b）二层平面图
1—前庭；2—茶厅；3—廊座；4—小卖（收款）；5—厨房；6—备餐；7—办公；8—仓库；9—更衣；10—中庭；11—后庭

图4-3-30　广州百花园冰室
1—门厅；2—茶厅；3—小卖；4—贮存；5—花架廊

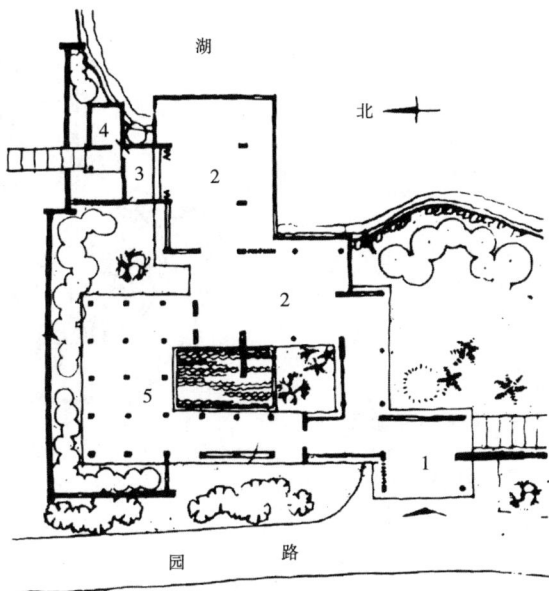

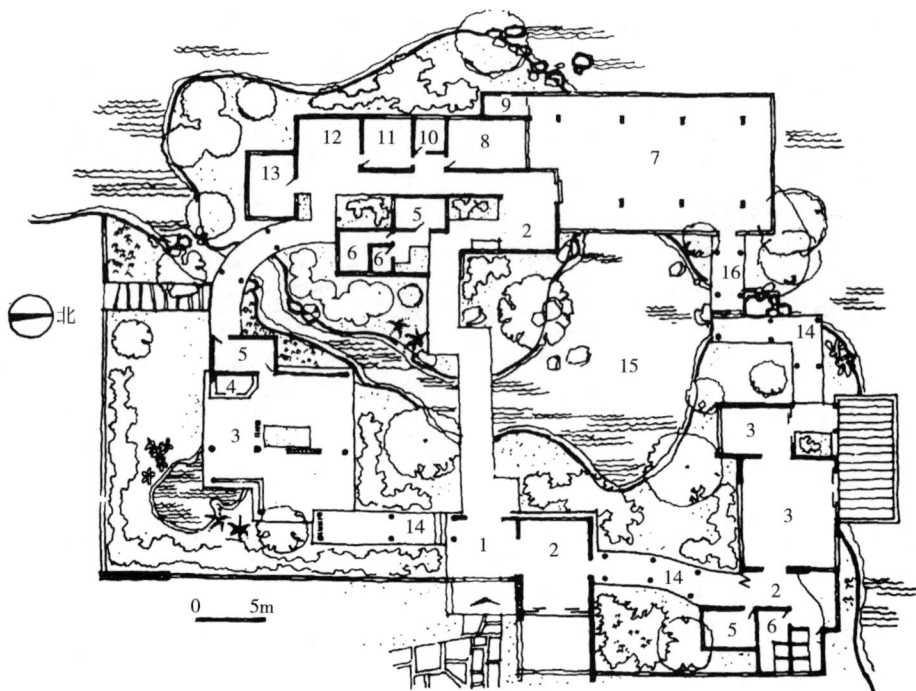

图 4-3-31　华南植物园蒲江冰室、茶室

1—厅门；2—过厅；3—茶室；4—小卖；5—工作间；6—卫生间；7—冰室；8—酒吧房；9—洗杯；10—冷却；11—厨房；12—杂务；13—仓库；14—廊；15—湖；16—小桥

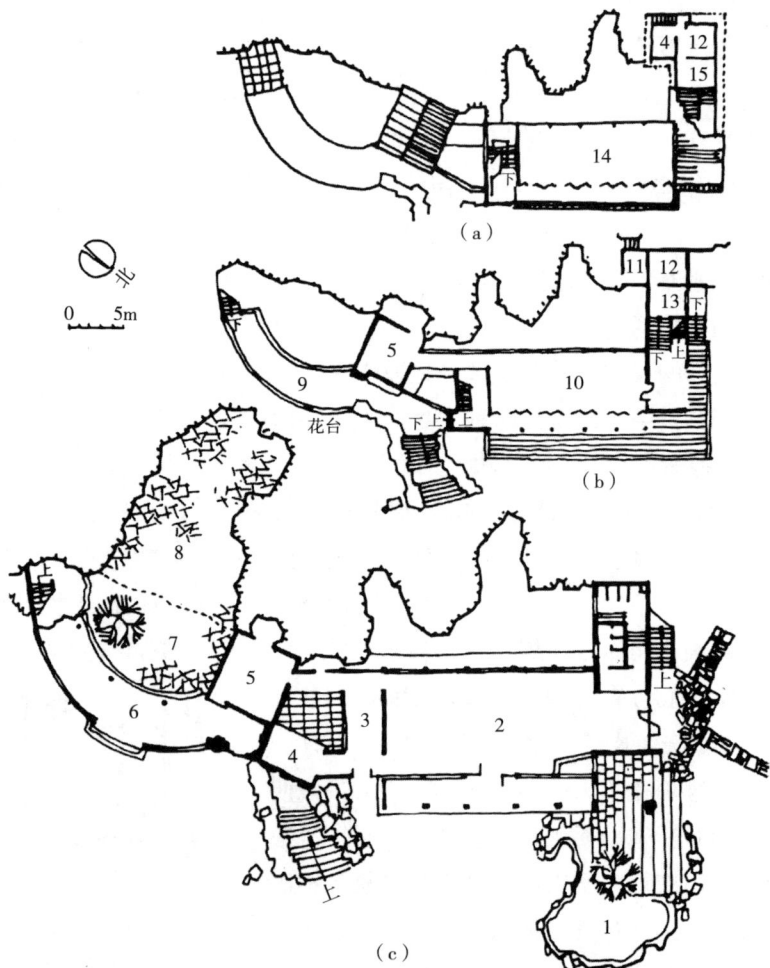

图 4-3-32　桂林七星公园月牙楼平面图

（a）三层平面图；（b）二层平面图；（c）一层平面图

1—金鱼池；2—荤食餐厅；3—备餐；4—储藏；5—厨房；6—眉月轩茶座；7—庭；8—岩洞；9—露天茶座；10—素食餐厅；11—浴室；12—宿舍；13—月门；14—休息亭；15—办公

隐蔽辅助部分。采用这种"下望上是楼，山半疑为平屋"的半山楼形式者甚多，如：柳州鱼峰山茶室、桂林伏波楼、广州白云山一峰茶室和"云岩"茶室等。

在风景区的点景布置中，常将风景性较强的建筑设于山巅，以利于观景和点景，但规模和销售内容减少。如：武夷山天游观茶室筑在天游峰上，为了减少运输的压力，茶室只设小卖和茶座休息厅（图4-3-33），而武夷山隐屏峰茶轩规模则更小，只设茶座休息敞厅。

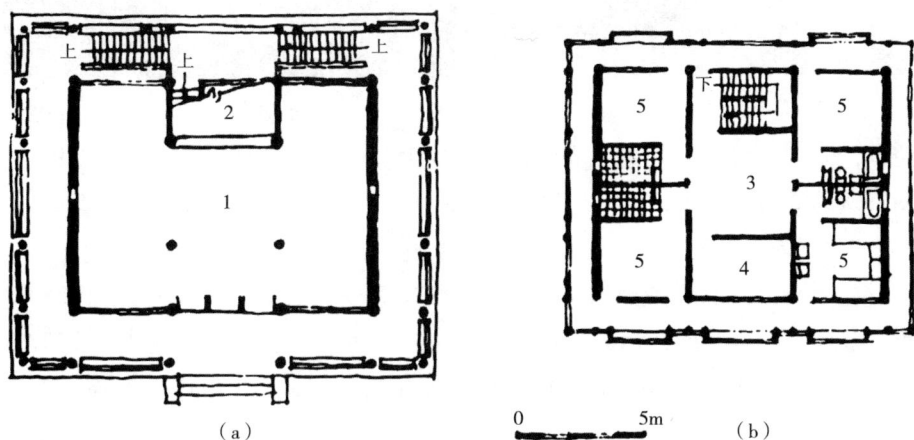

图4-3-33 武夷山天游观茶室
（a）一层平面图；（b）二层平面图
1—茶座休息厅；2—小卖部；3—休息厅；4—过厅；5—客房

2）临水建筑

临水建筑形式多样，有傍水、跨水、四周濒水等。此类建筑多以水榭敞轩形式半支在沧浪中，半筑于驳岸上。主体建筑临水，取其便于赏景，辅助部分设于岸上，与绿篱、墙垣等障景相配。如：广州麓湖鹿鸣酒家，苏州东园茶室和天津水上公园茶室等。

如水面不大，一带湾流，也可考虑结合环境，把茶室、冰室等小体量的建筑架于濠濮之上，紧贴浮萍。这类跨水建筑，其辅助部分宜设岸际，以免污染水面。

汕头中山公园湖心餐厅、广州泮溪酒家荔湖舫和广州流花公园酒舫等属四周环水的建筑。这类湖心建筑如把全部设施均架于湖上，其加工、排污及其不雅的辅助部分极难处理。若加工点设于岸际，多会有碍观瞻，若远离岸边则供应线过长。故一般湖心饮食业建筑，宜作规模较小、辅助设施较简单的茶室等。若辅助用房也设湖上，多以外廊掩饰，但一定要妥善解决排污。

意大利Brix 0.1湖畔餐厅平面采用了漏斗形的布局，增加了对湖面开敞的观景面。设置户外亲水平台，增加室外就餐空间。辅助部分则尽可能远离景观水面（图4-3-34）。广西天门山"山之港"临江餐厅位于桂林市资源县天门山风景区资江水畔，背依高大雄浑的丹霞山体，建筑形体选择线性最大程度呼应场地。室内的面积为627m²，其中包含了厨房、卫生间和一个完整的就餐

图 4-3-34 意大利 Brix 0.1 湖畔餐厅
（来源：赵蕊. 当代体化建筑表皮审美研究 [D]. 哈尔滨：哈尔滨工业大学，2020.）

空间。厨卫等辅助空间结合竖向设计，减少对观景的影响。底层架空 4.5m 应对降水的季节性涨落。宽大单跑楼梯营造了室内外过渡空间（图 4-3-35）。

3）平地建筑

建于平地的饮食业建筑为便于隐蔽其辅助部分，应尽量倚角处理，主体面向景区，把辅助部分藏于主体之后。设于园中心地段的饮食业建筑，辅助部分难于利用视野死角掩蔽。一般利用院墙和辅助部分用房组成杂务院，再加以绿化作障景。如：广州华南植物园蒲江冰室，广东海珠市海滨公园餐厅等（图 4-3-36）。

辅助设施除了考虑其对内部庭园空间的影响外，对外部空间和环境的影响亦属重要。如：广州鹿鸣酒家，厨房等辅助用房设于两栋餐馆之间紧靠路旁，过去厨房的煤堆场直接污染了麓湖风景道，现采用天然气后，有效地改善了环境景观。

北京丽都花园 BLUE LAKE 罗兰湖餐厅，为了获得更好的观景，采用了抬高和架空的场地处理方法。在建筑布局上灵活应用内庭园空间，丰富了就餐空间的体验（图 4-3-37）。成都云镜·花园火锅餐厅，灵活运用了廊的建筑

图 4-3-35 天门山 "山之港" 临江餐厅
（来源：韩子藤. 安徽传统民居绿色营建技术研究 [D]. 合肥：安徽建筑大学，2022.）

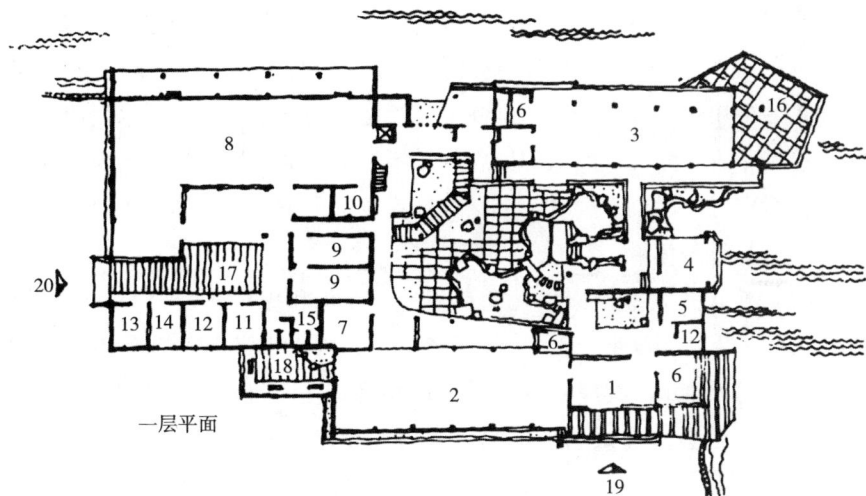

图 4-3-36 广东珠海市海滨公园餐厅

1—门厅；2—快餐部；3—荷花厅；4—小餐厅；5—接待；6—小卖；7—备餐；8—厨房；9—主副食库；10—拼盘；11—冰库；12—储藏；13—办公室；14—值班；15—厕所；16—露台；17—杂务；18—小院；19—入口；20—供应入口

形式，结构柱和屋顶楼板形式轻盈，采用自然弧线的平面形式，与水体边界紧密贴合，人工环境和自然环境有机交错（图 4-3-38）。

4. 处理"三废"保护环境

规模较大的饮食业，每天排出大量废渣、废气和废水，尤以后者污染最为严重。排水系统若把污水直接排入园区水系，就会容易形成污染。轻则水质变异，降低水域质量，重则危及景区游人和景区周围群众的健康。一般人认为饮食业对水的污染主要是杂物和油污，故通常采用隔栅除杂物，用滤油池和沉淀槽澄清污水等措施处理污水。但这种虽经"澄清"的"清水"仍含有

图 4-3-37 丽都花园 BLUE LAKE 罗兰湖餐厅（上）
（来源：陈贻，张睦晨，孙翔宇. 林间亮绚——北京丽都花园 BLUE LAKE 罗兰湖餐厅 [J]. 中国建筑装饰装修，2017.）
图 4-3-38 成都云镜·花园火锅餐厅（下）
（来源：戴静雅. 城市中餐馆餐饮空间的情景式设计研究 [D]. 武汉：武汉理工大学，2020.）

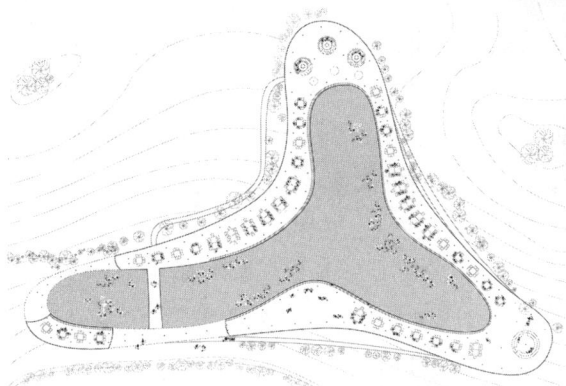

有机物，严重污染水域。要排放入风景区水系的污水一定要经过彻底的处理。

污水处理有生物化学处理、物理化学处理等基本方式，一般前期物理化学处理，后期生化处理。当然，加强卫生管理以防止游人对景区水面造成的人为污染也是不可忽略的。废气的处理与燃料有关，如采用天然气、煤气等可以大大减轻对空气的污染。同时，烟囱的位置应位于主要景区的下风向。

5. 建筑规模与体量

饮食业建筑在功能上以餐厅为最复杂，面积和规模亦较大。一般小规模的客容量约为 200~300 座，建筑面积在 500m² 以内；中等规模的为 600 座左右，建筑面积约为 800m²；大规模的往往在 1000 座以上，面积超过 1500m²。

风景区内饮食业建筑的规模和体量与一般园林风景建筑，如亭廊舫榭等相比，悬殊甚大。一般中等规模以上的建筑，为了节约用地和丰富体型，主体多为二层或三层。有些建筑由于种种原因尚需与其他项目如小卖、茶室、花展、接待和休息廊台等组成群体建筑。这样的组合其规模和体量就更大。

内容复杂体量庞大的营业性建筑其基地面积、所在位置等因素与周围环境难以取得协调时，应考虑项目不宜过于集中，使之适当分散，以减小建筑的体量。分散后的各部分经营项目由于独立，相互间的干扰也较少。分散经营的项目可根据地形、地貌与周围环境，结合具体的功能要求，去考虑尺度适宜的体量和组织富有个性的小庭园空间。

此外还要正确运用视角基本原理，仔细分析视点、视野对建筑景观的效果和周围环境（包括山水和邻近的建筑）与建筑的相互关系。桂林七星公园月牙楼是一组面积较广、层数较多，体量较大建于山麓的建筑群组，在处理建筑与岩峰体量的关系和如何使建筑与环境取得协调等方面是比较成功的。月牙楼根据功能要求建筑面积达 1200m²，若作单层分散布置，占地较广，对整个景区布局不利。同时，在赏景上有登楼远眺的要求，所以这种建筑便采用了"楼"的形式。月牙楼主体为三层，高约 15m，使之与"剑把峰"高度的比例控制在 1：3 左右，约为主峰高度 1/6~1/5。这样人们在楼前景区中心一带望去，按视角分析，主楼高度约为山高的 1/3，从对面金鲤池望去则楼高约为山高的 1/4~1/3。这便保持了建筑与其所依赖的石山体量之间的适宜比例，使体量较大的建筑群组不致产生压倒山势的感觉，同时建筑也不致为山势所逼而显得局促。为与较为陡峭的石山取得构图上对立统一的鲜明性，建筑采用横平线条，避免竖向构图可能产生与山比高的倾向（图 4-3-39）。在建筑形体处理上，按山势的特征作弧形构图。月牙楼整组建筑的主从关系、比例尺度，与环境协调等几个方面的考虑都是恰当的（图 4-3-40）。

那些体量较大的饮食业建筑把它安置于主要游览线的外侧，在建筑体型和组合上加以适当的处理，也不会做成压风景之弊端。如杭州"玉泉观鱼"旁的餐馆"山外山"（图 4-3-41）。有些位于风景区内，项目亦较多的建筑，由

图 4-3-39 桂林七星公园水牙楼与山比例关系图

图 4-3-40 桂林七星公园月牙楼鸟瞰图
（来源：冯钟平.中国园林建筑 [M].北京：清华大学出版社，1988.）

（a）

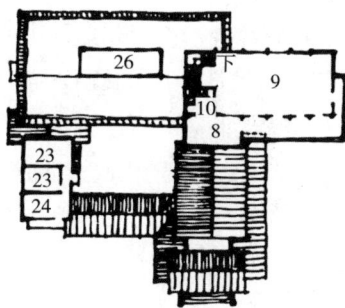

（b）

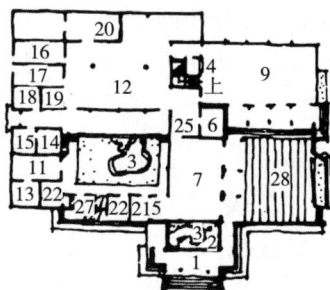

（c）

图 4-3-41 杭州玉泉
"山外山"餐厅
（a）立面图；（b）二层平面图；（c）首层平面图
1—进厅；2—天井；3—水池；4—开票；5—小卖；6—冷盘、酒；7—冷饮；8—小餐厅；9—大餐厅；10—备餐；11—办公；12—厨房；13—账房；14—冷库；15—机房；16—主食库；17—副食库；18—鲜货；19—调料；20—烧火；21—制作；22—更衣；23—宿舍；24—会议；25—洗碗；26—天窗；27—浴厕；28—露天茶座

于采用分散与集中结合的布局，体型和体量化整体为小局部，并吸取传统庭园的手法，园中套园，景中藏景，这样的处理既能与环境协调，又可以创造出较丰富的建筑内外空间。

6. 建筑造型与空间

点景是风景区饮食业建筑的精神功能。要强化这精神功能的作用则要根据不同地区的气候条件，不同环境的具体情况，因地制宜，结合功能要求仔细推敲其建筑造型与空间组织，切忌千篇一律、形象单调，以免削弱点景的作用。

结合不同的环境，因地制宜，可以创造出较丰富的建筑造型与空间组织。

湖心建筑多取舫意。低濒水面，紧贴浮萍，襟江敞阁，是宾客揽胜登临的好场所。由于建筑居湖心，故对建筑各面之造型均需仔细推敲，根据游览路线和建筑环境在眺望上的要求，对主要立面要作重点处理。这类建筑造型多采用榭舫和楼船等形式，以取临湖之意。广州泮溪酒家在荔湾湖中建了一个船厅，称"荔湾舫"（图4-3-42），取舫的意思作船的造型，供饮茶、休息之用。船体特别宽敞，船舱用轻细钢架支承，四周钢窗大玻璃，显得轻快、新颖，进入船舱后略下几步，从座位上向外眺望，视线正贴近水面。入夜船上灯火通明，湖上光影摇曳，格外诱人。桂林杉湖水榭和岛心亭以天桥相连，岛西一群蘑菇亭与岛东水榭相呼应，整个建筑群体采用圆形作基调的组合体与自由曲线的水岸相配合，形成了极为丰富的立体空间构图（图4-3-43）。独立于碧波中的水榭也是由多个圆形体组成，开敞的主厅供品茶、小卖、休息和观景用，圆形梯可通至天面平台及空中走道。桂林杉湖水榭和岛中组亭，无论是庭园空间、平面布局、建筑造型和主体空间构图均有一定的创造性。

临水建筑包括跨水建筑和濒水建筑。不同的水局，建筑风采亦因之而异。"临溪越地，虚阁堪支，夹巷借天，浮廊可度"。说的是溪涧水局，可跨水筑虚阁。假若夹巷，可凌空设浮廊。在临水建筑中，多属面临较宽阔的水域，这类建筑宜向湖面铺开，常采用厅、榭、亭、台等艺术形象去组织轮廓丰富的建筑空间。如：杭州"平湖秋月"（图4-3-44）、杭州花港观鱼茶室（图4-3-45）、广州白云山凌香馆（图4-3-46）等。杭州平湖秋月以传统建筑风格、丰富的水岸轮廓和立体空间构图，活跃了宽阔平静的西湖；而广州白云山明珠楼景区的凌香馆，运用了现代材料和技术，凌空架于水上，下部紧贴水面，上部空透

图4-3-42　广州泮溪酒家荔湾舫

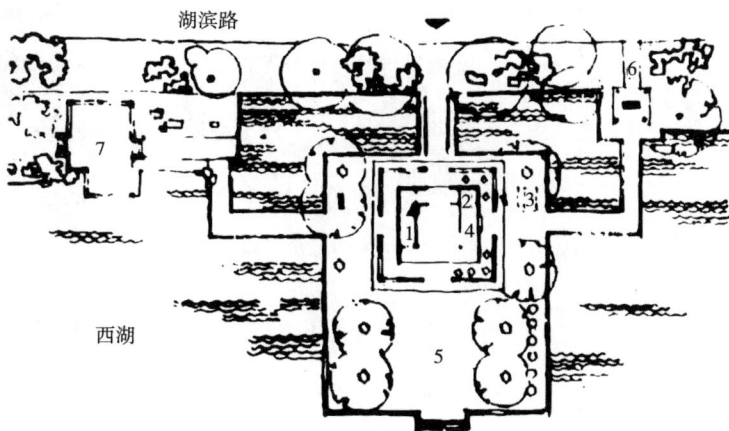

悬挑，强烈的水平线条，在绿水青山的衬托下，浅白色建筑物更给人以明快、舒展的感觉，建筑以简洁大方的设计手法表现了传统的临水"舫"意。

一些规模较大、内容较多的临水建筑也可组织廊、亭、榭和小堤穿插于湖面，或另行组织岸际的庭园空间使临水建筑得以两面成景。特别对于进深较大的临水建筑，增设岸际庭园，丰富空间层次，多面对景，其作用更大。天津水上公园茶室结合岸形插入湖中，茶室南面临湖，临水敞开，北面利用原有坡地加高作小丘。院内设水池、方亭，形成一个通往茶室的半封闭的过渡空间（图4-3-47）。

旱地建筑、山地建筑的岩崖绿野，临水建筑的漪澜飘香，在选址上都利用自然景色。岸边建筑大多会隔开水面有一段距离，加上绿化和来往游人对视野的干扰，削弱了亲水感。旱地建筑一般周围环境平庸，为了创造较佳的室内外空间，宜组织一些内聚性的庭园空间，如：桂林七星公园驼峰茶室（图4-3-48）。广州文化公园茶圃是广州早期园林茶座之一（图4-3-49），其规模不大，后座是两层的茶厅，主庭空间虽属方正，但由于水局自然，一隅翠绿，取得了

图4-3-43 桂林杉湖水榭（左）
图4-3-44 杭州"平湖秋月"（右）
1—小卖；2—烧茶间；3—摄影亭；4—制冷室；5—露天茶室；6—碑亭；7—休息亭

图4-3-45 杭州花港观鱼茶室（左）
图4-3-46 广州白云山凌香馆（冰室）（右）
1—门厅；2—冰室；3—制冰间；4—预冷间；5—厨房；6—火巷；7—管理；8—仓库；9—厕所；10—小院

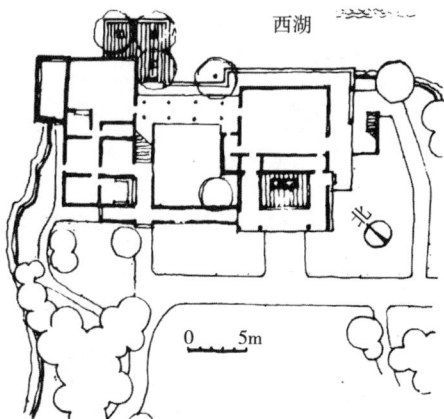

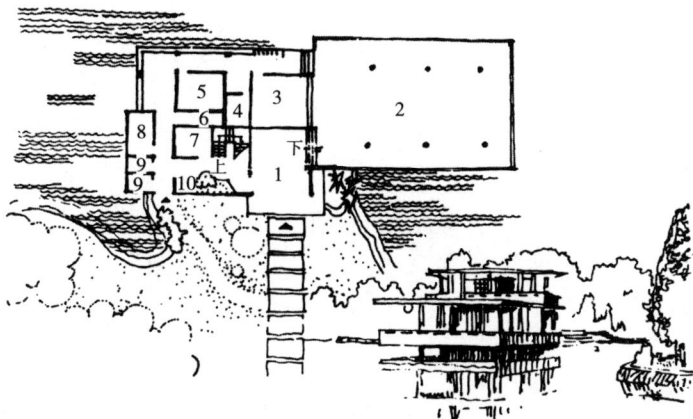

图 4-3-47 天津水上公
园茶室
（a）总平面图；
（b）平面图；
（c）北立面图

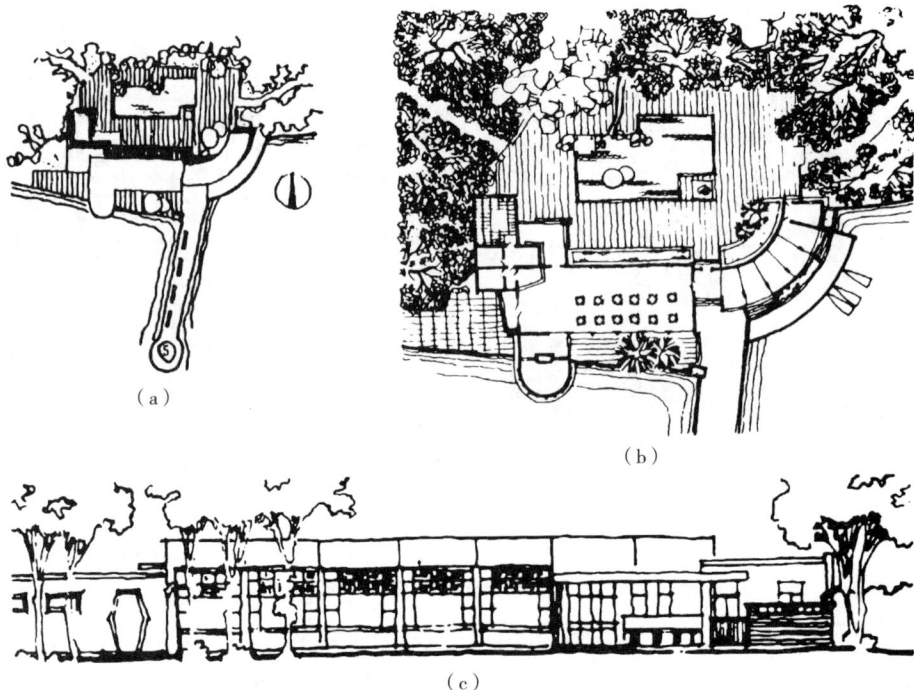

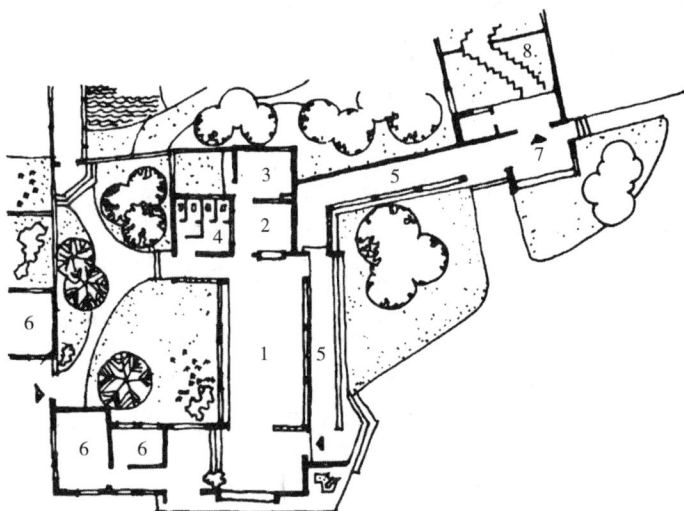

（a）

（b）

（c）

图 4-3-48 桂林七星岩驼峰茶室
1—茶厅；2—小卖；3—烧火间；4—厕所；5—廊；6—办公；
7—盆景园入口；8—盆景园

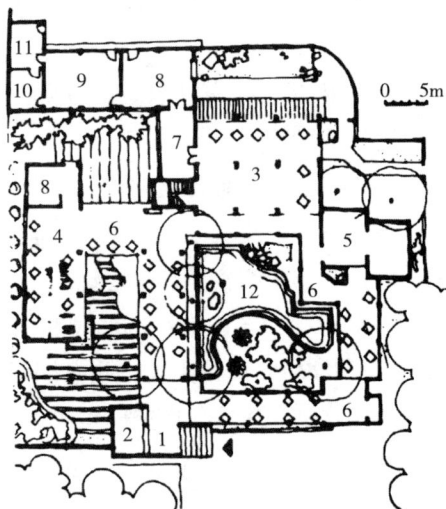

图 4-3-49 广州文化公园茶圃
1—门厅；2—小卖；3—堂座；4—厅座；
5—雅座；6—廊座；7—工作间；8—烧水间；
9—厨房；10—仓库；11—管理室；12—水池

较活泼的景效，而侧庭较简朴，近界址处堆丘植竹，打破了用院墙围蔽空间的
单调感，绕主庭四周设廊座，迂回曲折，别有情趣。

南京汤山矿坑公园，原是江宁县龙泉采石场的一部分，结合生态修复和
功能置换，在矿坑公园高地设计公园餐厅。就餐空间以 U 形弧线向矿坑主体
展开，利用水平展开和适度倾斜，形成了轻盈的建筑体量感（图 4-3-50）。

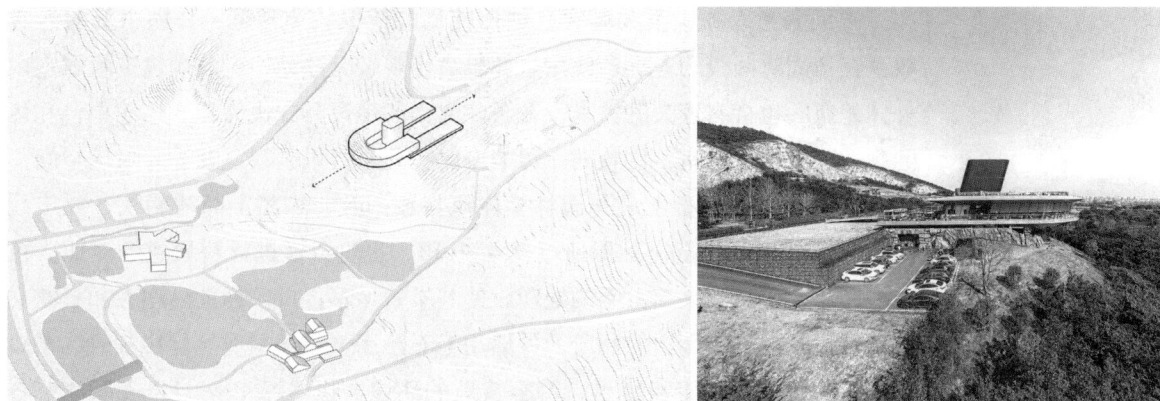

图 4-3-50 南京汤山矿坑公园餐厅
（来源：孟建民，杨旭，章骁 . 汤山星空餐厅的创作思考——景区服务性建筑的场所介入策略 [J]. 建筑技艺，2021，27.）

4.4 休憩及其他建筑

4.4.1 公园厕所

园林厕所（简称"园厕"）主要是指供游人使用的厕所，其功能不言而喻，在风景区或城市园林内，常独立设置或设置在接待室等其他服务性设施中。园厕做独立性布置时，常在游人集中的景区，选择视线可及、环境屏蔽的地方，周围一般用树丛遮掩，造型灵活多样，增添园林美感。

园厕虽小，但设计上并不简单，要考虑诸多因素。一般面积大于 $2hm^2$ 的游憩园林，就应该设园厕。根据国家现行规范要求，面积大于 $10hm^2$ 时，应按游人容量的 2% 设置厕所蹲位（包括小便斗位数），小于 $10hm^2$ 时按游人容量的 1.5% 设置。各厕所内的蹲位数应与园林中的游人分布密度相适应，服务半径不宜超过 250m，男女蹲位（包括小便斗位数）比例为 1：1.5~1：2。在儿童游戏场附近，应该设置方便儿童使用的厕所，每个台阶高不宜超过 8cm。为了方便残疾人使用厕所，坡道最好做成礓磋，在形式上，蹲位也可做成异形。

公园厕所平面设计应进行功能分区，卫生洁具及其使用空间布置应合理，并应充分考虑无障碍通道和无障碍设施的配置。条件允许时应设置第三卫生间，即满足未成年子女与老年行动不便者的看护需求。管理间、工具间宜单独设置。大便间、小便间、第三卫生间、化妆间、洗手台等宜分区设置。入口应避免设计门扇，用地紧张时，需设计双向开启，采用非接触开关。

建筑朝向宜面向夏季主导风向，建筑布局宜结合前庭园和内天井加强通风效果，大便区需设置在下风口。湿热地区对通风遮阳需求较高，设计通风方式宜优先考虑自然通风，当自然通风不能满足条件时，辅以机械通风。优先考虑自然采光，必要时可采用天窗、局部玻璃瓦，或部分墙体采用玻璃砖等半透明材质。人工照明需充分、明亮。

园厕服务对象主要为游客，结伴使用的情况较为常见。公园中随着游客数量在不同时间段的差异，使用者数量会出现较大浮动，对公厕建筑附属室内外休憩空间也会有较大的需求。在条件允许的地段，宜优先考虑休憩平台和休憩廊，可考虑休息室、化妆间、母婴专区、儿童娱乐、茶室咖啡等附属空间。

园厕建筑在造型上应与园林整体风格相一致，构图上简洁明快，如广州越秀公园新建的一批园林厕所（图4-4-1）。也可以通过材料质感的对比、色彩的变化及光影效果等方面的处理，使其丰富多彩。广东韶关马坝人和石峡文化遗址风景区临近湖边的厕所，外墙用毛石贴面，屋顶用现代材料制成的茅草铺设，力求形成荒野粗犷感，符合遗址的环境韵味（图4-4-2）。园厕建筑在室内，也应符合园林特点，云南石林风景园林区新建的园厕，通过大面积的玻璃将外面的绿色植物引入室内，如厕环境感到非常清新（图4-4-3）。

面积较小的园厕宜结合场地植被改善如厕空间环境，可采用镜面反射墙面、屋顶天窗、墙面侧高窗、玻璃砖墙面等扩大空间体验。如：日本濑户内岛小豆岛公厕（图4-4-4），两坡屋顶呼应传统建筑形式，瓦面的处理上采用部分透明材质，夜间灯光下更具有公共建筑的特征。杭州小冰岛兰心驿站位于西湖区凤凰国际创意园，原址为废弃水泥厂，采用了半透明的彩虹玻璃及金属材质进行空间分割，呼应场地的工业元素（图4-4-5）。

规模中等的园厕多采用室内和半室内空间结合的组织方法，除了重视外

图4-4-1 广州越秀公园厕所（上）
图4-4-2 广东韶关马坝人和石峡文化遗址风景区厕所（左下）
图4-4-3 云南石林风景园林区厕所室内（右下）

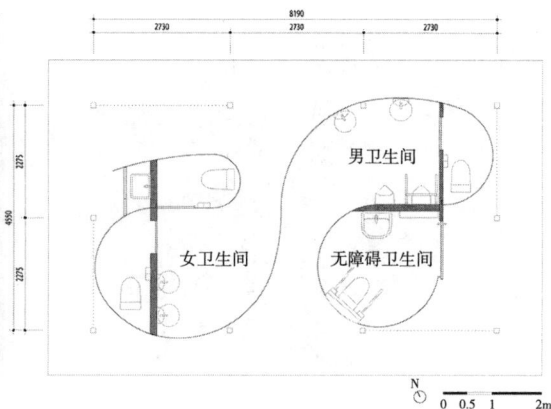

部环境的优质观景外，多通过
内庭院、小天井等来改善内部
空间。浙江三岔口的公厕是杭
州萧山区乡村振兴项目的公厕
更新示范点，是一个拆旧重建
的项目。项目用地临近村落内
的广场，男厕、女厕、残疾人
卫生间、工具间、洗手台等被
拆分成独立的单元（图 4-4-6）。在轻盈的大屋顶下，通过独立功能单元的错
位关系，形成了大量的灰空间，增加了公共活动的可能性。

图 4-4-4 日本濑户内
岛小豆岛公厕
（来源：林晨 . 公园城市
背景下的公园公共厕所
设计研究 [D]. 成都：西
南交通大学，2021.）

图 4-4-5 杭州小冰岛
兰心驿站
（来源：陈淑妍绘制）

　　大型园厕多设于游客量较大的场地，对休憩空间的要求更多，选址合适
时宜考虑文化宣传等附加服务功能。其面积、空间形态、景观品质都有需求。
外部环境条件合适时，洗手台、小便间可考虑加强观景。常位于重要景观节点
附近，建筑造型与环境协调度要求高。可加大、加宽门廊，应对使用者数量的
波动。杭州宋城古街景区公厕通过对传统江南民居建筑的解构，在大屋顶下形
成有趣的灰空间，为人流集散和等候提供了舒适的场所（图 4-4-7）。

图 4-4-6 浙江三岔口的
公厕
（来源：周庆华，张慧 . 建
筑与城市公共空间整合
关系的理论探索 [J]. 城
市住宅，2021，28（04）：
150~151.）

图 4-4-7 杭州宋城古街
景区公厕
（来源：陈淑妍绘制）

4.4.2 小卖部

风景区和公园的小卖部主要是供游客用的零星售卖，如：糖果、香烟、水果、饼食和饮料等，也有兼营一些土特产和手工艺品的。小卖部除满足上述功能外，尚要为游客创造一个良好的休憩、赏景所在。因此，一般小卖部都把营业厅扩大成较宽阔的敞厅、敞廊，或与其他一些服务项目综合组成较丰富的庭园空间和较活泼的建筑体型。

有些小卖部附设在接待室、餐室或冷饮、茶室内。这类小卖部的位置在营业厅内有作犄角处理，也有靠近入口和收款处统一安排的，如：南宁人民公园冰室（图 4-4-8）、湛江海滨公园冰室（图 4-4-9）、杭州灵隐冷泉茶室（图 4-4-10）；也有毗邻营业大厅独立设置的，如：广州过去的东郊公园

图 4-4-8 南宁人民公园
冰室（上）
（a）二层平面图；（b）一
层平面图
1—冰室；2—冰机房；
3—配料；4—厨房；5—
餐室；6—备餐；7—小卖
（收款）；8—办公；9—值
班宿舍；10—储藏；11—
小院；12—水池；13—平
台；14—厕所；15—厅
图 4-4-9 湛江海滨公
园冰室（下左）
（a）一层平面图；（b）二
层平面图
1—冰室；2—冰机房；
3—配料；4—厨房；5—
餐室；6—备餐；7—小卖
（收款）；8—办公；9—值
班宿舍；10—储藏；11—
小院；12—水池；13—平
台；14—厕所；15—厅
图 4-4-10 杭州灵隐冷
泉茶室、如意斋（下右）
1—冷泉茶室；2—如意
斋餐室；3—小卖；4—厨
房；5—露台散座；6—管
理；7—厕所；8—内院；
9—杂务院；10—入口

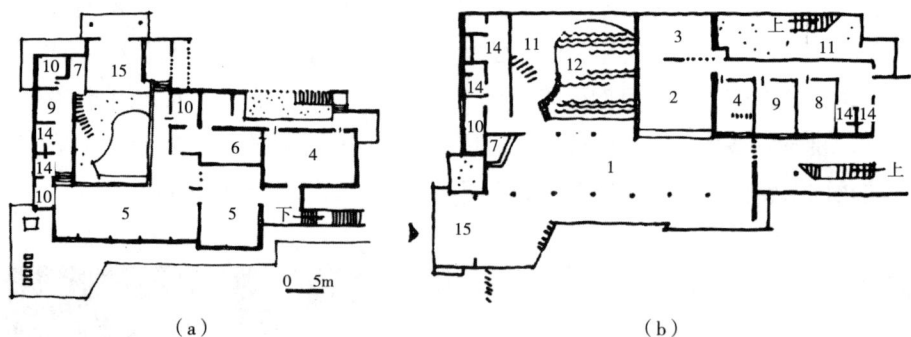

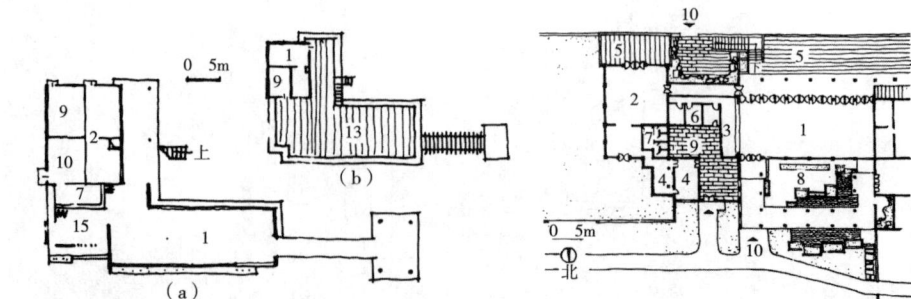

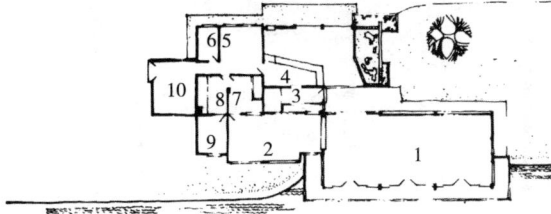

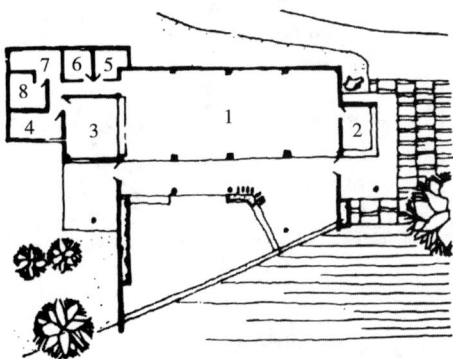

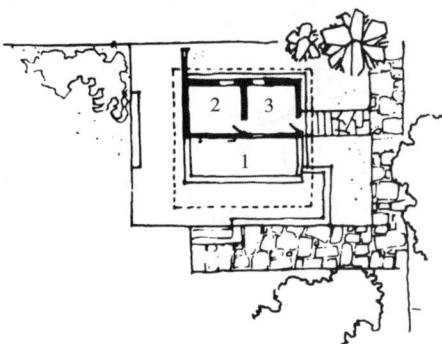

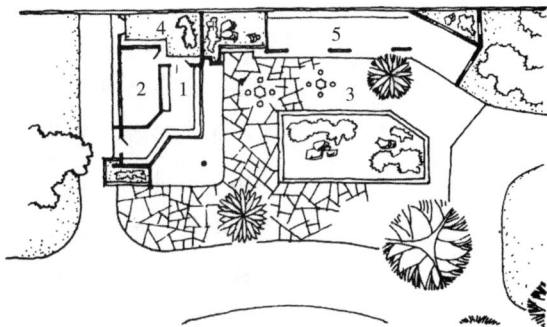

（现为天河公园）所建的冷饮室（图 4-4-11）、广州晓港公园小卖部茶座（图 4-4-12）、广州流花公园小卖部冷饮室（图 4-4-13）等。小卖部作独立设置较便于经营管理，景观眺望亦易取得良好的效果。

有些小卖部与休息敞厅、敞廊结合，为游客提供较佳的休息与赏景等活动空间。如：上海南丹公园小卖部休息廊（图 4-4-14）、广州越秀公园鲤鱼头小卖部（图 4-4-15）、上海天山公园小卖部（图 4-4-16）、上海静安公园小卖部休息廊（图 4-4-17）、广州白云山麓湖小卖部休息廊（图 4-4-18）等。广州白云山麓湖在主要游览线旁设小卖门厅，门厅连接 2 个小卖点，出平台可眺望麓湖秀色或内庭景色。小卖部和两层冷饮室联成一体，相互烘托，取得较佳景效。上海长风公园临湖设置的小卖部空间组织较为丰富（图 4-4-19），院墙

图 4-4-17 上海静安公园小卖部、休息廊（左）
1—小卖；2—大众茶；3—休息廊；4—露天散座；5—储藏；6—更衣；7—花絮；8—杂务院；9—水池

图 4-4-18 广州白云山麓湖公园（右）
（a）冰室、小卖部；
1—门厅；2—小卖；3—仓库；4—冰室；5—露天散座；6—制冰；7—冷却；8—煮蒸间；9—管理仓；10—厕所；11—过廊；12—入口；13—内部入口
（b）小卖、休息廊
1—小卖；2—煮蒸、洗碗；3—储藏；4—管理宿舍；5—休息亭；6—休息廊；7—平台；8—花絮

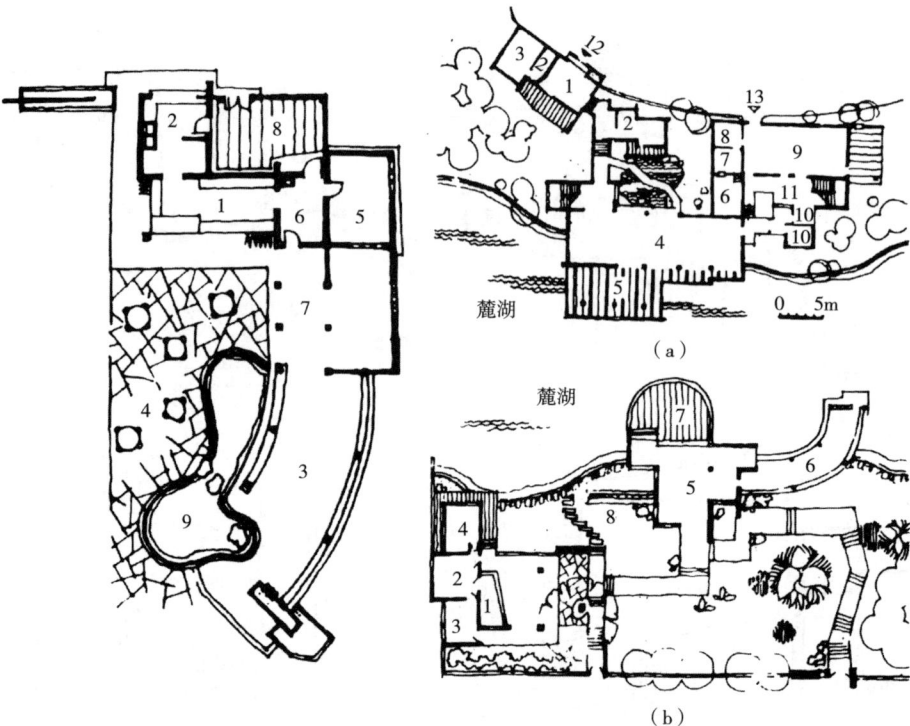

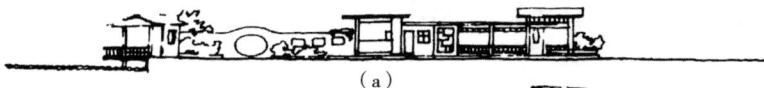

图 4-4-19 上海长风公园小卖部
（a）东立面图；（b）总平面图；（c）西立面图
1—柜台；2—仓库；3—冰箱；4—壁柜；5—管理；6—立体橱窗；7—落地拉折门；8—椭圆门洞

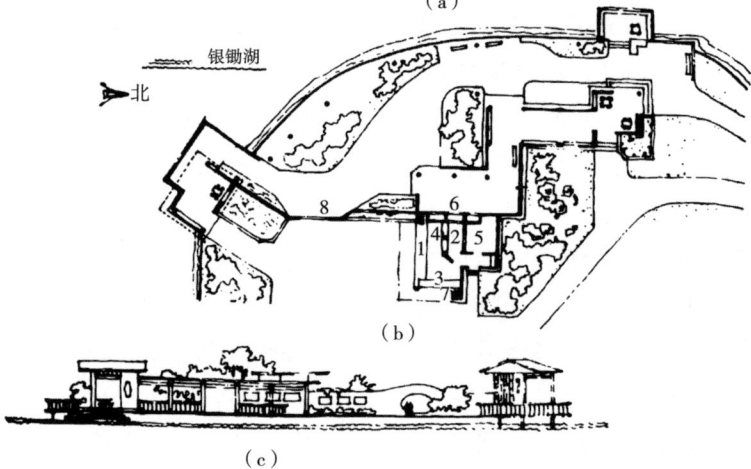

设有景门、景窗、墙垣与建筑物构成了较丰富的建筑轮廓，游客可在临湖的廊、亭、台上赏景饮食，在节日期间人流集中，宽阔的敞廊和浓荫覆盖的地坪更有利于众多游客的随意憩息。

由于总体布局或其他因素，有些小卖部与其他风景建筑统一规划，组成较丰富的建筑室内外空间。上海西郊公园留春园以小卖部为核心，东、南、西三向各设茶厅以敞廊相连。庭园临水景石、园道花木，穿插合宜，富有江南情调（图 4-4-20）。

影响小卖部规模与数量的因素颇多，除公园的规模及活动设施外，尚涉及公园和城市关系，交通联系、公园附近营业点的质量和数量等。园内活动设施丰富的公园游客量一般较多，小卖点的布点亦应随之增多。这类小卖点有附设在饮食业内，也有独立设置。其位置多选择在游人较集中的景区中心。如：广州动物园小卖点设于园中央临湖之饭店内（图4-4-21）；广州越秀公园则独立设于山麓北秀湖畔、山顶鲤鱼头和山顶五层楼旁等处。

图4-4-20　上海西郊公园"留春园"
1—小卖；2—餐厅；3—南厅；4—西厅；5—茶水；6—库房；7—厕所

有些公园规模较小，活动设施不多，且又在市区内，零售供应也较方便时，小卖部的规模则不宜过大，甚至可考虑内外结合，兼对园外营业。如：上海静安公园位处闹市，四周营业点较多，小卖部单独对园内服务时营业额较低，故将小卖部改设于入口旁，营业额有较大的改善。有些公园虽离市中心较远，周围亦欠缺供应点，公园规模由于不大，园内活动设施较少，故所设小卖部的营业额不高，尤以冬季或风雨天为甚。

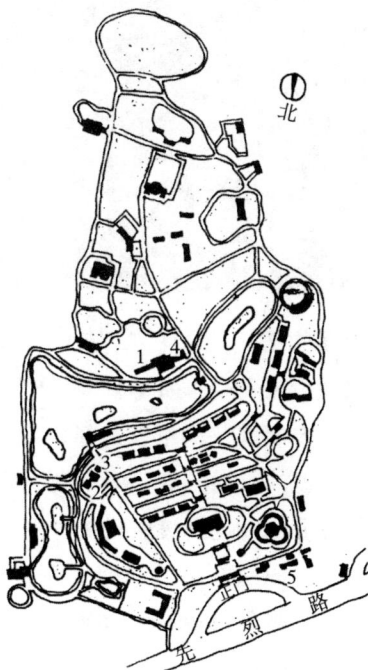

图4-4-21　广州动物园总平面
1—餐室；2—冰室；3—摄影部；4—小卖；5—广播室

由于旅游业的发展，不少市内公园亦于公园干道入口处增设对外营业的小卖部，营业内容除一般饮料、食品、香烟和糖果外，有些还增设工艺品、花卉和盆景等项目。这种小卖部的布点对园内外的服务供应都较为方便，营业额亦有显著的提高。

4.4.3　游船游艇码头

游船游艇根据功能的不同，分别设有不同的类型。交通游览船有点对点的输送，也有为水上观景之用的。具有辽阔水域的风景区或公园，如：无锡的太湖、武汉的东湖、杭州的西湖、云南的滇池等，它们不仅在陆地或半岛有众多的游览点，而且在湖心也有不少胜迹，吸引着广大游客，如：无锡太湖的三山、杭州西湖的三潭印月等。因而这些交通游览船既可解决风景区中各风景点的交通联系，又可在湖中畅览湖光山色，有些甚至可以组织水上的一日游。

这类交通游览船除了满足游客视野要求外，尚需考虑有些船只旅游时间

图 4-4-22　广东仁化丹
霞山翔龙湖渡船码头

较长，因而要求有舒适的座位和设施，规模较大的设有餐食供应。有些风景旅游点的交通船，单纯解决交通，导致船内拥挤不堪，是其缺点。风景园林区内除一般游船外，尚可考虑结合具体环境增设竹筏等，这对游客很具吸引力，如：福建武夷山乘竹筏游"九曲"，别饶风趣。

也有为游客玩耍的小游艇，在有湖泊的公园里多设有小游艇，规模 4~8 人不等，适合各种不同年龄的游客随意泛舟或竞渡。每当假日吸引着大批游客，是公园经济收益的一个重要项目。这些小游艇有的漆以鲜艳色彩，有的采用天鹅等水禽形象，更添湖面生动的情趣。水上单车和"碰碰船"，是游湖与水上运动相结合的良好方式，深受广大青少年所喜爱。

游艇码头的位置选择，规模较大的交通游览船一般由轮渡码头统一管理；中小型的交通游览船多在湖滨陆地景点处设点，以方便游客往来，如：广东仁化丹霞山翔龙湖渡船码头（图 4-4-22）。小型的游览船，如：小舢板、水上单车等，码头在位置选择方面要考虑 2 个因素：一是，尽量设于公园一隅或尽端，以避免众多人流影响园中其他部分的活动。在总平面功能上，处理好闹静分区的问题；二是，注意游艇码头应设在背风的位置，以减小风浪经常袭击船只，延长船只的寿命，同时这也方便游客的上落。

园内游艇码头上的小游艇或水上单车等在使用上受季节性影响较大。在夏季或春末秋初，使用率极高，假日尤甚。反之在寒冬季节船艇则进入休整阶段，因而如何从安全和合理使用的角度组织好，管理好这些码头的人流和船舶就显得非常重要。

这类游艇在管理和使用上一般有 2 种方式。一种是游客到票房购票，然后凭票到船艇停泊处对号上船，如：广州晓港公园（图 4-4-23）和广州烈士陵园游艇码头（图 4-4-24）；另一种是二次候船方式，把售票、检票、候艇、上船各环节按不同性质区分开来，如：广州白云山麓湖公园游艇码头（图 4-4-25），这类码头另设候艇廊、亭，通过检票入口等候上船，这样处理既有利于分开上下船的两股人流，游客在候船时也可在廊亭中休息和眺望。

游艇码头的组成也有多种形式。有些非营业性游艇码头只作游客上下船之用，多设于某些游览点或风景建筑一侧。如：桂林芦笛岩水榭、广州华南植

麓湖

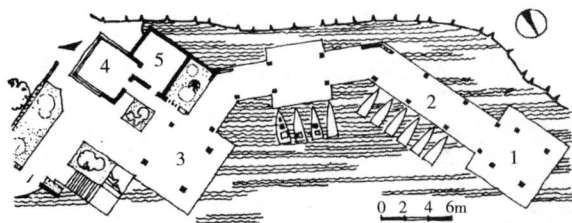

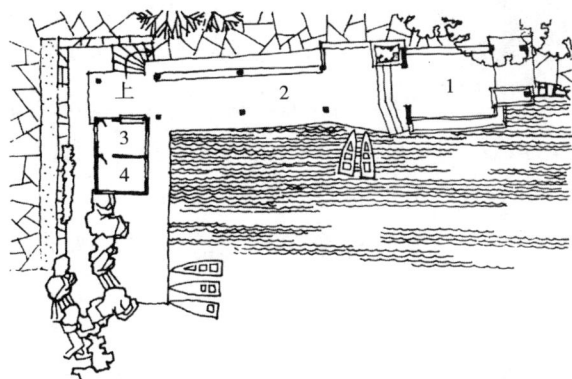

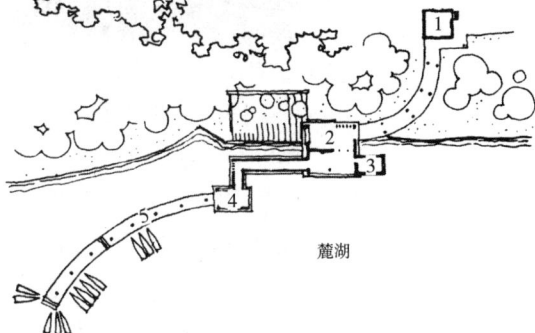

物园临湖接待室等，这类码头不需管理、游客可随意上下。一般营业性游艇码头的组成也较简单，分售票房和维修间、储藏室两部分。也有在入口处设管理室，作管理和检票等用。游艇码头主要是提供游客上下船的所在，也有结合码头创造一些空间环境供游客休息、赏景，如：广州晓港公园游艇码头在水廊上筑亭，底层组成小院和休息平台，二层休息亭可供游客登高凭栏眺望。

游艇码头建筑可单独设置，即单独的游艇使用功能。像北京紫竹院公园的百花渡游艇码头就为单一功能，只为游客湖中泛舟服务（图4-4-26）。有些游艇码头和公园其他活动设施统一安排，形成一个活动中心。北京紫竹院公园的青莲岛游艇码头（图4-4-27）和福荫紫竹院游艇码头（图4-4-28），都为二层的建筑，青莲岛游艇码头建筑二层为八宜茶舍，方便游客休息品茗；而

图4-4-23 广州晓港公园游艇码头（左上）
1—亭；2—廊；3—休息台；4—售票；5—储藏
图4-4-24 广州起义烈士陵园游艇码头（左下）
1—休息亭；2—码头；3—售票；4—储藏
图4-4-25 广州白云山麓湖公园游艇码头
1—售票；2—门廊；3—管理；4—候艇；5—码头

图4-4-26 北京紫竹院公园百花渡游艇码头

图4-4-27 北京紫竹院公园青莲岛游艇码头

图 4-4-28 北京紫竹院公园福荫紫竹院游艇码头

福荫紫竹院游艇码头，与小卖部、茶室、观景亭等服务休闲设施组合在一起。还有广州荔湾公园的游艇码头与小卖部、茶室等组成建筑群落，错落有序、活泼轻巧，建筑采用竖向分区，闹静分明，为一较佳的赏景点（图 4-4-29）。

有些风景区水上游览码头的组成，由于总体功能的需要，还会增加一些接待室或旅业等项目。福建武夷山星村候筏码头就是由候筏、休息、接待以及小型旅业等项目组成的小建筑群（图 4-4-30），泛筏九曲，有如动观一幅长达 15 华里（7.5km）的天然画卷，成为旅游武夷山的重要活动项目。星村候筏码头就是专门为慕名而来的中外游客而设，此码头位于齐云峰下嶂岩附近浅滩，建筑采用当地民间传统木构形式，配以粉墙及少量木雕、石雕，清新朴素。候筏厅底层敞露，水池渗入厅内，颇饶轻盈漂浮之意，是一组构思较佳的风景建筑。

游艇码头在景区内其体型空间和组合与水岸及环境关系十分重要。从其总体而言，要注意建筑与环境结合，建筑的虚实景效及其总体轮廓线。如：广州白云山麓湖水域较大，有较长的湖岸线，麓湖游艇码头平面布置结合地形向湖面铺开，建筑大部分架于水中，并采取横向展开与邻近的水榭、曲桥和鹿鸣酒家相呼应，形成较丰富的湖滨建筑轮廓。因此，公园里的游艇码头，一般要按风景园林建筑设计，不应把这类码头看作是普通的交通建筑来处理。

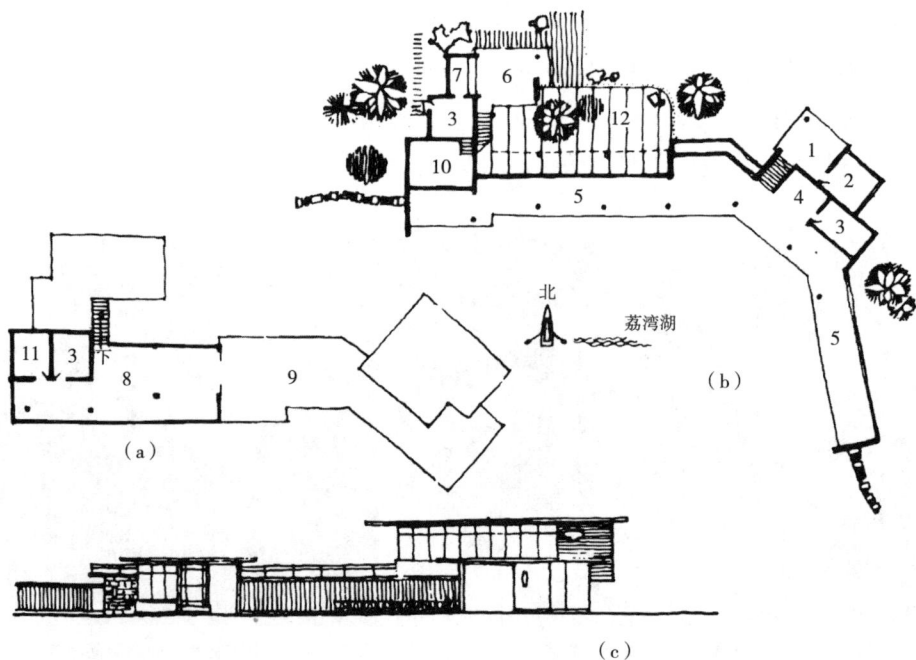

图 4-4-29 广州荔湾公园游艇码头、小卖部、茶室
（a）二层平面图；（b）首层平面图；（c）北立面图
1—码头入口；2—售票；3—管理；4—存桨；5—码头；6—茶室入口；7—小卖部；8—茶室；9—平台茶室；10—仓库；11—值班室；12—小院

0 2 4 6m

（a）

（b）

（c）

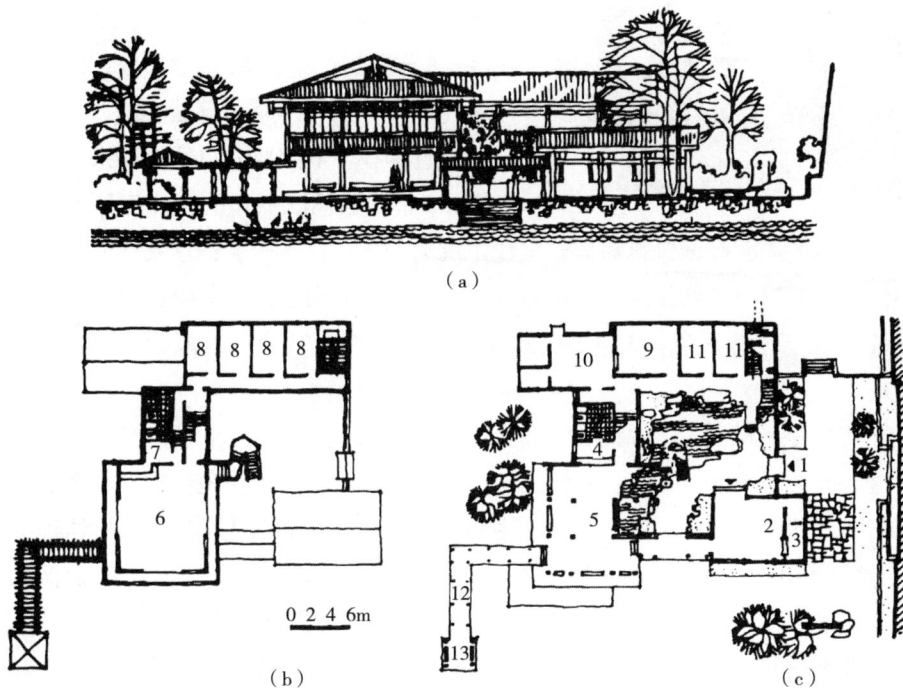

图 4-4-30 武夷山星村候筏码头
（a）临溪立面图；（b）二层平面图；（c）一层平面图
1—入口；2—售票厅；3—售票；4—小卖部；5—敞厅；6—接待休息；7—服务；8—招待所客房；9—餐厅；10—厨房；11—职工用房；12—藤架；13—凉亭

4.4.4 景区公园其他建筑

1.观景塔楼平台

观景楼台在造景和观景上都起到重要作用。传统楼阁因为体量偏大，常建于建筑群体的中轴线上，或位于地势最高处，或亲近较大的水面，在园林空间中有着视觉构图中心的作用。观景楼台出现在一些规模较小的园林中，常建于园的一侧或后部，既丰富天际轮廓线，又便于因借园外之景和俯览全园的景色。

广州麓湖公园鸿鹄楼位于场地西侧高岗之上，可俯瞰麓湖全景，远眺北侧白云山色。鸿鹄楼与湖畔曲玉桥等园林建筑相顾盼，构成了麓湖最核心的一处景致。广州锁爱台位于白云山风景区摩星岭，登高远眺，广州城市风光尽在眼底。台的设计契合场地高差，选择坡度较缓和的山脊方便登临。在高处平台保留原始裸露山岩，结合同心锁雕塑作品的设计（图 4-4-31）。而白云山摘斗亭，位于白云山摩星岭东南处山脊，紧邻锁爱台，该亭的选址非常优秀，可以俯瞰白云山东侧山景及广州城区景色。建筑通体白色，在山巅绿树掩映之下显得清丽不凡。

图 4-4-31 广州白云山锁爱台

图 4-4-32 桂林杉湖岛
蘑菇亭
（来源：华南工学院．建筑小品实录 [M]. 北京：中国建筑工业出版社，1980.）

2. 休憩亭廊

在亭子的造型中，除了传统形式外，还可看到一些新的形式，如：伞亭、蘑菇亭等。上海南丹公园的一组伞亭，从主要入口处望过去，左面3个，右面5个，其间以低矮的折线形厚墙作联系，亭以大小、高低错落布置，组成了跳动的队形，加上它们落到前面水面中的倒影，更显得清新生动。伞亭独立支柱的顶部有向上张开的喇叭口柱帽，稍加装饰以作过渡，伞亭因为只有一根中心支柱，屋顶为一片薄板，因此十分轻巧。

前面提到的桂林杉湖小岛上的一组蘑菇亭，也是大大小小、高高低低地错落布置着（图 4-4-32）。和蘑菇亭相对应着的围廊及平台也作成一个个的圆圈形。蘑菇亭与伞亭一样，也只有中心一根支柱，屋面做成半球体，参错地掩映于绿化丛中，有一种天然的情趣。这一组蘑菇亭与坐落在岸边的十二层漓江饭店相呼应，在体量大小、高低组合上相衬托，丰富了杉湖的空间环境。

各地的许多公园与园林中兴建了不少采用钢筋混凝土结构的平顶式亭，平面上由于没有攒尖、歇山顶等的限制可根据设计要求更自由、灵活地进行布局，以平面、体型上的错落变化、虚实对比等手法来弥补屋顶造型上的不足。广州白云山晓望亭，平面呈突出的半圆形，朝东一面立两根白色的圆柱，后部采用毛石墙连接叠落的折廊。

南宁市人民公园在湖心岛上建了一座圆形的双面空廊，在东、西、南三面各从廊边突出一跨作为出入口，正北面向廊外突出去做了一个方亭，在节日时亭子就作为演出的舞台，人们可围坐在廊中及中央草坪上观看节目。圆廊的南、东两面有三孔拱桥和平折桥与彼岸相联系。在岛四周临湖树木的掩映下，圆廊显得很生动活泼（图 4-4-33）。

在湛江市的儿童公园里，环绕着面对入口道路的圆形广场的两边，布置了两段相对应的空廊，一方面供游人驻足休息；另一方面与布置在广场中心的少年雕塑一起围合了小广场的空间环境。廊内布置靠背坐凳，点缀景窗、花墙，尺度较小、亲切宜人（图 4-4-34）。

上海的黄浦公园，位于黄浦江与苏州河的拐角上新建了一座双层的江边休息廊。它与江岸的环境结合紧密。登上游廊顶层可眺望黄浦江上穿梭的轮船及"外白渡桥"一带景色，游廊里侧面是大片草坪、花坛，完全是另一种气氛。两个空透的悬梯在廊子的两头一横一竖地安排着，与人流活动的几个方向都很顺合。几片厚墙与白色水磨石圆柱、预制混凝土隔片之间的虚实对比也很生动（图 4-4-35）。

上海西郊公园的金鱼廊采取了单面空廊的形式（图 4-4-36）。廊子呈半圆形，开敞的一面环抱着一个水池，以山石、喷泉点缀其中。而在另一侧布置着3

舞台

草坪

回廊

入口

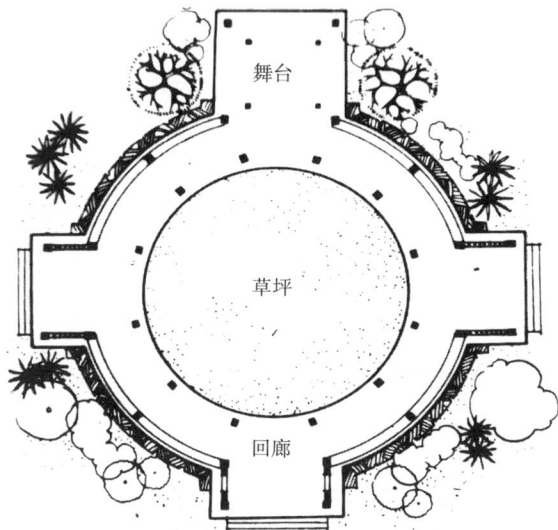

图 4-4-33 南宁人民公园圆廊（左）
图 4-4-34 湛江儿童公园休息廊（右）

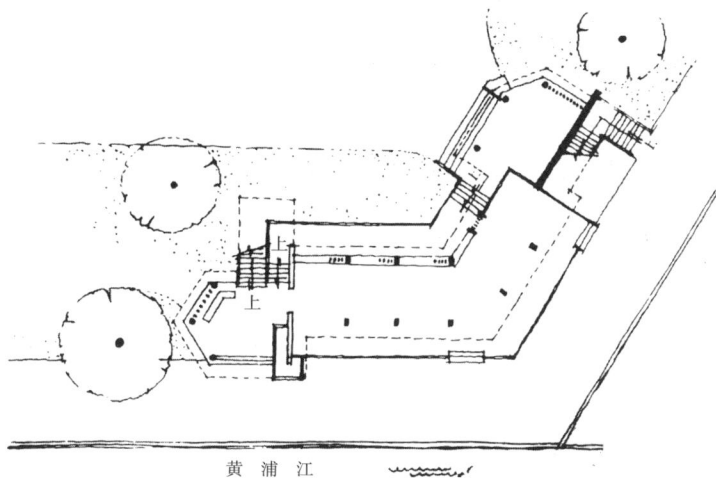

黄 浦 江

图 4-4-35 上海黄浦公园江边廊

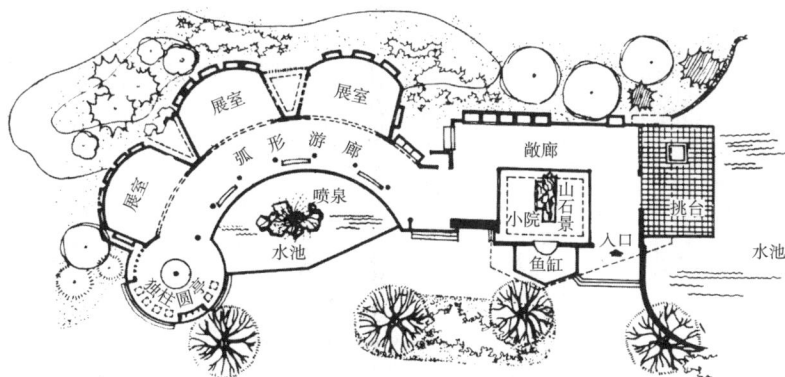

展室

展室

弧 形 游 廊

展室

喷泉

弧柱圆亭

水池

敞廊

山石景

小院

鱼缸

入口

挑台

水池

图 4-4-36 上海西郊公园金鱼廊平面及外景

个口袋形的展室，在展室的墙面上依次安排玻璃展窗，廊子的入口处以空廊围合成一个小天井，其中布置着一个大盆景，廊子临湖一侧以宽敞平台伸向湖面。在廊子的结束处是一个独立支柱的伞亭，边缘上以金属条片作成金鱼装饰。整座建筑平面通畅、富于变化，立面新颖活泼、亲切自然，与环境结合也很紧密。

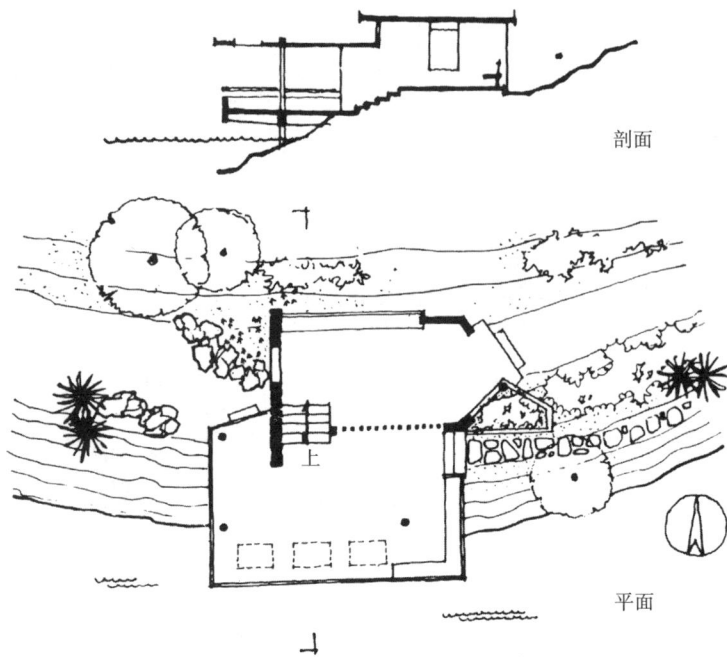

剖面

上

下

平面

图 4-4-37 上海西郊公园荷花池榭

还有上海西郊公园荷花池榭，结合原有地形上的高差，把水榭作成了高低两个空间，中间以花格墙作了分隔，上面一间地平与岸上的地平相近，作为敞厅，然后通过 5~6 步梯级降到下面一层空间，作临水平台，在剖面的高低错落上，很好地解决了建筑与池岸、建筑与水面的适宜比例（图 4-4-37）。

在岸边的地平距水面高差较大时，可以把水榭设计成高低错落的两层形式，从岸边下半层到水榭底层，上半层到水榭上层，从岸上看去水榭仿佛仅为一层，但从水面上看则为两层（图 4-4-38）。北京紫竹院水榭和陶然亭水榭都采取了这种手法。

水榭与水面的高差关系在水位无显著变化的情况下容易掌握，有时水位的涨落变化较大，这时，设计前就要仔细了解清楚水位涨落的原因与规律，特别是最高水位时的标高；一般，以稍高于最高水位的标高作为水榭的设计地平为宜，以免水淹。为了造成水榭有凌空架于水面的轻快感觉，除了要把水榭地平贴近水面外，还应注意尽可能不要把建筑物的驳岸作成整齐的石砌岸边，而宜将支承的柱墩尽量向后退入，以造成浅色平台下部一条深色的阴影，在光影的对比中增加平台外挑的轻快感。

桂林芦笛岩水榭，位于芦笛岩山峰脚下的湖畔，为景区内一处重要的点景建筑。水榭参照广西民居和传统园林建筑形象，做成舫与榭相结合的形式，

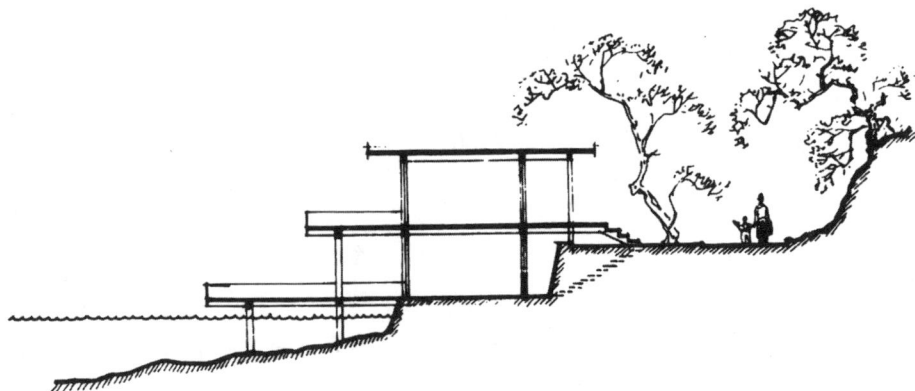

图 4-4-38 高差错落的双层水榭

一头高一头低，头、尾部位都仿船形作成斜面，建筑形象空透、轻巧，有莲叶形蹬步与岸相连，生动有趣（图4-4-39）。

现代亭廊在建筑体量、层高、开间尺寸等方面都有明显增大的趋势。针对夏季通风遮阳的需求，对于围蔽结构，如：屋顶、墙体的做法都有更多的思考。美国 westmoreland 公园凉亭和泰国某凉亭，屋面材料均由小翅片构成，利于散热的同时不影响采光（图4-4-40、图4-4-41）。

图 4-4-39 桂林芦笛岩水榭
（来源：冯钟平. 中国园林建筑 [M]. 北京：清华大学出版社，1988.）

图 4-4-40 美国 West-moreland 公园凉亭
（来源：陈淑妍绘制）

图 4-4-41 泰国凉亭
（来源：陈淑妍绘制）

第 5 章

园林建筑小品设计

园林建筑小品作用
园林建筑小品类型

5.1 园林建筑小品作用

构成园林建筑空间的景物，除了建筑物以及花木水石外，还有大量的小品设置。例如一樘通透的花窗，一组精美的隔断，一片新颖的铺地，一盏灵巧的园灯，一座构思独特的雕塑以至小憩的座椅，小溪的桥津，水边的汀步等。园林建筑小品是指园林中体量小巧、功能简明、造型别致、富有情趣、选址恰当的精美构筑物。它包括2个方面：一是园林的局部（如园路、花架、花坛等）和配件（如园门、园墙等）。二是园林建筑的局部和配件（如景窗、景梯、栏杆等）。这些小品不论依附于景物或建筑之中，或者相对独立，都绝非是可有可无的附属品，它内容丰富，在园林中起着点缀环境、活跃景色、烘托气氛、加深意境的作用，其选型取意均需经过一番艺术加工精心琢磨并能与园林整体协调一致。

园林建筑小品的"小"，主要是相对于园林和园林建筑的"大"而言的。就像文学上讲小品文是指随笔、杂谈之类的短篇文章一样，仅仅是篇幅小而已，并不说明其阐述道理的大小。实践证明，园林建筑小品虽然小，但所起的作用却是很大的，常常给人以极深的印象，甚至是园林意境的载体。如：杭州西湖"三潭印月"的3个石灯，苏州沧浪亭中的漏花窗，广州白天鹅宾馆内庭院的"故乡水"的瀑布等等，无不巧妙至极，意境盎然，难怪计成在《园冶》中说："江干湖畔，深柳疏芦之际，略成小筑，足征大观也。"

在园艺造景中建筑小品作为园林空间的点缀，虽小，倘能匠心独运，辄有点睛之妙。作为园林建筑的配件，虽从亦每能巧为烘托，可谓小而不贱，从而不卑，相得益彰。所以，园林建筑小品的设计及处理，只要剪裁得体，配置得宜，必将构成一幅幅优美动人的园林景致，充分发挥为园景增添景效的作用。杭州玉泉风景区"山外山"餐厅的山门，在它的正面墙上开设了一樘雅致的扇面空窗，隐现出后面小小空间的翠竹和湖石，为游览者提供了一幅生动的立体"国画"。强烈地吸引着人们的视线，自然地把游人疏导至餐厅的入口。广州友谊剧院贵宾休息室小庭院，由简洁的隔断、朴实的石墙、栏杆小凳及天棚围成的空间，绿丛、景石、小池的衬托下，别有生气；从天棚圆洞带来奇妙的光影变幻，也给小院增添了光彩。无论是扇面景窗或休息庭院的隔断墙、天棚圆孔，它们虽然都是小品，但在造园艺术意境上却是举足轻重的。可以说建筑小品的地位，如同一个人的肢体与五官，它能使园林这个躯干表现出无穷的活力、个性与美感。

园林建筑在园林空间中，除有其自身的使用功能要求外，一方面作为被观赏的对象，另一方面又作为人们观赏景色的所在。因此，设计中常常使用建筑小品把外界的景色组织起来，使园林意境更为生动，画面更富诗情画意。园林建筑小品在造园艺术中的一个重要作用，就是从塑造空间的角度出发，巧妙地用于

图 5-1-1 苏州留园揖
峰轩六角通窗（左）
图 5-1-2 拙政园 "晚
翠" 月门（右）

组景。苏州留园揖峰轩六角通窗（图 5-1-1），翠竹枝叶似很普通，但由于用得巧妙，成为一幅意趣盎然的景色，远观近赏，发人幽思。在古典园林中，为了创造空间的层次感和富于变幻的效果，常常借助建筑小品的设置与铺排，一堵围墙或一樘门洞都要予以精心的塑造。苏州拙政园的云墙和 "晚翠" 月门，无论在位置、尺度和形式上均能恰到好处，自枇杷园透过月门望见池北雪香云蔚亭掩映于树林之中（图 5-1-2），云墙和月门加上景石、兰草和卵石铺地所形成的素雅近景，两者交相辉映，令人神往。扬州瘦西湖柳堤上的吹台小亭从组景出发，在临水墙面开设月门，从亭前透过月门向外眺望。对岸的白塔和五亭桥在框景中重新组织起来，使景色得以进行艺术的再现。通过上述景例可见园林建筑小品从园林建筑设计构思开始，就应从整体出发，以确定其形式、尺度和组合。

园林建筑小品的另一个作用，就是运用小品的装饰性来提高园林建筑的鉴赏价值。北京动物园两栖爬行动物馆大厅中，以各种动物抽象姿态图案构成金属装饰隔断，图案轻盈，形式大方，予人以一种美的享受。上海南丹公园 "凤梅" 花窗主题鲜明，图案新颖，展翅的孔雀似以欢乐的情绪迎接游客，使观赏者愉快的心情油然而生。显然，园林建筑运用小品进行室内外空间形式美的加工，是提高园林艺术价值的一个重要手段。园林建筑小品特别是那些独立性较强的建筑要素，如果处理得好，其自身往往就是造园的一景。杭州西湖的 "三潭印月" 以传统的水庭石灯的小品形式 "漂浮" 于水面，使月夜景色更为迷人（图 5-1-3）。

图 5-1-3 杭州西湖的
"三潭印月"

园林建筑小品除具有组景、观赏作用外，常常还把那些功能作用较明显的桌凳、地坪、踏步、桥岸以及灯具和牌匾等予以艺术化、景致化。一盏供照明用的壁灯，虽可采用成品，但为了取得某些艺术趣味，不妨用最普通的枯木或竹节进行艺术加工，倘处理得宜，绝不嫌简陋，相反倒使人感到别具自然风趣。广州兰圃竹节壁灯就是一种工艺价值很高的小品，它与室内以竹材编织的顶棚、墙壁相互呼应，形式亦十分协调。庭园中的花木栽培为使其更加艺术化，有的可以在地上建造花池，有的可以在墙上嵌置花斗，有的可以构筑大型花盆并处理成盆景的造型，有的也可以选择成品花盆把它放在花盆的台架上，再施以形式上的加工。园林建筑中桌凳可以用天然树桩作素材，以水泥塑制的仿树桩桌凳亦较用钢筋混凝土造的一般形式增添不少园林气氛。同样，仿木桩的驳岸、蹬道、桥板都会取得上述既自然又美观的造园效果。就地面铺装而言，其功能不外乎为游人提供便于行走的道路或便于游戏的场地，但在园林建筑中，就不能把它作为一个简单的工程技术去处理，而应充分研究所能提供材料的特征，以及不同道路与地坪所处的空间环境来考虑其必要的形式与加工。如：在草坪中的小径，可散置片石或水泥板，疏密随宜，以水泥铺筑的室内或室外地坪，则可在分块、分色以及表面纹样的变化上推敲。在园林建筑中，即使那些属结构性较强的工程构筑物也应注意它在形式美上的加工，使之艺术化、小品化。

园林建筑小品虽然是点缀之物，但小而不贱、从而不卑，想把它营造好非得费一番苦心不成，而且要牢牢地抓住环境特征。下面就把园林建筑小品大致归类，分别加以叙述。

5.2 园林建筑小品类型

5.2.1 园墙隔断

墙在园林建筑中一般系指围墙和屏壁（照壁）而言。它们主要用于分隔空间，丰富景致层次及控制、引导游览路线等，是空间构图的一项重要手段。在造园中，用围墙和屏壁来形成空间是常用的手法。园墙有隔断、划分组织空间的作用，也具有围合、标识、衬景的功能。其本身还具有装饰、美化环境、制造气氛并获得亲切安全感等多功能作用。故高度一般控制在 2m 以下，成为园景的一部分。

古典园林中巧妙地运用云墙、梯级形墙、漏明墙、平墙等将园内划分成千变万化的空间，同时，利用墙的延续性和方向性使观赏者能自如地进入组景的程序，宛如置身于逐渐展开的园林画卷中。为着避免墙面过分闭塞常在墙上开设漏窗、洞门、空窗等，形成种种虚实、明暗的对比，使墙面产生丰富多彩

图 5-2-1 墙面开设空窗

的变化（图 5-2-1）。在不宜开洞的墙上可题诗作画，或植大树使树木光影上墙，打破枯燥单调的局面（图 5-2-2）。现代园林采用围墙和屏壁分隔空间，仍是空间构图的重要手段。桂林七星公园盆景园在一块不大的空里，为着满足展出盆景的需要，采用围墙分隔以多添墙面位置，并巧妙地在围墙上设置不同形状的景窗，通过这样处理，不仅在虚实对比、空间渗透上产生了良好的构图效果，使园景清新活泼，并能引导游人步步深入内容颇为丰富的观赏路线。日本龙安寺庭园（图 5-2-3）采用土筑矮墙把室内外空间融合起来，墙内组景与墙外自然景色连成一气，使不大的室外空间顿觉舒展开阔。成都杜甫草堂利用"草堂"照壁将陈列室与草堂两部分庭园连接起来，游人从陈列室经由照壁，围墙所导出的游览路线步入草堂时觉得十分自然，也增加了空间的层次感（图 5-2-4）。

　　墙的不同质地与色彩可以产生截然不同的造园效果。白粉墙朴实、典雅，同青砖、青瓦的檐头装修相配显得特别清爽、明快（图 5-2-5），在漏花窗的虚实与明暗的光影效果衬托下更显得轻松、悦目。山石树木以及其他建筑小品在以白粉墙为背景时轮廓鲜明，其造型美可以表现得更为淋漓尽致。每当和风轻拂树木枝叶，随着阳光隐现，投在粉墙上斑驳的光影使人心旷神怡，所谓"粉墙花弄影"更添几分诗情画意。清水砖墙由于它不加粉饰往往使建筑空间显得更为朴实，一般用于室外。在现代园林建筑中为了创造室内外空间的互相穿插和渗透，常常有意引用清水砖墙来处理室内的墙面以增添室外的气氛。古代清水砖墙采用水磨砖面，表面平整，砖缝细密，显得十分高贵。现代园林建筑中清水墙的处理砌工整齐加上有机涂料的表面涂抹，仍不失为一种简便的可供观赏的墙面处理方式。用马赛克拼贴图案的墙面实际上属于一种镶嵌壁画，在园林造景中可以塑造出别致的装饰画景，虽然马赛克镶嵌壁画虽不能到处采用，但在某些建筑空间中偶尔用之，可令人耳目一新。桂林榕湖饭店庭院的墙

图 5-2-4　成都杜甫草堂照壁空间（左）

图 5-2-5　沧浪亭正门青瓦白粉墙（右）

面用彩色水刷石制成桂林山水图案，也非常有特色（图5-2-6）。在园林建筑
中采用石墙也很普遍，类型也较为丰富，但石墙面一般宜重点采用，利用石墙
在园林建筑中容易获得天然的气氛，形成局部空间的切实分割，是处理园林空
间获得有轻有重、有虚有实的重要手段。不同类型的石墙具有不同的性质，乱
石墙显得自然、灵活（图5-2-7），块石墙严整、稳重（图5-2-8），贴片石墙
平静、舒展（图5-2-9），粘卵石墙玲珑、别致。当然在石材的选择上还有很
大的差别，如毛石就可以有不同形状，不同起伏和不同的颜色。毛石可以构成
"虎皮纹"，片石可以构成"冰裂纹"，块石可以做成自然分隔或规整分隔。石
墙面还可以利用灰缝宽、窄、凹、凸的不同处理形成不同的格调。一般常用的
有凹缝、平缝和凸缝以及干缝等。规整的块石墙可采用干缝处理，即先干摆石

图 5-2-6　桂林榕湖饭店庭院桂林山水图案墙面（左）
（来源：旅馆建筑 [M]. 北京：中国建筑学会出版，1979.）

图 5-2-7　乱石墙（右）
（来源：垒石为墙 自然而生 .）

图 5-2-8　块石墙（左）
（来源：垒石为墙 自然而生 .）

图 5-2-9　贴片石墙做成的连廊隔断（右）

料然后以砂浆灌心，有时贴片石也可以采用类似干摆的严密对缝处理，片石墙除对缝外以采用平缝处理为宜。表面比较平整的大块毛石墙通常用凸缝，而乱石墙一般则用凹缝。灰浆的颜色也可以相应选择，用白水泥灰缝往往显得十分明快。墙面用大理石碎片饰面，可以嵌出种种壁画，鹅卵石墙也可以巧妙地粘出画意，形成别具一格的壁画，如：桂林七星公园盆景园的室外一个墙面。水刷石墙面具有石料的表面效果，灰缝可按冰裂纹样或块石墙的式样划分，石子的颜色或水泥浆的颜色可随意调配以获得令人满意的效果。亦有用洗石分格结合石子、水泥颜色的调配，构成各种风景画面。此外，还有竹片墙和树皮墙，在室内可采用天然材料，在室外一般采用彩色水泥仿塑，效果亦亲切自然。

隔断在园林建筑设计中，也是组织空间的一个重要手段。在塑造园林建筑轻快活泼的性格上是不可忽视的重要因素。它可以成功地把园林建筑空间处理得透而不空、封而不闭，使简单与平淡的园林空间能够塑造出较为丰富的层次。

隔断通常具有很强的装饰性，而园林建筑的装饰隔断是在我国古代建筑的"博古架"及"落地罩"等形式上发展起来的。传统建筑的砖瓦漏花墙以及木质隔栅也为装饰隔断的设计提供了丰富的素材。园林建筑中的装饰隔断就其所处的位置，大体可分为柱间、墙段、门位等几类。柱间部位的装饰隔断是园林建筑分隔室内外空间的主要方式，使柱子之间的墙壁似有非有，空间似隔非隔，达到通透并且富有装饰趣味的效果（图 5-2-10、图 5-2-11）。在室内装饰隔断也常用来解决结构与建筑之间的矛盾。有些柱子是结构上所必需的，但在建筑空间构图上损坏了空间的完整性。如果利用装饰隔断把两柱联系起来，可以使空间重新划分，从而把结构所造成的消极因素变成积极因素，如：桂林芦笛岩半山阁接待室的柱间装饰隔断（图 5-2-12）就达到了这一目的。

作为墙段处理的装饰隔断，一般以平面与空间的布局需要来考虑，不受结构的限制，主要起到组织空间与装饰空间的作用。如：上海虹口公园长廊内部的装饰隔断，完全是为了把一个前后贯穿的空间用装饰墙段分隔开来，使其富于变化（图 5-2-13）。上海南丹公园伞壳结构水榭，其装饰性墙段更是与结

图 5-2-10　华南国家植物园水榭柱间隔断（左）
图 5-2-11　华南国家植物园花架隔断（右）

构无关，但它在平面上所形成的空间在构图上却是需要的（图 5-2-14）。在园林建筑在门位上处理装饰隔断，十分类似传统建筑的落地罩，如：桂林驼峰茶室（图 5-2-15）和桂林榕湖饭店小礼堂门厅的隔断（图 5-2-16）均属这一类的处理手法。

　　装饰隔断按其式样又可分为博古式（图 5-2-17）、栅栏式（图 5-2-18）、组合式（图 5-2-19）和主题式等几类。博古式装饰隔断一般以单独设计为多，

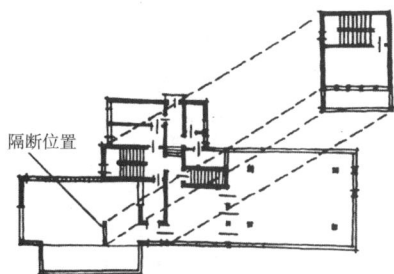

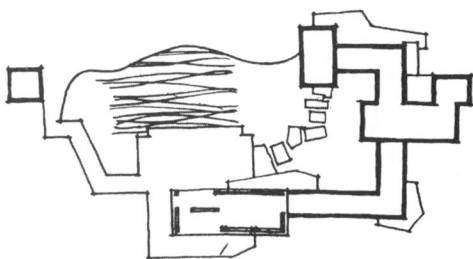

图 5-2-12　桂林芦笛岩半山阁接待室平面图（左）

图 5-2-13　上海虹口公园长廊平面图（右）

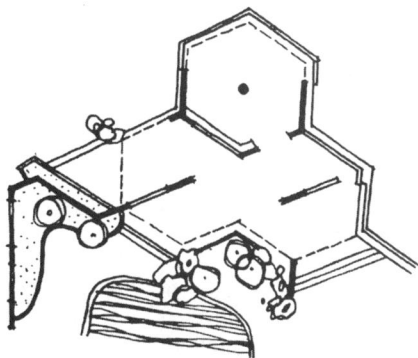

图 5-2-14　上海南丹公园水榭平面图（左）

图 5-2-15　桂林七星公园驼峰茶室图（右）

图 5-2-16　桂林榕湖饭店小礼堂门厅的隔断（左）

图 5-2-17　华南植物园博古式隔断（右）

图 5-2-18　成都文殊院园林竹子做的栅栏式隔断（左）

图 5-2-19　华南植物园售票处组合式隔断（右）

较少重复使用，如能同古董、盆景等陈设相配合将有助于加强其装饰性的特有情调。为了简化博古架的制作，可以把它做成几种标准件进行装配，如：桂林芦笛岩半山阁接待室的装饰隔断就是用 3 种标准件组合的。它还可以组合成许多不同的博古式图案。博古式装饰隔断可以用混凝土制作，但室内多采用木质材料。栅栏式装饰隔断多以垂直于地面平行排列的板片或金属杆组成，中间辅以其他部件，有的连以简单的水平杆件，有的嵌以规则的花饰，有的嵌以方形或长方形花（图 5-2-20、图 5-2-21）。上述形式可以采用自由布局，也可以选择适当的主题纹样。组合式装饰隔断其用材及组合方式同组合式花窗基本相同，可由预制的细石混凝土花饰组合而成，在室内也可以用木材制作，它们中间可嵌以蚀花玻璃、彩色玻璃、磨砂玻璃等。主题性的装饰隔断多利用扁钢、方钢和圆钢进行造型，表现一定的主题和情趣，具有金属工艺品的性质。许多水榭及金鱼馆之类的园林建筑常常用热带鱼图案组成装饰隔断的画面，使主题同建筑功能有一定的联系。一般的园林建筑有时亦有选用某些带有象征性的主题纹样，如：象征吉祥的凤凰图案等在传统建筑中素为群众所喜闻乐见，造型也较为生动，富于装饰性。因此，也不一定要求其主题图案与建筑功能有直接的联系。

在园林建筑中选择装饰隔断，首先要明确它所处的位置和作用。处于建筑外檐柱间的装饰隔断，主要取其装饰作用，因此隔断式样的设计要从建筑全局来考虑，如在构图上以采用垂直或水平线条为宜，在对比上以实还是以虚为主，是否需要表现一定的主题等均要与建筑造型的整体性相协调。处于建筑墙段上的装饰隔断，往往带有墙体的功能性，虽要求通透，但在虚实比例上宜偏于实。处于门位的装饰隔断，常选择用落地罩形式，并可供陈设盆景古董之用，或处理成与建筑功能有关的主题装饰图案。用作室内的装饰隔断主要把空间分成前后两部分，彼此又能隐约可见，隔断的式样务求其玲珑剔透，用料精致，并可局部或全部采用玻璃或蚀花玻璃。在室外的装饰隔断则以采用组合式的混凝土砌块为多。

隔断设计对式样的选择，尺度的推敲，虚实的协调，要认真琢磨。在自由布局的图案选型处理上从形象的刻画到画面的布局也要精心设计。桂林甑皮

图 5-2-20 流花湖公园观鱼廊隔断
图 5-2-21 广州晓港公园艇部隔断

岩展览室的古器皿图案花饰（图 5-2-22）意匠深远，风格也很独特，尤其是古器皿图案内容丰富，疏密有致，在用材的大小与厚薄上同图案亦配合得体，可视作一组完美的金属工艺品。

尽管在园林建筑中采用隔断对创造轻快的园林建筑风格起着明显的作用，但绝不能滥用，应坚持少而精的原则。要防止在不同部位采用风格尺度迥异的式样，以免令人产生杂乱无章的印象。

图 5-2-22　甑皮岩展览室古器皿图案隔断

5.2.2　门洞花窗

门洞景窗在建筑设计中除具有交通及采光通风作用外，在空间处理上，它可以把两个相邻的空间分隔开来，又联系起来。在造园艺术中往往利用门窗洞口这种空间分隔和联系，形成园林空间的渗透及空间的流动，以达到园内有园，景外有景，变化多彩的意境。门窗洞口在造园艺术中除发挥静态的组景作用和动态的景致转换外，门洞尚能有效地组织游览路线，发挥导游的作用，使人在游览过程中不断获得生动的画面。因此，园林建筑中的门窗洞口不仅是重要的观赏对象，同时又是形成框景的主要手段。

园林建筑中，门洞景窗就其位置而言，多属于园墙中的门窗洞口；就其作用而言，空窗主要取其组景和空间的渗透；门洞主要用于空间的流动和游览路线的组织，而景门常被用来组织对景、借景，使游人有一种别有洞天之感。

门洞的形式大体上可以分成 3 类：

（1）曲线型的，是我国古典园林建筑中常用的门洞形式，如圈门（包括上下圈门）、月门（包括半月门）、汉瓶门、葫芦门、剑环门、梅花门，还有形式更为自由的莲瓣门、如意门和贝叶门等（图 5-2-23a）。

（2）直线型的，如方门、六方门、八方门、长八方门、执圭门，以及把曲线门程式化的各种式样（图 5-2-23b）。

（3）混合式，即以直线型为主体，在转折部位加入曲线段进行连接，或将某些直线变成曲线（图 5-2-23c）。

现代园林建筑中还出现一些新的不对称的门洞式样，可以称之为自由型。广州东方宾馆新楼原支柱层庭园的过门，系利用钢筋混凝土抗震墙开设门洞来划分支柱层空间，既打破了空间的呆板，造成自由的格局，同时也起到将客人引导向庭园的作用（图 5-2-24）。

门洞形式的选择，首先要从寓意出发，无锡锡惠公园的八角洞门，既作

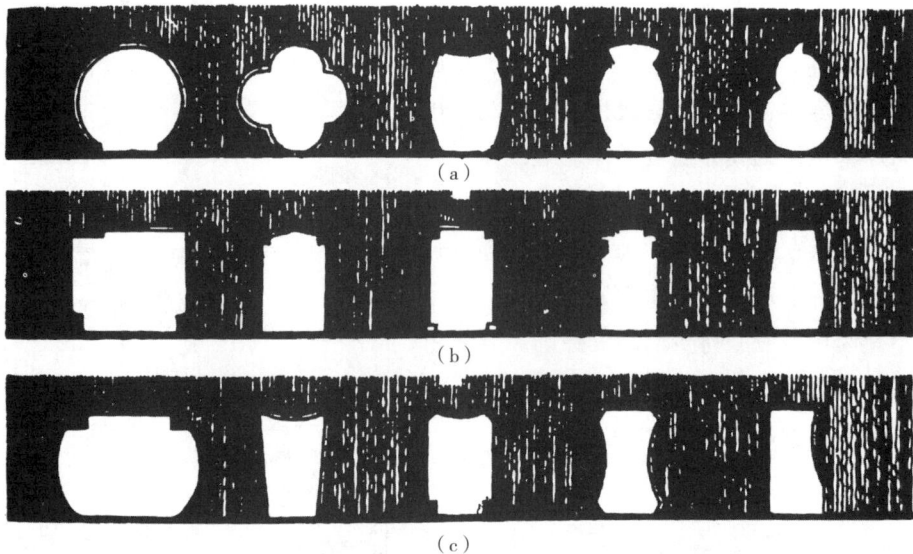

（a）

（b）

（c）

图 5-2-23　门洞形式
（a）曲线型门洞；（b）直线型门洞；（c）混合式门洞

图 5-2-24　广州东方宾馆新楼原支柱层庭园的过门（左上）
（来源：广州市设计院 . 广州建筑实录 .1967.）
图 5-2-25　广州流花公园休息廊景窗图（左下）
图 5-2-26　圆洞门（右）

为登山路线的导游标志，又可作为仰视锡山塔影和俯视"锡麓书堂"时的景框。广州流花公园休息廊在仿树皮墙段上开设一景窗，衬以翠绿竹丛另有一番风味（图 5-2-25）。一般置于围墙上的门洞为便于形成"别有洞天"的前景，宜选择较宽阔的形式，如：圆洞门（图 5-2-26）。如寓意"曲径通幽"的门洞则不妨狭长（图 5-2-27）。在现代园林建筑中，由于服务对象不同，往往人流量较大，应考虑这一因素来选择相应的门洞形式。

门洞形式的选择，还应考虑到建筑的式样、山石以及环境绿化的配置等因素，务求形式和谐协调一体。广东新会"盆景园"景窗形似花朵，与窗前绿丛相映，透过景窗所见的室内盆景挂壁，巧妙地点出了盆艺的素雅格调。门洞在形式处理上，直线型的门洞要防止生硬、单调；曲线型的要注意避免矫揉

图5-2-27 狭长门洞（左）
图5-2-28 苏州沧浪亭中的汉瓶门（中）
图5-2-29 古典园林中门洞上的题额（右）

造作。苏州沧浪亭中的汉瓶门的曲线本属繁琐，但由于它在颜色与形状上同园中芭蕉取得恰当的对比效果，却显得自然新颖（图5-2-28）。在古典园林中门洞上的题额，如"春光""探幽""含翠"等，其立意也起到了渲染园林佳境的效果（图5-2-29）。

窗洞，除空花窗外，基本形式多与门洞相同，由于窗不受人流通过的功能限制，其形式较门洞更为灵活多变（图5-2-30），在传统园林中的什锦窗不论形式大小，更是不拘一格。窗洞的形式与其组景的对象的统一是十分重要的。门窗洞口的选型往往对园林建筑的艺术风格起着一定的支配作用，有的气质轩昂庄重，有的格调小巧玲珑。因此，在门窗洞口形式的选择上绝不能凭个人的偏爱随意套用，应多从园林艺术风格上的整体效果加以推敲。

门窗洞口在形式处理上虽然不需过分渲染，但却要求精巧雅致。《园冶》有云："应当磨琢窗垣"，但却"切忌雕镂门空"，意指门窗洞口的周边加工应精细，但又不必过分渲染。从园林建筑创作实践经验表明，处理得宜的门窗洞口加工重点应放在"门窗磨空上"，也就是对门窗洞口内壁要进行必要的加工。

图 5-2-30 窗洞形式

在传统建筑中就是要内空满磨青砖，而框的边缘则只要求留寸许，即所谓皮条边，如果砖稍厚，也应酌量削薄，方显得优美。现代园林建筑中门窗洞口的边套也多取这种"皮条边"的造法，格调亦称秀雅。在传统园林中，门窗套大多采用磨砖，亦有用粉白的。现代园林建筑中除用墙体洞口自身材料加以粉刷或磨砖外，尚可用水磨石、斧琢石以及贴面砖、大理石等。门窗洞口的线脚形式有外凸和内凹两种。外凸型的洞口挺拔明快，内凹型的简洁浑厚。在材料选择上需要考虑色彩与质感同周围墙壁的对比关系，如乱石墙以采用白水泥门窗套为宜，白粉墙则可采用深色磨砖或片石料贴面。门窗洞口的细部处理，往往在门洞的槛石，窗洞的栏杆上要结合功能要求来加强它的装饰趣味性。

花窗是园林建筑中的重要装饰小品，它同窗洞不同，窗洞虽也起分隔空间的作用，但其自身不作景象，在组景中仅能起到景框的作用。而花窗自身有景，窗花玲珑剔透，窗外景亦隐约可见，具有含蓄的造园效果，在空间延伸方面，也能扩展封闭的空间。

花窗大体可分为两类：一类是几何空花窗，另一类是主题空花窗。

几何空花窗在园林建筑中使用较广，主要用砖瓦或混凝土制件在窗洞中叠砌成各种几何图案。在传统园林中，瓦砌空花窗以及磨砖空花窗（图5-2-31），图案多样，形式灵活，常见的有绦环式、菱花式、竹节式、梅花式等，如：苏州拙政园曲廊花窗（图5-2-32、图5-2-33）。预制钢筋混凝土空花可以做出层次较多、疏密相间、虚实有致的纹样，并可借助光影的变化产生强烈的立体效果。混凝土空花窗还可以用几何通用的构件组合出变化多样的空花样式。

主题空花窗是把花窗中的图案按一定的题材构图，如花卉、鸟兽、山水等图案，取材范围较广。在传统园林中，如：苏州狮子林曲廊花窗、苏州拙

图5-2-31 传统园林园墙中的磨砖空花窗（左上）
图5-2-32 苏州拙政园曲廊花窗图（右）
图5-2-33 苏州拙政园曲廊花窗（左下）

图 5-2-34　上海豫园院墙花窗（左）
图 5-2-35　花窗减轻墙的闭塞感（右）

政园曲廊花窗以及杭州黄龙洞庭院围墙上所用的双鹿双雁花窗都属这一类型。上海豫园院墙花窗是将福饰与花纹图案组合在一起（图 5-2-34）。还有成都杜甫草堂在围墙上开设的塑竹景花窗，线条粗犷与清水砖墙相配，显得朴实、大方。在现代园林建筑中常见以金属为材料的主题空花窗，如：上海虹口公园长廊"翠竹"钢漏花窗是一幅饶有风趣的画面，游人在廊内休憩可随意欣赏"翠竹佳景"。金属主题花窗主要用扁钢、方钢或圆钢构成主题性图案，有时中间夹入钢板、玻璃或彩色有机琉璃亦显得生动别致。现代园林花窗也有采用琉璃制品砌成漏花的。花窗在园林建筑中是应用最为普遍的一种装修手段，其配置主要用作通风与采光，在构图效果上多从对比关系加以考虑。在庭院中，分隔空间的隔墙以及半边封闭的步廊，一般亦多以安置空花窗来增加园景相互渗透的效果，或用以避免，或减轻实墙闭塞的感觉（图 5-2-35）。这些空花窗可以采用同一样式，均衡排列，或洞形相同，花样各异；也可以采用洞形花样均不相同的什锦式。处于厅、堂、廊、榭等园林建筑墙壁上的空花窗，要求虚实配置得当，它们既要考虑建筑物的构图要求，也要考虑园林空间的构图要求。要注意避免把空花设置在不容损坏的墙体上。在单调的墙面上如空花窗开设得宜，往往顿使一室生辉，园景添色。这类空花窗在建筑构图上常用以调剂壁面的虚实和体量的均衡。室内的空花窗如以独立的形式出现，多采用博古式。这类花窗古今都有采用，上多置四季盆花或小工艺品，显得十分古朴典雅。

　　不同材料的空花窗，具有不同的风格，钢空花窈窕清新，塑造的空花富丽华贵，砖瓦空花朴实雅致，混凝土空花浑厚含蓄。砖瓦与混凝土空花适于重复出现，钢制空花则宜选巧用精，塑造的空花以用于传统形式的园林建筑较为适宜，若用于造型简洁的园林建筑中会感到过于繁琐。因此空花窗与建筑整体在风格上如何求得统一是十分重要的。

　　空花的艺术效果主要是以其明暗对比和光影的关系来体现的。因此，花窗一般都选择较为明快的色调，甚至在白粉墙上的空花窗，也多使空花同墙面采用同一色彩。这样，在阳光照射下，外面看去黑白对比明确、醒目，室内看出，明暗对比柔和、宜人。有时为了满足远看时造成空透的效果，近看时又有内容可以观赏，可把空花做成深色调。

空花的纹样在设计中应精心琢磨，主题性空花应与建筑物的内容相适应，金属空花虽可自由地采用抽象性构图、灵活的布局，但要注意形象的完美性。塑造的空花，虽能形象地刻划景物，但也不应流于自然。几何纹样的空花可以大量取材于民间建筑，也可自行创造，但应注意不同材料对空花在构图上可能带来的影响。在一般情况下，园林建筑中使用砖瓦组成的空花其尺寸是比较适宜的，用钢筋混凝土虽可组成任意大小的空花，但容易产生尺度过大的现象，在设计中空花的尺度一定要同所在的建筑物相关部分的尺度相协调。

园林中景窗又称"透花窗"，是花窗的一种形式，与一般的花窗作用一样，具有分隔空间并使空间相互渗透，达到似隔非隔、若隐若现、虚中有实、实中有虚的艺术效果。同时，景窗自身也是景，窗花的玲珑剔透，取材多样，造型丰富，也常为造园中的点睛之笔。景窗的窗框有长形、方形、六角形、八角形、圆形、扇形以及其他多种不规则形。从构图上看，景窗的形式大致可分为几何形和自然形两大类。几何形常将菱花、万字、水纹、鱼鳞、波纹等基本形式进行多种手法的构成，图案有一定的规律可循。自然形常带有主题性，花鸟鱼虫、梅兰竹菊、神话传说等都可作为构图的内容。或金鱼戏水；或孔雀开屏；或翠竹秀色；或古梅倩影，造园师常常将一幅幅饶有生气、风趣别致的画面通过景窗展现给游人，让游人流连忘返。景窗在做法上，几何形多用砖、木、瓦等制作；自然形古时多木刻，或用铁片、铁条做骨架，再以灰浆、麻丝逐层裹塑，成形后涂以色彩、油漆即可。园林中还常使用一种不装窗扇的空窗的形式，其后常置以山石、竹木之类，形式一幅幅图画小品（图 5-2-36）。

图 5-2-36 拙政园与谁同坐轩空窗

5.2.3 园路铺地

园路铺地的做法具有较典型的园林个性。另外，园林建筑中的厅堂铺地和庭院铺地也大相径庭，均可创造一种或自然亲切，或构图优美的氛围。

传统园林中铺地常选用方砖、青瓦、卵石、石板、石块以至砖瓦、碎片等，现代园林中多用混凝土或结合以上材料做各种不同形式的处理，以达到朴素、雅致、清新自然的效果。对待铺地的形式，传统园林常有特定的处理，卵石、方砖组合一般构图平整，排列有序。也有瓦石结合图案做法，如：梅花等植物，或铺成动物形状等，创造了一种或淡朴清新的意境，使人感到幽雅自然、趣味寓意的氛围。可见，中国园林把那种人对自然的理解和二者的和谐，体现在这方寸之地。

在我国造园艺术中，对厅、楼、阁、亭、榭的内外地面铺装，以及路径的地面铺砌都十分重视。园林的路径不同于一般纯系交通的道路，其交通功能从属于游览的要求。虽然也要保证人流疏导，但并不以捷径为准则。园路的曲折迂回与一定的景石、景树、园凳、池岸相配，它不仅为景

图 5-2-37　自然石块铺地的园林小路

象组织所需求，而且还具有延长游览路线，增加游览程序，扩大景象空间的效果。同时在烘托园林气氛、创造雅致的园林空间艺术效果等方面都起着重要的作用。园林建筑的铺地大体可分为厅堂铺地、庭院铺地及路径铺地 3 种。

园林铺地按材料不同，大致可分为下列几种：

（1）用单一石材铺地。形式有石块、乱石、鹅卵石等，石板地面与路面可以铺砌成多种形式，利用方正的石料，采用多种规格搭配处理，形态较为自由，可用于铺砌庭院及路径地面。自然石块铺地，可以用于园林小路，颇具自然情调（图 5-2-37）。乱石铺地可采取大小不同规格的搭配组合成各种纹样，或与规整的石料组合使用，气氛活跃、生动。嵌鹅卵石地面同样可以大小搭配以及用不同颜色组成各种形式。

（2）用砖块铺地是我国古典园林铺地中广泛采用的方式。方砖基本用于室内，在庭园中则采用条砖仄砌，构成席纹、间方、人字、斗纹等图案（图 5-2-38）。这种铺地方法简单，材料易取，在现代园林铺地中仍多采用。

（3）综合使用砖、瓦、石铺地是园林铺地的一种普通的方式。在古典园林中用得较多，俗称"花街铺地"。根据材料的特点和大小不同规格进行的各种艺术组合，其形式不胜枚举（图 5-2-39）。常见的有用砖和碎石组合的"长八方式"，砖和鹅卵石组合的"六方式"，瓦材和鹅卵石组合的"球门式""软

图 5-2-38　条砖仄砌铺地图

图 5-2-39 综合使用各种材料进行园林石铺地（左）
图 5-2-40 水泥块散置在草坪中（右）
（来源：刘庭风. 岭南园林 广州园林 [M]. 上海：同济大学出版社，2003.）

锦式"以及用砖瓦、鹅卵石和碎石组合的"冰裂梅花式"等。

（4）水泥预制块铺地在现代园林中占主要地位。造型水泥铺地砖是富有造园艺术趣味的一种铺地材料，式样有表面拉出条纹，表面模制出竹节和表面处理成木纹等。它们可以成片铺设，也可以散置在草坪中（图 5-2-40）。组合水泥块地面具有多种式样，还可以预制成两种大小不同的规格与卵石组合成各种图案。这种水泥预制块易于满足现代园林建筑的大空间尺度的要求，是砖、瓦、卵石的"花街铺地"的一种发展。

园林建筑铺地形式的选择：通常厅堂取其平整，以方砖、石板为宜，现代园林用美术水磨石夹铺碎大理石块形成的冰裂纹格调亦雅致；中庭可用石板、乱石铺砌，也可用砖、瓦、卵石作花街铺地；山路一般以乱石、碎石铺地为多；平地小径则可采用片石仄砌、大小石料搭配砌或水泥预制板块砌，以之随意散置于草坪中亦饶有趣味；山路及人流活动频繁的中庭或路径一般不宜采用鹅卵石铺地。必须根据不同环境因地制宜地合理选择铺地的方式，以满足使用与观赏的要求。如花街铺地玲珑富丽，宜用于较小的古典式样的园林庭园中；石板地面适应性较强，如材料来源方便可广为采用；其中以方整石料组合的庭园地坪或路径，宜用于风格清新或端庄高雅的场合；乱石、仄片石铺地出自天然宜用于田园或山野环境中。水泥预制块组合拼花图式千变万化，在近代园林建筑中具有较大的适应性。

5.2.4 梯级蹬道

梯级在园林建筑中主要作为垂直方向的联系手段，在构图上亦可以分隔空间，打破水平构图的单调感。空透的梯有时也起着类似隔断的作用。楼梯还可以形成动的组景，自然地引导人们按一定的程序观赏景物。一个处理得成功的梯级，本身就可视作一个景点，故也有"梯景"之称。

梯由于其位置和组景的不同处理，形式也是多种多样的。梯的位置应服从平面组合的要求，在解决功能的基础上考虑其造园效果，以下就各种梯式处理手法进行一些分析。

（1）悬挑梯。这类梯在庭园中多处理成三面凌空，成为庭园中组景的中心。如：广州矿泉别墅悬挑梯，该梯位于支柱层东端，作为底层和二层的垂直联系，也是支柱层的一组端景。它既分隔了支柱层空间和庭园，又增加了组景的层次而不使庭园一览无余。由于有梯的分隔，使庭园空间在上下、左右、内外各自形成了不同变化的景观，当人们由梯循级而上，亦有一种步移景异动的景观的感受，虽然庭园空间并不太大，梯景却起着支配园景变化的作用（图5-2-41）。

（2）半开敞梯。这类梯多处理成向庭园方向敞开一到两个面，通过隔断和玻璃墙使梯内外的庭园景色融为一体。广州白云宾馆餐厅庭园梯是这类梯中处理得较成功的一例。该梯一侧用大片玻璃墙把室内外空间沟通，并且在梯平台处大胆地采用开敞的处理，把庭园中一组苍劲的巨榕透入室内，使梯间笼罩在古朴、宁静、清雅的气氛中。梯上梯下各空间景色的变化，亦引人入胜（图5-2-42）。

图5-2-41　广州矿泉客舍庭园悬挑梯（左）（来源：陆琦.岭南造园与审美[M].北京：中国建筑工业出版社，2005.）图5-2-42　广州白云宾馆半开敞楼梯（右）

（3）旋梯。这类梯旋律活泼，有一种强烈的动感，富于装饰性，并有助于从竖向扩大空间使室内景象得到变化。原广州东方宾馆新楼北大厅旋梯，旋转做半圆周状，处理简明大方，在宽度较大的门厅里通过梯的设置使空间从竖向得到扩大（图5-2-43）。梯下一潭如镜的水面形成的倒影，增添了空间的层次；梯旁一组红木桌凳在几株棕竹盆栽的衬托下，改善了旋梯周围空间的局限性，收到丰富梯景的效果。还有广州南园酒家的室外旋梯（图5-2-44），上海西郊公园接待室旋梯，都属此类（图5-2-45）。

（4）石梯与蹬道。在造园和组景中常用来组织室外竖向交通。传统园林中，多用石级蹬道的形式，与堆山叠石结合，石级隐约其中，走在其上有登山之感（图5-2-46）。一坡毫无变化的石级枯燥乏味，容易使人望而生畏，影响游人登攀的兴致。因此，园林中在大型堆山叠石时常利用登山石级，形成随着地势起伏的蹬道或爬山廊，使其与园林环境，建筑物的布局有机地融在一起，让游人在观赏中不知不觉地向上攀登，这样的处理，既解决了交通的联系，又

图 5-2-43　广州东方宾馆新楼原北大厅旋梯
（来源：陆琦. 岭南造园与审美 [M]. 北京：中国建筑工业出版社，2005.）

图 5-2-44　广州南园酒家的室外旋梯（左）
图 5-2-45　上海西郊公园接待室旋梯（右）

丰富了组景的内容（图 5-2-47）。这种做法在传统园林中是经常采用的，在现代造园实践中也有不少成功的例子。

　　广州泮溪酒家在庭园中做成有山有水、有廊有桥、有高有低、有起有伏富有变化的景色内庭，一幢两层的小餐室旁利用蹬道结合假山布置，自然地把宾客引导到第二层，避免了上下两层人流的相互干扰（图 5-2-48）。

　　在大型公园或自然风景区，常用蹬道代替石级，如：广州烈士陵园的天然石蹬道，流花公园的一组以水泥塑造的仿树桩蹬道（图 5-2-49），蹬道做成仿树桩或木板状等形式，饶有山林野趣。凡是依山就势自然凿出的蹬道，处理时应与地形地貌相协调，以保持自然的情趣。日本古典庭园中也有类似的手法，如：桂离宫草地上一组飞石和园门内的蹬道相互呼应，富有节奏感（图 5-2-50）。

5.2.5　园桥汀步

　　水是中国园林的一个重要组成部分，我国传统造园以处理水面见长，在组织水面风景中，桥是必不可少的组景要素，桥具有联系水面风景点，点缀水面景色，增加风景的空间层次与进深感的功能。同时，园中架桥，可联系两端

图 5-2-46 石级蹬道与堆山叠石结合（左）
图 5-2-47 随着地势起伏的蹬道（中）
图 5-2-48 广州泮溪酒家山廊蹬道（右）

图 5-2-49 广州流花公园树桩蹬道（左）
图 5-2-50 日本桂离宫乱石园路（右）

风景点，以达到组织游览路线等作用。

园林中桥的体量大则上百米，如：北京颐和园的十七孔桥（图 5-2-51），小则一二米，如：苏州网师园的一步桥。桥的造型多样，表现手法不一，有的飘若玉带；有的飞若彩虹；有的曲折有致；有的端庄生辉；有的长若巨龙，飞跨水面，气势磅礴；有的小如步石，藏于芦中，野趣横生，如此种种，足见桥之独特魅力。

在大型园林中，像颐和园和杭州西湖等在广阔水面上所采用的一些大型桥梁，尽管体型较大，但在造型上亦十分讲究，如：颐和园的玉带桥（图 5-2-52）。小水面架桥，取其轻快质朴，常为单跨平桥，位置常选择在水面较窄处，将水面在此收缩成大小不等的水面，以增强水面层次。有的小桥还有藏源的作用，如：罗浮山景区的会仙桥（图 5-2-53）。《园冶》有："疏水若为无尽，断处通桥。"说的便是这个道理。水面宽广或水势急湍者设高桥并带栏杆。水面狭窄或水势平静者，可设低桥免去栏杆。水与山相邻，山下岩边桥面临水不宜高，以显山势峥嵘。水面与地面水平相近，架桥低临水面，亦可使游人濒溪漫步，别饶情趣。在清澈的水面，要巧于利用桥的倒影效果。平坦地段桥式宜有起伏变化的轮廓。

园林中的桥一般可分为拱桥、平桥、亭桥、廊桥等几种类型。

1）拱桥

一般用石条或砖砌筑成圆形券洞，券数以水面宽度而定，有单孔、双孔、三孔、五孔、七孔、九孔……以至数十几孔不等。有半圆形券、双圆心券、弧

图 5-2-51　北京颐和园
十七孔桥（左上）
图 5-2-52　北京颐和园
玉带桥（右上）
图 5-2-53　博罗罗浮山
会仙桥（左下）
图 5-2-54　无锡华孝子
祠内庭院拱桥（右下）

状券等。南方的拱桥比北方的要显得轻巧。拱桥的优点是能够充分发挥拱券结构的力学性能，跨越较大的跨度，坚固性也很好，券洞中还可以通船，以便水上交通。

用于庭园中的拱桥多以小巧取胜。无锡惠山天下第二泉旁的华孝子祠庭园的水池拱桥以其较小的尺度、低矮的栏杆及厚重的造型与周围规整的祠庙建筑配合得体见称（图 5-2-54）。而苏州狮子林假山前的拱桥，其栏杆虽复杂，倒也与凹凸变化的太湖石景相得益彰（图 5-2-55）。利用钢筋混凝土构筑的园林拱桥，由于能充分利用材料的力学性能，桥体轻薄而跨度较大，桥拱的弧度也很平缓。广州流花公园混凝土薄拱桥造型简洁大方，桥面略高于水面，在庭园中形成小的起伏，颇富新意（图 5-2-56）。

2）平桥

在小水面的小空间环境中，运用木、石板搭成平桥较为常见，有单跨、多跨等不同形式。桥墩一般用石块砌筑，上面架石板或木板（图 5-2-57）。平板一般跨度较小，桥身较低，临近水面，具有亲切的尺度感。梁板式石桥在平面上的变化较多，一折、二折、三折至多折，"九曲桥"已成为我国园林中常用的专用名词。

单跨平桥的造型简单，能予人以轻快的感觉。有的平桥用天然石块稍加

整理作为桥板架于溪上，不设栏杆，只在桥端两侧置天然景石隐喻桥头，简朴雅致。如：苏州拙政园曲径小桥（图5-2-58）；广州荔湾公园单跨仿木平板桥，亦具田园风趣（图5-2-59）。

　　曲折平桥多用于较宽阔的水面且水流平静者。为了打破一跨直线平桥过长的单调感，可架设曲折桥式。曲折桥有两折、三折、多折等。南京瞻园假山下四折曲桥，桥面较窄，桥板甚薄，并以微露水面的天然石为礅，桥低贴水面，桥上亦不设栏杆，步于其上，对水面倍感亲切（图5-2-60）。上海城隍庙九曲桥，饰以华丽栏杆与灯柱，形态绚丽与庙会时的热闹气氛相协调。还有杭州西湖边的曲桥结合拱桥，既丰富多彩，又轻快活泼（图5-2-61）。

图5-2-55　苏州狮子林假山前的拱桥（左）
图5-2-56　广州流花公园小拱桥（右上）
图5-2-57　成都文殊院后花园的木制平桥（右下）

图5-2-58　苏州拙政园曲径小桥（左）
图5-2-59　广州荔湾公园平板桥（右）

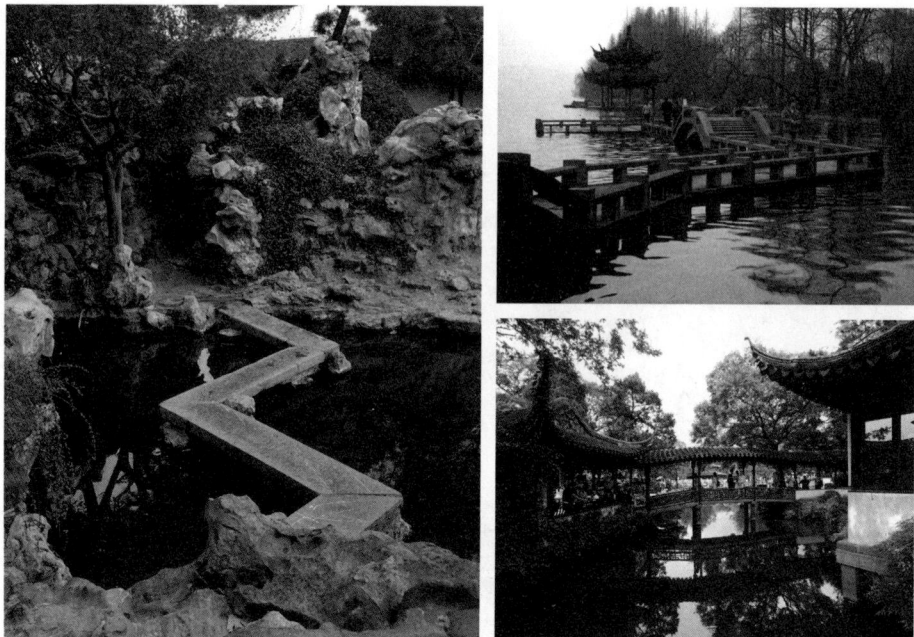

图 5-2-60 南京瞻园假
山下的四折曲桥（左）
图 5-2-61 杭州西湖
边 的 曲 桥 与 拱 桥 结 合
（右上）
图 5-2-62 苏州拙政园
"小飞虹"（右下）

3）亭桥和廊桥

亭桥和廊桥在江浙一带的南方园林中运用最早，后来也借鉴在北方。桥上置亭、筑廊，除为了纳凉避雨、驻足休息外，还使桥的形象更为丰富，如：苏州拙政园的"小飞虹"（图 5-2-63）。

廊桥在园林中运用不多，由于桥体一般较长，桥上再架廊，它们在空间上的分划作用十分突出。现在各地多用钢筋混凝土材料作廊桥，桥的跨度可以做得较大，更使廊桥显得舒展轻快，特别在大型公园和风景园林名胜区中。

园林水面上除了架桥之外，经常还采用"汀步"的形式来解决游人来往交通。它的作用类似桥，但比桥更临近水面。汀步宜用于浅水河滩，平静水池，山林溪涧等地段，它们常以零散的叠石、柱桩等点缀于窄而浅的水面之上，游人得细心地步石平水而过。人行于上，宛若漂于水面，别有一番风味。

广东风景名胜地罗浮山景区白莲池南面的跌级小瀑布溪流水面前，筑有仿树桩的汀步，人们可在汀步上观赏四周水景（图 5-2-63）。杭州黄龙洞自然石汀步，虽只三四块，但与自然环境十分协调，远胜架桥其上（图 5-2-64）。上海虹口公园长廊的不规则汀步，虽造型尚欠成熟，但有一定的创造性（图 5-2-65）。广西南宁青秀山植物园的溪水汀步，采用多排的处理方式，保证游人多时也能安全通过（图 5-2-66）。成都锦水苑庭园将汀步做成荷叶形，宛如荷叶片片浮于水面，高低错落，造型变化有趣，游人跨越水面时，更富有水面的亲切感。

图 5-2-63　罗浮山景区
溪流汀步（左）
图 5-2-64　杭州黄龙洞
汀步（右）

图 5-2-65　上海虹口公
园长廊汀步（左）
图 5-2-66　广西南宁青
秀山园林溪水汀步（右）

5.2.6　园凳桌椅

园桌、园椅、园凳等园林家具在园林中是不可缺少的组成部分。它们除具有休憩的功能作用外，还有组景点景的作用。园林家具设置的位置一般宜选择在游人需停留休息之处，以及有景可赏之处。座凳设置的位置多为园林中有特色的地段，如广场周边、林荫路旁（图 5-2-67）、湖面沿岸、林下花间、岩旁山腰、草坪台地（图 5-2-68）等处。园凳、园桌既可单独设置，也可成组布置，有时一些不便于安排的零散地也可设置几组坐凳加以点缀，甚至有时在大范围组景中也可以运用坐凳来分割空间，位置选择随意。特别在庭园中设置形式优美的坐凳具有舒适诱人的效果，丛林中巧置一组树桩凳或一组景石凳可以使人顿觉林间春意盎然。在大树浓荫下，置石凳三、二，长短随意，往往能变无组织的自然空间为有意境的庭园景色（图 5-2-69）。其造型一般轻巧美观，活泼多样，自然亲切，富有特色，并多与环境相协调，如树下园凳、粗犷古朴；矮柱生凳，自然流畅；仿树桩凳，朴实无华；仿蘑菇凳，野趣盎然，不胜枚举。

园凳、园桌在选材上，传统园林以块石和木作为主，现多用钢筋混凝土制作，也有的园林注意就地取材，更具园林个性。在一些街头绿地和小游园中，园凳、园桌常配合使用，可供人们进行一些集体活动。

图 5-2-67 林荫路旁的
休息座凳（左）
图 5-2-68 园林一角台
地旁的休息桌凳（右）

座凳根据不同的位置、性质其所采用的形式，足以产生各种不同的情趣。组景时主要取其与环境的协调。如亭内一组陶凳，古色古香（图 5-2-70）。桂林芦笛岩水榭临水平台上，两只采用动物鹅形凳别有风味。广州公园里喜在浓荫的榕树下做有一组组圈凳显得粗犷古朴。城市公园或公共绿地所选款式，宜典雅、亲切，在几何状草坪旁边的，宜精巧规整，某森林公园则以就地取材富有自然气息为宜（图 5-2-71）。

在现代园林中创造了许多各具特色的座椅，大量性的则以采用预制装配为多，各种造型优美的混凝土凳亦足资参考（图 5-2-72）。在传统园林中尚有各种与栏杆结合的美人靠、低槛墙、矮栏等坐凳形式，在当今园林中亦可斟酌使用。

由于园林家具主要用途是供游人休息，所以要求园椅、园凳形状使人坐着感到自然舒服而不紧张。且园桌、园椅、园凳的尺寸应满足人们坐憩的需要。园椅、园凳的适用程度取决于坐板与靠背的组合角度及园椅各部分的尺寸

图 5-2-69 广州流花公
园桌凳（左）
图 5-2-70 苏州园林一
组陶凳（右）

图 5-2-71 某森林公园
一组原木座凳（左）
图 5-2-72 各式座凳（右）

是否恰当。一般园椅坐板面高度为 350~450mm，靠背与坐板夹角为 98°~105°，靠背高度为 350~650mm，座位宽度为 600~700mm。

园椅是园林绿化中大量性的设施，应力求经济及注意材料的选择。园椅、园凳按照其外部造型可分为直线形、曲线形、多边形、仿生形与模拟形等几种类型：①由曲线构成的园椅、园凳。柔和丰满，线条流畅，从而取得变化多样的艺术效果。②由纯直线构成的园椅、园凳，制作简单，造型简洁，下部带有向外倾斜的脚，扩大了底脚面积，给人以稳定的感觉。③由直线和曲线组合构成的园椅、园凳，有刚有柔，形神兼备，富有对比变化的完美结合。④仿生形与模拟形的园椅、园凳，是借生活中遇见的某种生物形体而得到启示，模拟生物构成，运用力学原理，以"拟""化"出最合理的设计，也就是仿生学在造型设计中的应用。

制作园椅、园凳等园林家具所用的材料可分为人工材料和自然材料两类，人工材料以钢材、陶土、塑钢、钢筋混凝土、砖块等制成；自然材料多以原木、原石、石板、木板、竹藤等制成。所采用的材料与形式不同，产生各种不同的情趣。在实际应用中，园林家具应与其他设施组合成一体，和谐统一，相得益彰。

5.2.7　园林雕塑

园林中雕塑主要是指具有观赏性的小品雕塑，不包括烈士陵园、名人纪念公园中的纪念碑雕塑，因这类雕塑已不属小品，而是属另一种带纪念性或其他性质的主体。雕塑是具有强烈感染力的一种造型艺术，园林小品雕塑题材大多是人物和动物的形象，也有植物或山石以及抽象的几何体的形象，它们来源于生活，往往却予人以比生活本身更完美的欣赏和玩味，它美化人们的心灵，陶冶人们的情操，比一般建筑小品的意义要大得多。园林雕塑取材很广泛，不论人物、动物、植物、山石均可作为雕塑的内容，在园林中，其既是一种点缀品，又是一种供欣赏、玩味，富于寓意的艺术品。

历来在造园艺术中，不论中外几乎都成功地融合了雕塑艺术的成就。在我国传统园林中，由于受佛道思想的影响，园林中常塑以石龟、石狮、铜牛、铜鹤等，不乏其生动形象，具有鉴赏价值，有助于提高园林环境的艺术趣味。在国外的古典园林中几乎无一不有雕塑，尽管配置得比较庄重、严谨，但其园林艺术情调却是十分的浓郁。在现代园林建筑中利用雕塑艺术手段以充实造园意境日益为造园家所采用。雕塑小品的题材不拘一格，形体可大可小，刻画的形象可自然可抽象，表达的主题可严肃可浪漫，根据园林造景的性质、环境和条件而定。

常见的园林雕塑小品有人物立雕和动物立雕。广东惠州西湖边上的雕塑——品荔（图 5-2-73），反映了宋代文学家苏东坡谪居惠州时，写下《惠

图 5-2-73 惠州西湖边雕塑——品荔

州一绝》:"罗浮山下四时春,卢橘杨梅次第新。日啖荔枝三百颗,不辞长作岭南人。"还有南京莫愁湖公园的莫愁女雕塑(图 5-2-74),受到广大游人的喜爱,题材的选择多以历史传说为依据。莫愁女雕塑的形象使人感受到她的勤劳、善良和高尚的道德情操,雕像既有传统手法,又富于装饰效果。广州流花湖公园的蒲林广场上,有一"流花女"塑像,是一个将花瓣放入溪水中流走的宫女形象,反映了公园名称的缘由出自广州南汉时期的历史传说(图 5-2-75)。杭州许多街头绿地立有各式历史主题雕塑,使人们联想起了远久的传说与故事(图 5-2-76),还有许多现代题材的人物雕塑,改善了环境的观赏质量(图 5-2-77)。

动物立雕在公园中运用更多,北京日坛公园的"天鹅"造型优美,富有动感,吸引着大量游人成为公园的一个趣味中心,两只健美的白天鹅上下比翼,双翅高扬,细长的头颈伸向前方,似欲腾空飞去,亦颇具时代的气息

图 5-2-74 南京莫愁湖公园的莫愁女雕塑(左)
图 5-2-75 广州流花湖公园"流花女"雕塑(右)

图 5-2-76 杭州街头绿地的历史题材雕塑（左）
图 5-2-77 杭州街头绿地的现代图题材雕塑（右）

（图 5-2-78）。武汉东湖公园的顽皮的小象，武汉中山公园的大象等，打破了环境的平静，在树木的陪衬下丰富了园林空间的艺术气氛。广州流花湖公园的农趣园主题园区，有多组反映乡间生活题材的雕塑，给人们带来了假日休闲游览中的乐趣（图 5-2-79）。

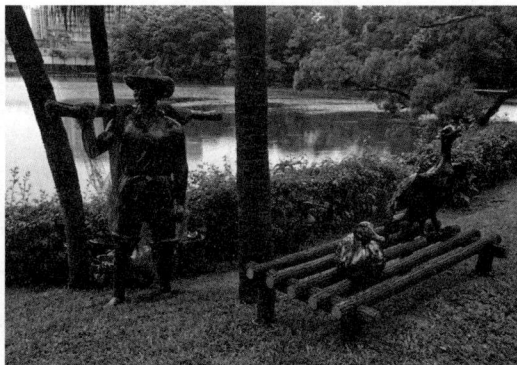

图 5-2-78 北京日坛公园"天鹅"（左）（来源：《日坛公园》）
图 5-2-79 广州流花湖公园雕塑"渔翁"（右）

　　还有以其他题材内容的雕塑小品，如广州兰圃小牌坊上吊一铸钟（图 5-2-80）。以植物为题材的雕塑小品最常见的是塑成树桩的桌凳、塑成树干的支柱、塑成竹或木的园灯、栏杆等，这种以假乱真的造型，提高了园林建筑空间的艺术效果。亦有用几何形体为题材的雕塑小品，以其简洁抽象的形体给人以美的艺术享受（图 5-2-81）。我国园林中山石系一种主要造景手段，造型千姿百态，寓意隽永，令人叹为观止。近年我国园林工作者渐感自然山石的选择和治理，不能满足现代园林的需要，因而塑造一种人为的假山石，特别是那些构成小景独立配置、供人观赏的假湖石、假钟乳石、假化石等，它们的造型以及恰到好处的配置，都不失为一种另赋新意的艺术品（图 5-2-82）。园林雕塑小品还应包括那些运用雕塑艺术造型手段处理的果皮箱、饮水栓等，它们虽然不属"高雅"的雕塑艺术品，若处理得好将会增强园林环境的气氛。

图 5-2-80 广州兰圃园林小品（左）

图 5-2-81 台湾莲花北滨公园雕塑（右上）（来源：易承雅集《城市美术馆 公共艺术 – 对城市文化的隐喻》）

图 5-2-82 钟乳石造景的园林小品（右下）

园林雕塑的取材应与园林建筑环境相协调，要有统一的构思，使雕塑成为园林环境中一个有机的组成部分。此外，题材的选择要善于利用地方上的民间传说和历史遗迹。广州越秀公园的五羊雕塑（图 5-2-83）就是选择了人们喜闻乐道的民间传说，五羊故事情节神奇美妙，引人入胜，在广州民间世代相传，五羊城、穗城之得名也源于此。越秀公园选择高地塑五羊雕像，是十分适宜的。同样在南京莫愁湖公园庭院里所塑造的人物雕像，也只有莫愁女这一题材能予游人以艺术深刻的感受。因此雕塑的取材绝不能脱离园林建筑的特定环境，甚至宁静与活泼这两种性质不同的空间都应在取材上有所反映。如公园里的"小憩的鹿群"雕塑表现的悠闲、宁静、安详、冥思的气氛，对一个庭院所追求的舒适、安宁是非常协调的；而"展翅高翔的天鹅"所表现的欢乐、乐观、向上的气氛，同公园供大量游人活动的欢跃的场景是十分合拍的。那种不看条件，不区别对象，任意设置同环境不相干的雕塑，其艺术的感染作用是难以发挥的。

园林雕塑小品的题材确定后，在建筑环境中应如何配置是一个值得探讨的问题。因为它不同于架上雕塑，它有着固定的"陈设"条件；也就是特定的空间环境，特定的观赏角度和方位。广州流花公园的"美人鱼"雕塑就是以白色的塑像和黑色的石块相互衬托组织人流的观赏范围，以使雕像与观赏者之间形成一个特定的观赏关系。一般架上雕塑

图 5-2-83 广州越秀公园五羊雕像

可以随意摆在什么地方，随意选择其背景，甚至照明也可以由人工进行安排，但处于园林环境的雕塑却由于地形、地物的存在，人流活动线路的走向，空间的开阔与封闭等因素，雕塑的创作必须与其相适应。广州五羊雕塑，同越秀公园木壳岗的山势相统一。老仙羊前腿屹立在山岩上翘首含穗，颈项高昂，形成了高耸的构图，其余四只仙羊互相依偎烘托出老仙羊的威严与慈爱，雕塑素材采用浅色的花岗石以天空为背景，形象鲜明醒目，整座雕塑十分妥帖地融合在岩岗绿丛中。作为园林雕塑，绝不能只孤立地研究雕塑本身，应从建筑环境的平面位置、体量大小、色彩、质感各方面进行全面的考虑。雕塑的大小、高低更应从建筑学的垂直视角和水平视野的舒适程度加以推敲。其造型处理甚至还要研究它的方位朝向以及一日内太阳起落的光影变化。

同雕塑直接结合在一起的建筑要素，一般是指基座而言。基座的处理应根据雕塑的题材和它们所存在的环境，可高可低，可有可无，甚至可以直接放在草丛和水中。南京莫愁湖的莫愁女雕塑没有像座，而是直接摆在石旁水边，如果位于高台那就会完全丧失其亲切生动的情调。上海动物园鹿群的雕塑完全排除了人工环境而是直接摆在湖滨的草坪上，使其生活气息更加浓郁。重庆文化宫的"天鹅展翅"几乎就是从水中冲出，完全取消了基座。沈阳南湖公园的"牧鹿"是使雕塑融于丛山与松涛之中，也无独立的基座。这些处理手法都显得异常生动活泼。哈尔滨斯大林公园的雕塑，由于它们置于人行道上，因此做出了比较高的独立基座，使雕塑高于行人，这样，雕塑显得很挺拔，具有较多的艺术陈设品的趣味。因此，可以说无一定的格式，不可千篇一律，也不要草率从事，务求配合得宜，相得益彰。

5.2.8 花架花坛

花架是攀援植物的棚架，又是人们消夏庇荫之所。花架在造园设计中往往具有亭、廊的作用，可以说是用植物材料做顶的亭和廊。作长线布置时，就像游廊一样能发挥建筑空间的脉络的作用，形成导游路线（图5-2-84）；也可以用来划分空间增加风景的深度。作点状布置时，就像亭子一般，形成观赏点，并可以在此组织对环境景色的观赏（图5-2-85）。花架又不同于亭，廊空间更为通透，造型比亭廊更为灵活和富于变化，结构也更为简洁和开敞通透，特别由于绿色植物及花果自由地攀绕和悬挂，绿蔓遮顶，花香漫溢，更添一番生气。花架在现代园林中除供植物攀援外，有时也取其形式轻盈以点缀园林建筑的某些墙段或檐头，使之更加活泼和具有园林的性格。

花架从形式上看有梁架式、单排柱式、单柱式等，结合环境、富于变化。材料多用竹、木、石、钢筋混凝土等，省材省料，施工简单。

最常见的梁架式，亦即为人所熟悉的葡萄架，这种花架是先立柱，再沿柱子排列的方向布置梁，在两排梁上垂直于柱列方向架设间距较小的枋，两端

图 5-2-84 游廊状的花架（左）

图 5-2-85 点状花架（中）（来源：华南工学院建工系建筑小品实录 [M]. 北京：中国建筑工业出版社，1980.）

图 5-2-86 葡萄架（右）

向外挑出悬臂（图 5-2-86），如供藤本植物攀援时，在枋上还要布置更细的枝条以形成网格。花架的另一种形式是半边列柱半边墙垣，它在划分封闭或开敞的空间上更为自如，造园趣味类似半边廊，在墙上亦可以开设景窗使意境更为含蓄。单排柱的花架仍然保持廊的造园特征，它在组织空间和疏导人流方面，具有同样的作用，但在造型上却轻盈自由得多（图 5-2-87）。单柱式的花架很像一座亭子，只不过顶盖是由攀援植物的叶与蔓组成（图 5-2-88）。圆形花架，枋从中心向外放射，形式舒展新颖，别具风韵（图 5-2-89）。各种花架形式处理重点是柱枋的造型，柱子构造主要采用钢筋混凝土预制，但砖柱、石

图 5-2-87 单排柱花架（左上）

图 5-2-88 单柱式花架（下）（来源：刘管平《建筑小品实录 2》）

图 5-2-89 圆形花架（上右）

柱仍然不失其质朴的性格，使花架保持一种自然美的格调。梁枋基本上已经很少采用木材，但在实际使用中，钢筋混凝土的梁枋在形式及断面大小上仍然保持木材的既有风格。许多花架对枋头的式样较为注意，早期使用木枋多作折曲纹样，现代钢筋混凝土枋头一般处理成逐渐收分，形成悬臂梁的典型式样。有的不作变化平直伸出也简洁大方。此外，更有采用钢筋混凝土网格式预制葡萄架（网格中距约为80cm见方）的结构方法，施工时采用简易顶升法定位于柱子上，它具有构件截面小（矩形），省钢筋的优点，在体态上亦较为窈窕。花架的体量尺度：高度宜控制在2.5~2.8m，有亲切感。开间一般设计在3~4m之间，太大了构件就显得笨重臃肿。进深跨度常用2700~3300mm左右。

　　花架的设计往往同其他小品相结合，形成一组内容丰富的小品建筑，如布置坐凳供人小憩，墙面开设景窗、漏花窗（图5-2-90），柱间或嵌以花墙，周围点缀叠石小池以形成吸引游人的景点（图5-2-91）。

　　花架在庭院中的布局可以采取附建式，也可以采取独立式。附建式属于建筑的一部分，是建筑空间的延续，如在墙垣的上部，垂直墙面水平搁置横梁向两侧挑出。它应保持建筑自身统一的比例与尺度，在功能上除供植物攀援或设桌凳供游人休憩外，也可以只起装饰作用。独立式的布局应在庭院总体设计中加以确定，它可以在花丛中，也可以在草坪边，使庭院空间有起有伏，增加平坦空间的层次，有时亦可傍山临池随势弯曲。花架如同廊道也可起到组织游览路线和组织观赏点的作用，布置花架时一方面要格调清新，另一方面要注意与周围建筑和绿化栽培在风格上的统一。在我国传统园林中较少采用花架，以其与山水田园格调不尽相同，但在现代园林中融合了传统园林和西洋园林的诸多技法，因此花架这一小品形式在造园艺术中日益为造园设计者所乐用。

　　花坛（花池）在园林中运用较多，特别在庭园设计中，花坛是庭园组景不可缺少的一种手段，有的甚至在庭园组景中成为中心，既起点缀作用，也能增添园林生气。花坛作点景较多，也可成组布置，由于花坛形式多样，在布置时也自由灵活，不论广场中央、入口两侧、建筑角隅，甚至于栏杆、围墙

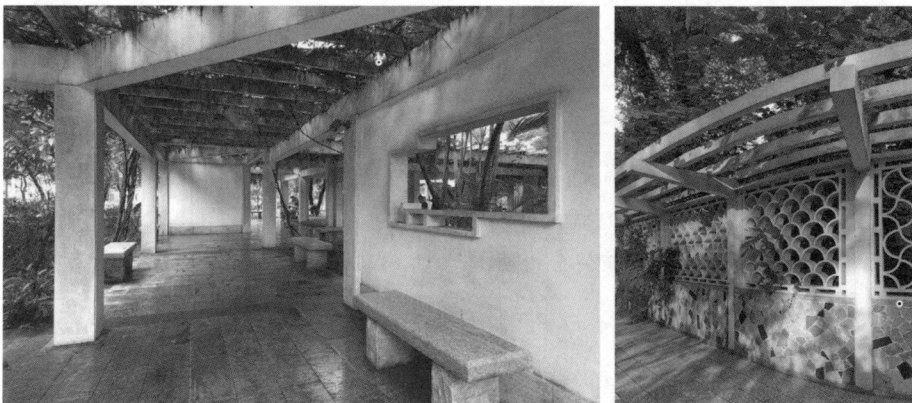

图5-2-90　花架与窗洞、座椅结合（左）
图5-2-91　花架与花墙结合（右）

壁上，均可见到花坛的风姿。现代园林中形式更是多样，方形、圆形、不规则形，或独设、或组合、或与座凳相结合，其内可植花草，可点山石，可配雕塑，有天然石砌的，有混凝土预制的，多彩多姿，造型万千，成为园林中一件件各具魅力的装饰品。

花坛随地形、位置、环境的不同，是多种多样的。有单个的花池，也有组合的花坛（图5-2-92），可以是大面积的花坛，也可以是狭长形的花带，有的将花台与休息座椅结合起来（图5-2-93），也有的把花池与栏杆等组合在一起，以便争取更多的绿化面积创造舒适的环境（图5-2-94）。在东方特别是在我国传统园林中，也有类似西方园林花台的做法，庭园植物组景采用花坛形式（图5-2-95）。还有上海城隍庙九曲桥水面上采用梅花形花坛的植物景观（图5-2-96）。

在我国现代园林建筑实践中，花台的处理手法，在吸取我国古典手法和西洋手法的基础上有较大的创造和发展。例如结合平面布置，利用对景位置设置花台；或在屋顶辟半方小孔，透进阳光雨露，种植花木，如广州矿泉别墅走道尽端处理（图5-2-97）。有时也把花坛与主要观赏点结合起来，将花木山石构成一个大盆景，如广州白云宾馆屋顶花园盆景花池（图5-2-98）。有的结合

图5-2-92 组合花池（左）
图5-2-93 带座位的花台（中）
图5-2-94 与栏杆结合的花池（右）

图5-2-95 庭园植物花坛组（左）
图5-2-96 上海城隍庙水面上花坛植物景（右）

图 5-2-97 广州矿泉别墅走道尽端花池（左）
图 5-2-98 广州白云宾馆天台花园盆景花池（右）

竖向构图，把花池做成与各种隔断、格架或墙面结合的高低错落的花斗。这种由南方传统园林壁上花插脱胎出来的壁面花斗形式，在现代南方园林建筑小品中大量采用，使绿化得以有机地和建筑装修结合起来。在构图上形成富有趣味性的景点（图 5-2-99）。

花坛花池也可是纯正的几何形体，诸如圆形、方形、多边形等。现代园林中也常布置有一定造型的花盆、花瓶（图 5-2-100、图 5-2-101）。广西南宁青秀山植物园用了花盆、花瓶栽植花草，别具一格（图 5-2-102）。花池也会用于室内，大都采用可以移动的花盆盒或花盆箱随季节变更而更换盆花，花池造型简洁多样。随着屋顶花园的盛行，这种可移动的花池也陆续发展到天台屋顶上。为了减轻荷载，有的甚至采用轻质疏松的培养基来取代土壤栽植花木。另一方面取其便于搬动和有利于按照设计者的要求进行布置。

图 5-2-99 与隔断结合的高低错落花斗（左）
图 5-2-100 室内花盆箱及花盆盒（右）

图 5-2-101 广州东方宾馆屋顶花园花池（左）
图 5-2-102 广西南宁青秀山植物园的花盆、花瓶栽植景观（右）

　　从上面论述来看，花坛花池随地形、位置、环境的不同，形式是可以多种多样的。按其构造做法分为可动式和固定式。可动式多为预制装配式，可搬卸、堆叠、拼接，地形起伏还可以顺势做成台阶形跌落式，有时也便于临时集装，举行花展。固定式多用于花坛和种植穴，一般有方形、圆形、正多边形，需要时还可拼合，为能适应游人拥挤时遭践踏，还可在种植穴上设置诸如多孔的种植穴盖板或散点湖石、砖石镶边等。同时有利于雨水下渗，生态平衡。建造花坛的施工工艺和材料也是多种多样的。有天然石砌筑的，有规整石砌筑的，混凝土预制块砌筑的，此外还有砖砌筑和塑料预制块砌筑的。表面装饰材料有干粘石，粘卵石、洗石子、瓷砖、马赛克等（图 5-2-103~ 图 5-2-106）。

图 5-2-103 瓷砖花池（左上）
图 5-2-104 洗石子花池（右上）
图 5-2-105 干粘卵石花池（左下）
图 5-2-106 干粘石花池（右下）

5.2.9 喷泉水池

中国园林以理水见长，传统园林常通过土石、植物、建筑将水面围合、分割，水面处理自然、流畅，追求一种幽静、清雅的自然气氛。现代的园林除保留了传统的理水手法外，更大量地运用了规则式的布置手法，水池形式也更为丰富，特别是喷泉和一些雕塑小品在水池中的大量运用，以及水幕、壁泉、滴泉结合水池的处理，使水体景观从竖向上得到升华。

在中国传统风景名胜中不少以泉而闻名，如北京"玉泉"，无锡"二泉"（图5-2-107、图5-2-108），镇江"冷泉"，杭州"虎跑""龙井"，济南的"趵突泉"（图5-2-109）等。泉的造景样式很多，一般手法着重自然，如就山势作飞泉、岩壁泉、滴泉；于名山古刹则多作泉池、泉井，或任其自然趵突不加裁剪。亦有在泉旁立碑题咏，点出泉景的意境。

庭园中的喷泉及水池，能使庭园富于生气，是美化环境的重要手段。它比起植物栽植或其他园艺小品，收效快，点景力强，易于突出造园的效果。在设计要求上可粗可细，维护工作可大可小，于面积不大的庭园中更为人所喜爱。

随着东西方文化的交往，西洋喷泉和几何形体规划的园林一起传入我国，明清以来不论在皇家园林或私家园林都有西式喷泉的出现。如圆明园西洋楼部分的"海晏堂""大水法""远瀛观"等大型喷泉即属之，惜均毁于战火；目前北京故宫御花园中的龙头型喷泉，仅其一斑而已。

水面反映景物，随时令和季节的不同而富于变化。若池中设置喷泉，水声波影将更添风趣。喷泉落水还能净化湖水水质，对养殖鱼类具有良好的增氧

图5-2-107 江苏无锡天下第二泉（左）
图5-2-108 无锡天下第二泉水池的龙头吐水（右上）
图5-2-109 济南趵突泉（右下）
（来源：阴秀文.天下第一泉风景区，从"过路游"到"目的地"[J].走向世界，2015.）

作用。20 世纪 80 年代广州好几个公园的水池所增置的喷水增氧机能喷出水高 3~4m，落水直径 10~12m。现在效果更大，喷水场面异常壮观。此外，南方地区在夏季，喷泉喷出的水雾及其所湿润的空气，也可以收到调节小气候的功效。

喷泉有人工与自然之分。自然喷泉是大自然的奇观，属珍贵的风景资源。人工喷泉流行于西方，多饰以人物、动物或者某些以神话故事为题材的雕塑，成为美化城市广场，公共绿地和公园的常见的造景手法。随着科学技术的发展出现由机械控制的人工喷泉后，为园林组成大面积的水庭，提供了有利的条件。喷泉的设计日益考究，对喷头、水柱、水花、喷洒强度和综合形象等都可按设计者的要求进行处理。现许多城市广场、城市公园采用由电子计算机控制的带音乐程序的大型音乐喷泉，从喷泉小品走向大型动态水景观，非常有气势。

现代城市喷泉景观也层出不穷。哈尔滨斯大林公园的"鱼群"喷泉，实际上是一个花坛的洒水栓，鱼口喷水，但下面不设水池，水成雾状，时断时续，喷于花坛上，是属于另外一种作用不同的喷泉。广州小北街心喷泉，是街心花园设置喷泉的优秀作品，喷泉与人尺度的假山及池面配合得体，造型气势浑厚质朴，假山全部用砖砌水泥抹面，造价经济，施工快捷，假山所配的地方绿化品种更添几分南国情调。

5.2.10 栏杆园灯

1）栏杆

栏杆一般是指在某种场合，为突出管理安全和观瞻效果，以虚（漏透）围或实围成具有一定垂直面的空间。

栏杆在园林建筑中，除本身具有一定的功能作用外也是园林组景中大量出现的一种重要小品构件和装修。园林中的栏杆要经过一番推敲才能匠心独具，获得完美的形式。在栏杆的设计中，诸如栏杆与主体建筑的关系，栏杆与所在环境的关系，栏杆的尺度控制，栏杆的韵律与动静感，栏杆的虚实、黑白关系的处理等都是十分重要的，设计者要经过一番创造性的推敲，才能得到理想的作品。

栏杆与建筑的配合，主要在单体建筑的设计中解决。要注意与建筑风格的协调，且能与建筑物其他部分形成统一的整体，宜虚则虚，宜实则实，还要注意主次分明（图 5-2-110）。

栏杆的形式和虚实与其所在的环境和组景要求有密切的关系。临水宜多设空栏。避免视线受过多的阻碍，以便观赏波光倒影，游鱼禽鸟及水生植物等。水榭、临水平台、水面回廊、平水面的小桥等处所用的栏杆即属之（图 5-2-111）。

高台多构筑实栏，游人登临远眺时，实栏可予人以较大的安全感。由于栏杆作近距离观赏的机会少，可只作简洁的处理。栏杆若从属于建筑物的平台，虽位于高处，也须就其整体的构图需要加以考虑。有时为与环境协调（如

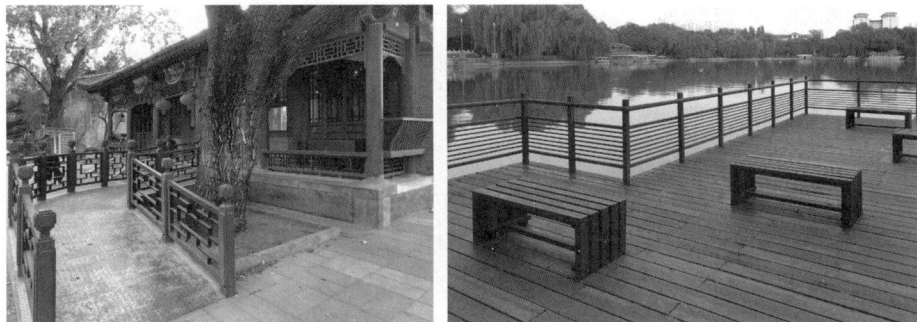

图 5-2-110 北京紫竹院公园建筑坡道栏杆（左）
图 5-2-111 北京紫竹院公园水边栏杆（右）

山石等），也会采用实栏的做法（图 5-2-112）。

在以自然山水为主的风景点，盘山道若需设栏杆，一般亦多设置空栏，有的甚至只用简单的几根扶手，连以链条或金属管务求空透，不影响自然景色，不破坏山势山形及风景层次。如云南石林、安徽黄山、辽宁千山、陕西华山等风景地所采用的栏杆皆属此例（图 5-2-113）。

栏杆的类型按照其功能大致可分为四类，即围护栏杆、靠背栏杆、坐凳栏杆、镶边栏杆等。

围护栏杆（扶手栏杆）：这类栏杆相对较高，一般高度在 900~1100mm。常设置在水边、台地边缘、盘山道两侧及庭院或绿地的边界地段，起到围护和安全防卫的作用；靠背栏杆与座椅合二为一者，其中座椅面高 420~450mm，靠背栏杆高 450~500mm，总高度为 900mm 左右。如古建筑中的美人靠（图 5-2-114）。现代园林中，常结合花墙、隔断、花坛边饰、树池围椅等设置形式活泼的靠背栏杆，既起到了栏杆的围护作用，又活跃周围的环境气氛；坐凳栏杆是将围护和休憩功能结合为一体的一种结构简洁、应用广泛的栏杆形式。一般高度恰好为人们习惯坐姿时的高度，通常为 420~450mm。这类栏杆常设在广场的周边、花坛、水池的边缘，并可与台阶、坡道、建筑物等结合，形成休憩、静赏的空间；镶边栏杆主要功能是起围护和装饰作用，通过设置镶边栏杆可以把活动内容不同的区域分隔开来，同时也可起到组织人流的作用。这类栏杆的高度一般为 200~400mm，形式以简洁、活泼为上，

图 5-2-112 叠石假山旁的实栏杆（左）
图 5-2-113 黄山飞来峰栏杆（右）

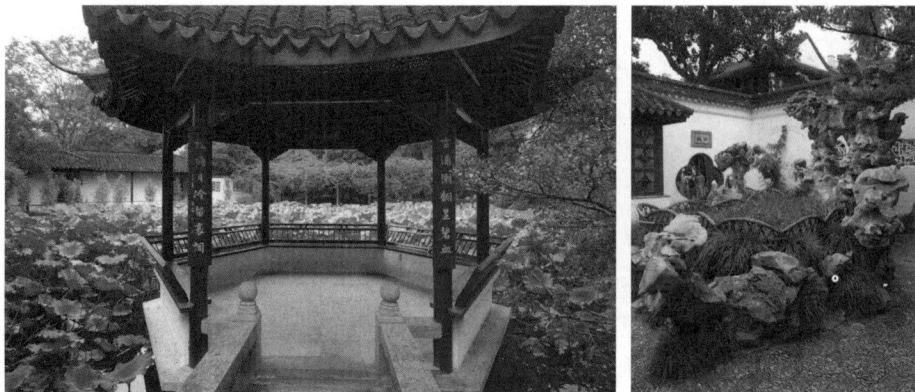

图 5-2-114　上海松江
醉白池湘真榭四周的美
人靠（左）
图 5-2-115　古典园林
假山花坛边缘的镶边栏
杆（右）

并与周围环境相协调。镶边栏杆可设置在绿地、花坛、道路、广场等边缘（图 5-2-115）。

栏杆设计应注意如下问题：

（1）栏杆的尺度控制

栏杆在构图上具有垂直方向的性质，又接近游人，其尺度合适与否易于为人察觉。特别在庭园的小空间中与组景的关系显得更为密切，在设计时不能掉以轻心。在小空间的庭园中若配以适当小尺度的栏杆，通过对比的作用可以使人顿时感到空间的扩大，虽处斗室，亦无局促之感。如苏州园林中游廊多处理成小尺度的低矮槛墙，除可供人休息外，在构图上也是尺度控制的一种好方法（图 5-2-116）。有时为了保证安全，栏杆必须要有一定的高度。为了不致使这一尺度破坏整个庭园空间的比例，我国传统庭园中多采用把栏杆与座凳结合成美人靠，把栏杆从水平方向横分为二，再加上色彩的区别，一深一浅，一虚一实从而使一大变二小，亦达到了尺度控制的目的（图 5-2-117）。

（2）栏杆的韵律与对比

栏杆也具有水平连续的性质，重复出现的构件必然涉及韵律的处理问题，例如疏密、虚实、黑白等关系。甚至还会出现有动静感的处理问题。

在园林建筑中，顺光时实栏的色彩感觉，系以白（栏杆的实体部分具有图案中白色的效果）为主的，从而形成黑白的对比关系，而处于背光的同种栏杆，其黑白效果，则会完全颠倒过来。如果再加上色彩和材料质感的处理，黑白的趣味感将更为丰富（图 5-2-118、图 5-2-119）。其动静也是韵律的一种表现，这在栏杆的韵律处理上体现得更为明显（图 5-2-120、图 5-2-121）。

（3）栏杆的材料选择

栏杆的造型和风格与所选用的材料有密切的关系。各种材料由于其质地、纹理、色彩和加工工艺等因素的不同，形成了各种不同的造型特色和风格。

天然石材包括花岗石、大理石等各种岩石，由于石质坚硬，受到加工手段一定的限制。石栏显得较粗犷、朴素、浑厚；人造石材多用混凝土与钢筋混凝土等材料仿作，由于制作自由，造型比较活泼，形式丰富多样，色彩和质感

图 5-2-116 苏州园林游廊低矮槛墙（左）
图 5-2-117 传统园林中栏杆与坐凳结合而成的美人靠（右）

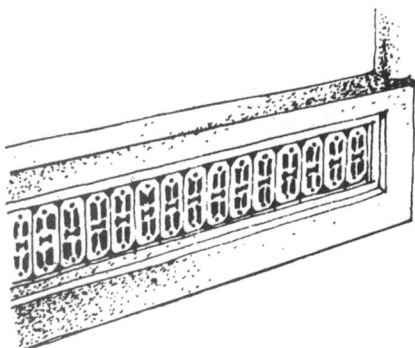

图 5-2-118 栏杆的黑白变化（左上）
图 5-2-119 广州泮溪酒家玻璃花砖栏杆（右上）
图 5-2-120 广州白云山弯栏杆（左下）
图 5-2-121 斜线与弧线具有运动感（右下）

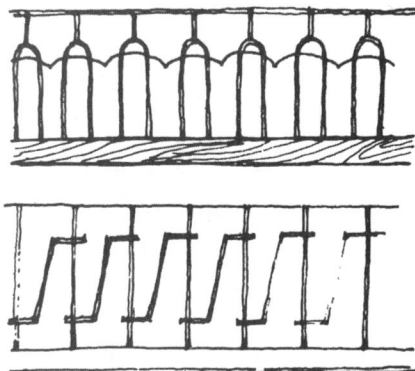

图 5-2-122　传统园林建筑檐下木作栏杆

可随设计要求而定，亦可获致天然石材的效果；金属钢栏杆包括钢管、型钢和钢筋等做成的栏杆。此类栏杆造型简洁、通透，加工工艺方便，造型丰富多样，且可做成一定的纹样图案。便于表现时代感，耐久性好。用于室外时其表面须加以防锈蚀处理。铸铁栏杆可按一定的造型设计，耐剥蚀、装饰性强，较石材栏杆通透；木材、竹材来源丰富，加工方便。尤其是一些优良品种的木材其色泽、纹理、质感极富装饰性，但耐久性差，多用于室内，或用于檐下（图 5-2-122），用于室外需加以防腐处理和防水保护措施。为了达到自然竹木材料的装饰效果，园林中也大量采用塑性材料仿塑竹木栏杆，颇具竹、木材的自然风味，耐久性也强；砖栏杆施工方便，能砌出较多花样，变化丰富，我国古代园林中曾大量采用，但由于其色彩和加工工艺的局限性，在现代园林中已很少采用。陶质和琉璃砖栏杆富有东方色彩，在现代园林中也常采用。

2）园灯

园灯在园林建筑组景中也是一种引人注目的小品。白天园灯可点缀庭园组景，夜间柔和的照明，可充分发挥其指示和引导游人的作用，同时亦可丰富庭园的夜色。庭园灯还有突出组景重点，有层次地展开组景序列和勾画庭园轮廓的作用。特别是临水园灯，衬托着涟漪波光，别具一番风味。

园灯可分为三类：第一类纯属引导性的照明用灯，使人循灯光指引起到导游的作用。在布置时要注意两灯之间应保持一定的连续性和呼应（图 5-2-123）；第二类是在较大面积的庭园、花坛，广场和水池间设置庭园灯来勾画庭园的轮廓，使庭园空间在夜间仍然不失其风貌，如果再加以彩色光辅助将更加生动（图 5-2-124）；第三类属于特色照明灯，此类庭园灯并不在乎有多大的照明度，而在于创造某种特定的气氛。如我国传统庭园和日本和风庭园中的石灯（图 5-2-125）。在现代庭园中也有这类灯的应用：如广州海珠花园石灯（图 5-2-126）和中山纪念堂新接待室庭灯。

园灯的造型不拘一格，凡具有一定装饰趣味，符合庭园使用要求，如防御风雨，均可采用。同一庭园中除作重点点缀之庭灯外，各种灯的格调应大致协调。

室外灯多作远距离观赏，或观赏光的效果，灯的造型宜简洁质朴，尽量避免纤细和过分繁琐的纹饰，灯杆的尺度与所在空间要配置得宜。有时也可以将同类型灯成组设置，作为某一组景的趣味中心，作为局部空间中的灯或重点灯虽处于室外也可以处理得丰富一些，以增添灯的情趣（图 5-2-127）。位于

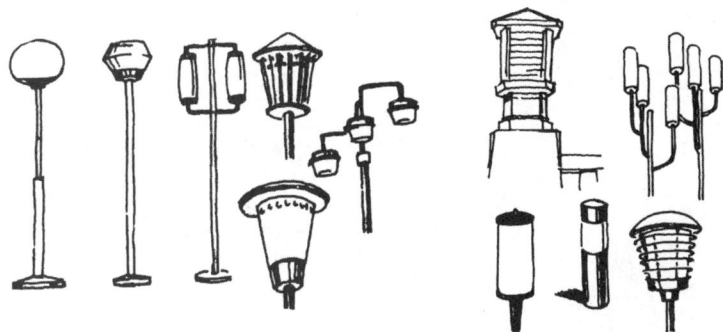

图 5-2-123 各式室外
庭院灯（左上）
图 5-2-124 园林重点
照明灯（右上）
图 5-2-125 日本庭院
石灯（左下）
图 5-2-126 广州海珠
花园庭院石灯（右下）

室内的装饰灯，由于具有近距离的静观性质，造型应较精巧富丽，诸如我国传统的宫灯、花灯、诗画灯、彩灯或其他装饰灯，亦可在园林建筑中特定的场合选用（图 5-2-128）。此外尚有各种造型的壁灯，如广州兰圃竹筒壁灯也富有地方特色（图 5-2-129）。

图 5-2-127 室外园林
组景装饰灯（左）
图 5-2-128 室内各式
装饰灯（右上）
图 5-2-129 广州兰圃
各式壁灯（右下）

第 6 章

园林建筑设计实例

北京北海静心斋

苏州留园

广州余荫山房

广州白天鹅宾馆内庭

广州白云山风景区山门建筑

秦皇岛园博会观景塔

南宁园博会采石场花园

深圳香蜜公园园林建筑

6.1　北京北海静心斋

建设地点：北京城中心北海公园北岸

始建时间：清乾隆二十四年（1757 年）

占地面积：4700m^2

　　静心斋是乾隆皇帝仿造江南园林的经典之作，既气势恢弘，又婉约多姿。园内建筑面积约 1913m^2，地形极不规则（图 6-1-1），因其小巧玲珑、别具一格，在北京气魄宏大的园林当中独树一帜。园中建筑山水相依，空间层次错落有致，植被品类多样，四季景致变化丰富，堪称我国古代皇家园林中造园艺术最高的"园中之园"。

　　时至今日，这座小小的园中之园经历了多次历史变革却得以完好保存，由一座封建社会的皇家园林转变成城市公园，自 1982 年 5 月向市民开放以来，在相关部门的努力下对静心斋进行了两次大修（1991 年、2014 年）。

6.1.1　建筑总体布局

　　园内主要建筑有镜清斋、抱素书屋、韵琴斋、碧鲜亭、焙茶坞、罨画轩、沁泉廊、枕峦亭、叠翠楼、石桥等，园内建筑大多成于乾隆二十三年（1758 年），

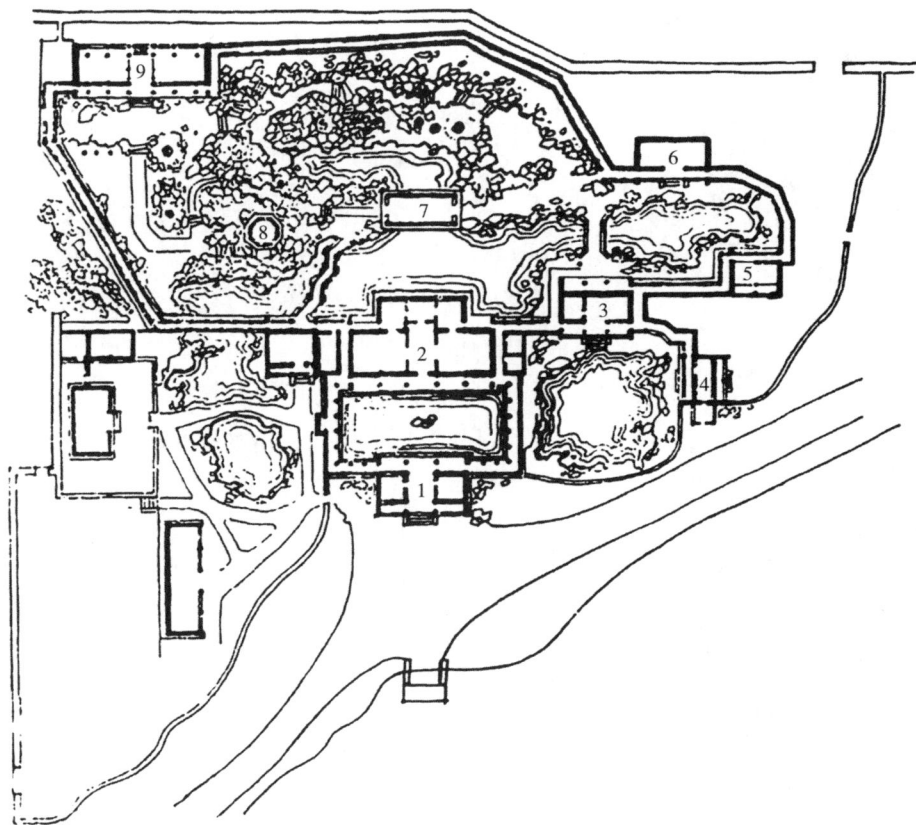

图 6-1-1　北海静心斋平面图

1—大门；2—镜清斋；3—抱素书屋；4—韵琴斋；5—焙茶坞；6—罨画轩；7—沁泉廊；8—枕峦亭；9—叠翠楼

（来源：陆琦.北海静心斋[J].广东园林，2017，39（2）.）

（a）

（b）

（c）

图 6-1-2 静心斋中建筑屋顶形式
（a）卷棚歇山顶；（b）卷棚悬山顶；（c）卷棚硬山顶

图 6-1-3 沁泉廊斗栱与苏式彩画

唯叠翠楼则较晚。建筑沿周围的院墙布置，四周用平面曲折、高低起伏的长廊连接起来。静心斋虽然小，但各种园林建筑形式如：亭、榭、廊、轩、楼台、殿阁等都可在这玲珑园中见到。

6.1.2 设计理念与风格

园中的建筑设计，既吸取了北方皇家园林建筑气势恢宏的特点，也吸取了江南园林建筑格调朴素、淡雅的风格。静心斋的建筑虽打破一正两厢之传统，然莫不南北东西正向，且都采用卷棚歇山或卷棚悬山、硬山（图 6-1-2）、青灰屋面，较其他宫殿苑囿要朴素静雅得多，其建筑形制未采用最高等级，全用小式大木，不用斗栱，只是在沁泉廊上有此"一斗二升交麻叶斗栱"而已，不用琉璃屋面，灰布筒板瓦，用卷棚屋脊，绘制苏式彩画（图 6-1-3），甚感生动大方、活泼。

6.1.3 重要建筑分析

园内主体建筑镜清斋，其建筑面阔五间 21.6m，深 11m，前出廊后出厦，正门坐北朝南，当年用楠木建造，不施彩绘，十分素雅（图 6-1-4）。至光绪年间，代之松木，绘制精美绝伦、雍容华贵的苏式彩绘。斋的后面形成了山石区，中间设计了沁泉廊（图 6-1-5）和枕峦亭（图 6-1-6）作为点景建筑。"沁泉廊"三面环水，背靠假山，由水榭和曲桥组成，曾是清代帝后们消暑纳凉的地方。

参考文献：
[1] 陆琦 . 北海静心斋 [J]. 广东园林，2017，39（2）.
[2] 邓璐 . 园中之园静心斋——从北海静心斋谈历史建筑的保护与利用 [J]. 建筑与文化，2020，（7）.

（a）　　　　　　　　　　（b）　　　　　　　　　　（c）

图 6-1-4　镜清斋实景
（a）镜清斋前水池；
（b）镜清斋；
（c）镜清斋内部

图 6-1-5　沁泉廊（左）
图 6-1-6　枕峦亭（右）

6.2　苏州留园

建设地点：江苏省苏州市阊门外留园路 338 号
始建时间：明朝万历二十一年（公元 1593 年）
占地面积：23300m²

6.2.1　总体布局

苏州留园是大型古典私家园林，与北京颐和园、承德避暑山庄、苏州拙政园并称"中国四大名园"。园以建筑艺术精湛著称，厅堂宏敞华丽，庭院富有变化，太湖石以冠云峰为最，有"不出城郭而获山林之怡"。其建筑空间处理精湛，造园家运用各种艺术手法，构成了有节奏有韵律的园林空间体系，成为世界闻名的建筑空间艺术处理的范例。现园总体上分为中部山水、东部庭园、西北山林田园三大景区（图 6-2-1）。

6.2.2　古木交柯

留园入口在两侧围墙限制的条件下，充分运用了空间大小、空间方向和空间，虚实的变化等一系列的对比手法，使游客兴趣盎然地走完这段路程。空间大小的不断变化，"放""收"再"放""收"，打破了过道的单调感（图 6-2-2）。

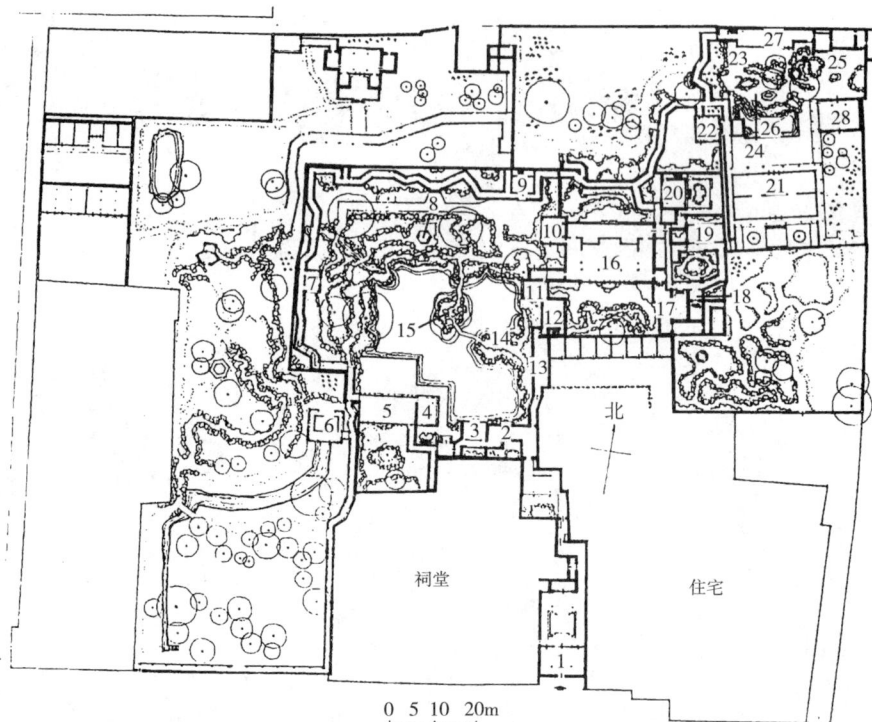

图 6-2-1 留园总平面图
1—大门；2—古木交柯；
3—绿荫；4—明瑟楼；
5—涵碧山房；6—活泼泼
地；7—闻木樨香轩；8—
可亭；9—远翠阁；10—
汲古得绠处；11—清风
池馆；12—西楼；13—曲
谿楼；14—濠濮亭；15—
小蓬莱；16—五峰仙馆；
17—鹤所；18—石林小
屋；19—揖峰轩；20—还
我读书处；21—林泉耆硕
之馆；22—佳晴喜雨快雪
之亭；23—岫云峰；24—
冠云峰；25—瑞云峰；
26—浣云池；27—冠云
楼；28—伫云庵
（来源：刘敦桢. 苏州古
典园林 [M]. 武汉：华中
科技大学出版社，2019.）

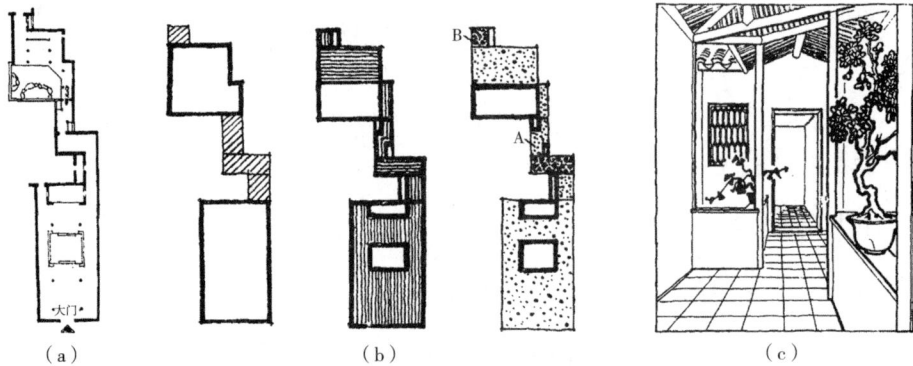

图 6-2-2 古木交柯空
间处理
（a）平面示意图；（b）大
小、方向、明暗变化；
（c）窄廊处理
（来源：郭黛姮，张锦秋.
苏州留园的建筑空间 [J].
建筑学报，1963.）

从古木交柯的入口到绿荫轩，虽然空间的绝对尺度很小，层次却极其丰富。穿过重重通道，进入古木交柯，由暗而明，由窄而开，迎面漏窗一排，光影迷离，透过窗花，山容水态依稀可见。回头南顾，清风日丽溢于小亭，白墙衬托着古树，空间疏朗淡雅。由窗边小门进入绿荫轩，可见一更小的天井，穿过镂花木隔扇到敞榭之中，近处与"明瑟楼"相傍，远处"可亭""小蓬莱""濠濮亭"一一在望。湖光山色尽收眼底（图 6-2-3~图 6-2-8）。

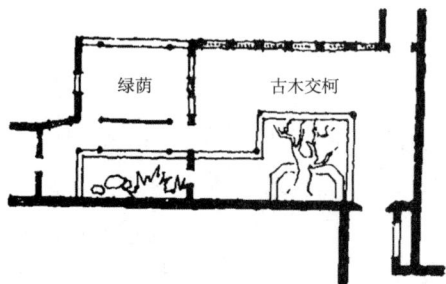

图 6-2-3 古木交柯与
绿荫轩平面
（来源：郭黛姮，张锦秋.
苏州留园的建筑空间 [J].
建筑学报，1963.）

图 6-2-4 古木交柯的
天井与建筑（左）
（来源：郭黛姮，张锦秋.
苏州留园的建筑空间 [J].
建筑学报，1963.）

图 6-2-5 绿荫轩室内
外空间处理（右）
（来源：郭黛姮，张锦秋.
苏州留园的建筑空间 [J].
建筑学报，1963.）

6.2.3 曲谿楼到五峰仙馆

曲谿楼室内长达十余米，而进深仅三米左右。因其在两端均有更窄小的空间与之形成对比，不显狭窄。在西墙上开有大敞窗，整个空间便朝向山池。自曲谿楼向右一转，进入西楼。西楼室内地平稍稍抬高，使空间显得更随和亲切。它相当于厢房的地位，其东立面所采用的木梭花装修在尺度和造型比例上都与"五峰仙馆"取得呼应，西立面作成粉墙漏窗和飞檐翼角，与曲谿楼相适应，同时在两楼左右相错之间安排过渡空间强调空间转折。经过清风池馆通过过厅进入五峰仙馆。五峰仙馆室内空间宏大，装修精丽。透过东端山墙上的梭花窗，隐现揖峰轩院落图，二者互为对景（图 6-2-9~ 图 6-2-14）。

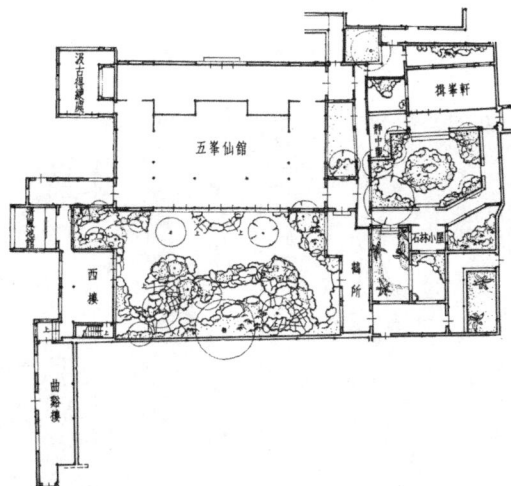

图 6-2-6 绿荫轩前水
面（左）

图 6-2-7 明瑟楼与涵
碧山房（中）

图 6-2-8 明瑟楼首层
敞厅（右）

图 6-2-9 曲谿楼到五
峰仙馆平面（左）
（来源：郭黛姮，张锦秋.
苏州留园的建筑空间 [J].
建筑学报，1963.）

图 6-2-10 过渡空间的
漏窗（右）
（来源：郭黛姮，张锦秋.
苏州留园的建筑空间 [J].
建筑学报，1963.）

图 6-2-11 揖峰轩对景
（左）
（来源：郭黛姮，张锦秋.
苏州留园的建筑空间 [J].
建筑学报，1963.）
图 6-2-12 曲谿楼与园
林（右）

图 6-2-13 五峰仙馆
（左）
图 6-2-14 五峰仙馆室
内北厅（右）

6.2.4 与室外空间的联系

留园不是把室内外空间简单地"打成一片"，而是根据不同意境的要求采取多种结合手法。如面对山池时，欲得湖山真意，取消整片墙面，完全敞向山池；建筑各面对着不同的露天小空间，室内以窗框为画框，室外空间被作为立体画面引入室内，使其融为一体（图 6-2-15~ 图 6-2-17）。

图 6-2-15 林泉耆硕之
馆室内（左）
图 6-2-16 佳晴喜雨快
雪之亭（中）
图 6-2-17 五峰仙馆北
庭山廊（右）

参考文献：

[1] 郭黛姮，张锦秋.苏州留园的建筑空间 [J].建筑学报，1963，(3)：19-23.

6.3 广州余荫山房

建设地点：广州番禺南村镇东南角北大街
始建时间：清代同治5年（公元1866年）
占地面积：约1590m²

余荫山房，又称"余荫园"，布局紧凑，小中见大。清代园主邬彬花费了近三万两白银，营建了余荫山房，至今已有150多年的历史，是在中国古典园林的晚期造园高峰期的产物。1922年园主人的第四代孙邬仲瑜在南面更立一园，名瑜园。瑜园面积只及山房的一半，以建筑为主，庭院为辅。传说邬彬为建造此园，曾延聘名师，参考与借鉴了京城、江南及岭南本地园林的特色和优点，在建筑艺术上颇见匠心。

6.3.1 总体布局

余荫山房在布局上基本遵循传统，建筑物都安排在同一个轴网系统内，与景观按十字交叉轴线分布，建筑间形成对景关系（图6-3-1）。西区为接待空间，建筑物比重大，布局方正整齐，空间开敞明亮。东区是休闲空间，建筑

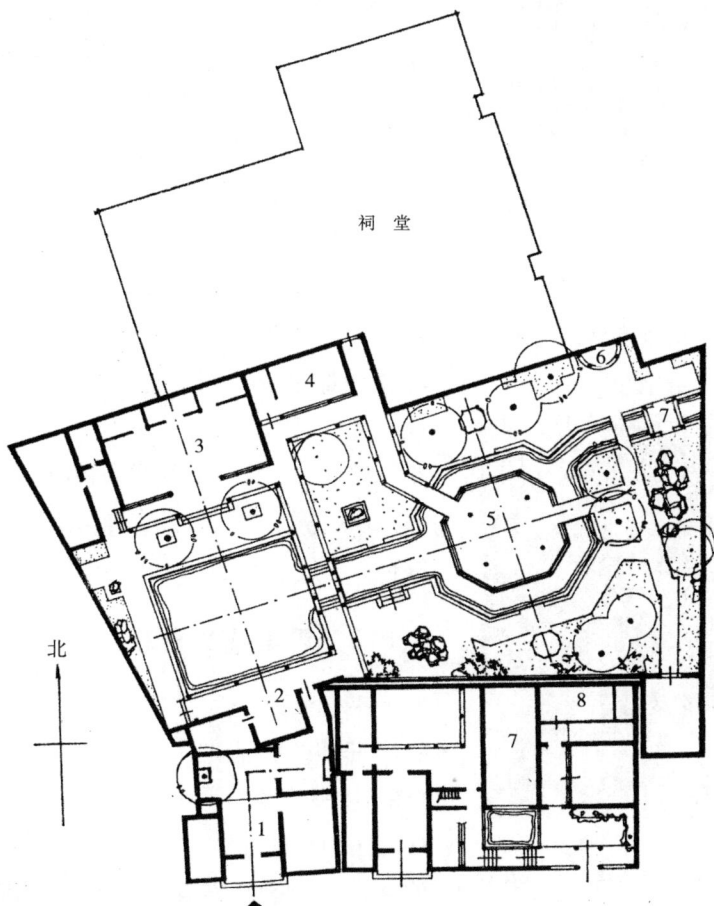

图 6-3-1 余荫山房平面图
1—园门；2—临池别馆；3—深柳堂；4—榄核厅；5—玲珑水榭；6—来熏亭；7—船厅；8—书房
（来源：周维权.中国古典园林史[M].北京：清华大学出版社，1990.）

图 6-3-2 屋顶样式
（来源：张贤波，陶郅．余荫山房建筑语言的特点与逻辑 [J]．南方建筑，2018（06）．）

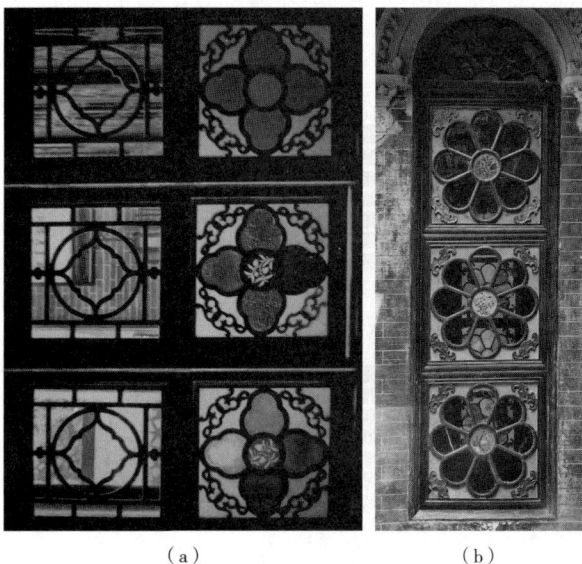

（a）　　　　　　　　（b）

图 6-3-3 花色玻璃窗
（a）花色玻璃窗（1）；（b）花色玻璃窗（2）
（来源：广州市唐艺文化传播有限公司．中国古建全集 [M]．北京：中国林业出版社，2016．）

图 6-3-4 泥塑装饰
（来源：张贤波，陶郅．余荫山房建筑语言的特点与逻辑 [J]．南方建筑，2018（06）．）

物比重小，建筑物与配景的布置灵活自由，空间幽深，层次丰富。建筑物以池北的"深柳堂"为主，池南的"临池别馆"为辅，构成一组景物。东半部池水八角环流，上为建筑"玲珑水榭"，以曲廊跨池联接"听雨轩"，水边还点缀以"孔雀亭""来熏亭"等形式各异的建筑小品，构成另一组景物。园中有亭、台、楼、间、堂、馆、轩、桥梁、廊堤等多种园林建筑要素。

6.3.2　设计理念与风格

岭南人务实求利，建筑多考虑冬短夏长、炎热多雨等气候特征，注重自然通风降温，空间开敞通透。同时，受到西方建筑形式和本土文化的影响，余荫山房内有较多直线、几何样式（图 6-3-2）和现代化的花色玻璃（图 6-3-3）。在建筑造型方面，主要建筑遵循传统的对称法则，整体精致轻盈，以回廊、花窗、影壁的建筑形式来借景。从屋顶形式来看，深柳堂和后花园小亭是歇山顶；临池别馆是硬山顶；廊桥是卷棚歇山顶；玲珑水榭是八角形；来熏亭是圆形攒尖半亭，屋顶形式多样。在装饰技术方面，最典型的是"三雕三塑"，如：门头、窗楣、屋脊、墙壁等都用了泥塑，而且色彩搭配喜欢用红、黄、绿三原色（图 6-3-4）。装饰纹样有花草纹样与吉祥物品纹样的相似纹样和万字纹、回纹等纹样，象征吉祥与安康等的象征纹样。

6.3.3　重要建筑分析

深柳堂是全园装饰最豪华的地方，与朴素开朗的临池别馆，一繁一简形成对比（图 6-3-5、图 6-3-6）。深柳堂的明间是过厅，东西次间分别是过厅和书房，利用厅堂的玻璃窗把屋内与窗外景色连接起来，外

图 6-3-5 深柳堂（左）
图 6-3-6 临池别馆（右）

立面以对称的手法处理了墙裙与窗户。花罩所雕刻的 32 幅扇形木雕，刀法精湛、工艺考究、造型精巧。临池别馆只有两开间，门前有游廊，为了与深柳堂面宽一致，形成对景，庭园大门的屋顶向外出挑至临池别馆檐廊的深度，与临池别馆的屋顶连成一个整体，形成一个仿三开间的正面。为了保持对称形象，西边房间的屋顶降低到与庭园门的屋脊一样的高度，配合檐柱、花牙子和拦河等元素，从而形成了中间高两边低的这种独特的屋顶形式。

（a）

（b）

图 6-3-7 玲珑水榭
（a）外景；（b）室内

玲珑水榭位于园中东半部，整个建筑八面玲珑通透，又置身于水中，故因此得名。水榭为八角卷棚歇山顶建筑，亭内有八面以木雕装饰的玻璃窗格，是园主人邀集骚人墨客挥毫雅叙吟诗作画的地方（图 6-3-7）。在水榭的东北面有座灵巧的圆形攒尖半亭叫"来熏亭"（图 6-3-8）。亭子边用英石堆了一座假山，亭倚石而立，倚墙而建，更有半亭没入墙中，别有意味。亭内设两张石凳，一张石桌，可休憩畅饮。

图 6-3-8 来熏亭
（来源：广州市唐艺文化传播有限公司 . 中国古建全集 [M]. 北京：中国林业出版社，2016.）

参考文献：

[1] 陆琦.余荫山房 [J]. 广东园林，2006，（4）：63.

[2] 张贤波，陶郅.余荫山房建筑语言的特点与逻辑 [J]. 南方建筑，2018，（6）：1-9.

[3] 张蕾，邹广天.岭南传统景观空间意象及构成要素研究——以余荫山房为例 [J]. 中国园林，2014，30（12）.

6.4 广州白天鹅宾馆内庭

建设地点：广东省广州市沙面白鹅潭

设计团队：佘畯南、莫伯治等

建成时间：1983 年 2 月

规模指标：约 350m²

6.4.1 基本概况

白天鹅宾馆建于 20 世纪 80 年代初，是改革开放初期广州一座颇具规模的五星级涉外宾馆。这个以"故乡水"景区为中心的园林组群，采用我国古典造园手法，"立意于沟通祖国的父老乡亲与海外游子之间的深厚感情"，透着浓浓的中国文化情愫。它不光给归国的海外游子以浓浓的乡情，同时也使其他的外国友人感受到浓郁的中国文化气息（图 6-4-1）。

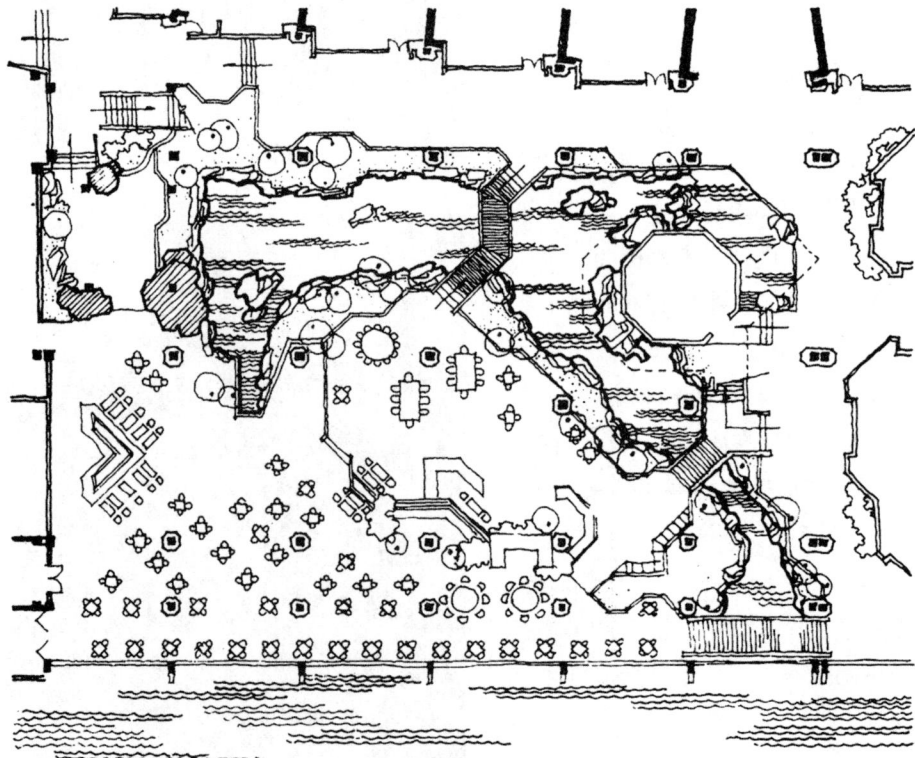

图 6-4-1 白天鹅宾馆中庭平面

（来源：莫伯治.环境、空间与格调[J].建筑学报，1983.）

6.4.2　空间布局

根据地形狭长的特点，白天鹅空间序列的展开，主要是通过"以景导人"的方法，由东至西，以不同的景观为节点，以过道（走廊）、厅堂为纽带，通过一系列的对景、夹景、框景、漏景、借景等手法的处理，将庭园空间逐次展开。从广场进入门厅，映入眼帘的是以"故乡水"命名的中庭景观，这形成了一种人景相对的"对景"关系；同时，由于中庭景观夹在中庭南、北两个建筑立面之间，这又形成了一种"夹景"关系。处在"对景""夹景"双重空间关系中，中庭景观显得尤为突出（图 6-4-2）。

中庭是一个四面由建筑围合的"天井式"花园，它的顶棚高达第四层，罩以透光玻璃。景区的主景是一座横纹英石假山，高约 8m，宽 6m，位于中庭的西端偏北处。山顶有一藏式金瓦小亭，亭边有溪流成二级于山崖处直泻而下，形成飞瀑，落差 6m。山崖下有洞，洞外水帘悬挂，形成水帘洞。山崖上运用传统勒石手法，刻"故乡水"三字点题，揭示了景观的主题和立意（图 6-4-3、图 6-4-4）。

6.4.3　观景点的设置

白天鹅宾馆中庭在观景点的设置上也颇具匠心。由于空间狭小，不宜层层堆山，因此，作者在观景点的选择上，尽可能兼顾平视、仰视、环视、俯视等效果，以增加视觉的丰富性。中庭庭园的主要观景点有 6 个，考虑到观者受

图 6-4-2　白天鹅宾馆中庭敞廊

（来源：莫伯治.环境、空间与格调[J].建筑学报，1983.）

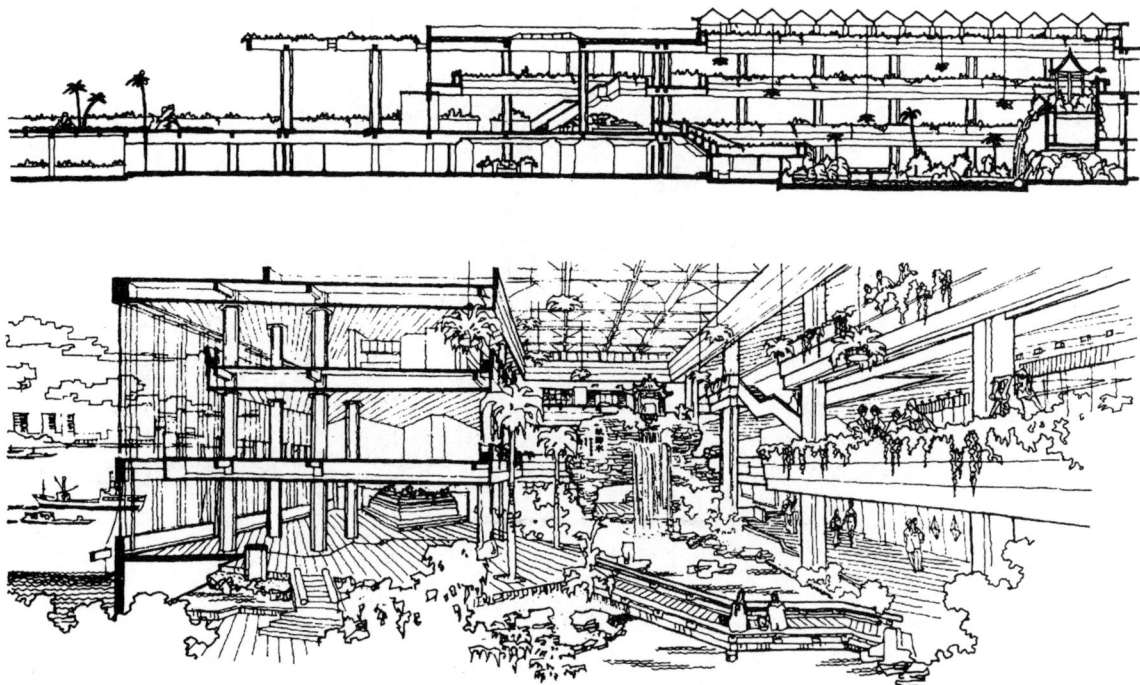

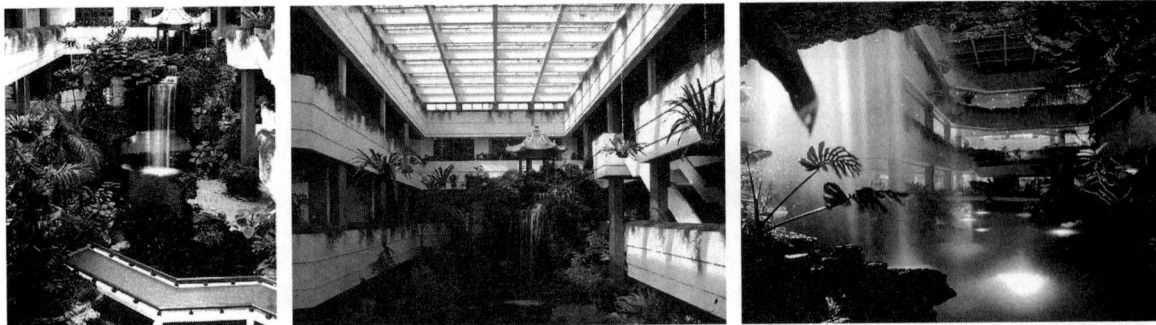

图 6-4-3 白天鹅宾馆中庭（左）

图 6-4-4 “故乡水”瀑布（中）

图 6-4-5 白天鹅宾馆中庭夜景（右）

（来源：岭南建筑丛书.莫伯治集[M].广州：华南理工大学出版社，1994.）

石山的吸引有趋近观赏的心理需求，设计者使各点的位置逐次和石山趋近，以实现视点的转换（图 6-4-5）。

6.4.4 与白鹅潭的衔接

中庭和南部大厅之间不设墙壁，在临江面悬挂长 72m、高 7.2m 的玻璃吊幕。而中庭的西、北界面都用墙面封闭（或半封闭），将空间“限制性”地导向南厅。充分利用道路、走廊、园桥的引导与暗示作用，实现空间的转换。在中庭水体处理上，东部和西部都有小溪或水潭向南延伸，这也将人的目光导向南部大厅。

6.4.5 水体的处理

通过设置瀑布，使主景更加突出。采用传统园林“以大观小”的象征手法，在狭小的空间再现了自然界湖、溪、涧、潭、岛、桥、瀑布等形式，加上注意水的动静变化，使得水面空间显得丰富而不局促（图 6-4-6）。

图 6-4-6 白天鹅宾馆中庭梯底喷泉花槽

（来源：莫伯治.环境、空间与格调[J].建筑学报，1983.）

图6-4-7 白天鹅宾馆中餐厅庭园（左）
（来源：岭南建筑丛书.莫伯治集[M].广州：华南理工大学出版社，1994.）
图6-4-8 白天鹅宾馆首层咖啡厅（右）
（来源：莫伯治.环境、空间与格调[J].建筑学报，1983.）

6.4.6 园林空间和建筑空间的过渡

在主要庭园周边设置风格相同的小型绿地的方法，形成自然和几何空间的"渐进性"过渡。在建筑的阴角和阳角以及台阶处，采用传统的"抱角"和"镶隅""蹲配"等置石手法，"柔化"了部分建筑界面，使空间里的自然和几何因素达到某种"综合"状态，以实现空间的过渡（图6-4-7、图6-4-8）。

参考文献：

[1] 刘太雷.白天鹅宾馆庭园空间处理赏析[J].装饰，2010，（06）.

6.5 广州白云山风景区山门建筑

为打通城市绿廊，串联八大城市公园，打通城市慢行断点，焕发城市新活力，还绿于民，广州市于2019年启动了白云山麓湖越秀山连通工程及沿线绿化、白云山门岗及周边景观整治工程。其中白云山风景区6个主要门岗、10个小门岗新建或改造项目就此拉开序幕，按照一门一策、一门一景思路，打造彰显岭南特色的标志性门岗（图6-5-1）。2020年已基本建设完毕。

6.5.1 白云山南门

设计团队：华南理工大学建筑设计研究院有限公司何镜堂团队

用地规模：18548m²

白云山南门位于云山南路与广

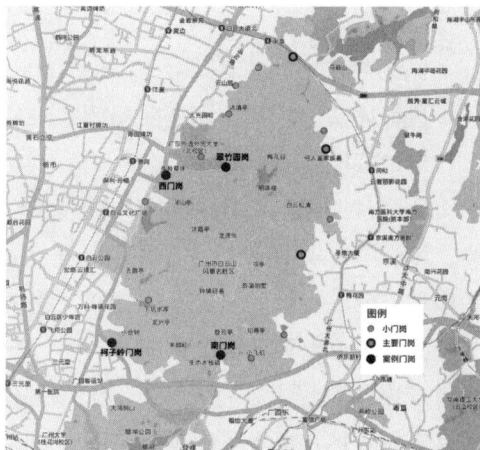

图6-5-1 白云山门位置图

图 6-5-2　南门改造前
（左）
（来源：白云山景区官网）
图 6-5-3　南门改造后
（右）

州环城高速路交汇处。原南门功能混杂、标志性弱、人车混行，无法满足游客
需求。原南门由售票亭与木结构的坡屋顶山门组成，建筑较为简陋单调。作为
白云山主入口处，设计团队希望南门岗更具标识性、地域性、功能性，形成完
整的入园空间（图 6-5-2、图 6-5-3）。

新南门被称作"云间花海"，体现广州"云山珠水"之秀的地域文化特
色，取白云之意，构岭南之风，既是雕塑，也是建筑。大门形态自由灵动，犹
如流动的云朵漂浮于重峦叠翠之间。

在整体布局上，新设计将入口空间分为三段区域。入口空间整体后退
40m，预留入口前导空间，以台地式集散广场层级抬高行人空间，进行人车分
流。同时向上引导人流，通过地形的抬高突显山门的主体地位。中段后布置中
集散广场、云伞休息区、附属服务等，以满足游客需求。末端借中部建筑遮
挡，设置停车区域。

南门设计取白云的流动形态，象征性地呼应白云山山名。建筑选用钢构
架实现轻量化的构筑效果使得山门灵动、轻巧。在色彩上选用纯白的色彩来呼
应"云间花海"主题。同时，山门构筑的云朵亭别出心裁的加入了灯光装置，
夜间亮灯时其效果如云间木棉花般绽放，形成独特的景观效果（图 6-5-4、
图 6-5-5）。

6.5.2　白云山西门

设计团队：广州市设计院集团有限公司郭明卓团队

用地规模：11245m²

西门位于白云大道南与萧岗荔园路交汇处。地势平坦开阔，近邻城市道
路。原山门建筑前绿化郁闭严重遮挡入口空间，景色杂乱，广场标识性弱，缺
少停留空间。设计团队尊重原建筑"山·门"概念，传承历史文脉，旨在提高
大门的建筑形象与观赏度。

在整体布局上，打开入口空间视线，预留前广场区域，让山门后退，形
成具有体验性和层次感的集散空间。同时优化交通组织，实施人车分流，完善

图 6-5-4　云 朵 亭 仰 视图（左）

图 6-5-5　云朵亭（右）

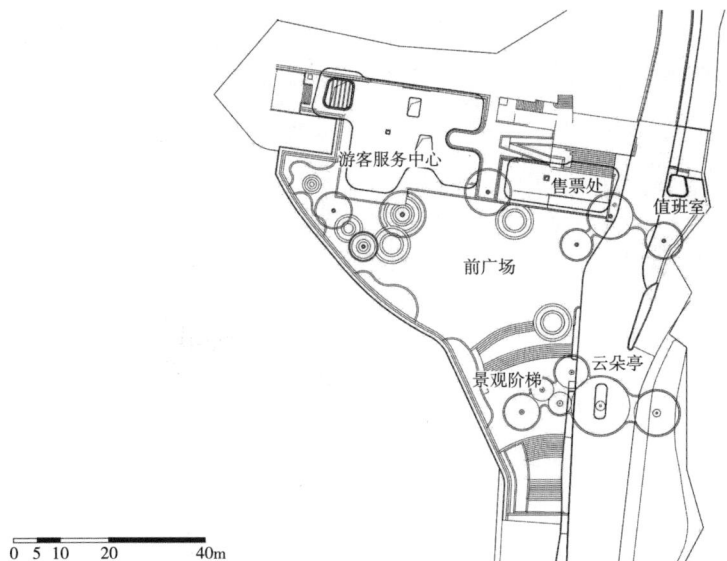

图 6-5-6　南门入口总平面图

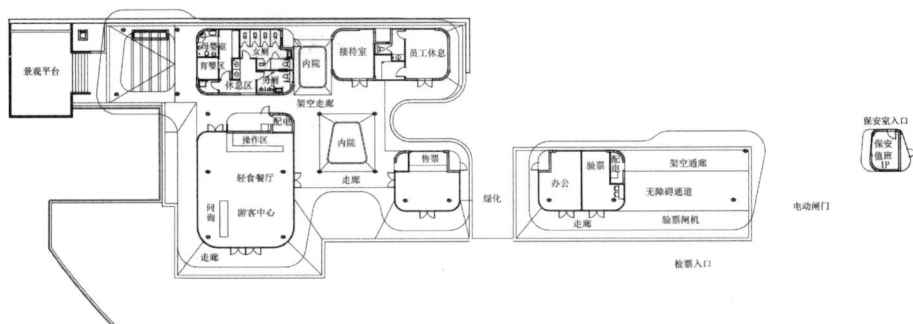

图 6-5-7　南门服务楼首层平面图

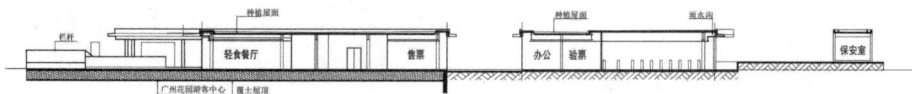

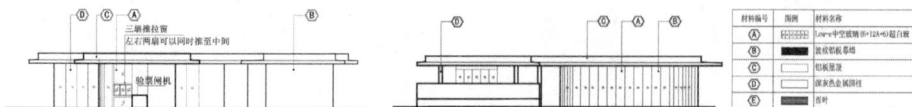

服务设施、配套指引与标识，布置景观亭廊与休憩坐凳，将白云山西门打造成优质旅游观光点。本次改造新建游客服务中心 180m² 及附属功能建筑 330m²，扩容入口公厕至 170m²，布置景观亭廊和树池坐凳，完善配套指引和标识。

新门岗设计延续了原门岗稳重、大气的风格，采用传统坡屋顶形式，以黑色玻璃为材料，主体框架为钢结构，整体造型简约、硬朗，配色上顺延岭南传统建筑色调形成标志性建筑物，以现代的结构与材料演绎文化传承（图 6-5-11、图 6-5-12）。

6.5.3 白云山柯子岭门

设计团队：广东省建筑设计研究院有限公司陈雄团队

用地规模：约 20000m²

柯子岭山门位于白云山西南隅，紧邻大金钟路。柯子岭门岗改造前，门岗与城市的交接界面狭窄生硬，位置隐蔽，建筑及相关配套设施陈旧，整体门户形象较差，缺乏标志性，且内部活动空间被路径切分细碎，难以满足市民的活动需求。

新山门设计以"云"作为场地的肌理元素，塑造云廊，打造似流水般的步道和展现山谷间缓缓流水之空间意境——"行云·流水"。因山就势、因地制宜，新建了 242m 的轻盈流畅景观回廊，让人耳目一新。

本次改造后移山门，扩大前广场，拓宽入口敞开面至 110m，重塑柯子岭山路前导空间。云廊的设计结合亚热带地区的气候特点。形成遮荫、避雨、

图 6-5-13 柯子岭山门
主入口（左上）
图 6-5-14 柯子岭山门
游廊（右上）
图 6-5-15 游廊休息座
椅（左下）
图 6-5-16 游廊台阶
（右下）

通风的半室外空间，景观与周围的自然连成一体，让整个活动场地实现很好
的品质提升。设置多层次立体活动平台，提供集娱乐、运动、交流于一体的
场所，增强市民参与感和幸福感，真正实现"还绿于民、还景于民"的愿景
（图 6-5-13~ 图 6-5-16）。

6.5.4　白云山翠竹园门

设计团队：广州瀚华建筑设计有限公司冼剑雄团队

用地规模：约 97000m²

翠竹园山门位于白云大道北与外语学院交汇处，经盘山小路向山内步行
约 1.2km 方可到达。原大门形象不够突出，入口辨识度不高，门岗界面模糊不
清。而翠竹园地处幽静远离闹市，自然氛围浓厚，因此在山门建筑的设计上需
注意尺寸与建筑的体量，力求贴近自然、与周边自然环境的融合。

翠竹园山门以自然山石为灵感，呈现山水结合诗意景观。大尺度增加绿
色开敞空间作为视线引导，山门整体造型设计端庄、大气。为避免厚重感，
设计师从建筑材料下手，使用轻快的颜色搭配与山石肌理，间接素白的门岗
宛若白玉石伫立竹林间。山门建筑中间覆盖磨砂玻璃墙，上书白色字体的白
云山，隐约透出院内竹林，增加了通透、轻巧的视觉效果、削弱建筑体量感
（图 6-5-17）。

图 6-5-17　翠竹园山门
正面（左）
图 6-5-18　翠竹园山门
局部（右）

6.6　秦皇岛园博会观景塔

建设地点：秦皇岛栖云山

设计团队：田笑常、葛敬天、肖萌、周超、刘涵、李雪等

设计时间：2017 年

建成时间：2018 年

建筑面积：490m²

秦皇岛园林博览会的观景塔，目的是建设成为博览会的视觉焦点。项目基地位于一处山地丘陵的制高点，俯瞰全园，远处亦有山脉作为背景。项目的设计团队提出了更符合场地本色的建议——以观景，而非布景的方式营造这个制高点的体验。

方案是一个高于树冠之上的体块组合（图 6-6-1），通过水平向的参差伸展，中部的核心筒连接，获得不同的观景体验（图 6-6-2）。构筑物一共有 4 层，通过一条幽静的石步道，引导至首层平台。通过首层的完全架空，使观景塔更为的通透轻巧。在缓缓登高的过程中，每一层的面积逐渐增加，伸展的方向与所框的景色也各不相同。游人可以在不同的高度上获得不同的视角及空间体验。由此，观景塔将园区景色尽收眼底，同时也融入了这个丘陵的制高点，与自然形成一个整体。

整座建筑外立面采用菠萝格的饰面材料（图 6-6-3、图 6-6-4），亲近于大自然，与周围绿树相应，使得建筑给人以似乎是从大地上生长出来的感觉。同时，不同方向、不同宽窄的观景口限定了观景视域，使游人在行进中能获得步移景异的观感（图 6-6-5~ 图 6-6-13）。

参考文献：

[1]　河北省第二届园林博览会园区规划设计 [J]. 景观设计，2020，（1）：74-81.

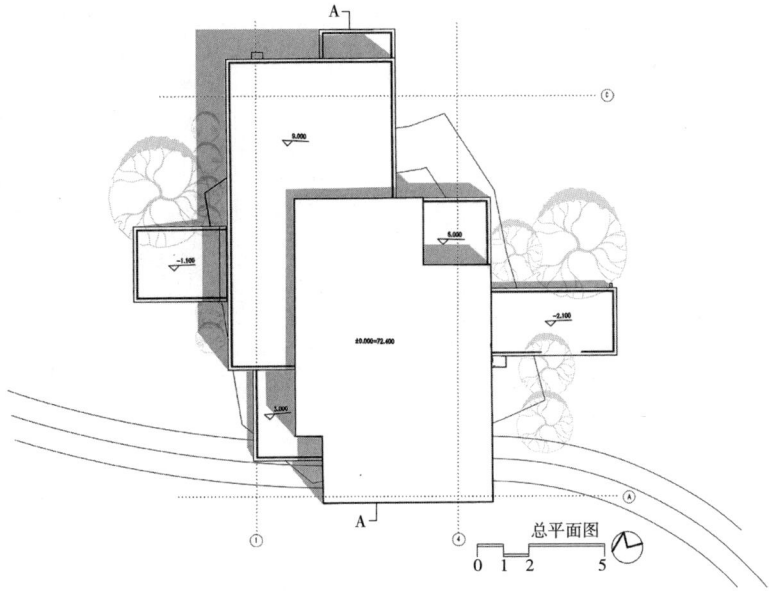

图 6-6-1 观景塔总平面图

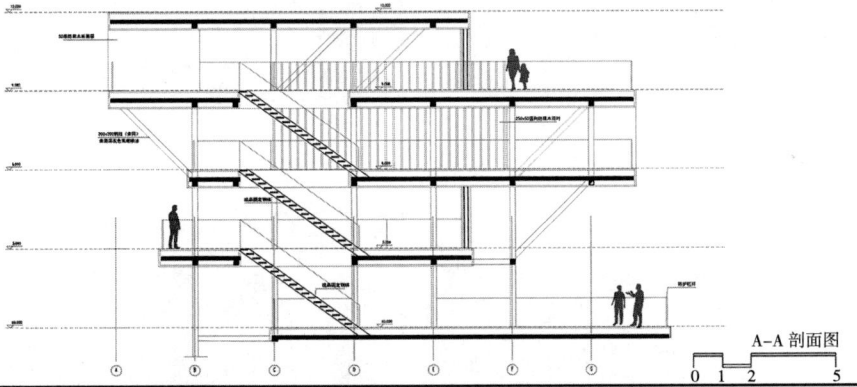

图 6-6-2 观景塔 A-A 剖面图

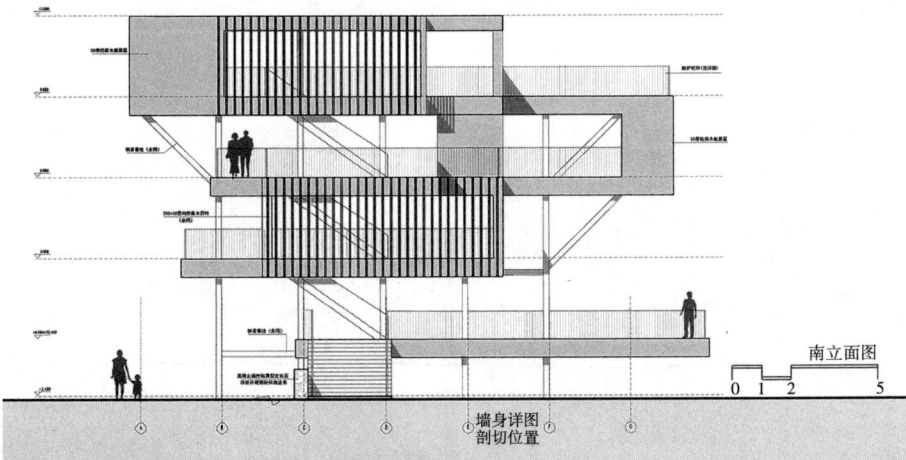

图 6-6-3 观景塔南立面图

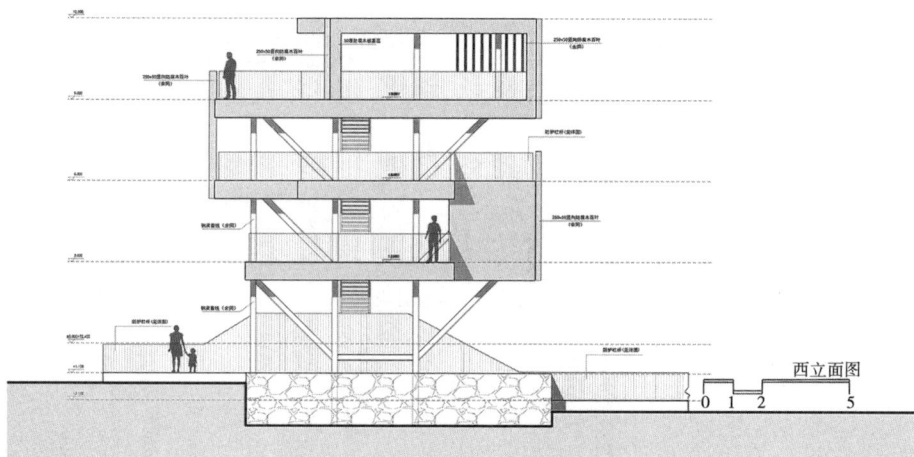

图 6-6-4　观景塔西立
面图

图 6-6-5　观景塔鸟瞰
（左）
图 6-6-6　观景塔概览
（右）

图 6-6-7　观景塔西立
面图（左）
图 6-6-8　观景塔外观
近景（右）

图 6-6-9　观景塔外观
局部（左）
图 6-6-10　观景塔底层
局部（右）

图 6-6-11 观景塔内部
一（左）
图 6-6-12 观景塔内部
二（右）

图 6-6-13 观景塔内部
三

6.7 南宁园博会采石场花园

建设地点： 南宁市邕宁区顶狮山

设计团队： 王向荣、林箐等

规模指标： 设计面积约 33hm²

6.7.1 设计理念

南宁园博园东南部共有 7 个采石场，它们对场地中的丘陵风景破坏极大。设计在生态修复的同时，通过游览设施和景观建筑的介入，引导游人参观体验，既强化采石场景观特征，又是一个生态修复与景观艺术结合的作品，将采石场转变为园博园中的山水画卷（图 6-7-1）。

6.7.2 水竹居

1 号采石场面积约 1hm²，设计依据曾经运送石料的通道，山石间的豁口，布置了一个不规则的建筑，由山间的豁口一直延伸到水边，名曰"水竹居"

（图 6-7-2）。为了支撑宽大而不规则的屋面，建筑采用斜向木支撑结构，形态上呼应当地的乡土建筑传统（图 6-7-3）。"水竹居"的游览通过狭窄的山石豁口，随着狭长的建筑进入到豁口尽端的池塘边缘。地面上是宽大的水上悬浮平台，上方为 3 组连续的双坡屋面，朝向水面的屋顶外侧被有意地抬高，确保游人进入平台就能观看到完整的对岸景观。

6.7.3　空中木盒

2 号采石场面积仅为 0.4hm²，因场地中的矿坑有积水且部分区域生长了不少草本植物和灌木，设计便利用这些能种植水生植物的矿坑建设成水花园。采石场顶部和底部有 10m 左右的高差，需设计较长的阶梯才能联系上下两部分。

图 6-7-1　南宁园博园采石场花园平面图
1—落霞池；2—水花园；3—岩石园；4—峻崖潭；5—飞瀑湖；6—台地园；7—双秀园；8—水渠栈桥；9—信息亭；10—南入口广场
（来源：王向荣，林箐. 从断崖残石到山水画卷——第十二届中国（南宁）国际园林博览会园博园采石场花园设计 [J]. 风景园林，2019，26（4）：61-72.）

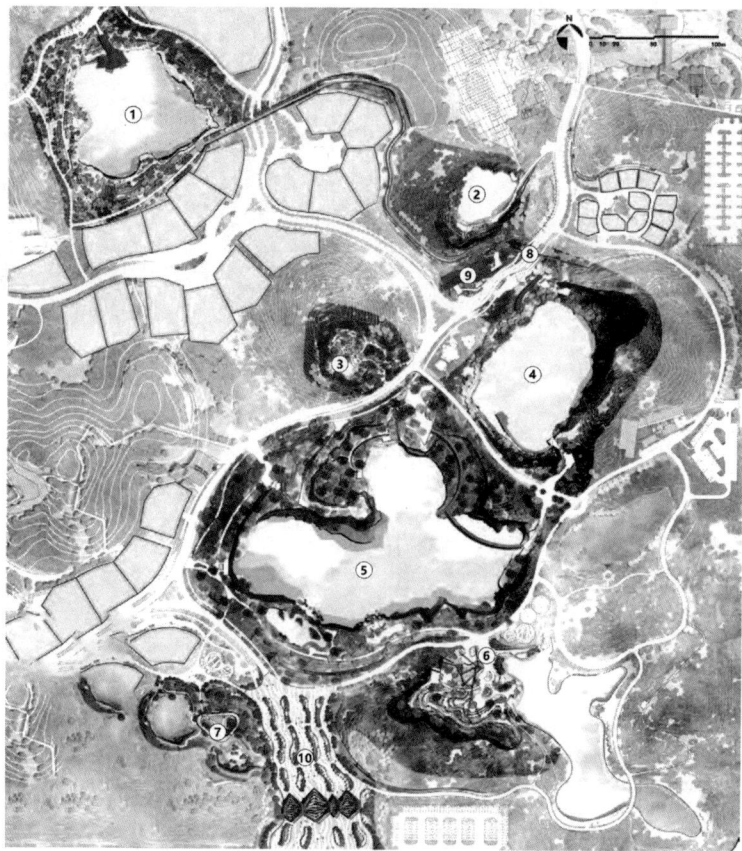

图 6-7-2　水竹居远景
（来源：王向荣. 建筑与山水之间——2018 南宁园博会采石场花园中的景观建筑 [J]. 建筑技艺，2019（3）：75-81.）

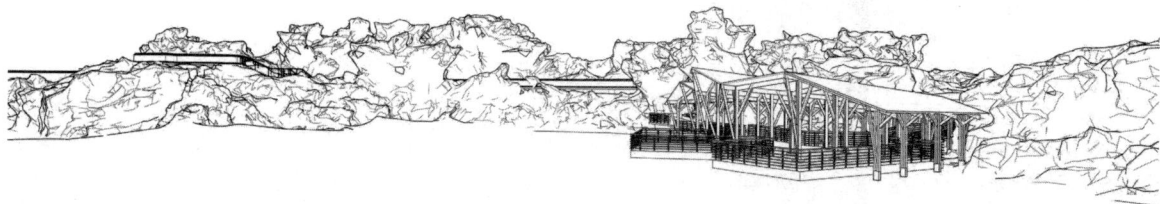

为了弱化阶梯的感觉，也为了保证游客安全和创造更多的空间变化，便将台阶做分段处理（图6-7-4）。

空中木盒通过封闭围护营造安全感，尽端设置开敞的玻璃栏杆，将此处作为观景台，游人可在此欣赏岩壁，俯瞰花园。设计通过木盒的一侧引出几段折曲的木质栏杆阶梯，引导游人走到花园下层的平台上。空中木盒简洁的形态衬托出崖壁丰富的肌理和光影，也与岩壁、梯道、栈道、植物和水面共同构成了一幅完美的画面（图6-7-5）。

图6-7-3　水竹居内廊
（来源：王向荣.建筑与山水之间——2018南宁园博会采石场花园中的景观建筑[J].建筑技艺，2019（3）：75-81.）

图6-7-4　空中木盒剖立面
（来源：王向荣.建筑与山水之间——2018南宁园博会采石场花园中的景观建筑[J].建筑技艺，2019（3）：75-81.）

图6-7-5　空中木盒俯瞰
（来源：王向荣.建筑与山水之间——2018南宁园博会采石场花园中的景观建筑[J].建筑技艺，2019（3）：75-81.）

6.7.4　观景廊

4号采石场底部为峻崖潭，面积约1hm²，为强化岩壁的险峻，设计在游憩路旁的高地上，沿采石坑边缘布置了一座长距离观景廊。通过曲折的阶梯引导游人进入长廊，内部的空间相对幽闭，长廊内侧打开一处带状窗，游人一旦靠近窗边，对面高耸险峻的山崖映入眼帘，颇感震撼。观景廊整体采用耐候钢，形态简洁、材料粗犷，具有后工业时代的沉稳和力量感（图6-7-6）。长廊悬挑在岩壁上。从采石场南侧临水的平台北望，右侧是高崖峭壁，左侧是悬在崖壁之上的锈红色的观景长廊。不仅能够让人们更好地体验原有采石坑碧水危崖的特色景观，而且自身也成为一个风景的要素，使峻崖潭的景观更为丰富和壮观（图6-7-7）。

图6-7-6　观景廊立面（左）
（来源：王向荣.建筑与山水之间——2018南宁园博会采石场花园中的景观建筑[J].建筑技艺，2019，（3）：75-81.）
图6-7-7　观景廊俯瞰（右）
（来源：王向荣.建筑与山水之间——2018南宁园博会采石场花园中的景观建筑[J].建筑技艺，2019，（3）：75-81.）

6.7.5　借鉴意义

建筑与景观息息相关，优秀的建筑能与景观共鸣。南宁园博园采石场花园区的设计，在对采石场进行生态修复的同时，针对场地特征，通过游览路径和景观建筑的恰当介入，让游人能够参观和体验，并强化了每个采石场的景观特征。通过建筑的空间变化和视觉引导，加强了采石场空间的戏剧性，也强化了游人对采石场险峻和雄壮的景观感受。这些采石场花园不仅保留了独特的场地历史和特征，体现了园林园艺的主题，也为游客创造了丰富的体验，同时为城市生态修复和可持续发展提供了参考。

参考文献：

[1]　王向荣.建筑与山水之间——2018南宁园博会采石场花园中的景观建筑[J].建筑技艺，2019，（3）：75-81.

6.8 深圳香蜜公园园林建筑

建设地点：深圳市福田区农园路30号

设计团队：深圳市铁汉生态资产管理有限公司

建成时间：2016年3月

占地面积：424000m²

香蜜公园，原名农科公园，是地处中国广东省深圳市福田区的一座市政公园（图6-8-1），于2017年7月19日正式对外开放。公园东接香蜜湖，南邻红荔路，由西至东被农园路、泽田路、侨香路和香蜜湖路环围，总占地424000m²。场地前身为农科中心花卉世界，形成了鲜花、盆栽、种子销售和展览的集散地。

香蜜公园的核心主题是"编织城市文化"——通过人行系统、生态水系和架空廊道等多种线性纽带将运动休闲、山林果园、生态水域、花卉生活四大

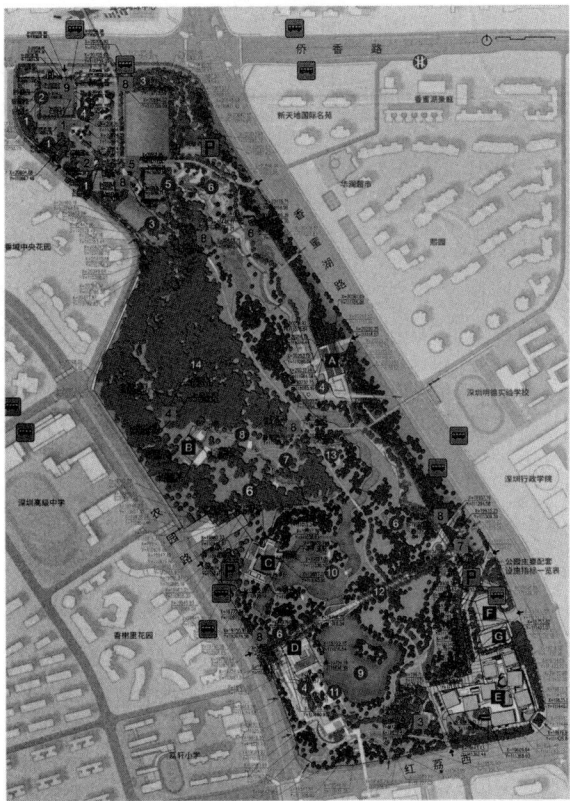

图6-8-1 香蜜公园平面图
（来源：香蜜公园管理处提供）

区块联系起来，既可以满足市民休闲娱乐的要求，还辅有室外花卉科普展示和生活教育功能。实现了"昨天与明天"的对话，"公园与城市"的互动，"景观与生活"的融合。该园在传承旧址文化的基础上，设置了婚礼堂、自然展览厅、空中栈道等多种公共建筑。

6.8.1 香蜜婚礼堂

香蜜婚礼堂坐落于香蜜公园西南角的一方水塘周围，基地面积3888m²，是公园重要组成部分和空间节点并且符合"香蜜honey"这一主题。婚礼堂设计单位是南沙原创建筑工作室，运用了岭南园林的造园手法，营造出一个步移景异、渐入佳境的园林空间。从平面图看（图6-8-2），场地设有3个出入口，其中西入口开向农园路辅路，为主要人、车行入口。南入口为香蜜公园方向主

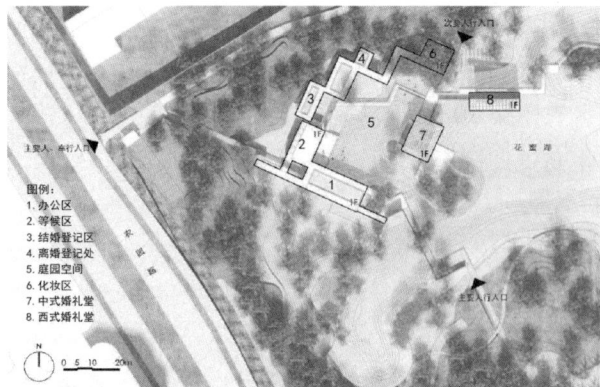

图 6-8-2　婚礼堂平面图
（来源：改绘自南沙原创建筑工作室）

要人行入口，需绕过办公区后再展开登记流线。北入口为次要人行入口，为满足公园流线的完整性而设置。

香蜜婚礼堂功能分区主要分为工作空间和公共空间，具体包括等候区、登记区、办公区、颁证区。等候、登记与办公空间在规划上较为集约，其中穿插不同形式的庭院或开放空间（图 6-8-3），保证运作流线功能合理的前提下增强空间的多样性和趣味性。颁证区的婚礼堂则分为中式婚礼堂（图 6-8-4a、6-8-4b）和西式婚礼堂（图 6-8-5a、6-8-5b）两个建筑，两者体量均很小很谦逊，而香蜜公园的植被又非常繁茂，香蜜婚礼堂顺势而为与植物和湖面景观相结合，轻轻浮在水边与整个环境融为一体（图 6-8-6）。

图 6-8-3　登记处庭园（左上）

图 6-8-4a　中式婚礼堂一（中上）

图 6-8-4b　中式婚礼堂二（右上）

图 6-8-5a　西式婚礼堂一（左下）

图 6-8-5b　西式婚礼堂二（中下）

图 6-8-6　婚礼堂远景图（右下）

6.8.2　自然展览厅

自然展览厅（图 6-8-7）坐落于全园最高处，建筑面积约为 $980m^2$，共 4 层，由 MLA+ 事务所设计。展览厅包含陈列展览、自然阅览、科普教育等功能，为市民提供学习和交流的场所。

隐匿在山林间的自然展厅以"书架"为设计灵感，注重建筑与环境的融合。自然展览厅从地面抬升，形成一个全景露台与半围合式科普小庭园

图6-8-7 自然展览厅
正立面图（左上）
图6-8-8 科普小庭园
（右上）
图6-8-9 建筑细部
（左下）
图6-8-10 空中景观栈
道（右下）

（图6-8-8），强调出对于自然环境的体验。建筑二层被浓密的树冠包围，营造出幽静、舒适的阅读空间（图6-8-9）；建筑本身还起到了公共楼梯的作用，将地面层和桥梁层连接在一起。三层平台与中部空中景观栈道（图6-8-10）相接，在建筑顶层可极目远眺，公园与城市的景色尽收眼底。自然展览厅是香蜜公园中一棵生机盎然的知识之树，自然、艺术、文化、教育在此共生共荣。

6.8.3 空中栈道

香蜜公园拥有贯穿全园的空中栈道慢行系统，栈道或直或曲，或高或低。栈道以钢结构为框架（图6-8-11），踏面是菠萝格防腐木，有放大的休憩观景平台（图6-8-12）供游客观景。游客可以从公园入口广场登上栈道，沿着栈道逐步从公园南部的硬质景观慢慢过渡到中北部的自然景观（图6-8-13），在10多万 m² 的荔枝林树顶穿行而过。时而经过密林近距离听鸟语闻花香，时而豁然开朗俯瞰整片荔枝林。

图6-8-11 栈道支撑结
构（左）
图6-8-12 栈道观景平
台（中）
图6-8-13 栈道自然景
观（右）

图 6-8-14　北部栈道

该栈道最高处达 8.8m，与北部自然展览厅衔接，这部分栈道以螺旋上升的方式满足无障碍通行的要求。栈道护栏以细密铁网防止儿童意外发生，同时栈道本身也为藤蔓植物提供攀援框架，将栈道巧妙地消隐在自然环境之中（图 6-8-14）。

参考文献：

[1]　金荷仙. 香蜜论坛：开启公园城市新时代 [J]. 中国园林，2018.

[2]　刘帆. 当前中国新型婚姻登记处建筑设计探究 [D]. 西安：西安建筑科技大学，2019.

参考文献

[1] 杜汝俭，李恩山，刘管平. 园林建筑设计 [M]. 北京：中国建筑工业出版社，1986.

[2] 刘管平. 岭南园林 [M]. 广州：华南理工大学出版社，2013.

[3] 冯钟平. 中国园林建筑 [M]. 北京：清华大学出版社，1988.

[4] 周维权. 中国古典园林史 [M]. 北京：清华大学出版社，1990.

[5] 赵兴华. 北京园林史话 [M]. 2版. 北京：中国林业出版社，2000.

[6] 张浪. 图解中国园林建筑艺术 [M]. 合肥：安徽科学技术出版社，1996.

后 记

　　20 世纪的 80 年代，为了更好地学习和传承优秀园林艺术，由华南工学院（现华南理工大学）、清华大学、天津大学、重庆建筑工程学院（现重庆大学）建筑系共同编著了《园林建筑设计》一书。当时的华南工学院杜汝俭、李恩山、刘管平先生担任主编工作，参与编写的还有清华大学周维权、冯钟平先生，天津大学胡德君先生，重庆建筑工程学院艾鸿镇、夏义民先生，华南工学院还有叶荣贵、邓其生先生参加了书稿编写工作。北京工业大学的宛素春先生、上海工业建筑设计院的张耀曾先生参加了该书的审稿会和编绘了有关实录等工作。

　　《园林建筑设计》（1986 年版）从中国建筑工业出版社出版到现在已经有30 多年了，这些年来一直作为园林工作者一本比较全面、系统和实用的科技参考书，同时也方便大专院校建筑学、园林（建筑）、风景园林和城乡规划等专业的学生，在有关园林建筑方面的基础知识、基本理论进行学习和进一步提高其设计能力。为了更好地满足当前发展的需要，华南理工大学风景园林系在原书主编刘管平教授的指导下，即保留原有《园林建筑设计》的特色之外，又汇入了许多新的内容。

　　参与《园林建筑设计》编写的有陆琦、谢纯、翁奕城、邢君等老师，赵国阳、马小芳、王楠、何静、马晓旭、杨扬、陈聪、陈田、陈淑妍、陈梓聪等风景园林专业研究生参加了资料收集与汇总梳理，以及图片拍摄等工作，校对者有陈坚、孙卫国老师和博士研究生沈攀。本书最后统稿由陆琦教授完成；审稿为风景园林系主任林广思教授。

　　书中黑白线描插图未标有来源出处的均为《园林建筑设计》（1986 年版）；书中照片插图未标有来源出处的均为本书修编组所摄。

《园林建筑设计》修编组
于华南理工大学建筑红楼